Kohlhammer

Der Herausgeber

Prof. Dr. Eberhard Grüning lehrte und forschte am Institut für Sonderpädagogik der Europa-Universität Flensburg.

Eberhard Grüning (Hrsg.)

Kinder und Jugendliche mit Beeinträchtigungen der geistigen Entwicklung unterrichten

Konzepte für die Teilhabe
in heutiger Lebenswelt

Verlag W. Kohlhammer

Dieses Werk einschließlich aller seiner Teile ist urheberrechtlich geschützt. Jede Verwendung außerhalb der engen Grenzen des Urheberrechts ist ohne Zustimmung des Verlags unzulässig und strafbar. Das gilt insbesondere für Vervielfältigungen, Übersetzungen, Mikroverfilmungen und für die Einspeicherung und Verarbeitung in elektronischen Systemen.

Die Wiedergabe von Warenbezeichnungen, Handelsnamen und sonstigen Kennzeichen in diesem Buch berechtigt nicht zu der Annahme, dass diese von jedermann frei benutzt werden dürfen. Vielmehr kann es sich auch dann um eingetragene Warenzeichen oder sonstige geschützte Kennzeichen handeln, wenn sie nicht eigens als solche gekennzeichnet sind.

Es konnten nicht alle Rechtsinhaber von Abbildungen ermittelt werden. Sollte dem Verlag gegenüber der Nachweis der Rechtsinhaberschaft geführt werden, wird das branchenübliche Honorar nachträglich gezahlt.

Dieses Werk enthält Hinweise/Links zu externen Websites Dritter, auf deren Inhalt der Verlag keinen Einfluss hat und die der Haftung der jeweiligen Seitenanbieter oder -betreiber unterliegen. Zum Zeitpunkt der Verlinkung wurden die externen Websites auf mögliche Rechtsverstöße überprüft und dabei keine Rechtsverletzung festgestellt. Ohne konkrete Hinweise auf eine solche Rechtsverletzung ist eine permanente inhaltliche Kontrolle der verlinkten Seiten nicht zumutbar. Sollten jedoch Rechtsverletzungen bekannt werden, werden die betroffenen externen Links soweit möglich unverzüglich entfernt.

1. Auflage 2023

Alle Rechte vorbehalten
© W. Kohlhammer GmbH, Stuttgart
Gesamtherstellung: W. Kohlhammer GmbH, Stuttgart

Print:
ISBN 978-3-17-036326-7

E-Book-Formate:
pdf: ISBN 978-3-17-036327-4
epub: ISBN 978-3-17-036328-1

Inhaltsverzeichnis

1   Schüler mit Beeinträchtigung der geistigen Entwicklung – eine Einführung zum Buch   7
Eberhard Grüning

Teil 1: Bewerten subjektiver Lernsituationen

2   Evaluation von Lernsituationen – Grundlage der Reflexion von Unterrichtskonzepten und pädagogischer Förderplanung   21
Eberhard Grüning & Gerald Matthes

3   Einzelfallforschung im Unterricht für Kinder und Jugendliche mit dem Förderschwerpunkt Geistige Entwicklung   47
Eberhard Grüning & Isabelle von Seeler

4   Der Erwerb von Rechenkompetenzen durch die Unterstützung metakognitiven Denkens   63
Isabelle von Seeler

5   Aufbau von Selbstwirksamkeitserleben und prosozialem Verhalten im API-Konzept für den Kunstunterricht   84
Svenja Karlsson

Teil 2: Lernen in einer technisierten und globalisierten Lebenswelt

6   Erweiterung lebenspraktischer Kompetenz durch Verbraucherbildung   115
Eberhard Grüning

7   Bildung für nachhaltige Entwicklung und Globales Lernen im Förderschwerpunkt Geistige Entwicklung   134
Ilona Westphal

8   Elementarer Fremdsprachenerwerb in Englisch   157
Eberhard Grüning

| 9 | Förderung technischer Kreativität durch multimediale Lernmediensysteme .... | 175 |

Andreas Hüttner, Patric Schaubrenner & Kai-Christian Tönnsen

| 10 | Digitale Bildung im Förderschwerpunkt Geistige Entwicklung | 196 |

Malte Kolshorn

Teil 3: Systemische Unterstützung von Jugendlichen in der Schule zu ihren Zukunftsvorstellungen

| 11 | Community Care in der sonderpädagogischen Schulpraxis ...... | 221 |

Eberhard Grüning

| 12 | Individuelle Lebens(stil)planung in der Berufswahlorientierung auf der Basis des Ansatzes der Persönlichen Zukunftsplanung .. | 229 |

Katja Gatz

Teil 4: Anhang

Verzeichnis der Autorinnen und Autoren 259

1 Schüler mit Beeinträchtigung der geistigen Entwicklung – eine Einführung zum Buch

Eberhard Grüning

Seit den ersten praktischen und wissenschaftlich fundierten Konzeptentwicklungen ist der Lebensweltbezug ein fester Bestandteil in der Bildung für Kinder und Jugendliche mit Beeinträchtigung der geistigen Entwicklung. Lebenswelten konstruieren sich aus der subjektiven Interpretation von konditionalen Gegebenheiten. So wie der Mensch sie wahrnimmt, bestimmen sie seine Lebensqualität und tragen zu seiner Identitätsentwicklung bei (Speck, 2018). Lebenswelten sind vielschichtig und prozesshaft. Das Bedingungsgefüge der Lebenswelten ist eingebettet in die Entwicklung von Gesellschaften, die stetiger Veränderungen unterliegen. Damit konstituieren sich immer wieder neue Herausforderungen in der Bewältigung der Anforderungen aus der Lebenswelt, die Einfluss auf schulische Bildungsprozesse nehmen. Diese Herausforderungen resultieren sowohl aus gesellschaftlichen als auch aus naturbezogenen Entwicklungen, die zugleich Bildungschancen für eine lebensweltorientierte Pädagogik thematisieren und genutzt werden sollten. Die Möglichkeit der Teilhabe und Mitwirkung an diesen Prozessen zu sichern bedeutet für Menschen mit Behinderung nicht nur, »dass Barrieren und Diskriminierung abgebaut werden, sondern auch, dass sie aktive Hilfe für eine volle gleichberechtigte gesellschaftliche Teilhabe erhalten« (Graumann, 2011, S. 30). Anliegen des Buches ist es, schulische Bildung als »aktive Hilfe zur Teilhabe« (ebd.) von Schülern mit Beeinträchtigung der geistigen Entwicklung im Kontext der neueren Herausforderungen zu betrachten und Konzepte für den Unterricht zur Verfügung zu stellen.

Pädagogisches Anliegen des Buches

Wissenschaftliche Erkenntnisse und Veränderungen in den gesellschaftlichen Prozessen nahmen in der Historie gesellschaftlicher Entwicklungen Einfluss auf die Schulpädagogik. Auch das gegenwärtige Verständnis von Bildungsaufgaben und Bildungsinhalten war und ist gesellschaftlich mitbestimmt. Unterrichtliche Methoden der Erschließung dieser Inhalte durch die Schüler sind durch einen generierten Wissensstand fundiert und begründet. Zielsetzungen in der Sonderpädagogik orientieren sich gegenwärtig an den Standards des Übereinkommens über die Rechte der Menschen mit Behinderung (Übereinkommen, 2006). Diese Konvention (ebd.) wird in der deutschen Schulpädagogik bei Beeinträchtigung der geistigen Entwicklung u. a. dahingehend interpretiert, verstärkte Bemühungen zu unternehmen, die Schulfachorientierung in Theorie und Praxis zu intensivieren. Die »Bedeutung einer Fächerorientierung ... im Sinne eines inklusiven Denkens« (Ratz, 2010, S. 9) hebt jedoch nicht den Bildungsauftrag für Kinder und Jugendliche im Förderschwerpunkt Geistige Entwicklung (Sekretariat, 1998) auf, aus der Lebenswelt resultierende Herausforderungen für den Unterricht (sonder-)pädagogisch aufzugreifen, die Aneignung fach- und lebensweltbezogener Kompetenzen in den Vordergrund zu stellen (Sekretariat, 2021) und diese zugleich entwicklungsförderlich didaktisch aufzubereiten. Zudem ist anzumerken, dass der geforderte uneingeschränkte Zugang zur schulischen Bildung (UN, 2006) nicht an Schulfächern festgemacht ist. Mit den Argumentationen, vor allem die bestehenden Schulfächer für den Unterricht von Kindern und Jugendlichen mit Beeinträchtigung der geistigen Entwicklung verstärkt zu berücksichtigen, sind Annahmen verbunden, die nur vermutet werden können: Eltern, Lehrkräfte und Lehrerbildner verbinden möglicherweise damit die Ausweitung des Zugangs zu Kulturgütern oder eine wissenschaftliche Profilstärkung der sonderpädagogische Fachrichtung, da Lehrinhalte vermeintlich umfassender an Fachwissenschaften orientiert gelehrt werden. Entgegenzusetzen wäre zur zweiten Annahme die Position Glöckels (2003): »Die Schulfächer sind aus den Wissenschaften nicht abzuleiten, weder historisch noch systematisch« (S. 165). Die Diversität der Schulfächer in den Bundesländern Deutschlands belegt diese Aussage. »Wissenschaft ist nicht ... die einzige Instanz in der Entscheidung über Schulunterricht« (Glöckel, 2003, S. 166). Dabei ist anzunehmen, dass Glöckel nicht beabsichtigte, seine Aussage in den Zusammenhang mit der nach Inklusion strebenden Pädagogik für Kinder und Jugendliche mit Beeinträchtigung der geistigen Entwicklung bringen zu wollen. Für die Umsetzug aller Bildungsaufgaben bleibt es angesichts der Lernbedarfslagen der Schüler aus fachlicher Sicht »unerlässlich, auch in der Schule an der Lebenswirklichkeit zu lernen und das Gelernte praktisch anzuwenden« (Pitsch & Thümmel, 2011, S. 118). Selbstverständlich können die Bildungsinhalte der Schulfächer auch die Lebenswirklichkeit tangieren. Ein Fachunterricht wird jedoch im § 24, Absatz 3 (Bildung) des Übereinkommens über die Rechte der Menschen mit Behinderung nicht thematisiert, jedoch die Forderung erhoben, lebenspraktische Fertigkeiten und soziale Kompetenzen erwerben zu können (Übereinkommen, 2006).

Die Autoren des vorliegenden Buches gehen diesem Anliegen nach. Es werden ausgewählte (sonder-)pädagogisch-konzeptionelle Neuorientierungen vorgestellt, die sich infolge verändernder gesellschaftlicher Rahmenbedingungen für die Schulbildung und möglicher Lebensperspektiven entwickeln. Sie sind sowohl für den fachorientierten Unterricht als auch für einen fächerübergreifenden Unterricht konzipiert.

Ein zweites Anliegen des Buches resultiert aus den Erkenntnissen zur Erforschung von (Lern-) Entwicklungsprozessen. Die Autoren der einzelnen Kapitel verknüpfen daher die präsentierten Konzepte mit Möglichkeiten der Selbstreflexion des Lehrerhandelns auf der Grundlage empirischer Vorgehensweisen. Diese Beiträge sollen als ein Angebot an Lehrkräfte verstanden werden, ihre Professionalität als Forschende im eigenen Unterricht zu entdecken, anzuwenden oder zu erweitern, um Erkenntniswege über Lern- und Sozialisationsprozesse der Schüler zu vervielfältigen. Die Ergebnisse aus diesen Analysen und Evaluationen können zur Qualitätssicherung des Unterrichts beitragen. Lehramtsstudierende entwickeln bereits im Studium der Sonderpädagogik derartige Kompetenzen zur Gestaltung von Forschungsprozessen, die vor allem mit dem Studienziel begründet werden, in der Berufspraxis Forschungsberichte reflektieren zu können. Die Autoren des Buches gehen davon aus, dass die erworbenen Ressourcen des Forschens bisher weniger mit der eigenen Schulpraxis der Lehrkräfte verknüpft werden. Es ist daher das erklärte Ziel des Buches, die Potenziale aus dem Rückgriff auf diese Ressourcen exemplarisch aufzuzeigen.

Die ausgewählten Konzepte werden in diesem Band theoretisch fundiert und praxisorientiert ausgeführt. In mehreren Kapiteln erfolgt auf der Grundlage empirischer Forschungsmethoden die Untersuchung individueller Lernprozesse bzw. ihrer Bedingungen. Dabei steht *nicht ausschließlich* das Lernergebnis im Interesse der Evaluation, wie es aus empirischen Untersuchungen in anderen Kontexten bekannt ist, sondern vielmehr soll die Möglichkeit aufgezeigt werden, forschungsmethodisch orientierte Verfahren dahingehend in der Schulpraxis nutzen zu können, subjektive Sichtweisen von Lehrkräften auf Lern- und Sozialprozess mittels weiterer Bewertungsverfahren zu qualifizieren, indem der Prozess des Lernens frühzeitig und zielgerichtet initiiert, unterstützt oder modifiziert wird. Im Fokus dieser Betrachtung steht dabei der einzelne Schüler (Einzelfall). So ist es ein Anliegen des Buches, die Kasuistik im Sinne der Umsetzung der UN-Behindertenrechtskonvention (2006) zu gebrauchen, ohne eine für alle Schüler humane Bildung aufzugeben: »Persons with disabilities receive the support required, within the general education system, to facilitate their effective education« (United Nations, 2006, S. 15). Zentel (2018) verwies mit diesem Zitat im genannten Zusammenhang auf das Originaldokument des Übereinkommens über die Rechte der Menschen mit Behinderung und den darin enthaltenen Begriff *effektive* education. Die Diskussion um den Sinn der evidenzbasierten Methoden in der Forschung wird in der deutschen Pädagogik bei Beeinträchtigung der geistigen Entwicklung konträr geführt und der Nutzen für die Praxis mitunter infrage gestellt. Die in diesem Buch empfohlenen Vorgehensweisen zur Kontrolle von Lernprozessen folgen dem Ziel, möglichst vielfältige Erkenntnisse für die Wirksamkeit der pädagogischen Arbeit mit Schülern gewinnen zu wollen und damit Lernen in der Schulpraxis umfassender bewerten zu können. Diesem Anliegen wird in einigen Kapiteln nachgegangen, indem zum beschriebenen Konzept ausgewählte Möglichkeiten der Reflexion aufgezeigt werden.

Alle nachfolgenden Beiträge in diesem Band orientieren sich an einer gemeinsamen äußeren Form der Dreigliedrigkeit aus Einleitung, Theoretischer Bezugsrahmen und Theorie-Praxis-Transfer, der eine kurze Kapitelzusammenfassung vorangestellt ist sowie jeweils ein Literaturverzeichnis nachgestellt wird. Um strukturell und sachbezogen eine inhaltliche Verknüpfung der Kapitel herzustellen, wird der Band nach der inhaltlichen Ausrichtung in drei Teile gegliedert: *Bewerten subjektiver Lernsituationen, Lernen in einer technisierten und globalisierten Lebenswelt, Systemische Entwicklung von Perspektiven für Jugendliche*. Die vorgestellten Konzepte sind explizit auf Möglichkeiten zur Sicherung von Lebensqualität und der Kompetenzsicherung und -erweiterung unter den Bedingungen des Unterrichts ausgerichtet, die sowohl in der Tradition der sonderpädagogischen Fachrichtung fachübergreifend, aber auch fachorientiert entwickelt werden.

Theoretische Rahmenbedingungen – Gesellschaftliche Entwicklungsprozesse als zu gestaltende Lebenswelt in der Pädagogik bei Beeinträchtigung der geistigen Entwicklung

Für die Sonderpädagogen stellt die Kind-Umfeld-Analyse eine Informationsbasis dar, um pädagogische Konzepte wirksam zu gestalten. Sie beruht auf dem Anspruch an eine ganzheitliche begründete Sicht für die pädagogische Konzeptbildung. Dazu gehören u. a. die systemisch zu betrachtenden Wirkfaktoren des Zusammenlebens der Menschen, die durch ihr moralisches Handeln in der sozialen Gemeinschaft Ausdruck finden, aber auch mit der Priorisierung von fachwissenschaftlich begründeten oder bildungspolitisch erwünschten Lerninhalten in Gegenwart und Zukunft zu identifizieren sind.

Da es Anliegen dieses Buch ist, insbesondere die Lebenswelt der Schüler für die Pädagogik zu thematisieren, sollen Erkenntnisse und Diskussionen aus der Soziologie, die sich als eine der Bezugswissenschaften der Sonderpädagogik der empirisch theoretischen Erforschung des Sozialen widmet, thematisiert werden. Soziologische Erkenntnisse können für die schulische Bildung von Bedeutung sein. Eine aktuelle soziologisch ausdifferenzierte Gesellschaftsanalyse soll daher in einer zweckdienlichen Kurzform weiteren Ausführungen in dieser Einführung zugrunde gelegt werden. Dies kann an dieser Stelle nicht mit dem Anspruch auf Vollständigkeit geschehen. Vielmehr sollen aus der Analyse schlussfolgernd Rahmenbedingungen für pädagogisches Handeln skizziert werden. Die Zweckdienlichkeit für Lehrkräfte kann darin bestehen, Einflussfaktoren auf schulische Bildungsprozesse objektiver bewerten zu können, um sie für pädagogische Konzeptentwicklung zu berücksichtigen.

»Die spätmoderne Gesellschaft ist eine Herausforderung …« (Reckwitz, 2018, S. 429). Es lässt sich wohl kaum ein (Sonder-)Pädagoge finden, der dem Zitat mit Blick auf die alltäglichen pädagogischen Herausforderungen nicht zustimmen würde. Die Institution Schule erlebt diese Entwicklung in den westlichen Ländern in vielfältigen Ausprägungsformen. Reckwitz (2018) erfasst in seiner systemischen Analyse der Moderne gesellschaftliche Subsysteme und ihre Beziehungen zueinander. Aufgrund der Aktualität seiner Betrachtung ist es ihm möglich, über Luhmanns Systemtheorie (1984) zur Klärung sozialer und pädagogischer Prozesse hinauszugehen, die auch in der (Sonder-)Pädagogik als eine wesentliches Fundament Anerkennung findet. Reckwitz (2018) möchte jedoch beide soziologischen Theorien nicht als konkurrierend betrachtet sehen.

Für Luhmann waren soziale Systeme autopoietisch, d. h. sich selbst in neuer Form erschaffend. Luhmann (1984) beschreibt in diesem Zusammenhang die bewusste Abweichung von der Norm als einen entscheidenden Faktor dieser Reproduktion, die das jeweilige System nach Möglichkeit in sich stabil hält, um zum Gewinn für die eigene Entwicklung mit anderen Teilsystemen in den Austausch gehen zu können. Diese Grundstrukturen stabiler Systeme und allgemeiner Verbindlichkeiten bisher gültiger Normsysteme in der Kooperation verlieren jedoch offensichtlich an

Bedeutung. Es ist Ziel des Einzelnen in der Gesellschaft und *paradoxes Ziel der Gesellschaft*, nach Singularität zu streben. »Singularität und Singularisierung sind Querschnittsbegriffe und bezeichnen ein Querschnittsphänomen, das die gesamte Gesellschaft durchzieht« (Reckwitz, 2018, S. 12). Das Singuläre meint dabei nicht nur das menschliche Individuum in seiner Subjektrolle. Die Singularität umschreibt ebenso das herausgehobene Kulturevent, die wissenschaftliche Exzellenz von Institutionen, die Einmaligkeit jeglicher Objekte, eine Räumlichkeit (Location) u. a.m., die sich von einer *sozialen Logik des Allgemeinen* in der Moderne (ebd., S. 37 ff.) abwendet. Singularitäten werden durch soziale Praktiken des Wahrnehmens und Bewertens »*sozial fabriziert*« (ebd., S. 13). Diese Praktiken der Zuschreibung enthalten immer eine moralisch abwägende Dimension. Die Gesellschaft erkennt im Ergebnis dieser Prozesse nicht jede Singularität als attraktiv an. »Erfolg hängt von der Volarisierung des Publikums ab« (Reckwitz, 2018, S. 439). »In gesellschaftlichen Volarisierungsprozessen wird Wert zugeschrieben und Wert abgesprochen« (ebd., S. 81). »Die Entvolarisierung ist eine Entwertung, die nicht nur Dinge/Objekte, Orte und Ereignisse, sondern auch Subjekte und Kollektive betrifft« – betreffen kann, denn auch »Gegenvolarisierungen und Neujustierung der Volarisationskriterien« (ebd., S. 81) sind unter modernen Bedingungen Bestandteil dieser Prozesse. Singularität geht offensichtlich über das Besondere im Allgemeinen hinaus, da es nicht mehr nur, wie in der Zeit der Moderne, Exemplar des Allgemeinen ist (ebd., S. 14). In der gegenwärtigen Zeit der Spätmoderne erlangt diese Entwicklung eine *strukturbildende Kraft* u. a. *in der Arbeitswelt, in den Lebensstilen und den Alltagskulturen* der Menschen (ebd., S. 429). »Die Singularisierung des Sozialen gilt schließlich für jene global zu beobachtenden politischen und subpolitischen Neogemeinschaften, in denen jeweils historische, räumliche oder ethische Besonderheiten einer als gemeinsam imaginierenden Kultur gepflegt werden« (ebd., S. 10), die Themen für eine nachhaltige Bildung im globalen Interesse auf den Plan ruft, wie im vorliegenden Buch beschrieben. »Singularitäten sind das Ergebnis sozial-kultureller Prozesse der Singularisierung« (ebd., S. 51), die somit in enger Verknüpfung zur Kultur und der Teilhabe an dieser und somit zum Bildungsbegriff zu diskutieren wären.

Die Entwicklung zur Gesellschaft der Singularitäten sieht Reckwitz (2018) darin begründet, dass mit Beginn der Klassischen Moderne seit Ende des 18. Jahrhunderts normative Ideale auf der Ebene des Besonderen vom Allgemeinen produziert wurden, die bis in die Gegenwart hinein zu Ungleichheiten führten. Diese »soziale Logik des Allgemeinen« drängte in der Moderne nach »Standardisierung, Formalisierung und Generalisierung« mit dem Ziel einer »transparenten Ordnung des Sozialen« (Reckwitz, 2018, S. 28). Verschiedene Soziologen und Philosophen analysierten und theoretisierten diese Entwicklung (Honneth, 1994, Rawls, 1979, Nussbaum, 2016), in der sie letztendlich eine *Krise der Anerkennung* zwischen den Systemen konstatieren (Reckwitz, 2018).

Singularität ist die Folge dieser krisenhaften gesellschaftlichen Entwicklung, die sich radikal am Besonderen in diesem Allgemeinen orientiert und von allgemeinen Systemnormen, wie die der Moral oder in der Bildung, distanziert, die für die pädagogische Konzeptbildung und Bildungsorganisation zu beachten ist. Die Krise der Spätmoderne erfasst alle gesellschaftlichen Bereiche und findet u. U. sogar besonderen Ausdruck in den kulturellen Grundlagen einer Gesellschaft. Damit einher geht die Enttäuschung der Erwartung an eine leistungsgesellschaftliche Gerechtigkeitsvorstellung (Nussbaum, 2016) bis zur Entwertung gesamter Lebensstile, die nicht als positiv singulär konnotiert werden. »So stellt sich ... der hohe Besonderheits- und Selbstentfaltungsanspruch des Lebens in der Kultur der Spätmoderne als ein systematischer Enttäuschungsgenerator dar, vor dessen Hintergrund sich psychische Überforderungssymptome erklären lassen« (Reckwitz 2018, S. 22). Die Kultur der Attraktivität unterläuft die bislang geforderten Gerechtigkeitsmaßstäbe der Moderne (ebd., S. 439).

Prognostisch wird mit einer Gesellschaftsentwicklung zu rechnen sein, die aus diesen Praktiken resultierend Diskriminierungsstrukturen aufweisen wird (Reckwitz, 2018). Bildung für Menschen mit Beeinträchtigungen hat auf die Teilhabe in dieser Gesellschaft vorzubereiten. Um für die Perspektive der Schüler wirksame und zukunftsorientierte Konzepte aufzustellen, ist eine Vorstellung von den zu erwartenden Bedingungen des Zusammenlebens erforderlich. Perspektivisch »egalitäre Gesellschaften, homogene Kulturen und balancierte Persönlichkeiten« zu erwarten, bezeichnet Reckwitz als »pure Nostalgie« (2018, S. 442).

Teilhabe wird, unabhängig von gesellschaftlichen Entwicklungstendenzen, gegenwärtig in der Pädagogik bei Beeinträchtigung der geistigen Entwicklung als der zentrale Zielbegriff innerhalb von Unterstützungssystemen sowie mit Bezug zur Inklusion gebraucht. Die »volle gesellschaftliche Teilhabe wäre weitestgehend identisch mit Inklusion« (Niehoff, 2007, S. 339). In einer Gesellschaft, in der eine Singularität als Ideal erachtet wird, führt eine Beeinträchtigung nicht mehr zwingend zu einer Behinderung als Negativkategorie, wie sie gegenwärtig aufgefasst wird. Die Bewertung des Singulären ist an fragile Merkmale gebunden. Solange sie Einmaliges repräsentieren, kann auch Singuläres, wie wir es mitunter bei medienwirksamen Präsentationen der Artefakte von Menschen mit Beeinträchtigungen erleben, positiv konnotiert werden. Positive Bewertungen durch die Gesellschaft stehen dabei in keinem zwingend kausalen Zusammenhang mit dem schulischen Bildungserfolg. Die Gesellschaft belohnt nicht allein ein Mehr an (Fach-)Wissen, sondern für den Erfolg durch Handlungsfähigkeit auf der Grundlage der an Identität gebundenen Originalität. Vielmehr geht es um Kreativität in der Gestaltung der eigenen Lebenswelt, um Eigenständigkeit in der Lebensführung, aber auch um Empathie und soziale Handlungsfähigkeit zur Verknüpfung unterschiedlicher menschlicher Interessen.

Für Menschen mit Beeinträchtigung der geistigen Entwicklung birgt dieser gesellschaftliche Prozess Gefahren einer negativen Wertzuweisung und Verunsicherung in der sozialen Orientierung. Die Sicherung der Lebensqualität könnte möglicherweise auch im zweiten Zugang zur gesellschaftlichen Teilhabe liegen, den Reckwitz (2018) mit der *entindustrialisierten Dienstleistungsgesellschaft* charakterisiert. Diese Sicht beruht auf der Annahme, dass weniger die bloße Teilhabe an elementarisierter fachwissenschaftlicher Bildung entwicklungsförderlicher sein muss als eine singulär ausgerichtete Bildung unter lernförderlichen Schulbedingungen. Sollte die gesellschaftliche Entwicklung in die von Reckwitz (2018) umrissene Richtung voranschreiten, rückt neben der Grund- und Allgemeinbildung für Schüler ihre Spezialbildung in den Mittelpunkt, die auf das singuläre Potenzial zielt. Das Erkennen der Bedarfslagen im Prozess der Evaluation von Lernsituationen, Instrumente der Beteiligung an der Auswahl und Gestaltung von Bildungsgehalten mit künstlerischen, technischen, digitalen oder fremdsprachlichen Interessen für die eigene Lebensstilgestaltung oder die berufliche Zukunft sind u. a. Themen dieses Buches. Die Grundbildung im Unterricht sollte dabei, stärker als sie es aktuell vermag, die Förderung sozialer Kompetenzen im Umgang mit Singulärem, dem Allgemeinem und dem Besonderen sowie ethische Grundlagen des (Be-)Wertens enthalten. Schubart, Gruhne, und Zylla (2017) konstatieren, dass Schüler aktuell unterscheiden können, ob sie sich im Wertesystem von Schule oder im außerschulischen Wertekontext bewegen. Allein die Feststellung der Autoren, dass Kinder und Jugendliche, die sich in einer intensiven Orientierungs- und Entscheidungsphase ihrer moralischen Entwicklung befinden und in verschiedenen, nicht konform gehenden Wertesystemen ihrer Lebenswelt ihr moralisches Handeln steuern müssen, kann zumindest hypothetisch als ein Potenzial ihrer Verunsicherung beschrieben werden und pädagogischen Handlungsbedarf signalisieren. Es lässt sich vermuten, dass das Ausmaß erneut vorgefundener Gefährdungen und Beeinträchtigungen in der psychischen Gesundheit im Kindes- und Jugendalter (Robert-Koch-Institut, 2018) u. a. auch auf solche Barrieren und der dabei ausbleibenden pädagogischen Unterstützung in der Orientierung zurückgeführt werden könnte. Zu dieser Unterstützung in der Orientierung zählen wir u. a. auch Bildungsprozesse, die sich auf ein schultypübergreifendes Phänomen richten: Von sozialer Anerkennung, aber auch möglichem Singularitätsstreben geprägtes Konsumverhalten ist für zahlreiche Kinder und Jugendliche alltägliche Lebenswelt im Raum Schule. Eine pädagogisch begründete und strukturierte Verbraucherbildung, wie sie in diesem Buch aufgegriffen wird, kann als ein Beitrag aufgefasst werden, Kinder und insbesondere Jugendliche mit Beeinträchtigung zu unterstützen, derartige Prozesse zu bewerten. Die Zuweisung der sonderpädagogischen Zuständigkeit für die Bildung dieser Kinder und Jugendlichen im Schulkontext ist in dem Zeitraum, der von Reckwitz analysiert wird, stetig und immens gestiegen (Statistische Veröffentlichung der KMK, 2018) und hat an anderer Stelle bereits diskutierte Auswirkungen auf die Entwicklung der Schülerschaft im Förderschwerpunkt Geistige Entwicklung. Schüler mit diesen Erfahrungen sind Konzepte anzubieten, die ihnen Identität verleihen und Perspektiven eröffnen. Die Bedingungslage des Einzelnen, aber auch die Reflexion der pädagogischen Angebote für den Einzelnen sollten im pädagogischen Alltag verstärkt werden. Mehr Objektivität in diesem Prozess kann über den Unterricht begleitende Einzelfallstudien erlangt werden, deren Anwendung vorgestellt wird.

Die Teilhabe aller an der inklusiven Gesellschaft der Singularitäten bedarf aus systemtheoretischer Sicht vor allem sozialer Kompetenzen des Vernetzens zwischen singulären Systemen (Individuen, Institutionen, Prozessen) und Haltungen gegenüber dem Anderen, damit die Agilität der Subsysteme erhalten bleibt, damit diese sich entwickeln können (Becker & Luhmann, 2017). Systemübergreifendes Arbeiten im Lehrerberuf wäre erforderlich. Möglichkeiten werden mit dem Community Care-Ansatz und der Persönlichen Zukunftsplanung in diesem Buch verdeutlicht. Inwiefern in einer singulären Gesellschaft die heutigen Konzepte hinreichend sind, wird sich zukünftig erweisen. Die Sozial- und insbesondere die Bildungswissenschaften sollten jedoch dieser sozialen Logik der Entwicklung vorausschauend Beachtung schenken, denn sie werden Kinder und Jugendliche auf diese Gesellschaft vorzubereiten haben und damit einen Einfluss auf zukünftige Entwicklungen nehmen.

Für die Pädagogik bei Beeinträchtigung der geistigen Entwicklung kann aus der umrissenen Gesellschaftsanalyse geschlussfolgert werden, dass Bildungsinhalte für den Unterricht verfolgt werden sollten, die jedem einzelnen Schüler Möglichkeiten eröffnen, an aktuellen und zukünftigen Entwicklungen in der Gesellschaft teilzuhaben. »Singularisiert wird ein Subjekt dann, wenn seine Einzigartigkeit sozial wahrgenommen und geschätzt, wenn sie in bestimmten Techniken aktiv angestrebt und an ihr gearbeitet wird« (Reckwitz 2018, S. 59). »Als singulär können dabei sämtliche Eigenschaften und Aktivitäten des Subjektes erscheinen: seine Handlungen und kulturellen Produkte, seine Charakterzüge, sein Aussehen und andere körperliche Eigenschaften, auch seine Biografie. Sie müssen jedoch in irgendeiner Weise *performt* werden, um nicht bloße Idiosynkrasie zu sein, sondern als Einzigartigkeit anerkannt zu werden« (ebd., S. 60).

Zugleich sind berufliche Handlungsfelder der sonderpädagogischen Lehrkraft so zu erweitern, dass sie mit ihrem Spezialwissen und ihren Haltungen Einfluss nehmen. Schlussfolgerungen, die sich explizit aus der soziologischen Analyse für Bildungsstrukturen ergeben und implizierende Aufgaben der Bildungsorganisation beschreiben, sind nicht das Anliegen des Buches. Das vorliegende Buch stellt vielmehr ausschließlich Konzepte zu lebensweltorientierten Bildungsinhalten vor, die darum bemüht sind, Teilhabe unter den sich verändernden gesellschaftlichen Entwicklungen im Blickfeld zu behalten.

Nach der *Einführung* befasst sich *Kapitel 2* mit Möglichkeiten der unterrichtsbegleitenden Beobachtung, die zur Klärung der Teilhabe einzelner Schüler an Lernsituationen beitragen soll. Das Kapitel eröffnet den Teil 1 *Bewerten subjektiver Lernsituationen*. Die Beobachtung in Lernsituationen anhand des Teilhabebogens ist darauf gerichtet, die zentrale Frage von qualitativ hochwertigem Unterricht zu beantworten: Unter welchen Bedingungen lernt dieses Kind, fühlt es sich wohl und kann es aktiv am Lerngegenstand teilhaben? Gerald Matthes und Eberhard Grüning bieten neben einem Beobachtungsschema theoretisch begründete und evaluierte Materialien zur pädagogisch-konzeptionellen Arbeit auf der Grundlage der mit dem Teilhabebogen ermittelten Beobachtungsergebnisse an. Mit der kommentierten Einzelfallbeschreibung werden die Vorgehensweisen des Konzepts für die Leser veranschaulicht.

Einzelfallstudien sind in der empirischen Forschung im und für den Unterricht im Förderschwerpunkt Geistige Entwicklung für die Veranschaulichung von Lernprozessen von Vorteil und anwendbar. Isabelle von Seeler und Eberhard Grüning vermitteln im *Kapitel 3* Einblicke in die Theorie und Praxis der *Einzelfallforschung*. Das ausgewählte Fallbeispiel liefert zugleich eine Anleitung für Lehrkräfte, die Verknüpfung von Unterrichtsforschung und Unterrichtspraxis in der eigenen Klasse umzusetzen. Das Beispiel soll zudem verdeutlichen, dass Schüler selbstverständlich keine Vorbedingungen erfüllen müssen, um von diesen Vorgehensweisen zu profitieren. Diese ersten Kapitel sind auf die Annäherung an die subjektive Lernsituation gerichtet.

In den zwei nachfolgenden Kapiteln werden Konzepte für fachorientierte Kontexte angeboten. Für den Mathematikunterricht führt Isabelle von Seeler im *Kapitel 4* die Anwendung Kontrollierter Einzelstudien weiter aus. Der von ihr thematisierte Lerngegenstand des Mathematikunterrichts richtet sich auf den Erwerb von Rechenkompetenzen. Die Autorin stellt erstmals in der deutschsprachigen Pädagogik bei Beeinträchtigung der geistigen Entwicklung ein Konzept zur kognitiven Förderung in diesem Lernbereich vor, indem sie die Fachanforderungen mit der *Entwicklung von Lernstrategien* verknüpft. Svenja Karlsson berichtet im *Kapitel 5* über ein Konzept, das insbesondere für Schüler mit auffälligen Verhalten erstellt wurde. Sie unterbreitet ein Bildungsangebot für den Kunstunterricht, mit dem die Schüler ihr Selbstwirksamkeitserleben reflektieren sollen. Sie geht der Fragestellung nach, ob sich die Umsetzung ihres Konzepts (*ActionPaintingIntervention*) auf die Auswahl sozialer Verhaltensweisen auswirkt. Mittels Kontrollierter Einzelfallstudien wird sie ihre Hypothese prüfen und die Fragestellungen des Projektes beantworten.

Den zweiten Teil des Buches (Lernen in einer globalisierten und technisierten Lebenswelt) leitet Eberhard Grüning ein, indem die komplexen Anforderungen aus der Lebenswelt zum Thema eines Basiscurriculums zur *Verbraucherbildung* im *Kapitel 6* werden. Die Verbraucherbildung thematisiert zentrale Bereiche der Lebenswelt. Mit dem Beschluss der Kultusministerkonferenz (2015), Verbraucherbildung für alle Schularten vorzusehen, soll dieses Kapitel als Rahmenkonzept für den Förderschwerpunkt verstanden werden. Strukturinhalte der Verbraucherbildung werden didaktisch auf den Ebenen der Inhalts- und Handlungsdimension von Unterricht exemplifiziert. Im Kern des Konzepts steht dabei u. a. das Problemlösen, das ein wesentliches Anliegen aus dem Kapitel 4 aufgreift und Möglichkeiten der differenzierten kognitiven Förderung ableitet.

Eine Konkretisierung und Vertiefung erfährt der Beitrag 6 durch das *Kapitel 7* von Ilona Westphal. Die Bildung für nachhaltige Entwicklung ist ein Kernbereich der Verbraucherbildung. Es ist zu erwarten, dass der lebensweltorientierte Lernbereich aufgrund seiner Komplexität und Aktualität zukünftig eine herausgehobene Stellung im Kanon der Bildungsinhalte einnehmen wird. Reckwitz (2018) verdeutlicht die Reichweite des Prozesses der Globalisierung, die mit globalen Kulturkämpfen verbunden sein werden (ebd., S. 20 f.). Die soziale Logik der Singularitäten hat demnach längst den globalen Süden erreicht. Grenzen zwischen globalem Norden und Süden heben sich sichtbar auf (Reckwitz, 2018). Wie kann *Bildung für eine Nachhaltigkeitsentwicklung und Globales Lernen* im Förderschwerpunkt Geistige Entwicklung konzipiert werden? Der Frage geht Ilona Westphal im *Kapitel 7* nach und stellt ein inklusives Bildungsmaterial (bezev, 2015) vor, das unter Berücksichtigung der Lernvoraussetzungen von Schülerinnen und Schülern mit Beeinträchtigung der geistigen Entwicklung evaluiert und modifiziert wurde. Globale Prozesse sind mit der internationalen Geschäftssprache Englisch verknüpft. Hoch qualifizierte Bildung an allgemeinen Schulen ist in Deutschland eng mit dem Bildungsgehalt der Anglistik und Amerikanistik verbunden. Welchen Stellenwert hat diese Entwicklung für Schülerinnen und Schüler mit Beeinträchtigung der geistigen Entwicklung? Welche pädagogisch-konzeptionellen Bildungsangebote für die *Fremdsprache Englisch* sollte und kann eine lebensweltorientierte Pädagogik unterbreiten? Eberhard Grüning widmet sich im *Kapitel 8* diesen Fragen.

Unsere Lebenswelt wird durch technische Systeme bestimmt. Andreas Hüttner, Patric Schaubrenner und Kai-Christian Tönnsen veranschaulichen im *Kapitel 9*, inwiefern die Fähigkeit zur technischen Kreativität gegenwärtig ein immanenter Bestandteil einer Allgemeinbildung sein muss. Sie entwickeln Ansätze und *Konzepte zur Kreativitätsentfaltung mittels automatisierter Systeme* im Kontext von Erkenntnissen der Kreativitätsforschung und allgemeinen Technologien. Für die Unterrichtsplanung werden kognitive, körperlich-motorische und motivational-volitive Bildungsschwerpunkte erarbeitet.

Ein spezifischer Bereich der technisierten Lebenswelt sind die digitalen Medien. Lernen mit digitalen Medien ist ein fester Bestandteil in allen Schularten geworden. Digitale Medien sind Lernmittel und zugleich Lerngegenstand. In *Kapitel 10* wird Malte Kolshorn zentralen Fragen nachgehen, die sich im Zusammenhang *digitaler Bildung für Schüler mit dem Förderschwerpunkt Geistige Entwicklung* gegenwärtig und in der nahen Zukunft stellen. Pädagogische, didaktische und diagnostische Potenziale des Bildungsbereichs werden aufgezeigt. Eine Einzelfallbetrachtung belegt Entwicklungspotenziale durch den Gebrauch digitaler Medien im Unterricht.

Der dritte Teil (Systemische Perspektiven für Jugendliche) befasst sich mit der Entwicklung von Perspektivsichten für Schülerinnen und Schüler auf der Basis von Konzepten, die eine schulisch verantwortete Begleitung und Bildung zur Verknüpfung von Teilsystemen der Lebenswelt verfolgen. *Kapitel 11* leitet aus der UN-Behindertenrechtskonvention (UN, 2006) und den Herausforderungen aufgrund singulärer Gesellschaften eine Profilschärfung für das Aufgabengebiet von Sonderpädagogen ab. Als eine schulpädagogische Schlussfolgerung wird die verstärkte Notwendigkeit zu sozialer Netzwerkarbeit unterstrichen. Eberhard Grüning stellt *Community Care* als Handlungsmodell für die Schulpädagogik vor. Im *Kapitel 12* spezifiziert Katja Gatz die Thematik. Sie entwickelt für den Unterricht in der Berufsschulstufe auf der Grundlage der Persönlichen Zukunftsplanung (Doose, 2014) und Individueller Lebensstilplanung (Niehoff, 2007) das Konzept *Individuelle Lebens(stil)planung in der Berufswahlorientierung* für den Unterricht. Die Beschreibung der Umsetzung des Konzepts schließt die Darlegung des differenzierten Einsatzes der didaktischen Materialien ein. Mit den Ausführungen in diesem Kapitel belegt die Autorin den Einsatz empirisch-qualitativer Forschungsmethoden in der Schulpraxis und unterbreitet Vorschläge zur partizipatorischen Gestaltung der Transitionsprozesse im Übergang von der Schule in eine berufliche Tätigkeit.

Aus Gründen der besseren Lesbarkeit wird ausschließlich die männliche Genusform für Personen in diesem Buch verwendet. Die Gleichstellung aller Geschlechter soll damit nicht unterlaufen werden. Sich stetig wiederholende Fachbegriffe werden einmalig in jedem Kapitel in der ausführlichen Schreibweise ausgewiesen. Danach wird nur noch die Kurzform verwendet.

Literatur

Baecker, D. & Luhmann, N. (2017): *Niklas Luhmann: Einführung in die Systemtheorie*. Heidelberg: Carl-Auer Verlag.

Doose, S. (2014): »*I want my dream!*« *Persönliche Zukunftsplanung: neue Perspektiven und Methoden einer personenzentrierten Planung mit Menschen mit und ohne Beeinträchtigungen* (10., aktualisierte Auflage). Neu- Ulm: AG SPAK.
Graumann, S. (2011): *Assistierte Freiheit. Von der Behindertenpolitik der Wohltätigkeit zu einer Politik der Menschenrechte.* Frankfurt: Campus.
Honneth, A. (1994): *Kampf um Anerkennung. Zur moralischen Grammatik sozialer Konflikte.* Frankfurt am Main: Suhrkamp.
Luhmann, N. (1984): *Soziale Systeme. Grundriss einer allgemeinen Theorie.* Frankfurt a. M.: Suhrkamp.
Niehoff, U. (2007): Teilhabe. In: G. Theunissen, W. Kulig, & K. Schirbort (Hrsg.), *Handlexikon Geistige Behinderung* (S. 339). Stuttgart: W. Kohlhammer.
Nussbaum, M. (2016): *Gerechtigkeit oder das gute Lebens* (9. Auflage). Frankfurt am Main: Suhrkamp.
Pitsch, H.-J. & Thümmel, I. (2011): *Zur Didaktik und Methodik des Unterrichts mit geistig Behinderten* (4., überarbeitete und erweiterte Auflage). Oberhausen: Athena.
Ratz, C. (2011). Zur Bedeutung einer Fächerorientierung. In: C. Ratz (Hrsg.), *Unterricht im Förderschwerpunkt geistige Entwicklung. Fachorientierung und Inklusion als didaktische Herausforderung* (S. 9–40). Oberhausen: Athena.
Rawls, J. (1979): *Eine Theorie der Gerechtigkeit.* Frankfurt am Main: Suhrkamp.
Robert-Koch-Institut (2018): Journal of Health Monitoring–KIGGS Welle 2, Gesundheitsverhalten von Kindern und Jugendlichen. Berlin, https://www.rki.de/DE/Content/Gesundheitsmonitoring/Gesundheitsberichterstattung/GBEDownloadsJ/Journal-of-Health-Monitoring_02_2018_KiGGS-Welle2_Gesundheitsverhalten.pdf?__blob=publicationFile, Zugriff am 13.05.2019
Reckwitz, A. (2018): *Die Gesellschaft der Singularitäten. Zum Strukturwandel der Moderne.* Bonn: bpb.
Schubarth, W., Gruhne, C. & Zylla, B. (2017): *Werte machen Schule. Lernen für eine offene Gesellschaft.* Stuttgart: Verlag W. Kohlhammer.
Sekretariat der Ständigen Konferenz der Kultusminister der Länder in der Bundesrepublik Deutschland (1998): Empfehlungen zum Förderschwerpunkt geistige Entwicklung, https://www.kmk.org/fileadmin/.../beschluesse/1998/1998_06_20_FS_Geistige_Entwicklung.pdf, Zugriff am 01.07.2019
Sekretariat der Ständigen Konferenz der Kultusminister der Länder in der Bundesrepublik Deutschland (2021): Empfehlungen zur schulischen Bildung, Beratung und Unterstützung von Kindern und Jugendlichen im sonderpädagogischen Schwerpunkt Geistige Entwicklung. https://www.kmk.org/fileadmin/veroeffentlichungen_beschluesse/2....pdf, Zugriff am 19.07.2021
Speck, O. (2018): *Menschen mit geistiger Behinderung. Ein Lehrbuch zur Erziehung und Bildung* (13., überarbeitete Auflage), München: Ernst Reinhardt Verlag.
Statistische Veröffentlichung der KMK (2018): Sonderpädagogische Förderung an Schulen, Dokument 214. https://www.kmk.org/dokumentation-statistik/statistik/schulstatistik/sonderpaedagogischefoerderung, Zugriff am 20.07.2019
Übereinkommen der Vereinten Nationen vom 13. Dezember 2006 über die Rechte der Menschen mit Behinderungen (Behindertenrechtskonvention) (www.un.org/depts/german/uebereinkommen/ar61106-dbgbl.pdf), Zugriff am 20.04.2019
Zentel, P. (2018): Evidenzbasierung in der Geistigbehindertenpädagogik – eine Annäherung aus multidisziplinärer Sicht. In: Deutsche Interdisziplinäre Gesellschaft zur Förderung der Forschung für Menschen mit geistiger Behinderung e. V. (DIFGB) (Hrsg.), Dokumentation der Tagung: Evidenzbasierung – Kontroverse im Kontext von Autismus-Spektrum-Störungen und Geistiger Behinderung (S. 7–27), www.DIFGB_Tagungsdokumentation_2017_Evidenzbasierung.pdf, Zugriff am 20.06.2019

Teil 1: Bewerten subjektiver Lernsituationen

2 Evaluation von Lernsituationen – Grundlage der Reflexion von Unterrichtskonzepten und pädagogischer Förderplanung

Eberhard Grüning & Gerald Matthes

Die Beobachtung und Beschreibung der subjektiven Lernsituation, ihre psychologische Erklärung und die Ableitung pädagogischer Schlussfolgerungen sind anspruchsvolle Tätigkeiten im Handlungsfeld der Lehrkräfte für Sonderpädagogik. In diesem Beitrag stellen wir methodische Hilfestellungen vor. Der Teilhabebogen ist ein Instrument, das unabhängig von spezifischen Schülerkompetenzen, Fachbezug des Unterrichts oder Schulart für Schülerinnen und Schüler mit Beeinträchtigung der geistigen Entwicklung (BgE) angewendet werden kann. Die Ergebnisse bilden eine Grundlage für die Entwicklung und Reflexion weiterer pädagogischer Ziele und Vorgehensweisen. Die Ausführungen bieten somit auch eine Möglichkeit, die individuelle Passung von Förderkonzepten und Unterstützungsmöglichkeiten zu reflektieren. Der Beitrag schließt mit einem Resümee zum Theorie-Praxis-Transfer für die pädagogische Arbeit mit Schülern im Förderschwerpunkt Geistige Entwicklung (FSGE).

2.1 Einführung

Lernen ist gut oder gelingend, wenn das Kind sich aktiv mit den Lerngegenständen auseinandersetzt, sozial integriert ist und sich zugleich wohlfühlt. Diese drei Merkmale der Lage des Individuums in einer Situation bestimmen die Qualität seiner Teilhabe (Dworschak, 2004; Heimlich, 2007). Sie repräsentieren somit wesentliche Dimensionen der individuellen Lernsituation eines Kindes im Unterricht. In diesem Beitrag entwickeln wir Vorschläge für die Evaluation subjektiv erlebter Lernsituationen sowie das Verstehen der dabei wirkenden aktuellen Einflussfaktoren und beschäftigen uns mit der Entwicklung pädagogischer Schlussfolgerungen. Die Strategie wurde formativ und summativ evaluiert. Ihre Ziele richten sich auf die Beobachtung der subjektiven Lernsituationen des Kindes, die Reflexion von Annahmen über Ursachen und Bedingungen einer mehr oder weniger guten Teilhabe und die Planung von Förderzielen und Maßnahmen. Die Arbeitsweise kann zur Unterrichtsevaluation und Entwicklung individueller Förderkonzepte angewandt werden.

2.2 Theoretischer Bezugsrahmen

2.2.1 Bewertung des Bildungserfolgs

Im Mittelpunkt der gegenwärtigen Diskussion über Unterrichtsevaluation stehen Bildungsstandards, Qualitätsmanagement, Effektivitätsziele, evidenzbasierte Praxis und Lernfortschrittsdokumentationen auf empirisch-quantitativ gesicherter Basis. Selbstverständlich ist es wichtig, Leistungsmessungen durchzuführen und auf Effizienz zu achten, nicht zuletzt, um die Lernenden möglichst objektiv über Lernerfolge zu informieren (vgl. Sekretariat, 2021). Darin sind sich die Lehrkräfte einig; doch gehen die Meinungen darüber auseinander, was Leistung sein kann und soll (Sansour, Musenberg & Riegert, 2018). Der Leistungsbegriff im Sinne Klafkis (2007) erfordert, neben dem Lernergebnis den Prozess der Auseinandersetzung und das Maß der Anstrengung zu berücksichtigen. Das wird dem pädagogischen Denken nicht mehr im notwendigen Maße zugrunde gelegt. National und international vergleichend geführte Evaluationen an allgemeinen Schulen orientieren sich überwiegend an Bildungsstandards, den schulfachbezogenen Lernergebnissen. Mit dem Postulat der *Chancengleichheit* wird zudem suggeriert, dass alle Schüler den maximalen Bildungserfolg erzielen könnten. Kinder und Jugendliche gleichen Alters werden als Leistungsstarke und Leistungsschwächere sichtbar gemacht, um sie bestenfalls und frühzeitig nach ihrem Leistungsprofil effektiv zu fördern. Die fast allgegenwärtige Bewertung ist präsenter Hintergrund des individuellen Lernerlebens und so auch Wirkfaktor der familiären Erziehung. Einseitig verfolgte Leistungserwartungen können diskriminierend wirken, bei ausbleibendem Erfolg demotivieren und in der sozialen Lerngruppe zu Isolation führen. Das international und national gebräuchliche Leistungsparadigma ist nicht ausreichend. Es führt zu einem »problematischen Versprechen der Leistungsgerechtigkeit« (Schäfer, 2018, S. 11). Zum Berufsbild der Pädagogen, erst recht der Sonder- bzw. Förderpädagogen, gehört, dass zumindest gleichrangig darüber nachgedacht wird, wodurch das Kind in seiner Lernsituation gestärkt wird. Mit der offenen Liste von Fähigkeiten, die im Sinne von Voraussetzungen menschwürdigen Lebens aufgestellt sind, könnte der *Capability Approach* (Nussbaum, 1999) eine erweiterte Sicht auf Bildungsprozesse ermöglichen, die mit den nach Gerechtigkeit strebenden Bildungsabsichten in einen Zusammenhang zu bringen sind. Die Auflistung enthält u. a. die *Fähigkeit, freudvolle Erlebnisse zu haben,* sowie die *Fähigkeit, für andere und bezogen auf andere zu leben* (Nussbaum 1999, S. 57–58). Die hier ausgedrückte ethische Grundposition erfordert, Bildungsprozesse umfassender zu bewerten, als es vergleichende Bildungsstudien und Schulfachorientierungen bisher tun. Stärker zu berücksichtigen sind das subjektiv erlebte Wohlbefinden und die Teilhabemöglichkeit in Lerngruppen. Wohlbefinden und Zugehörigkeiten sind Komponenten der Lebensqualität (Glatzer & Zapf, 1984). Folglich ist »das Konstrukt der *Lebensqualität* ... eine wesentliche Legitimationsinstanz für Konzeptionen und von Evaluationen pädagogischen Handelns« (Grüning, 2011, S. 14). Dafür werden einfach handhabbare Beobachtungs- und Einschätzungskriterien für Lernsituationen im Unterricht benötigt.

2.2.2 Die subjektive Lernsituation

Teilprozesse der zu bewertenden subjektiven Lernsituation

Wenn in diesem Beitrag von Lernsituation die Rede ist, so meinen wir das subjektiv konstruierte Geschehen unter den jeweils aktuellen Bedingungen. Eine Lehrperson, die die subjektiven Lernsituationen ihrer Schüler berücksichtigen möchte, nimmt eine psychologische Perspektive ein. Sie will die Prozesse gleichsam kompakt begreifen, also die innere Situation des Lernenden als Ganzes erfassen. Sie erkennt die Gestalt dessen, was das Kind wahrnimmt, denkt oder fühlt und wie sich das auf sein Handeln auswirkt. Mit dem Blick auf die Position des Kindes, nicht auf die Disposition, kann die Lehrkraft angemessen reagieren, so wie im folgenden Beispiel aus dem Alltag:

> Enno beendet seine Aufgabe und schaut zu Pius, der offenbar nicht vorankommt. Dann blickt er zur Lehrerin und meint fragend: »Darf ich Pius helfen?« Diese Frage überrascht die Lehrerin. Von Enno ist sie gewohnt, dass er sich immer um Pius kümmert, ihm eifrig alles zeigen und vormachen möchte, manchmal ansatzweise einfühlsam, meist aber übereifrig und laut. Nun aber hält er sich zurück! Die Lehrerin erkennt, dass hier Neues geschieht: Enno beherrscht seinen unmittelbaren Impuls. Hält er sich zurück, weil sie das ein paarmal von ihm gefordert hat? Ist sie endlich durchgedrungen? Denkt Enno gar daran, dass Pius die Hilfe vielleicht gar nicht haben möchte? In dieser Richtung will sie ihn bestärken und deshalb antwortet sie: »Frage Pius, ob du ihm helfen sollst!«
>
> Enno besitzt automatisierte Handlungs- und Reaktionsmuster. Welche von ihnen Wirklichkeit werden, hängt davon ab, wie er die äußeren Gegebenheiten wahrnimmt und emotional bewertet, die gestellten Aufgaben, die Äußerungen der Lehrerin, das Verhalten des Nachbarn u. a. m. Auch jetzt, in diesem Moment, sind bei Enno bestimmte Bereitschaften aktiviert. Aktuell ist er relativ ausgeglichen. Er empfindet die freundliche und ruhige Ausstrahlung der Lehrerin. Dadurch kann er daran denken, was diese sich von ihm gewünscht hatte, nämlich, dass er Pius in Ruhe lässt. Das hat die Lehrerin Enno deutlich gemacht, ohne zu glauben, Macht über dessen Gedanken und Gefühle zu besitzen.
> Von solchen Fehlerwartungen hat sie sich befreit und dadurch manche Gefühle von Hilflosigkeit und Ohnmacht vermieden. Pädagogische Illusionen, sie könne bei den Kindern erreichen, was sie möchte, hätte sie nur die notwendigen äußeren Rahmenbedingungen, Power und Konsequenz, gibt es bei ihr selten. Sie hat sich vom eindimensionalen pädagogischen Kausalitätsdenken gelöst, das traditionell so fest verwurzelt scheint. Kinder realisieren die Handlungsmuster, die für sie in der Situation Sinn haben. Daher ist es so wichtig, sich in ihr subjektives Empfinden und Denken zu versetzen und zu erspüren, welche Impulse sie voranbringen könnten.

Das Beispiel zeigt, wie wichtig es ist, die subjektive Lernsituation zum Ausgangspunkt für pädagogisches Handeln zu wählen. Eine output-orientierte Evaluation des Unterrichtserfolgs vernachlässigt die Betrachtung dieser Prozesse. Das gilt auch für viele Formen der Förderplanung. In Anlehnung an das wissenschaftlich fundierte und stärkenorientierte Konzept *Positive Verhaltensunterstützung* (Theunissen, 2014) soll Schülern die Möglichkeit gegeben werden, positive Lernerfahrungen zu gewinnen und ein wertschätzendes Selbstbild zu festigen. Der Teilhabebogen (Abb. 2.1) ist ein Schritt im Sinne dieses Konzepts: Als *Funktionales Assessment* dient der Teilhabebogen dem Zusammentragen von Ergebnissen, dem Erheben von Informationen und der Bildung von Annahmen über Bedingungen des Schülerverhaltens (Schubert, 2011).

In positiv erlebten Lernsituationen nimmt das Kind wahr: Da ist meine vertraute, sehr gute Lehrerin. Diese Wahrnehmung beruht auf den bisherigen Erfahrungen. Das Kind blickt auf seine Aufgabe. Es erkennt: Was ich hier tun soll, so etwas Ähnliches kenne ich oder habe ich schon gemacht. Wenn ich mich anstrenge, kann ich das. Die Lernumgebung vermittelt Ruhe und Sicherheit.

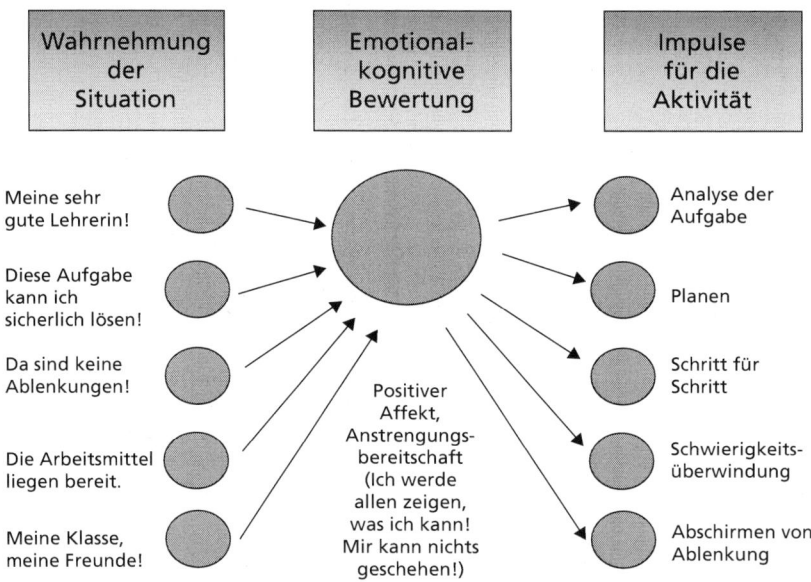

Abb. 2.1: Positive Lernsituation (hypothetisches Beispiel)

Das Wahrgenommene wird emotional-kognitiv bewertet. Der Lernende empfindet: Hier bin ich richtig; ich bin richtig. Er bleibt in der Situation, nimmt Informationen auf und glaubt an die Möglichkeit des Erfolgs. Daraus ergibt sich Lernhandeln (Abb. 2.1, rechte Spalte).

Zu den Voraussetzungen einer positiven Lernsituation gehört eine Lernumgebung, die den individuellen Lernmöglichkeiten entspricht. Tragfähige zwischenmenschliche Beziehungsqualitäten und passende Anforderungsstrukturen entscheiden, ob der Schüler pädagogisch erreicht wird. Im positiven Fall kommt es zur Resonanz (Rosa, 2018), gleichsam wie beim Radio, das auf den entsprechenden

Kanal eingestellt ist und klare Signale empfängt. Wenn Sende- und Empfangsfrequenzen nicht übereinstimmen, ist nur Rauschen zu hören. Zwar hat der Schüler keine Frequenzkanäle, aber doch Resonanzbereitschaften. Willkürliche Interventionen werden wahrscheinlich an ihnen vorbeigehen, vor allem, falls das Kind sich isoliert oder verletzt fühlt, demotiviert ist oder eine abstrakte Information nicht verstehen kann. Der Dialog zwischen Schüler und Umwelt wird gestört, Lernen erschwert. Nach Fornefeld (1991) enthält der *Anruf* des Kindes eine Möglichkeit zur *Antwort*. Dadurch kann das Kind in den Dialog mit der Umwelt treten. Im Ergebnis der Auseinandersetzung mit sich und der Umwelt ist der lernende Schüler auf diesen Dialog angewiesen. In einer positiven Lernsituation sind *Sender* und *Empfänger* auf Resonanz eingestellt: Der Schüler fühlt sich einbezogen und zugehörig; sein Lernen wird von positiven Gefühlen getragen. Bei Störungen dieser Konstellationen sprechen wir von problematischen Lernsituationen, in denen eine effiziente Bildung nicht erwartet werden kann. Je länger die Störungen andauern, je mehr Bereiche sie erfassen, umso schwerer lässt sich eine Wende erreichen. Deshalb ist die verlaufsbezogene Beobachtung und Beschreibung der Lernsituationen unerlässlich, sei es im gemeinsamen Unterricht unter inklusiven Bedingungen oder beim Lernen mit anderen Schülern, die ebenfalls sonderpädagogischen Unterstützungsbedarf haben. Richtschnur ist eine subjektive Situation, für die drei Merkmale charakteristisch sind, die für *Teilhabe* stehen (Dworschak, 2004; Heimlich, 2007):

- die Beschäftigung mit den Lerngegenständen,
- die empfundene Zugehörigkeit zur Gemeinschaft und
- das emotionale Wohlbefinden.

Es handelt sich hierbei um Dimensionen, die, wenn sie gut ausgeprägt sind, dem Anspruch gerecht werden, die menschlichen Grundfähigkeiten in Bildungsprozessen zu verfolgen (Nussbaum, 1999). Unterforderungen in der Beschäftigung mit einem Lerngegenstand, soziale Randständigkeit oder gar Ablehnung demotivieren und belasten den Schüler. Überforderungen rufen Unlust und Ausweichverhalten hervor. Im Fokus unseres Ansatzes steht die Analyse von entwicklungsförderlichen Bedingungen der Lernsituation, nicht das Erkennen von Persönlichkeitseigenschaften.

Beobachtung und Beschreibung subjektiver Lernsituationen

Für die Analyse von Lernsituationen kommen im Prinzip unterschiedliche Ebenen in Betracht, so zum Beispiel die des psychophysischen Aktivitätsniveaus, der kognitiven Tätigkeit, der emotionalen Prozesse und der sozialen Interaktionen. Wir konzentrieren uns auf die drei ausgewiesenen Beobachtungsdimensionen, die das Wesen des Lernens in der Schule ausmachen: Die *erste Dimension* beinhaltet die Zuwendung der Schüler zu Lerngegenständen, die ihren kognitiven Voraussetzungen entsprechen und die Kompetenzentwicklung voranbringen. Die *zweite Dimension* umfasst die Aktivität der Schüler als Teil einer sozialen Gruppe und ihre Möglichkeit, Kontakte zu den Gruppenmitgliedern herzustellen. Diese Dimension ergibt sich aus der

Prämisse, dass der Mensch ein soziales Wesen ist, dessen Grundbedürfnisse darauf gerichtet sind, in guten sozialen Beziehungen zu leben (Bauer, 2008). Die *dritte Dimension* meint das emotionale Wohlbefinden in einem weiten Sinn, nämlich als Kohärenzerleben, d. h. als Ausdruck eines inneren Gleichgewichts, in dem ein mitunter beeinträchtigtes Wohlbefinden (z. B. infolge von Misserfolgs- oder Distanzierungserleben) relativ gut und vor allem eigenaktiv wiederhergestellt werden kann. Die Aufnahme und Verarbeitung derart sozial vermittelter Informationen ist emotionsabhängig. Bei einer positiven emotionalen Lage ist der Lernende bereit, Anregungen aufzunehmen und zu verarbeiten. Das ist mannigfach empirisch belegt worden, besonders nachdrücklich in der *Positiven Psychologie* (z. B. Auhagen, 2008; Seligman, 2012), aber auch in der Hirnforschung (z. B. Ciompi, 2005).

Mit Hilfe der folgenden Fragen kann eingeschätzt werden, unter welchen Bedingungen Lernsituationen entwicklungsförderlich sind:

- Wobei arbeitet der Lernende gut mit und wobei nicht?
- Unter welchen Umständen ist er sozial gut dabei und wann nicht?
- Wann fühlt er sich wohl und ist leistungsbereit und wann nicht?

Im Ergebnis einer solchen Analyse zeigen sich die intraindividuelle Variabilität eines Schülers in verschiedenen Lernsituationen und Möglichkeiten der Entwicklung und Förderung. Weder der individuelle noch der Gruppendurchschnitt sind zur Beantwortung der drei Fragestellungen von Interesse. Die genannten Dimensionen entsprechen der Erfassung individueller Strukturen der psychischen Grundbedürfnisse des Menschen (Matthes, 1999) und sie gehen konform mit dem Konzept der Partizipation im Sinne des Einbezogenseins, der Aktivität und des Beitragenkönnens. Deshalb bezeichnen wir diese Dimensionen zur Beobachtung und Einschätzung subjektiver Lernsituationen als *Teilhabedimensionen*.

2.2.3 Die Teilhabeskalen

Begründungen der Struktur

Wie in der Fotografie, so können wir auch beim Beobachten Detail- und Weitwinkelperspektiven herstellen und unterscheiden. Ein Beispiel für eine Detailaufnahme in der Beobachtung:

> Die Lehrerin stellt dem Schüler in einem Lernkontext eine Aufgabe. An nonverbalen, natürlichen Ausdrucksmöglichkeiten (z. B. am Augenausdruck, Bewegungen des Schülers, Veränderungen der Körperspannung) erkennt sie, dass seine Aufmerksamkeit abgleitet. Sie bildet Annahmen über die Ursache und reagiert dementsprechend.

Solche Detailbeobachtungen sind für die Interaktion grundlegend und erfordern die bewusste Wahrnehmung von Äußerungen über alle Kommunikationskanäle. Menschen mit Beeinträchtigungen der aktiven Sprache nutzen vordergründig andere

Kanäle als Menschen ohne Beeinträchtigung (Mall, 2000). Aber auch die distanzierte Draufsicht kann Wichtiges sichtbar machen. Die Teilhabeskalen dienen einer solchen Draufsicht, weniger der Detailbeobachtung. Mit ihrer Hilfe können Annahmen gebildet werden, weshalb der Schüler unter einer Bedingung aktiver werden kann als unter einer anderen. Weshalb ist der Schüler zum Beispiel bei der Beschäftigung mit dem Sortieren von Materialien viel eifriger als beim feinmotorisch anspruchsvollen Konstruieren? Weshalb spricht er im Unterricht mit einer bestimmten Lehrkraft, schweigt aber bei einer anderen? Die Teilhabeskalen gingen aus den »Prozess-Skalen für integrative und kooperative Situationen« hervor (Matthes, 2002, S. 59–77; Matthes, Salzberg-Ludwig & Nemetz, 2008; Matthes, 2018). Sie bündeln Lernbeobachtungen in den folgenden Dimensionen der Lernsituation:

- *Zuwendung zum Lerngegenstand*: Beschäftigung der Schüler mit den pädagogisch angestrebten Inhalten und Handlungsgegenständen (von höchstens kurzzeitiger Zuwendung bis konzentrierte, ausdauernde Tätigkeit)
- *Soziale Kontakte*: Zugehörigkeitsgefühl und Kontakte zu anderen Schülern (von fehlenden bzw. nur negativ konnotierten Kontakten bis zu angemessenen, gelingenden Kontakten)
- *Emotionales Wohlbefinden*: emotionale Sicherheit und Befinden des Schülers (von Unsicherheit, Vermeidung bis Wohlbefinden, Sicherheitsgefühl).

Jede Dimension wird mittels einer Skala repräsentiert (▶ Abb. 2.2 bis ▶ Abb. 2.4). Die Stufen 1 und 6 jeder Skala sind als Ankerwerte definiert. Abgegeben werden subjektive Einschätzungen. Diese dienen dazu, die Situationen des Schülers im Unterricht zu reflektieren und zur Diskussion zu stellen. Gütekriterien sind die pädagogische Relevanz und die Praktikabilität.

Beispiele für die Bedeutung subjektiver Ratings zu komplexen Sachverhalten gibt es auf vielen Gebieten der pädagogischen, psychologischen, soziologischen oder medizinischen Praxis. So verwendet die Schmerztherapie oft eine subjektive Einschätzung von Schmerzen mit Hilfe einer Skala, wie z. B. den EDAAP-Bogen zur Schmerzerfassung bei Jugendlichen und Erwachsenen mit Mehrfachbehinderung (Belot, 2017). Objektiv sind diese Skalen nicht, und sie sollen es auch nicht sein. Definiert sind z. B. aufsteigende Skalenpunkte von 0 (schmerzfrei) bis 10 (unerträglicher Schmerz). Was als unerträglicher Schmerz empfunden wird, ist individuell unterschiedlich und hängt unter anderem vom Allgemeinzustand oder der jeweiligen Angst vor noch größeren Schmerzen ab. Selbst- und Fremdeinschätzungen können signifikante Unterschiede aufweisen (Grüning, 2019). Dennoch sind derartige Skalen ein Instrument, mit dem die Wirkung von Therapien und Unterstützungsmaßnahmen kontrolliert werden kann. Ein direkter Vergleich unterschiedlicher Personen ist nicht möglich.

Die Teilhabeskalen können zeigen, wie sich unterschiedliche Bedingungen und Anforderungen auf das Lernen eines Schülers auswirken, zum Beispiel: Arbeitet der Schüler beim Rechnen besser mit als beim Lesen (Zuwendung zum Lerngegenstand)? Fühlt er sich in den ersten Unterrichtsstunden des Tages oder der Woche besser als in den letzten Stunden (Emotionales Wohlbefinden)? Es kann Unterschiede in Abhängigkeit vom Wochentag, von der Tagesstunde, von der unterrichtenden

Lehrkraft, vom Lerngegenstand u. a.m. geben (Grüning, 2007). So aber wird erkennbar, welche Bedingungen sich positiv auf die Zuwendung zum Lerngegenstand, das Interaktionsgeschehen und die Motivation auswirken.

Aufbau des Teilhabebogens

Im oberen Teil des Bogens besteht die Möglichkeit, Ergebnisse aus der freien Beobachtung stärkenorientiert zu beschreiben. Der zweite Teil des Bogens enthält ein dreigliedriges Schema der zu evaluierenden Lernsituation. Entsprechend der Beurteilung von Lernsituationen werden situationsbezogene Urteile zu den drei Teilhabedimensionen abgegeben.

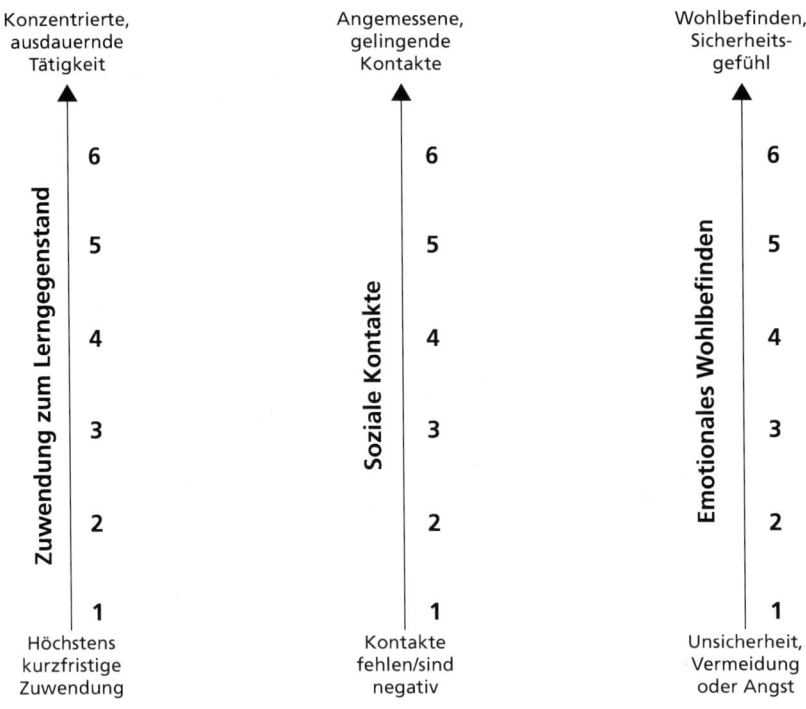

Abb. 2.2: Teilhabeskalen

Schröder & Matthes (2002) haben nicht nur die Skalenpole, sondern auch die einzelnen Niveaustufen (1–6) definiert. Eine überarbeitete Form lautet:

- Zuwendung zum Lerngegenstand:
  - Sporadische und kurzzeitige Zuwendung
  - Zuwendung bei besonderem Interesse, zeitlich ausgedehnter Phasen des Abgleitens

- Phasenweise Zuwendung; oft dominieren aber inaktive oder vermeidende Verhaltensweisen
- Neben der zusammenhängenden Beschäftigung mit den Lerngegenständen gibt es oft Schwierigkeiten beim Beginnen, Ablenkung, Ersatzhandlungen u. ä.
- Meist zielgerichtete und befriedigende Zuwendung zu den Lerngegenständen
- Ausdauernde, freudvoll-befriedigende und bedingungsadäquate Zuwendung zu den Lerngegenständen.

- Soziale Kontakte:
  - Mimisch-gestischer, konkret-handelnder oder verbaler Kontakt wird nicht aufgenommen; sehr eingeschränkte Reaktionen auf Fragen, Hinweise, Wünsche
  - Sporadische verbale, mimisch-gestische oder konkret handelnde Kontakte. Nur auf Anregung hin fragt das Kind etwas, zeigt anderen etwas o. ä.
  - Etwas häufigere verbale, mimisch-gestische oder konkret handelnde Kontakte
  - Problemloses Zugehörigkeitsgefühl bei mehr passiver eigener Rolle im Gruppengeschehen, aber erkennbarem Bedarf nach sozialem Austausch. Das eher sozial passive Verhalten ruft wenige Kontaktangebote durch andere hervor
  - Gutes Zugehörigkeitsgefühl; Kontakte mit anderen Gruppenmitgliedern sind noch etwas einseitig und eingeengt
  - Reges und gelingendes Kontaktgeschehen, in das das Kind vollständig und aktiv einbezogen ist.

- Emotionales Wohlbefinden:
  - Das Kind weint oder verschließt sich völlig
  - Relative Dominanz von Ängsten, Unsicherheit oder aggressiver Bewältigung
  - In vielen Situationen zeigen sich Einschränkungen der Sicherheit und des Wohlbefindens
  - In der Gesamtbilanz ist das Kind zufrieden, doch treten Angst und Unsicherheit in relativ vielen Situationen auf
  - Mit Ausnahme spezieller Situationen fühlt das Kind sich wichtig, kompetent und ist zufrieden
  - Das Kind fühlt sich wohl, ist aktiv und emotional weitgehend stabil.

Die Eintragungen in den Teilhabebogen können individuell oder vorzugsweise in einem kollegialen Gedankenaustausch vorgenommen werden. Anzugeben ist, für welche Situationen, für welchen Zeitraum und von wem die Einschätzungen vorgenommen werden. Das Abtragen der beobachteten Werte ist nur unter gleichzeitiger Protokollierung der Bedingungen vorzunehmen. In Teamberatungen können die Skalen auch als eine Art Vorlage für den Gedankenaustausch dienen.

In der nachfolgenden Tabelle 2.1 werden einige Fragen ausgewiesen, die eine solche Verwendung der Skalen unterstützen:

Bereits die Fragen der Tabelle 2.1 tangieren Innerpsychisches. Explizit dient der nächste Abschnitt der Annäherung an die Beweggründe und Wenn-Dann-Zusammenhängen.

Tab. 2.1: Mögliche Fragen für Gespräche zur Auswertung der Teilhabeskalen

Zuwendung zum Lerngegenstand

- Welche Lerngegenstände sind persönlich bedeutsam? Bei welchen Inhalten kann der Schüler an seinen Vorstellungen und seinem Vorwissen anknüpfen? Welche Wahrnehmungskanäle dominieren? Welche Begriffe sind verfügbar? Wo gibt es bereits eine selbsttätige Handlungssteuerung (laut- oder innersprachlich)? Welche Motive und Bedürfnisse erweisen sich als gut ansprechbar? Wo sind Lernstrategien erkennbar? In welchen Teilprozessen der Lernhandlung zeichnet der Schüler sich aus?
- Bei welchen Anforderungen und in welchen Situationen kann der Schüler keinen Beginn finden? Wo und wann ist die Arbeitsweise zu unsystematisch? Welche Anforderungen vermeidet er? Wodurch wird seine Aktivität eingeschränkt?

Soziale Kontakte

- In welchen Situationen und Bereichen gelingt die Einbeziehung in gemeinsame Tätigkeiten? Wozu kann der Schüler beitragen? Wann fühlt er sich aufgehoben und akzeptiert? Zu wem und in welcher Phase besteht eine Vertrauensbeziehung? Wie strebt der Schüler soziale Kontakte an? Wann und zu wem ist er kontaktbereit? Welche Kontaktangebote nimmt er auf? Wo bewährt er sich in Konfliktsituationen?
- In welchen Situationen ist der Schüler isoliert und aus welchen Gründen?

Emotionales Wohlbefinden

- Worüber freut sich der Schüler? Was tut er gern? Welche Situationen gefallen ihm? Wodurch fühlt er sich ermutigt? Wobei erlebt er Erfolge? Welches Lob kommt an? Wo agiert er angstfrei? Wodurch fühlt er sich ermutigt?
- Was ist dem Schüler oft unangenehm? Was löst Aversionen, Ängste, Vermeidungsverhalten aus?

Erklären (Verstehen der Subjektlogik)

Das Erklären beschäftigt sich mit dem konkreten Ursachen- und Bedingungshintergrund von Missverhältnissen und Ungleichgewichten in den Lernsituationen. Vor allem ist von Interesse, wodurch sich die vermeintlich besseren Situationen auszeichnen: Welche psychischen Voraussetzungen und Zusammenhänge sind dafür wichtig? Erlebt der Schüler die Lehrkraft hier anders als sonst? Ist der Lerngegenstand stärker mit der Erlebnis- und Erfahrungswelt des Schülers verbunden? Wird das aktuelle Lernniveau besonders gut getroffen? Die Antworten führen auf direktem Weg zu Schlussfolgerungen für das Lehrerhandeln.

Hier geht es nicht um die generelle Diagnose einer Beeinträchtigung. Eine schwache Teilhabe zum Beispiel mit mangelhafter Gewohnheitsbildung, Konzentrationsschwäche oder dem Verhaftet-Sein im sensomotorischen oder präoperationalen Denken zu erklären, wäre oberflächlich (kein Erkenntnisgewinn). Wir suchen direkte und konkrete Antworten auf die Warum-Fragen: Weshalb arbeitet der Schüler unter bestimmten Bedingungen mit, bringt seine Kompetenz ein und fühlt sich wohl, unter anderen aber nicht? Worauf beruhen seine Demotivation am ersten Schultag der Unterrichtswoche, sein emotional problematisches Verhältnis insbesondere zu einer bestimmten Lehrkraft, seine geringe Mitarbeitsbereitschaft bei bestimmten Gruppenaktivitäten, seine Aversion gegen die Beschäftigung mit Mengen? Um solche Fragestellungen wurde manchmal förmlich gerungen. In einem Fall lautete die Frage: Weshalb nimmt dieses Kind so selten Kontakt zu Mitschülern auf? Die Frage erschien zu vage. Also wurde sie in der Diskussion geschärft: Woran liegt es, dass dieses Kind in bestimmten Situationen fröhlicher ist und andere Kinder auch anschaut, während es das in anderen Situationen nicht tut? Diese neue Frage war nicht mehr unmittelbar auf die Schwierigkeiten der Kontaktaufnahme ausgerichtet, sondern auf eine Bedingung, die wahrscheinlich ursächlich dahintersteht.

Eine Rahmentheorie für das Erklären entwickelte Jantzen mit seinem Konzept *Rehistorisierende Diagnostik* (Jantzen 2005; 2011). Es steht in der Tradition der kulturhistorischen Schule und der Tätigkeitstheorie. Die Entwicklung der Persönlichkeit und der psychischen Besonderheiten geschieht demnach in der aktiven Auseinandersetzung des Heranwachsenden mit seiner sozialen Umwelt.

> »Das Sein und Werden eines Menschen sind stets Spiegelbild seiner Verhältnisse zum Menschen und zur Welt, die wiederum bestimmten Bedingungen unterliegen. Jeder Mensch kann sich in seinem Verhältnis zur Welt und zum Menschen nur mit den Mitteln entwickeln, die ihm zur Verfügung stehen bzw. die ihm zugestanden werden« (Lanwer, 2006, S. 77).

Der Schüler hat bestimmte Mittel, um sich mit den äußeren Gegebenheiten und Angeboten auseinanderzusetzen. In ihnen sind seine biologischen und psychischen Erfahrungen und aktuellen Zustände präsent. Im positiven Fall passen die äußeren Bedingungen gut zu diesen Voraussetzungen, so dass der Schüler die Angebote aufgreifen und sich neue Möglichkeiten (Konzepte, Strategien, Kenntnisse usw.) aneignen kann. Oben haben wir das mit dem Begriff der Resonanz verbildlicht. Im negativen Fall besteht eine Diskrepanz zwischen den Möglichkeiten des Schülers und den gegebenen äußeren Bedingungen. Dann ist der Austausch zwischen dem Kind und der Welt belastet und es kann zur Beschränkung von individuellen Entwicklungsmöglichkeiten und sogar zum Verlust bereits angebahnter Entwicklungen kommen. Als besonders wichtig erwiesen sich die folgenden Fragen:

- Konnten die pädagogischen Fachkräfte sich in die emotionale Situation des Schülers versetzen und feinfühlig reagieren oder geriet der Schüler aus dem Blickfeld?
- Wurden die zurzeit wichtigsten Entwicklungsziele des Schülers verfolgt oder waren diese zu allgemein und nicht abrechenbar?
- Waren die erforderlichen personellen, zeitlichen und räumlichen Ressourcen für die Bildungsprozesse des Schülers gesichert oder konnten Ziele nicht erreicht werden, weil Ressourcen fehlten?
- Gab es im Team der Pädagogen die notwendige gegenseitige Unterstützung? Gab es konkrete Absprachen, Klärung von Zuständigkeiten, Austausch von Positionen und Vorschlägen? Hat sich jeder an Vereinbarungen gehalten oder gab es im Team Leerlauf in der Zusammenarbeit, Aufschieben von Entscheidungen, Mangel an Kommunikation und Absprachen?

Die Erklärungsgüte zur Wirkung jeglicher Bedingungen des Lernens im Unterricht hängt auch davon ab, welche Erfahrungen die Lehrkraft einbringt. Ihrem Menschenbild und ihrer wissenschaftstheoretischen Verortung gemäß, kann sie an physiologische, neurologische und endokrinologische Faktoren denken und ihr psychologisches Wissen über Bedürfnisse, innere Konflikte, Selbstbilder, Reaktionsmuster, traumatische Erfahrungen, schwierige Lernumgebungen und gestörte Beziehungsqualitäten heranziehen. Die Erklärung erfordert, den Beitrag der eigenen Person zum Entwicklungsgeschehen zu analysieren. Stellen wir uns vor, ein Schüler weicht regelmäßig bestimmten Lernanforderungen aus, die er bei einiger Anstrengung bewältigen könnte. Immer wieder hatte die Lehrerin zur Anstrengung ermutigt – vergeblich. Versteht der Schüler die Ermutigung als Zeichen für eine besonders schwierige Aufgabe, bei der eine Anstrengung sowieso vergeblich wäre? Dann hat die Lehrerin das mit ihren Bemerkungen mit verursacht. Ist ihr das bewusst? Um solche Anteile zu erkennen, muss man das Geschehen von *außen* betrachten und die eigene Rolle objektivieren – eine Anforderung, die professionelles Arbeiten erfordert. Inhaltlich-fallbezogene Teamberatungen und Supervision erleichtern es, Fragen aufzuwerfen, denen man zuvor weniger Beachtung geschenkt hatte. Die Reflexion des eigenen Erfahrungshintergrundes ist eine permanente Aufgabe.

Ein Arbeitsmittel zur Objektivierung in diesem Prozess ist das Struktur-Lege-Verfahren (Matthes, 2018). Mit dem Vorgehen können in der Teamberatung oder in persönlichen Überlegungen Gedanken zu Wirkfaktoren der subjektiven Lernsituationen entwickelt werden. Das Vorgehen in diesem Verfahren kann als PAZ-Struktur bezeichnet werden. Den Ausgangspunkt bildet das in den Blick geratene Phänomen (P). Es werden Annahmen über Bedingungen zur Entstehung des Phänomens (A) formuliert, aus denen Zielsetzungen zur Optimierung einer förderlichen Lernsituation (Z) resultieren, womit eine sonderpädagogische Grundposition, die als Einheit von Diagnostik und Bildung zu benennen ist, unmittelbar wird. Weiter unten stellen wir ein Beispiel vor (▶ Abb. 2.5). Bedingungen für die Arbeit mit dem Struktur-Lege-Verfahren sind:

- störungsfreie Arbeitsbedingungen,
- Einfühlung in die innere Situation des Kindes,
- Konzentration auf die Faktoren, die *gegenwärtig* konkret wirksam sind (nicht auf die früheren Ursachen),
- Bewusstheit hinsichtlich des hypothetischen Charakters von Fremdeinschätzungen.

Wer das Verfahren durchführen möchte, kann auf eine ausführliche Form (einschließlich der Verwendung von 30 sogenannten Ursachen- und Bedingungskärtchen) zurückgreifen (Matthes, 2018). Im Folgenden zeigen wir eine verkürzte, modifizierte Form, die Beeinträchtigungen der geistigen Entwicklung berücksichtigt und sich ebenfalls bewährt hat. Zentrales Anliegen bleibt die Annäherung an die Innensichtperspektive des Schülers (Zimmermann, 2017, verwendet den Begriff *Subjektlogik*), wofür im vorgestellten Verfahren kaum weniger als 20 Minuten nötig sein werden. Folgende Schritte sind zu empfehlen:

- Vergegenwärtigen Sie sich das Lernverhalten und die Lernergebnisse des Schülers und erkunden Sie seine Selbsteinschätzung. Denken Sie an Situationen im

Unterricht, in denen der Schüler aktiv ist bzw. nicht mitarbeitet, und leiten Sie eine Fragestellung zur Erklärung ab.
- Dann notieren Sie auf kleinen Zetteln Stichworte zu Ursachen und Bedingungen, die eine Rolle spielen. Mehr als 8 oder 10 Stichwortzettel sollten es nicht sein. Man kann Zusammenhängendes in einigen Stichworten bündeln (▸ Abb. 2.5). Denken Sie an die Anforderungsstrukturen, das Lernumfeld, das Gruppenklima und die Lehrer-Schüler-Beziehung. Vergegenwärtigen Sie sich die Möglichkeiten des Kindes, Wahrnehmungs- und Denkprozesse erfolgreich zu bewältigen. Aktualisieren Sie (psycho-) motorische und sprachliche Prozesse, emotional-motivationale Faktoren, wie Aktivierungsniveau, Frustrationstoleranz und Selbsteinschätzung, und Faktoren der Handlungssteuerung, wie Lernstrategien und Reaktion auf Ablenkungen und Bewältigung von Schwierigkeiten.
- Betrachten Sie die Stichworte und überarbeiten sie diese dahingehend, dass die aktuell tatsächlich wichtige Ursachen- und Bedingungsfaktoren klar hervortreten.
- Jetzt entwickeln Sie ein Strukturbild der individuellen Wirkzusammenhänge. Die einzelnen Ursachen und Bedingungen stehen nicht isoliert nebeneinander. Sie bilden ein gegliedertes Ganzes mit Elementen und ihren Beziehungen. Dazu ordnen Sie die Zettel räumlich an und stellen die Beziehungen dar! Alles geschieht hypothetisch. Legen Sie die wirkungsstärksten Inhalte an eine zentrale Stelle und Dazugehörendes daneben. Legen Sie Inhalte, die eine enge Beziehung haben, nebeneinander und stellen Sie sich Pfeile und Symbole vor! Gibt es Nebengeordnetes (a und b liegen auf einer Ebene), Untergeordnetes (a enthält b), Auswirkungen (a bewirkt b) und Wechselwirkungen (a bewirkt b und b bewirkt a)? Sie können neue Zettel anfertigen und andere aussortieren.
- Lassen Sie die jetzt entstandene Struktur auf sich wirken! Wahrscheinlich handelt es sich um eine von mehreren möglichen Interpretationen. Sind Ihre Annahmen plausibel und wichtig? Wenn der Entwurf Sie nicht überzeugt, versuchen Sie eine andere Variante! Welches Thema muss stärker in den Mittelpunkt gestellt werden? Was fehlt für eine schlüssige Struktur? Worauf könnte verzichtet werden? Wechseln Sie die Perspektive; verabschieden Sie sich von letztlich doch unwahrscheinlichen Ideen! Sprechen Sie über Ihre Annahmen und verändern Sie den Entwurf der Wirkstruktur so lange, bis er Ihnen nachvollziehbar und einsichtig erscheint!

Eine so entfaltete und visualisierte Erklärung hat den großen Vorteil, dass sie diskutiert und weiterentwickelt werden kann. Sie bleibt hypothetisch und, das ist ihr Zweck, kann zu Ideen für pädagogische Schlussfolgerungen führen.

2.2.4 Entwicklung der Ziele und Methoden zur Verbesserung der Lernsituation

Ziel ist, die Lernsituation des Schülers zu verbessern bzw. zu konsolidieren, um ihm die optimale Teilhabe am Unterricht zu gewähren: Wie gelingt der Zugang zum Lerngegenstand? Wie kann die Lernsituation zur kognitiven Förderung genutzt werden? Wie können soziale Kompetenzen aktiviert und das Gemeinschaftsgefühl des Schülers entwickelt werden? Ist das emotionale Wohlbefinden aller Schüler gesichert? Welche Möglichkeiten bestehen, äußere Rahmenbedingungen des Lernens aufzugreifen und zielführend zu nutzen? Tabelle 2.2 nennt einige Stichworte zur Antwortsuche.

Tab. 2.2: Zielrichtungen zur Optimierung von Lernsituationen

Zielrichtung: Äußere Rahmenbedingungen schulischen Lernens

- Zeitlich-räumliche Strukturierung von Lern- und Sozialprozessen (Verantwortlichkeit, feste Arbeitsbereiche, Ordnungsrituale, Verlaufsrituale, überschaubare Regeln und Strukturen visualisieren),
- Sicherung materieller und personeller Voraussetzungen für eine positive Lernsituation (Beachtung physischer und psychischer Grundbedürfnisse, interessenorientierte Bildungsmaterialien, individuell gebräuchliche Arbeitsmittel, Koordination des Pädagogenteams einschließlich der Aufgaben für Einzelfallhelfer in Bezug auf Beschränkung notwendiger Unterstützung),
- Ressourcen der familiären Lebenssituation des Kindes erkennen und nutzen (Stärkung der Vertrauensbasis, die Sicht der Eltern oder anderer Erziehungsberechtigter einbeziehen, ihre Möglichkeiten akzeptieren, würdigen, fördern und beraten),
- Gemeinwesenorientierte Partnerschaften (Community Care) für schulische Bildung anstreben (vgl. ▸ Kap. 11, i. d. Bd.).

Zielrichtung: Auseinandersetzung mit dem Lerngegenstand

Kognitive Aktivierung:

- Aktivierung der Wahrnehmungstätigkeit (individualisierte, ggf. mehrsinnige Angebote einzelner Informationen; Organisation der Auseinandersetzung mit den Informationen; Reflexion des Wahrgenommenen zur Entwicklung bewussten Lernens (Was sollst du tun? Wie kannst du das schaffen? Was ist dir gelungen?),
- Förderung von Denkoperationen und Begriffsbildungen (an Kriterien orientierte Vergleiche herbeiführen, Gemeinsamkeiten und Unterschiede erkennen, Zuordnungen veranlassen, Gemeinsamkeiten erkennen, in Oberbegriffe für klassifizierte Merkmale verwenden, Analogien bilden, Mittel-Zweck-Beziehungen analysieren),
- Entwicklung sprachlicher Kompetenzen (den Schüler ansprechende Inhalte für kommunikative Situationen wählen, Interventionen der Logopädie im Unterrichtskontext weiterführen, Übung ausgewählter sprachlicher Kompetenzen zur Lautbildung, Wortschatzerweiterung, Mitteilungsbereitschaft wecken und Verstärkung nonverbaler Kompetenzen),
- Lernniveaugerechte fachliche Lernanforderungen (Aufgaben individuell so anpassen, dass sie lösbare Herausforderungen darstellen und aktuell und zukünftig bedeutsame Lerninhalte abbilden),
- Klare Aufgabenstellungen und induktive Lernwege zur Erkenntnis in der Auseinandersetzung mit dem Lerngegenstand bevorzugen,
- Raum für eigene Ideen lassen (Kreativität und Partizipation),
- Konzentrationsspanne und Aufmerksamkeit binden und zeitlich erweitern,
- Übung von Strategien der Informationsaufnahme, Orientierung, Planung und Ausführung vorsehen und begleiten,
- Zeitnahe Rückmeldungen über Lernerfolg geben,
- Anregungen zur Reflexion und (Nach-)Steuerung des Lösens von Aufgaben geben (▸ Kap. 3, i. d. Bd.),
- Individuell besonders geeignete Arbeitsmittel und entlastende Lernhilfen anbieten, Bedingungen zum möglichen Abruf der Kompetenzen organisieren,

Tab. 2.2: Zielrichtungen zur Optimierung von Lernsituationen – Fortsetzung

- Reduzierung von Störquellen, um Konzentration zu erleichtern sowie Reizüberflutung und Irritation entgegenzuwirken,
- Viele Rückkoppelungen zu den Lernprozessen schaffen (individuell akzeptierte und motivierende Bewertungsformen verwenden),
- Fehler im Lernhandeln analysieren und geeignete Lösungsstrategien anbahnen,
- Zeitmanagement üben.

Psychomotorische Aktivierung:

- Themen- oder methodenorientierte Bewegungsanforderungen individualisiert stellen,
- Lernrhythmen entwickeln (Belastungs- und Entspannungsphasen bedenken, individuelle Zeiten und Orte für Entspannung einräumen),
- Lautsprachliche Handlungssteuerung modellhaft unterstützen,
- Bewegungen zur Unterstützung von Handlungsausführungen (z. B. Gebärden) verwenden,
- Spielerisches Lernen in Unterrichtsabläufe, insbesondere zur Übung und Anwendung, einbetten,
- Schülern Zutrauen schenken (experimentieren und erkunden lassen),
- Rechts-Links-Sicherheit ausbilden und stabilisieren,
- Klare Vorstellungen vom Körper entwickeln (unterstützende Zeichen, Markierungen und Arbeitsmittel),
- Förderdiagnostik und Stufentraining zur allgemeinen Geschicklichkeit anwenden (feinmotorische und Auge-Hand-Koordination zur Entwicklung flüssiger Bewegungsabläufe, lernhemmende feinmotorische Probleme verhindern),
- Selbstkontrolle und Planmäßigkeit in der Lerntätigkeit stärken (Einüben fester Gewohnheiten der Ordnung, Sauberkeit, effizienten Material- und Arbeitsplatzverwaltung).

Zielrichtung: Aktivierung sozialer Prozesse

- Soziale Prozesse als Lernprozesse strukturieren,
- Verantwortungsbereiche abstecken und kontrollieren (kleine Funktionen und Aufgaben zuteilen, Lernpaare nach pädagogischer Absicht initiieren, zeitweilige Tutorentätigkeit organisieren, gemeinsam Verantwortung in Lernpatenschaften übernehmen),
- Zugehörigkeitsgefühle ermöglichen (gemeinsam tätig sein, soziale Kontaktaufnahme üben und anwenden, Bestätigung erfahren),
- Gefühle, Absichten und Motive anderer Kinder erkennen; Perspektivübernahme üben und Empathie entwickeln (Achtsamkeitsübungen; Rollenspiele als Modelle zur sozialen und Gefühlswahrnehmung),
- Konfliktfähigkeit erwerben (Umgangs mit Frustrationen unterstützen, Bewältigung von Ärger üben, Verhaltensweisen in Rollenspielen üben, Modelle für sozial angemessene Reaktionen in Krisensituationen anbieten und deren Anwendung begleiten),
- Mitschüler sensibilisieren und in Konfliktlösungen einbeziehen,
- Unterricht mit schülerzentrierten Sozialformen organisieren (projekt- bzw. vorhabenorientierter Unterricht),
- Pädagogische Interventionen in sozialen Situationen durch unmittelbare Reaktionen im Sekundenfenster einleiten, die ein positives Empfinden des Kindes stabilisieren (mehr Blickkontakt, räumliche und körperliche Nähe zum Kind, Zeichen und Signale zur Aktualisierung vereinbarter Verhaltensweisen).

Zielrichtung: Sicherung des emotionalen Wohlbefindens

- Eigene Gefühlswahrnehmung in verschiedenen Lernsituationen ermöglichen,
- Die Bildung angemessener Lernziele unterstützen (keine unrealistischen Phantasieziele),

Tab. 2.2: Zielrichtungen zur Optimierung von Lernsituationen – Fortsetzung

- Hoffnung und auf Erfolg und Vertrauen in die eigenen Stärken wecken und eine realistische Selbsteinschätzung des Könnens und des Nichtkönnens fördern sowie Möglichkeiten erschließen, Unterstützung einzufordern (Selbstwirksamkeit) und zu ermutigen,
- Motivation zur Anstrengung und zum Nichtaufgeben stärken, um Vollendungsstreben zu entwickeln,
- Eigene Fortschritte erkennen helfen,
- Grundlegende Gefühle der Zuversicht und eigenen Richtigkeit stärken (kluge Gedanken, Mutmachsätze verbalisieren, Wertschätzungsübungen),
- Gesundes Selbstwertgefühl und psychisches Wohlbefinden aufrechterhalten und fördern (Feedback auf Anstrengung, Lernverhalten und Fachanforderung beziehen),
- Ängste begleiten (auf Erfahrungen der Angstbewältigung ankern, angstbesetzte Lerninhalte erkennen, Muster der Angst analysieren, geschützte Annäherung an die angstauslösende Situation),
- Unmittelbar befriedigende und stärkende Erfahrungen vermitteln (phantasievolle und kreative Tätigkeiten, die Gestaltungs- und Entscheidungsspielräume erfordern).

Mit Hilfe der Zusammenstellung in der Tabelle 2.2 können Ziele für die Gestaltung der Lernsituationen bestimmt werden. In Einzelfallstudien wurden in der Regel nicht mehr als drei Ziele geplant. Einerseits waren die Kräfte für die Förderung endlich, andererseits (und vor allem) sollten die wirklich wesentlichen Aufgaben konzentriert angestrebt werden. Selbstverständlich lief die konkrete Unterrichtsplanung mit ihren Lern- und Entwicklungszielen weiter.

Die mögliche Beteiligung der Schüler an den Zielformulierungen sichert deren Subjektposition und ermöglicht die Erweiterung der Selbstreflexionsfähigkeit. Manche Ziele richten sich direkt auf Entwicklungen des Schülers, andere auf Veränderungen in den Anforderungs-, Unterstützungs-, und Umgebungsstrukturen.

Als hilfreich für die Zielentwicklung hat sich das *PERMA-Modell* der Positiven Psychologie (Seligman, 2012) erwiesen, bietet es doch Prüfkriterien hinsichtlich der Erfolgsaussichten konkreter Ziele und Maßnahmen (Matthes, 2018, S. 167). Die Erfolgschancen sind umso größer, je besser das individuell akzentuierte Förderprojekt sich durch die folgenden Qualitäten auszeichnet:

- *P* (Positive Emotionen): Dominanz positiver Emotionen und Gefühle beim Kind und allen Beteiligten. Hoffnung, Optimismus, Dankbarkeit, Freude, Sympathie, gute Laune, Neugier, Erkenntnisinteresse, Kompetenzgefühl und Mut haben gleichsam wunderbare Wirkungen zur Aktivierung der Ressourcen des Kindes;
- *E* (Engagement): Ermöglichen von Tätigkeiten, die mit den Bedürfnissen und Motiven des Kindes konform gehen, für die es also Kraft und Energie aufbringt (möglichst sogar mit Chancen auf Polarisation der Aufmerksamkeit und Flow-Erleben);
- *R* (Relationship): Entwicklung positiver zwischenmenschlicher Beziehungen und des Klassenklimas; Bekräftigung von gegenseitiger Hilfe, Ehrlichkeit, Echtheit, Zuverlässigkeit; Gestaltung freundlicher, warmherziger, fürsorglicher Begegnungen mit dem Kind;
- *M* (Meaning): Für Bedingungen sorgen, in denen das Kind den Sinn seiner Anstrengungen erleben und in die es einwilligen kann; Bekräftigung von Werten;

2 Evaluation von Lernsituationen

- A (Accomplishment): Bewirken, dass das Kind seine Fortschritte erkennt und Stolz darauf entwickeln kann, einschließlich einer Feedback-Kultur, die konkrete Informationen für die Bewältigung einer Aufgabe oder eines Prozesses beinhaltet und darauf achtet, wie das Kind das Feedback aufnimmt und was danach geschieht (Hattie, 2015).

Auf das Wesentlichste reduziert zeigt die Abbildung 2.3, wie der Teilhabebogen zur Erfolgskontrolle der Förderung verwendet werden kann. Er wurde zu fünf Beobachtungspunkten eingesetzt. Zu den einzelnen Komponenten der Teilhabe gab es konkrete Ziele. Die Abbildung zeigt die Zielerreichung zu den einzelnen Beobachtungspunkten, keine durchschnittliche Teilhabe.

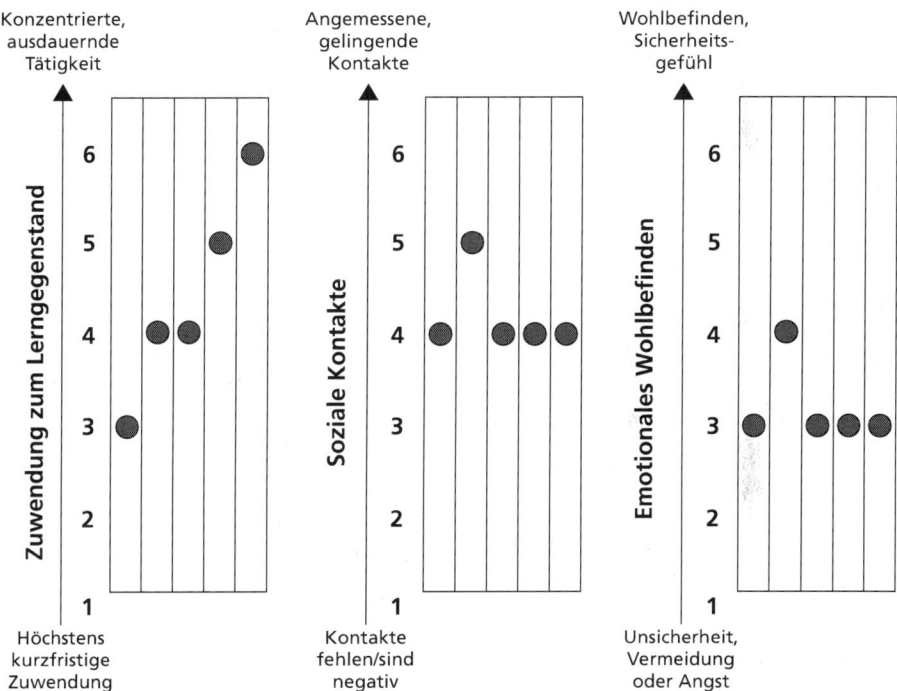

Abb. 2.3: Datenanordnung aus einer fiktiven Lernbeobachtung anhand des Teilhabebogens
(BOP = Beobachtungspunkt/Beobachtungssituation)

Der beobachtete Schüler wendet sich unter den Bedingungen der ersten Lernsituation anfänglich hin und wieder dem Lerngegenstand zu (BOP 1). Die Bedingungen des Lernens wirken positiv auf seine Motivation, sich mit dem Lerngegenstand auseinandersetzen zu wollen, so dass im letzten Beobachtungspunkt (BOP 5) eine konzentrierte, ausdauernde Auseinandersetzung mit dem Lerngegenstand zu registrieren ist. Ein weiteres Ziel ist auf die Unterstützung sozialer Kontakte gerichtet. Der

37

Schüler fühlt sich bereits im Beobachtungspunkt 1 der Gruppe zugehörig. In der ersten Arbeitsphase steigert sich der Bedarf nach sozialen Kontakten (BOP 2). Unter den Arbeitsbedingungen der nachfolgenden Phase bleibt diese Kontaktbereitschaft in der Lerngruppe eher unbeantwortet. Die Mitglieder der Gruppe gehen weniger darauf ein. Die angetroffenen Bedingungen in der Gruppe (BOP 3 bis 5) belegen, dass er in dieser Situation eine wichtigere Position einnehmen möchte, die ihn zufriedenstellen würde. Pädagogisches Handeln hat in dieser Phase keine Unterstützung zur Zielsicherung bewirkt. Durch das teilweise Ausbleiben der Unterstützung positiven Verhaltens empfindet der Schüler unterschwellig Unsicherheit, die zur Unzufriedenheit oder sogar Aggression führt. Dieser Teilprozess spiegelt sich im Verlauf zum Ziel 3, das die emotionale Stabilität betrifft.

Zur Illustration der Strategie folgt ein Fallbeispiel. Wir beschreiben alle Schritte von der Teilhabeanalyse bis zu den pädagogischen Schlussfolgerungen.

2.2.5 Beispiel Keith

Zum Schutz der Anonymität des Schülers enthält der Text keine Informationen über die Vorgeschichte, das Elternhaus und die Lebensbedingungen des Schülers, den wir hier Keith nennen[1].

Keith ist jetzt 17 Jahre alt und besucht die Berufsbildungsstufe (BBS) der Förderschule. Bei Eintritt in die BBS vor 18 Monaten war er wenig kontaktbereit. Mit dem Aufbau einer vertrauensvollen Beziehung öffnete er sich allmählich sehr wenigen Personen gegenüber. Um seine gereizte Grundstimmung zu erklären, berichtete er mehrfach von einem feindlichen Klima zu Hause. Seine Versagensängste, das Misstrauen und das negative Stresserleben des Jungen standen damit im Zusammenhang.

Beim Wechsel in die BBS hatte Keith im Zahlenbereich bis 100 sichere Mengenvorstellungen, konnte einfache Operationen der Grundrechenarten ausführen und die Stellenwerte im Dezimalsystem angeben. Er empfand Rechnen als eine Stärke. Das Lesen und Schreiben lehnte er meist ab, konnte aber einfache lautgetreue Wörter synthetisierend lesen. Leseangst und -aversion verhinderten Fortschritte im Leselernprozess. Keith störte den Unterricht oft. Aggressive Verhaltensweisen, Zerstören von Gegenständen und selbstverletzendes Verhalten beeinträchtigten ein zielgerichtetes Arbeiten immer wieder. Die Pädagoginnen sprachen von einer Störung der Impulskontrolle, was ihnen jedoch als Erklärung zu allgemein erschien, weil vielschichtige Ursachen anzunehmen waren. Die Erarbeitung eines neuen Förderkonzepts stand auf der Tagesordnung. Die Abbildung 2.4 zeigt die zu diesem Zeitpunkt abgegebenen Einschätzungen im Teilhabebogen.

Zur Erklärung der in der Abbildung 2.4 erfassten Phänomene arbeiteten die Lehrerinnen mit dem Struktur-Lege-Verfahren. Für die Leselernsituation entwickelten sie die Struktur, die in der Abbildung 2.5 dargestellt ist. Sie sollte nun offenbaren, an welchen pädagogischen verantworteten Bedingungen in erster Linie gearbeitet werden muss.

---

[1] Unser Dank gilt Keith, seiner Förderlehrerin und dem Team für die Zustimmung zu einem Bericht in streng anonymisierter Form.

2 Evaluation von Lernsituationen

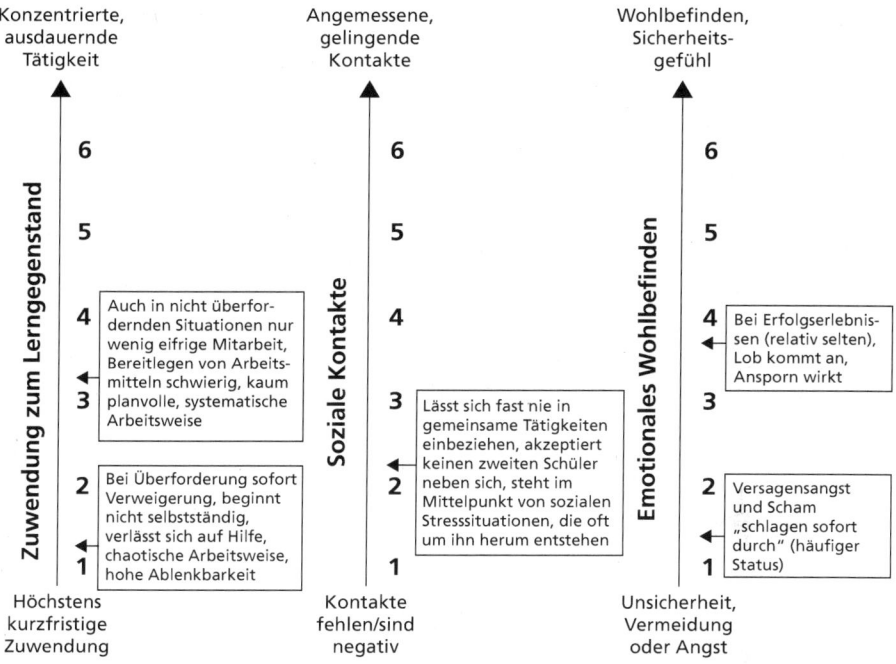

Abb. 2.4: Keith: Einschätzung der Lernsituation beim Lesen im Klassenverband

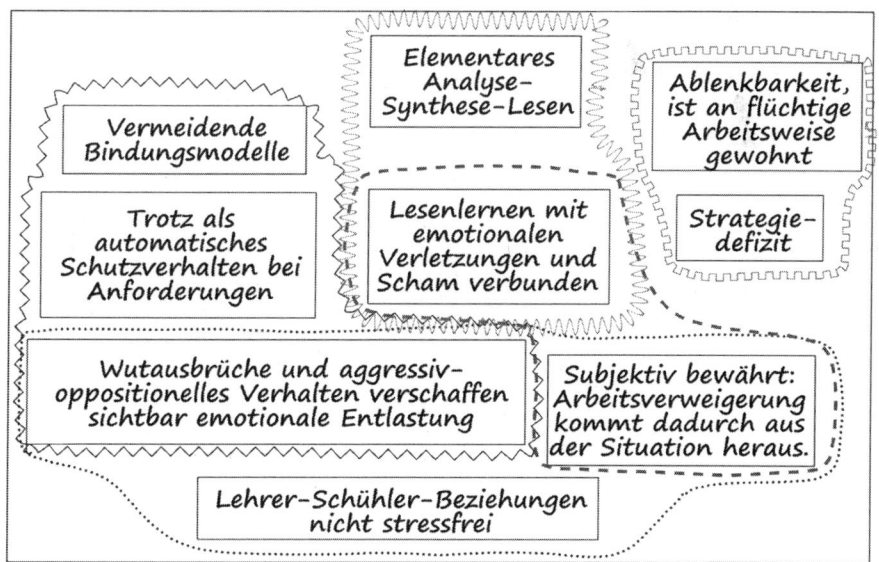

Abb. 2.5: Keith: Ergebnisse des Struktur-Lege-Verfahrens, bezogen auf das Lesenlernen

Mit hoher Wahrscheinlichkeit hat Keith Erfahrungen verinnerlicht, die bei ihm zu vermeidendem Bindungsverhalten geführt haben. Fühlt er sich in der Schule bedrängt, etwa, weil er etwas vorlesen soll, verweigert er die Mitarbeit. Aggressiv-oppositionelles Verhalten verschafft ihm Erleichterung. Keith hatte das Lesen lernen wollen, aber der Erfolg ist in seinen Augen ausgeblieben. So wuchsen seine allgemeine Unzufriedenheit und sein Bewusstsein, nicht »in Ordnung zu sein« (Worte von Keith). Sieht er sich zu Teilnahme oder Leistung aufgefordert, reagiert er mit Abwehr und Widerstand, auch mit Wutausbrüchen, bei denen er eine Gefahr für sich und andere darstellt. Es gelingt den Lehrkräften in der Regel, sich in die emotionale Situation des Schülers zu versetzen und deeskalierend zu reagieren, doch kommt es auch zu Stress-Situationen in den Lehrer-Schüler-Beziehungen, die noch nicht beziehungsdienlich gelöst werden können. Förderziele werden so weit wie möglich kontinuierlich verfolgt, allerdings ohne erfolgsbezogene Kontinuität.

Die Annahmen über die Hintergründe und das Wissen über die Voraussetzungen für stressfreie Erfahrungen des Schülers bilden die Basis für das Unterstützungsprogramm (dritter Schritt der *Positiven Verhaltensunterstützung*). Besonders eine der Lehrerinnen der Klasse hatte eine entspannte, freundliche Beziehung zu Keith. Die Chancen standen gut, dass er mit ihr zusammenarbeiten würde. Als wichtiger Baustein des Programms gilt die »Veränderung der Kontextfaktoren« des Lernens, gerichtet auf die »Erweiterung des Verhaltens- und Handlungsrepertoires« (Schubert, 2011, S. 152). Dafür schien eine stärker individualisierte Betreuung unumgänglich, auch ein Lernen partiell in der Einzelsituation. Die Einzelförderung sollte das Lesen zum Inhalt haben, die Lernhandlungen kleinschrittig aufgliedern, häufige Erfolgsbestätigungen beinhalten und, vor allem, an den positiven Lernerfahrungen beim Lösen mathematischer Aufgaben anknüpfen. Derartiges ist stets eine Voraussetzung der Verhaltensunterstützung. Die Lehrerin erläuterte: »Um eine Beziehung zu ihm aufzubauen, ihm die Zuwendung einer Bezugsperson zu geben, sein Leid zu mildern und die Situation in der Klassengemeinschaft zu entschärfen, aber auch um ihm die Chance zu geben, Lesen zu lernen, startete ich die Einzelförderung nach den Prinzipien des IntraActPlus-Konzepts« (Jansen, Streit & Fuchs, 2012). Folgende Ziele wurden festgelegt:

- Stabilisierung von Bindungserfahrungen (zunächst in der Einzelsituation),
- Entwicklung von Kompetenzen zur Selbstregulation und Akzeptanz anderer Schüler,
- mehr erfolgsorientiertes Lernverhalten, bessere Tätigkeitsorganisation und Verbesserung der Lesefertigkeit.

Schon bald nach Beginn dieser Förderung war zu erkennen, dass die Zielrichtungen richtig bestimmt worden waren. In der Einzelförderung zeigte sich Keith ansatzweise lernbereit (▶ Tab. 2.3, 2. Spalte). Nach etwas mehr als vier Monaten, in denen bis auf einige Ausnahmen wöchentlich etwa 60 Minuten Einzelförderung stattfand, wurden Einschätzungen für die Einzel- und die Situationen in der Klasse gegeben (▶ Tab. 2.3, 3. und 4. Spalte). Vor allem in der Einzelförderung konnten sehr gute Fortschritte festgestellt werden. Hier gab es das entscheidende Tätigkeitsfeld, auf dem Keith positive Lern- und Selbstwirksamkeitserfahrungen gewann. Die Verdeutlichung dieser Erfahrung ist ein weiterer Baustein des Programms. Das Bewusstmachen von Emotionen und das Anbieten von alternativen Reaktionsmöglichkeiten zielen auf die Erweiterung der emotionalen-sozialen Kompetenz zur Verhaltenssteuerung, was durch Sanktionen nicht erreichbar ist (Grüning, 2011b).

Tab. 2.3: Einschätzung zur Entwicklung von Keith in den Teilhabedimensionen nach zwei Zeitabschnitten der sonderpädagogischen Unterstützung

Situation / Dimension	nach 3 Wochen Einzelförderung Lesen	nach 4–5 Monaten Einzelförderung Lesen	Lesen im Klassenverband
Zuwendung zum Lerngegenstand	Mitarbeit in wenigen Ansätzen, Bereitlegen von Arbeitsmitteln gelingt; arbeitsbereit nach unmittelbarer Aufforderung; sporadische Arbeitsweise; punktuelle Aufmerksamkeit; erwartet bei Schwierigkeiten sofortige Hilfe; hohe Fehlerzahl bei Überforderung, anschließend Verweigerung.	meist eifrige Mitarbeit; strengt sich häufig an; relativ oft zügige, planvolle Arbeit; beginnt fast immer selbsttätig mit Aufgabenerledigung; Versagensangst wird nur dann vordergründig, wenn sie pädagogisch aus dem Blickfeld gerät.	sporadische Mitarbeit; fast durchgängige Zuwendung zum Lerngegenstand; einige Phasen selbstständigen Lernens beobachtbar; Arbeitsweise mitunter strukturiert.
Soziale Kontakte	Kontaktbereitschaft gegenüber einer Lehrkraft.	Einbeziehung eines weiteren Schülers wurde toleriert.	manchmal Einbeziehung in die gemeinsame Tätigkeit; bevorzugt Abseits-Stehen in der Gruppe; bei gut angepassten Schwierigkeitsgraden und verinnerlichten Handlungen kaum Auseinandersetzungen, die die gesamte Lerngruppe belasten.
Emotionales Wohlbefinden	Keith fühlt sich in der Einzelförderung vergleichsweise wohl. Lernunlust und starke Reaktionen bei Misserfolgserleben können manchmal überwunden werden.	Lob kommt häufig an; genießt die Aufmerksamkeit; häufig ermutig durch Erfolgserlebnisse.	Lob kommt oft an; verbesserte Lehrer-Schüler-Beziehung; häufig deutliche Äußerungen von Misserfolgserleben und Entmutigung.

In der Einzelförderung fühlte Keith sich nach 4–5 Monaten sehr wohl. Er arbeitete motiviert, auch aus eigenem Impuls und versuchte, sich auch bei äußeren Ablenkungen auf das Lesen zu konzentrieren. Keith spürte einen Lerngewinn und konnte jetzt besser akzeptieren, wenn er Fehler machte. Er erhöhte sein Arbeitstempo. Wenn er die ungeteilte Aufmerksamkeit der Lehrkraft fühlte, genoss er das. Er forderte die Stunden ein und versuchte, diese durch Freundlichkeit, Höflichkeit und Ehrgeiz in die Länge zu ziehen. Bei aller offensichtlichen Freude am Lernen war er sehr auf die Lehrerin bezogen, akzeptierte aber, wenn hin und wieder Mitschüler in die Einzelförderung einbezogen wurden – ein großer Fortschritt.

Diese erstaunlichen Erfolge erklärte das pädagogische Team durch folgende Wirkfaktoren: Die Vertrauensbeziehung wurde gefestigt; Keith genoss die ihm geschenkte Aufmerksamkeit und er erkannte seine Lernfortschritte. Versagensangst und hochautomatisierte inadäquate Strategien der Handlungsorganisation wirkten auch in der Einzelförderung noch fort. Die Gruppensituation konnte nicht so unmittelbar strukturgebend sein, wie die Einzelsituation. Jedoch waren auch hier nach 4–5 Monaten gute Ansätze sichtbar.

Diese Entwicklung konnte in den verbleibenden etwa drei Monaten bis zu Schuljahresende ausgebaut werden. Auch im Klassenunterricht arbeitete Keith manchmal gut mit. Zwar fehlte ihm oft die Anstrengungsbereitschaft, aber er war durch Erfolgserlebnisse motivierbar. Nach wie vor litt er im Klassenverband beim Lesen unter Ängsten und es konnte zum Verlust der Impulskontrolle kommen. Die Klassenlehrerin schätzte am Ende des Schuljahres ein:

> »Sein eigenes Verhalten überfordert Keith noch manchmal. Hat er sich aber beruhigt, entschuldigt er sich und weiß, dass sich das positiv auf das Verhältnis zu den Mitschülern auswirkt. Innerhalb der Klassengemeinschaft hat Keith seine Scham verloren, individuelle Übungen durchzuführen, wenn seine Mitschüler anwesend sind. Diese motivieren ihn mit Anerkennung und Lob. Keith ist stolz darauf, das Lesen zu lernen. Er ist sehr bemüht, Störungen auszuhalten. Fühlt er sich gestört, fällt es ihm noch schwer, sich auf das Lesen zu konzentrieren. Spürt er Aggression in sich entstehen, gibt er zu verstehen, dass er Hilfe braucht. Durch deutlichen Zuspruch gelingt es ihm immer besser, sich zu beruhigen und mit dem Lesen fortzufahren.«

Die Einzelförderung war erfolgreich und ein Transfer auf die Gruppensituation hatte begonnen.

Zu Beginn des neuen Schuljahres, des letzten Jahres der Berufsbildungsstufe, wurden Entscheidungen dahingehend getroffen, die Einzelförderung zugunsten praktischer berufsbildender Tätigkeiten und wegen Personalmangels aufzugeben. Keith war nicht einverstanden und reagierte mit Motivationsverlust. Auch im pädagogischen Team dominierte die Meinung, dass Keith für einen weiteren Transfer intensive Einzelfallarbeit und engmaschige Unterstützung benötigen würde. Schließlich wurden die Entscheidungen teilweise korrigiert. So sollte die Entwicklung der vergangenen Monate verstetigt werden. Ziele waren die Stabilisierung der Impulskontrolle und der angebahnten Gefühls- und Verhaltensreflexion. Folgende Methoden und Maßnahmen wurden geplant:

- Anleitung zur speziellen Förderung im Lesen bei der Lehrerin, zu der Keith Vertrauen gefasst hatte, Ablösung der Einzelsituation durch Teilnahme weiterer Schüler,

- Anregungen und Unterstützung zur Teilnahme am Unterricht und an Gesprächskreisen,
- Coaching-Gespräche, in denen Keith reflektieren kann und ihm die Annahme von Hilfestellung in der Schule erleichtert wird,
- Elterngespräch, um harte, zusammenhanglose Bestrafungen durch die Eltern zu unterbinden,
- Gespräche mit Keith über Möglichkeiten der Lebensführung außerhalb des Elternhauses.

In den darauffolgenden Wochen zeigte sich, dass Keith auch dann, wenn er keine oder nur Teilerfolge erzielte oder sich falsch verhielt, bereit war, darüber zu sprechen und die Konsequenzen anzunehmen. Er lernte, dass die erlernten Strategien der Impulskontrolle (Atmen, kluge Gedanken, Signalwörter) ihm helfen können, und war stolz auf kleine positive Veränderungen.

2.3 Theorie (Forschung)-Praxis-Transfer

Zu der beschriebenen Arbeitsweise liegen systematische, methodisch kontrollierte Erfahrungen aus der Arbeit mit 8 Schülern im FSGE vor. Im Ergebnis wurden die folgenden Arbeitsstandpunkte bestätigt:

- *Erstens*: Es ist wichtig, die Teilhabe als Einheit von Erleben und Verhalten zu betrachten und zu untersuchen. Dafür beinhaltet der Teilhabebogen grundlegende Beobachtungs- und Einschätzungsdimensionen. Die Beobachtung kann situative Bedingungen und Zusammenhänge abbilden (zum Beispiel, dass ein Schüler bei Frau X aktiver und bewusster lernt als bei Frau Y, oder dass die Lernbeteiligung des Schülers sehr stark davon abhängt, ob er kurz zuvor Erfolge oder Misserfolge erlebt hat und wie sein Gesundheitszustand ist). Die Ratings sind meist nicht eindeutig operationalisiert, was aber nicht als Störfaktor zu sehen ist. Die Anwender reflektieren ihre Beobachtungen im kollegialen Gedankenaustausch. Sie vergleichen unterschiedliche Situationen und können sichtbar machen, unter welchen Bedingungen das Lernen, die soziale Einbindung und das Wohlbefinden gut bzw. problematisch sind.
- *Zweitens*: Auf die Beobachtung und situationsbezogene Einschätzung folgt ein Erklärungsschritt, der die Perspektive des Kindes und die Bedingtheit durch die pädagogischen Gegebenheiten beleuchtet. Mit der Methode der Strukturanalyse kann die Subjektlogik des Verhaltens umrissen werden. So können Faktoren bewusstwerden, die die Entwicklung des Kindes erschweren. Viele Problemsituationen sind Leiden des Kindes. Das zu übersehen oder zu leugnen wäre grob fahrlässig. Die Analyse von Problemsituationen ist kein defizitorientiertes Denken, sondern ein Schritt zum Erkennen individueller Ressourcen und aktueller Faktoren, die deren Wirksamkeit blockieren. Beim Erklären gibt es zwei Fragerichtungen:

- *querschnittlich*: Weshalb lernt der Schüler in bestimmten Lernsituationen besser als in anderen? Weshalb fühlt er sich bei dieser Lehrerin wohler als bei jener? Weshalb ist er nur unter bestimmten Umständen positiver Stimmung, meistens aber nicht? Solche Fragen beschäftigen sich mit Unterschieden zwischen Situationen zum gegebenen Zeitpunkt.
- *längsschnittlich*: Man analysiert, wie der Schüler bei bestimmten Lehrkräften, in einem bestimmten Fach usw. gegenwärtig lernt und wie es vor einigen Tagen, Wochen oder Monaten war. Wie lassen sich die Veränderungen erklären?

- *Drittens*: Der Teilhabebogen und das Legen der Wirkstruktur sind Arbeitsmittel. Sie können als Instrumente angewandt werden. Doch verstehen wir sie vor allem als Übungsmöglichkeit für das Beobachten, Einschätzen und Erklären und als Methode der Supervision. Zugang zu Schülern mit Beeinträchtigung zu finden, heißt Resonanzbedingungen klar zu erkennen und zu realisieren. Das ist zum Teil eine Kunst, die geübt werden muss. Ein Algorithmus ist undenkbar und die Arbeitsmittel sind keine Schablonen. Unsere Herangehensweise hat klare Ziele: Die Augen für die intraindividuelle Variabilität schärfen, das Verstehen fördern und neue Ideen für Handlungsvarianten hervorbringen.

Viertens: Als Kompass allen Bemühens dient das übergeordnete Ziel der positiven Lernsituation. Alle Fallstudien des Projekts zeigten, dass die Förderprozesse langfristig und individuell waren. Alle Ziele und Maßnahmen mussten permanent an die sich verändernden Bedingungen angepasst und daran gemessen werden, ob sie die Subjektposition verbessern konnten.

Literatur

Auhagen, A. E. (Hrsg.) (2008): *Positive Psychologie. Anleitung zum besseren Leben*. Weinheim u. a.: Beltz.
Bauer, J. (2008): *Prinzip Menschlichkeit. Warum wir von Natur aus kooperieren*. Hamburg: Hoffman
Belot, M. (2017): Der Ausdruck des Schmerzes bei Menschen mit Mehrfachbehinderung. In: Fröhlich, A., Heinen, N., Klauß, T. & Lamers, W. (Hrsg.), *Schwere und mehrfache Behinderung interdisziplinär* (2. Auflage) (S. 241–254). Oberhausen: Athena.
Ciompi, L. (2005): Grundsätzliches zu Emotion, Kognition und Evolution. In: L. Wimmer, & L. Ciompi (Hrsg.), *Emotion Kognition Evolution. Biologische, psychologische, soziodynamische und philosophische Aspekte* (S. 47– 66). Fürth: Filander.
Dworschak, W. (2004): *Lebensqualität von Menschen mit geistiger Behinderung. Theoretische Analyse, empirische Erfassung und grundlegende Aspekte qualitativer Netzwerkanalyse*. Bad Heilbrunn: Klinkhardt.
Erikson, R. (1983): Discriptions of Inequality: The Swedish Approach to Welfare Research. In: M. Nussbaum, M. & A. Sen (Ed.), *The Quality of Life* (S. 67–83). Oxford: Clarendon Press.
Fornefeld, B. (1991): *Elementare Beziehung und Selbstverwirklichung geistig Schwerbehinderter in sozialer Integration: Reflexionen im Vorfeld einer leiborientierten Pädagogik* (2. Auflage). Aachen: Mainz.
Glatzer, W. & Zapf, W. (Hrsg.) (1984): *Lebensqualität in der Bundesrepublik – Objektive Lebensbedingungen und subjektives Wohlbefinden*. Frankfurt a.M.: Campus.

Grüning, E. (2007): Beanspruchungen in Alltagssituationen bei Schülern und Schülerinnen mit geistiger Behinderung. In: *Sonderpädagogik*, 88 (1), 3–15.
Grüning, E. (2011a): Emotionales Wohlbefinden von Kindern und Jugendlichen mit geistiger Behinderung im schulischen Kontext unter inklusiven und segregativen Bedingungen. In: *Heilpädagogische Forschung*, Bd. XXXVII (1), 13–22.
Grüning, E. (2011b): Emotionale Kompetenz in Empowerment – Prozessen. In: Kulig, W., Schirbort, K. & Schubert, M. (Hrsg.), *Empowerment behinderter Menschen* (S. 189–200). Stuttgart: Verlag W. Kohlhammer.
Grüning, E. (2019): Selbst- und Fremdeinschätzung von Bedarfslagen in betreuten Wohnformen für Menschen mit Beeinträchtigung der geistigen Entwicklung. In: *Vierteljahreszeitschrift für Heilpädagogik und ihre Nachbarwissenschaften* (VHN) 88, 1, 58–72.
Hattie, J. A. C. (2015): *Lernen sichtbar machen. Überarbeitete deutschsprachige Ausgabe von Visible Learning*. W. Beywl & K. Zierer (3. Auflage). Baltmannsweiler: Schneider.
Heimlich, U. (2007): Didaktik des gemeinsamen Unterrichts. In: J. Walter, J. & F.B. Wember (Hrsg.), *Sonderpädagogik des Lernens. Handbuch Sonderpädagogik*, Bd. 2 (S. 357–375). Göttingen: Hogrefe.
Jantzen, W. & Lanwer, W. (Hrsg.) (2011): *Diagnostik als Rehistorisierung: Methodologie und Praxis einer verstehenden Diagnostik am Beispiel schwer behinderter Menschen*. ICHS-Praxis, Bd. 2. Köln: Lehmanns.
Jantzen, W. (2005): Zur Neubewertung des Down-Syndroms. In: W. Jantzen (Hrsg.), *»Es kommt darauf an, sich zu verändern...«. Zur Methodologie und Praxis rehistorisierender Diagnostik und Intervention* (S. 59–74). Gießen: Psychosozial-Verlag.
Jansen, F., Streit, U. & Fuchs, A. (2012): *Lesen und Rechtschreiben lernen nach dem IntraAct – PlusKonzept: Vollständig individualisiertes Lernen in Klasse 1 und 2* (2. Auflage). Berlin: Springer.
Klafki, W. (2007): *Neue Studien zur Bildungstheorie und Didaktik: Zeitgemäße Allgemeinbildung und kritisch-konstruktive Didaktik* (6. Auflage). Weinheim: Beltz.
Lanwer, W. (2006): *Diagnostik: Methoden in Heilpädagogik und Heilerziehungspflege*. Köln: Bildungsverlag EINS.
Mall, W. (2000): *Kommunikation ohne Voraussetzungen* (6. Auflage). Heidelberg: Universitätsverlag Winter, Edition S.
Matthes, G. (1999): Die Bedürfnisse als Grundlage pädagogisch-psychologischer Prozess-Skalen. Die alte Förderdiagnostik und neue Erkenntnisse der Psychologie. In: Pädagogisches Landesinstitut Brandenburg (PLIB), *Werkstatthefte 56* (S. 67–74). Berlin: Wissenschaft und Technik.
Matthes, G. (2002): Diagnostik integrativer Lernsituationen. In: E. Grüning (Hrsg.), *Gemeinsam lernen. Integrative Prozesse für Schüler im Förderschwerpunkt Geistige Entwicklung* (S. 59–74). Berlin. Weidler.
Matthes, G., Salzberg-Ludwig, K. & Nemetz, B. (2008): *Fördern und Diagnostizieren. Ein Forschungsprojekt zur Untersuchung der Entwicklung von Kindern der Schuleingangsstufen 1 und 2 in der förderdiagnostischen Lernbeobachtung*. Potsdam: Universitätsverlag.
Matthes, G. (2018): *Förderkonzepte – einfühlsam und gelingend*. Dortmund: verlag modernes lernen.
Nussbaum, M. C. (1999): *Gerechtigkeit oder das gute Leben*. Frankfurt/Main: Suhrkamp.
Nussbaum, M. C. (2011): *Creating capabilities: The human development approach*. Cambridge: Cambridge University Press.
Rosa, H. (2018): *Resonanz. Soziologie der Weltbeziehung* (2. Auflage). Berlin: Suhrkamp.
Sansour, T., Musenberg. O. & Riegert, J. (Hrsg.) (2018): *Bildung und Leistung. Differenz zwischen Selektion und Anerkennung*. Bad Heilbrunn: Julius Klinkhardt.
Schäfer, A. (2018): Das problematische Versprechen einer Leistungsgesellschaft. In: T. Sansour, O. Musenberg & J. Riegert (Hrsg.), *Bildung und Leistung. Differenz zwischen Selektion und Anerkennung* (S. 11–56). Bad Heilbrunn: Julius Klinkhardt.
Schröder, K. & Matthes, G. (2002): Die Lernsituation von Schülern mit geistiger Behinderung in kooperativen Gestaltungsprojekten. In: E. Grüning (Hrsg.), *Gemeinsam lernen. Integrative Prozesse für Schüler im Förderschwerpunkt Geistige Entwicklung* (S. 129–148). Berlin: Weidler.

Schubert, M. (2011): Positive Verhaltensunterstützung als Beitrag zum Empowerment von Menschen mit geistiger Behinderung und Verhaltensauffälligkeiten. In: W. Kulig, K. Schirbort & M. Schubert (Hrsg.), *Empowerment behinderter Menschen* (S. 141–158). Stuttgart: Verlag W. Kohlhammer.

Seligman, M. (2012): *Flourish – Wie Menschen aufblühen. Die positive Psychologie des gelingenden Lebens.* München: Kösel.

Theunissen, G. (2014): *Positive Verhaltensunterstützung – Eine Arbeitshilfe für den pädagogischen Umgang mit herausforderndem Verhalten bei Kindern, Jugendlichen und Erwachsenen mit Lernschwierigkeiten, geistiger Behinderung und autistischen Störungen.* Marburg: Bundesvereinigung Lebenshilfe.

Zimmerman, D. (2017): *Traumatisierte Kinder und Jugendliche im Unterricht. Ein Praxisleitfaden für Lehrerinnen und Lehrer.* Weinheim: Beltz.

3 Einzelfallforschung im Unterricht für Kinder und Jugendliche mit dem Förderschwerpunkt Geistige Entwicklung

Eberhard Grüning & Isabelle von Seeler

Heterogenität und Vielfalt werden in Schulklassen willkommen geheißen und zählen zugleich zu den aktuellen pädagogischen Herausforderungen für die Unterrichtsgestaltung. Die Lehrerbildung thematisiert dieses Handlungsfeld in universitärer Lehre, Forschung und Weiterbildung von Lehrkräften. Unterricht ist zudem für Schüler mit sonderpädagogischem Förderbedarf im Allgemeinen und mit Beeinträchtigung der geistigen Entwicklung (BgE) im Besonderen eine didaktische Herausforderung, um allen gleichermaßen optimale Lernbedingungen zu sichern.

Nicht zuletzt aufgrund der vorgefundenen Lernvoraussetzungen weicht die Annahme, eine gruppenorientierte Regelhaftigkeit in Lern- und Sozialisationsprozessen als einheitlichen Maß heranziehen zu können, einer individualisierten Sichtweise in verschiedenen Fachdidaktiken der Lehrerbildung. Damit geht der Anspruch einher, jedem Schüler in seiner Bedingungslage für das Lernen gerecht werden zu können. Um die Subjektivität in der Selbstreflexion der Lehrkräfte zu reduzieren, kann ein methodisches Vorgehen aus der Kasuistik die Abbildung von Entwicklungsprozessen objektivieren helfen.

Der Beitrag greift diese Herausforderung auf und möchte damit zugleich auf die mögliche Verknüpfung von Forschung und Unterricht Bezug nehmen. Die für diese Prozesse ausgewählte Methode *Kontrollierte Einzelfallstudie* wird beschrieben und anhand eines Beispiels aus der Reflexion des Unterrichts erläutert.

3.1 Kasuistik in der Pädagogik bei Beeinträchtigung der geistigen Entwicklung

Mit veränderter Sicht auf den Einzelnen wird eine alles umspannende Normativität auch in der allgemeinen Pädagogik zunehmend als nicht hinreichend erachtet (Meyer, 2004). Daraus resultiert die Notwendigkeit, Dispositionen und Entwicklungen im Lern- und Sozialverhalten der Schüler durch Lehrkräfte differenzierter erfassen und bewerten zu können. Maßstab schulischer Entwicklung an allgemeinen Schulen sind dafür vornehmlich fachwissenschaftlich bestimmte Leistungsstandards, die nach Gütekriterien in Form eines gestuften Notensystems beurteilt werden. Für die Pädagogik bei Beeinträchtigung der geistigen Entwicklung sind die aus fachwissenschaftlicher Sicht generierten output-orientierten Standards bisher durch

»bedarfs- und bedürfnisgerichtete Standards« (Fischer, 2011, S. 319) für die schulische Bildung ersetzt und im Verhältnis zu den Fachwissenschaften differenziert gewichtet worden, ohne die Zielsetzungen zur fachwissenschaftlichen Kompetenzbildung auszuschließen. Die veränderte Sichtweise auf das Lernen in Schülergruppen zieht individualisierte Sichtweisen auf die Bewertung des Lernens nach sich. Das lernende Subjekt ist vor allem Maßstab seiner selbst und nicht Maßstab einer altersspezifisch zu erwartenden Bildungsnorm.

Die Theorie-Praxis-Verknüpfung in diesem Beitrag soll Möglichkeiten anbieten, Lernverläufe des einzelnen Schülers sichtbar zu machen, um diese differenzierter bewerten zu können. Zugleich kann mit diesen Ergebnissen aus der Einzelfallforschung eine konzeptionelle Anpassung an die individuellen Lernvoraussetzungen unterstützt werden, die das effiziente Lernen zu ermöglichen sowie Barrieren des Lernens zu identifizieren helfen.

Die wissenschaftstheoretische Lehrerbildung ist im Zuge der Neuorientierung gefordert, die Gültigkeit ihrer Aussagen am Einzelfall belegen zu können. Gültigkeit, als wissenschaftliches Gütekriterium, wird dem pädagogischen Vorgehen zugeschrieben, das dem Einzelnen gerecht werden kann. Die kindliche Entwicklung unterliegt Veränderungen, da sie durch Lernzuwachs oder Wirkfaktoren den Lernprozess beeinflusst, die zu einer beobachtbaren Diskontinuität des Lern- und Sozialverhaltens führen können. Die aktuelle Lernsituation dient folglich immer wieder als Ausgangspunkt der Neuorientierung an den Lernvoraussetzungen und der daraus folgenden Konsequenz für die konzeptorientierte Unterstützung des Lernens. Zentrale sonderpädagogische Kompetenzen zur Klärung der Lernsituation sind das Erfassen der Entwicklungsstände und das Erkennen möglicher individualisierter Lernwege sowie das Erkennen der aktuellen Lernsituation, wie im Kapitel 2 (▶ Kap. 2) ausgeführt wurde. Orientierungen für die Erkenntnisgewinnung über die Kompetenzentwicklung geben theoretische Sichtweisen, die Lernvoraussetzungen verdeutlichen und mögliche Entwicklungsschritte antizipieren helfen. Für die Pädagogik bei BgE bieten die phänomenologische Erkenntnistheorie über das lernende Subjekt (Levinas, 1999; Fornefeld, 2004; Waldenfels, 1994), der konstruktivistische Ansatz für den Verlauf von Lernprozessen (Glasersfeld, 1997; Wagner, 2000) sowie das systemtheoretische Erkennen der Wechselbeziehungen des Einzelnen zu seiner Umwelt (Joswig, 2007; Speck, 2008) Grundlagen, die ein Verständnis des individuellen kindlichen (Lern-)Verhaltens verstehen helfen. Im gesellschaftlich bestimmten ständigen Ringen um Effizienz und Fortschritt (▶ Kap. 1) wird die Pädagogik aufgefordert, evidenzbasiertes Handeln zu erforschen und für die Praxis in Anwendung zu bringen. Was Effizienz für den Lernprozess des Individuums bedeutet, kann aus seiner Lernbiografie rekonstruiert (Jantzen & Lanwer, 2011) sowie aus seiner Perspektivsetzung bestimmt werden. Schulische Praxis benötigt für diese Evaluationsprozesse ein wissenschaftliches Fundament. Ohne die Erkenntnisse über die Wirksamkeit theoriebasierter Handlungsangebote an die Praxis lässt sich die Theorie des Unterrichtens schwerlich weiterentwickeln. Die Notwendigkeit, sich mit Möglichkeiten der Theorie-Praxis-Forschung zum beiderseitigen und gemeinsamen Vorteil auseinanderzusetzen, kann gegenwärtig von zwei Seiten begründet werden: Zum einen wird mit der grundsätzlichen Kritik an evidenzbasierter Pädagogik in der Sonderpädagogik (Ahrbeck, Ellinger, Hechler & Koch, 2016) auch die Erwartung verbunden, dass empirisch ermittelte Ergebnisse für die Praxis relevant sein müssen. Sie werden relevant, wenn sie »in den Horizont pädagogischen Handelns übersetzt werden und dabei von diesem mit Einsichten und Erfahrungen kombiniert werden« (Koch, 2016, S. 38–39). Sie werden praxisbedeutsamer, wenn Lehrkräfte ihre erworbenen Kenntnisse zur Forschungsmethodik nicht nur für die Bewertung von publizierten Forschungsbeiträgen heranziehen, sondern eigenaktiv im selbstverantworteten Kontext in Anwendung bringen. Die Voraussetzung dafür kann auch im zur Verfügung gestellten Instrumentarium zur Selbstreflexion des Lehrerhandelns gesehen werden. Forschungsbasierte Ergebnisse belegen eine eingeschränkte Reflexionsfähigkeit von Grundschul- und Förderschullehrkräfte, da nur ein Viertel der in die Studie involvierten Lehrkräfte ihre in Betracht gezogenen Methoden bzgl. der Wirksamkeit realistisch einschätzen konnten (Runow & Borchert, 2003). In der Bewertung der Wirksamkeit eigener Konzepte unterliegt zudem die Wahrnehmung von Entwicklung einzelner Schüler durch Lehrkräfte der Gefahr subjektiver Einflussnahme auf die Interpretation des Erfassten. Lehrkräfte sind gefordert, diese Gefahren weitestgehend zu reduzieren, wenn eigenes Handeln fachlich fundiert zu legitimieren ist und jedem Einzelnen gerecht werden soll.

Bildung unter Berücksichtigung des Einzelfalls geht in der Historie der Pädagogik bei BgE zurück bis auf Jean Itard (1774–1838), der mit seinem Vorgehen und der Dokumentation seiner Einzelfallförderung die wissenschaftliche Periode der heutigen Pädagogik bei BgE einleitete. Sonderpädagogische Lehreraus-, fort- und weiterbildung kann sich, über das historische Erbe hinaus, gegenwärtig an den beschriebenen Erfordernissen und verstärkt an dem für diesen Schwerpunkt relevanten Modell der Kasuistik orientieren.

Die *Kasuistik* »wird verstanden als Arbeit an und mit Fällen aus der schulischen Praxis« (Dzengel, 2017, S. 374). Folglich versteht sich die »Kasuistik in der Lehrerbildung als Vermittlungsinstanz zwischen Theorie und Praxis« (Dzengel, 2017, S. 373).

Auch zukünftige Lehrkräfte erwerben bereits im Studium der Sonderpädagogik Wissen und Können, um individuelle Lernprozesse zu erforschen. Mit der neuerlichen Etablierung der Praxissemester an deutschen Hochschulen und Universitäten kann auf die noch engere Verknüpfung von Forschung und Unterricht vorbereitet werden, indem z. B. »Studierende… eine wissenschaftliche Fragestellung, die in der Regel aus der Schul- und Unterrichtspraxis erwächst, …erarbeiten. Sie wählen eine der Fragestellung angemessene Methode aus. Die Studie wird ausschließlich durch die Studierenden durchgeführt und dokumentiert« (Großmann, Bach & Winkel, 2017, S. 84). Diese Konzeption folgt dem aktuellen Verständnis des *Forschenden Lernens* (Fichten & Meyer, 2014), das breite Anerkennung erhält, da es die Auswahl von Themen eines Praxisfeldes erfordert, die für Schüler unmittelbar bedeutsam sind und einer Lösung zugeführt werden müssen. Das Problemlösen mittels Forschungsfragen versetzt die zukünftigen Lehrkräfte in die Lage, Kompetenzen zu den Erhebungsinstrumenten anzuwenden und in der Auseinandersetzung mit Forschungsmethoden erfahrungsbasiert feldbezogen zu optimieren.

Im Mittelpunkt stehen individualisierte Kompetenzorientierung im Lernprozess und das Erfassen der subjektiven Sichtweisen auf Belange der schulischen Bildung. Damit verbinden wir den Anspruch, Unterrichtsangebote auf ihre Verläufe und

Wirksamkeit hin optimaler zu überprüfen. Aufgrund der bereits beschriebenen Gefahr subjektiver Einflussnahme, so auch auf die Interpretation des Erfassten, ist dieser Prozess zu objektivieren. Forschende müssen in jedem Prozess grundsätzlich »Distanz« (Fichten & Mayer, 2014, S. 21) zum Forschungsgegenstand bzw. den Probanden wahren und bedenken, inwiefern ihr Vorhaben sowohl der Wissenschaftlichkeit also auch dem forschungsethischen Anspruch in Bezug auf die Lernsituation des Schülers gerecht wird.

Die theoriebasierten Ausführungen zu Forschungsmethoden der Analyse des Einzelfalls im Unterricht zielen gleichermaßen auf den Lernprozess und das Lernergebnis, entsprechen also mit der Zielrichtung der didaktischen Betrachtungsebenen von Prozess- und Produktorientiertheit des Unterrichts für Schüler mit BgE. Da ihr Lernverhalten nicht selten unstete Verläufe nimmt und Entwicklungen häufig sehr lange und in der täglichen Arbeit kaum wahrnehmbare Zeiträume benötigen, sind Dokumentationen von Teilprozessen der Lernverläufe zur Orientierung hilfreich. Sie verschaffen der Lehrkraft Sicherheit in den Aussagen über Entwicklungen im Prozess angestrebter Kompetenzen. Das Erforschen von Lernprozessen sollte folglich durch ein in der Praxis handhabbares und dem Ziel adäquates Vorgehen ermöglicht werden, um die Objektivität der Aussagen über die Wirksamkeit konzeptualisierten Lernens zu erhöhen. Forschungsdesigns der Einzelfallforschung bieten Möglichkeiten.

3.2 Theoretischer Bezugsrahmen – Einzelfallforschung

3.2.1 Struktur der Einzelfallforschung

Die Erkenntnisgewinnung über, für oder mit dem Einzelfall kann in zwei grundlegenden Herangehensweisen erfolgen, deren Theorie zunächst umrissen werden soll. Qualitatives und quantitatives Denken charakterisieren jeden empirisch angelegten Forschungsprozess. Anliegen des Kapitels soll es in diesem Rahmen nicht sein, die in der Fachliteratur beschriebenen Ansätze hier umfassend auszuführen (Döring & Bortz, 2016; Flick, Kardorff & Steinke, 2017). Viel mehr besteht die Absicht, auf gemeinsame und unterschiedliche Strukturen beider Ansätze zu verweisen, die für den Einsatz in der sonderpädagogischen Schulpraxis aufbereitet werden sollen.

In den Naturwissenschaften verortete (quantitative) Vorgehensweisen des empirischen Forschens waren mit der Neuorientierung und Konstituierung von geistes- und sozialwissenschaftlicher Forschung in den siebziger und achtziger Jahren des 20. Jahrhunderts nicht mehr ausreichend, da die Subjektzentrierung in der Forschung eine immer bedeutendere Stellung einnahm (Bergold & Flick, 1987). Das Verhältnis vom Allgemeinen zum Speziellen konnte auf der Grundlage empirisch quantitativer Forschung vielfach für das einzelne Subjekt nicht mehr als hinreichend tragfähig erachtet werden. Ein eher umgekehrter Weg zur Erkenntnis wurde beschritten: Die im Einzelfall, und für eben diesen Fall als gültig erkannte Erklärung von Zusammenhängen, war entscheidend. Das schließt nicht aus, dass die Erprobung in vielen Einzelfällen unter annähernd gleichen Bedingungen wiederum einer Verallgemeinerung zugeführt werden können (▶ Kap. 4, i. d. Bd.). Die Tabellen 3.1, 3.2 und 3.3. sollen überblickshaft über Struktur-Unterscheidungen und Struktur-Gemeinsamkeiten zur Einzelfallforschung informieren.

Tab. 3.1: Strukturmerkmale zur qualitativen und quantitativen Einzelfallforschung im Vergleich

Strukturmerkmal	Empirisch-qualitative Einzelforschung	Empirisch-quantitative Einzelforschung
Theoriebasis	Das Subjekt ist der Forschungsgegenstand. Es wird unter alltäglichen Bedingungen (Feld) betrachtet und beschrieben. Ausgangspunkt ist eine individuelle Problemlage, die für das Subjekt in seiner aktuellen Lebenssituation bedeutsam wird. Die Komplexität eines Falls lässt keine oder nur eine sehr eingeschränkte interindividuelle Vergleichbarkeit in den Lösungsmöglichkeiten zu. Die Suche nach den jeweiligen Einflussgrößen durch Datenermittlung, -bearbeitung und -darstellung, deren Interpretation und Schlussfolgerung kennzeichnen das Vorgehen in der Einzelfallforschung. Das Forschungsergebnis bringt in der Regel für das Subjekt einen Gewinn. Schlüsse aus der Forschung sind auf die Verbesserung der individuellen Lebenssituation gerichtet.	
Vorgehen	Der Forscher geht mit formulierter Regel ohne Erwartungen in den Prozess. Liegt eine Erwartungshaltung vor, werden die ermittelten Daten genutzt, um eine Hypothese zu bilden und diese mit den Erwartungen abzugleichen.	Der Forscher geht mit formulierten Fragestellungen und Hypothesen zu Wirkzusammenhängen in den Prozess. Mit der Grundratenerhebung (A) wird die Daten-Basis der Intervention (B) beschrieben. (B) zeigt die Werte der pädagogischen Konzeptumsetzung (Intervention) an. Mit (E) wird die Nachhaltigkeit der Intervention geprüft. Wirkzusammenhänge werden in Bezug zu den Fragestellungen und Hypothesen diskutiert.

Empirische Einzelfallforschung geht von einer gemeinsamen theoretischen Basis aus. Das Subjekt ist Gegenstand und Ziel der Forschung. Die Struktur im Vorgehen unterscheidet sich in der Offenheit des Herangehens.

Die qualitative Einzelfallforschung bedient grundlegende Erhebungsverfahren, die in der Tabelle 3.2 überblickshaft benannt werden.

Tab. 3.2: Erhebungsverfahren empirisch-qualitativer Forschung (Mayring, 2016)

Erhebungsverfahren	Kurzbeschreibung des Verfahrens
Problemzentriertes Interview	Probleme werden vor dem Interview analysiert und in einem Leitfragenkatalog für das Interview festgehalten.
Narratives Interview	Probleme, die subjektiv bedeutsam sind, vor allem auch Handlungsbezug ermöglichen, wenn subjektive Re-Konstruktionen beeinträchtigt sind, werden frei erzählt.
Gruppendiskussion	Probleme mit Bezug zu einer sozialen Gruppe werden diskutiert. Die Diskussion ermöglicht, kollektive Einstellungen zu erfassen, oder reduziert psychische Hemmnisse Einzelner, Auskunft zu geben.
Teilnehmende Beobachtung	In Alltagssituationen werden die Probleme sichtbarer und unmittelbarer. Sie ermöglichen eine größere Annäherung der Forscher an die subjektive Bedeutsamkeit des Problems.

Mayring (2016) kennzeichnet vier grundlegende Verfahren der qualitativen Forschung, die je nach Möglichkeit des Zugangs der Forscher zum Subjekt und zur Erschließung des Problems ausgewählt werden können. Im Kapitel 13 wird ein Anwendungsbeispiel der empirisch-qualitativen Forschung exemplarisch für den Unterricht im FSGE das Vorgehen veranschaulichen.

Weit verbreitet ist die Annahme, Einzelfallforschung sei ausschließlich qualitative Forschung, was aus dem geringen Bekanntheitsgrad der quantitativen Einzelfallforschung resultiert.

Die quantitative Einzelfallforschung ist hypothesengeneriert und durchläuft immer charakteristische Forschungsphasen, die nachfolgend noch näher erläutert werden. Für das Vorgehen in der quantitativen Forschung werden Versuchspläne (Designs) benannt, die es erlauben, Entwicklungsverläufe der ausgewählten Variablen zu kontrollieren. Synonym ist für diese Form der Einzelfallforschung der Begriff *Kontrollierte Einzelfallstudie* gebräuchlich. Die Kontrollierte Einzelfallforschung umfasst in ihrer Grundstruktur eine Grundrate bzw. Baseline (A-Phase) und eine Förder- oder Interventionsphase (B-Phase) (Jain & Spieß, 2012; Pospeschill & Siegel, 2018). In einer Erweiterungsphase nach Abschluss der Intervention kann zur Überprüfung der Nachhaltigkeit einer Entwicklung eine Folge-Phase E (Extention) bedacht werden.

In der nachfolgenden Tabelle 3.3 werden die in der Sonderpädagogik gängigsten Versuchsanordnungen (Designs) in Anlehnung an Döring & Bortz (2016), Jain & Spieß (2012), Mühl (2008) und Pospeschill & Siegel (2018) dargestellt.

Für die Auswahl des Designs sind Ausgangsbedingungen und Fragestellungen in der Forschung entscheidend (Jain & Spieß, 2012). Zur Bewertung eines Effektes aus dem Bildungsangebot sind daher verschiedene Versuchsanordnungen möglich. Sie werden für den Vergleich der erhobenen Daten aus den vorgestellten A- und B-Phasen herangezogen. Überprüft wird die Veränderung der Untersuchungsvariablen. Je genauer die (sonder-)pädagogische Unterstützung (Intervention) überprüft wird, desto eindeutiger ist ihr Erfolg auf das ausgewählte Vorgehen zurückzuführen. Folglich kann ein A-B-Design für wissenschaftliches Arbeiten kaum ausreichen, denn der Fakt der Überprüfung ist in diesem Ansatz unzureichend bedacht. Die Nachhaltigkeit kann erst nach Abschluss der Interventionsphase (B) durch die Erweiterungsphase (E) beschrieben werden, in der keine Intervention mehr erfolgt, aber die Daten zur Untersuchungsvariable weiterhin erhoben werden. Die Versuchspläne A-B-C-und Multiple-Baseline-Pläne können eventuell für Interventionen interessant werden, die längere Zeiträume erfordern und für Probanden, die zeitgleich eine Förderung durch verschiedene Interventionen erhalten.

Tab. 3.3: Erhebungsverfahren (Designs) empirisch quantitativer Einzelfallforschung

Versuchsplan	Beschreibung des Versuchsplans
A-B-Plan	Bewertung des Interventionseffektes erfolgt durch den Vergleich zwischen Grundraten (A)- und Interventionsphase (B).
A-B-E-Plan	Auf die Grundraten- und Interventionsphase folgt eine Erweiterungsphase (E), um die Zielvariable einige Zeit nach der Förderung erneut auf ihre Nachhaltigkeit hin zu erfassen.
B-A-B-Plan	Auf eine bereits andauernde Interventionsphase folgt eine Grundratenphase, in der keine Intervention erfolgt, um die erforderliche Intervention anschließend erneut fortzusetzen. Durch die Kontrolle der Zielvariablen ohne Intervention (A-Phase) soll bereits zwischenzeitlich die Wirksamkeit der Intervention sichtbar werden.
A-B-A-B-Plan	Um Alternativerklärungen, die auf die Wirkung anderer Faktoren (z. B. positive Wirkung der Lehrperson) zur Veränderung der abhängigen Variablen ausschließen zu können, wird nach der ersten Interventionsphase die spezifische Förderung wieder entzogen und einige Zeit darauf wieder eingesetzt.
A-B-C-Pläne	Auf die erste Interventionsphase (B) folgt eine zweite differente Intervention (C), um zu bestimmen, ob diese ebenfalls Einfluss auf die Zielvariable nimmt. Es sind verschiedene Variationen denkbar, z. B. A-B-C, A-B-BC (in der letzten Phase werden beide Interventionen gleichzeitig durchgeführt) usw.
Multiple-Baseline-Pläne	Zeitversetzte Durchführung eines A-B-Plans ist beim selben Probanden bzw. der Probandin hinsichtlich unterschiedlicher Zielvariablen oder bei mehreren Probanden hinsichtlich derselben Zielvariablen möglich.

3.2.2 Vorgehen in Kontrollierter Einzelfallstudie

Operationalisierung der Untersuchungsvariablen

Für die Kontrollierte Einzelfalluntersuchung ist eine Operationalisierung des Zielverhaltens im Sinne der Messbarkeit der ausgewählten Variablen notwendig. In Hinblick auf angestrebte Kompetenzen muss also zunächst festgelegt werden, an welchen Verhaltensweisen der Kompetenzzuwachs deutlich werden kann (Mühl, 2008). Dafür sind im Vorfeld der Erhebung mindestens eine abhängige (AV) und eine unabhängige Variable (UV) zu definieren. Die AV bildet das angestrebte, von der Förderung abhängige Zielverhalten (z. B. die Anzahl der gelösten Aufgaben) ab, während die unabhängige Variable für die konkrete Fördermaßnahme (z. B. ein konkretes methodisches Vorgehen) steht (Lauth, Grünke & Brunstein, 2014).

Während der A-Phase werden die zu untersuchenden Zielvariablen vor dem Einsetzen der Unterstützung mit dem konzeptualisierten Bildungsangebot (Intervention) erhoben. Dies dient einerseits zur Bestimmung der (Lern-)Ausgangslage, andererseits zur Beschreibung bzw. Prognose einer möglichen (Lern-)Entwicklung ohne pädagogische Intervention (Barlow, Nock & Hersen, 2009). Um Aussagen über die Wirksamkeit des Bildungsangebotes bzw. Intervention machen zu können, sollten die Daten der Baseline kontinuierlich in gleichen Zeitabständen erhoben werden, möglichst stabil in der Qualität und trendfrei in ihrem Verlauf sein (Kazdin, 2010). Nicht nur der Verlauf der Variablen nimmt Einfluss auf die Länge der Grundratenerhebung. Insbesondere ethische Gründe (z. B. Vorenthalten einer Problemlösung bei gleichzeitiger Belastung des Schülers bzw. der Schülerin mit dem Erleben des Leistungsversagens) können die Ausdehnung einer Baseline bis zum Erreichen der gewünschten Stabilität infrage stellen und somit beschränken (ebd.). Um eine interventionsbedingte Veränderung in der B-Phase von einem generellen Trend unterscheiden zu können, gelten drei Messzeitpunkte während der A-Phase als Mindestanzahl (Barlow, Nock & Hersen, 2009).

Während der B-Phase werden die zu untersuchenden Zielvariablen unter Einfluss der Fördermaßnahme erfasst. Auch hier gilt es zur zuverlässigen Bewertung der Interventionswirksamkeit, eine angemessen hohe Anzahl von Erhebungszeitpunkten in die Anlage der Untersuchung zu implementieren (Pospeschill & Siegel, 2018).

Datenerfassung und Datenauswertung

Grundlagen der Datenerfassung sind wiederkehrende Unterrichtsbedingungen, die den annähernd gleichen Rahmen zur Datenerfassung bieten. In einer wissenschaftlichen Arbeit wäre diese so zu beschreiben, dass das Vorgehen nachvollziehbar wird. Dazu gehören:

- der gleiche Lernkontext (z. B: Sachkundeunterricht),
- die gleiche soziale Gruppe aus Schülern und Lehrkräften (z. B. auch räumliche Bedingungen und gleiche Sozialform des Unterrichts),

- die gleiche(n) Wochentag(e) und die gleiche Uhrzeit für die Datenerhebung,
- die gleichen Abstände der Messzeitpunkte,
- die gleichen Beobachter.

Die Einhaltung der Bedingungen trägt zur Gültigkeit (Validität) in der Aussage zu den Ergebnissen bei.
 Erfasst werden können Daten, die z. B. resultieren aus: der Anzahl gelöster Aufgaben, der Konzentrationsleistung auf einen Lerngegenstand in Minuten oder der Einhaltung von vereinbarten Regeln. Die Auswahl der Variablen wird immer aus der Problemlage des Schülers zu entnehmen sein. Verschiedene Variablen können auch kombiniert werden und im Ergebnis der Datenauswertung einen Vergleich ermöglichen: z. B. Vergleich der Anzahl verbaler Sprachaktivität einer Schülerin im vorhabenorientierten (Gesamt-)Unterricht und im fachorientierten Kursunterricht mit unterschiedlicher Sozialgruppierung.
 Die Datenerfassung ist in einem tabellarisch angelegten Protokoll schriftlich zu dokumentieren. Auch für selbst unterrichtende Lehrkräfte sollte es möglich sein, derartige Dokumentationen für einen Schüler zu führen. Die Idealbesetzung in einem Pädagogenteam eröffnet eine zeitgleiche Datenerfassung zweier oder mehrerer Beobachter, um die Datenauswertung zu objektivieren.
 Über die Form der Datenauswertung in Kontrollierten Einzelfallstudien besteht bislang kein Konsens. Eine weitverbreitete Methode ist die *visuelle Inspektion* (Wilbert & Grünke, 2015; Jain & Spieß, 2012). Hierzu werden die im Forschungsprozess erhobenen Daten in einem Liniendiagramm graphisch dargestellt.
 Zur Veranschaulichung des Datenauswertungsprozesses wird im Folgenden auf ein Beispiel einer Einzelfalluntersuchung zurückgegriffen (Abb. 3.1).
 Marvins komplexe Beeinträchtigung der Körperfunktionen und -strukturen behindert den Austausch mit seiner Umwelt. Seine Lernaktivität wird durch die wenigen Möglichkeiten der Auseinandersetzung mit der gegenständlichen und sozialen Umwelt erschwert. Er nimmt Geräusche aus der Umwelt wahr und hört gern Musik. Mit Musik kann seine Grundstimmung beeinflusst werden.
 Ziel seines Bildungsangebotes ist es, mehr Lernanlässe über den bestehenden Zugang zu ihm mittels Musik zu erreichen. Für Marvin bedeutet dies, seine Kommunikationsmöglichkeiten als Wechselbeziehung zur sozialen und dinglichen Umwelt pädagogisch herauszufordern, um somit Lernen, als Ergebnis der Auseinandersetzung mit der Umwelt, zu initiieren und zu erweitern.
 Das von Meyer und Ebert (2016) entwickelte Konzept *Musikbasierte Kommunikation* sowie dessen kommunikationswissenschaftliche Grundlagen wurden ausgewählt, um auf der Basis musisch-rhythmischer Lernangebote Dialoge einzuleiten und aufrecht zu erhalten. Diverse Musikinstrumente werden dem Probanden vorgestellt. Bei der Instrumentenauswahl ist die Reaktion des Kindes maßgeblich. Durch die Kontrollierte Einzelfalluntersuchung soll der direkte Einfluss unter der Bedingung von musikbasierten Kommunikationsangeboten (unabhängige Variable) auf die Bedingung des Kommunikationsverhaltens (abhängige Variable) erforscht und festgestellt werden. Da eine Häufigkeitsmessung der Kommunikationsakte beabsichtigt ist, gehen wir von einer Ereignisstichprobe aus. Um valide Aussagen zum Ursache-Wirkung-Verhältnis zu erhalten, sind standardisierte Messungen erforder-

lich sowie die Sicherung der internen Validität. Das Auftreten des Zielverhaltens wird protokollarisch registriert.

Im vorliegenden Beispiel von Marvin (Tab. 3.5) umfasst jede Sitzung den festgelegten Zeitraum von 30 Minuten. Dieser ist unverändert zu halten, damit die Ergebnisse vergleichbar gemacht werden können. Mittels einer Stoppuhr kann Beginn und Ende einer Beobachtung (z. B. Blickkontakt zum dargebotenen Musikinstrument) gemessen und protokolliert.

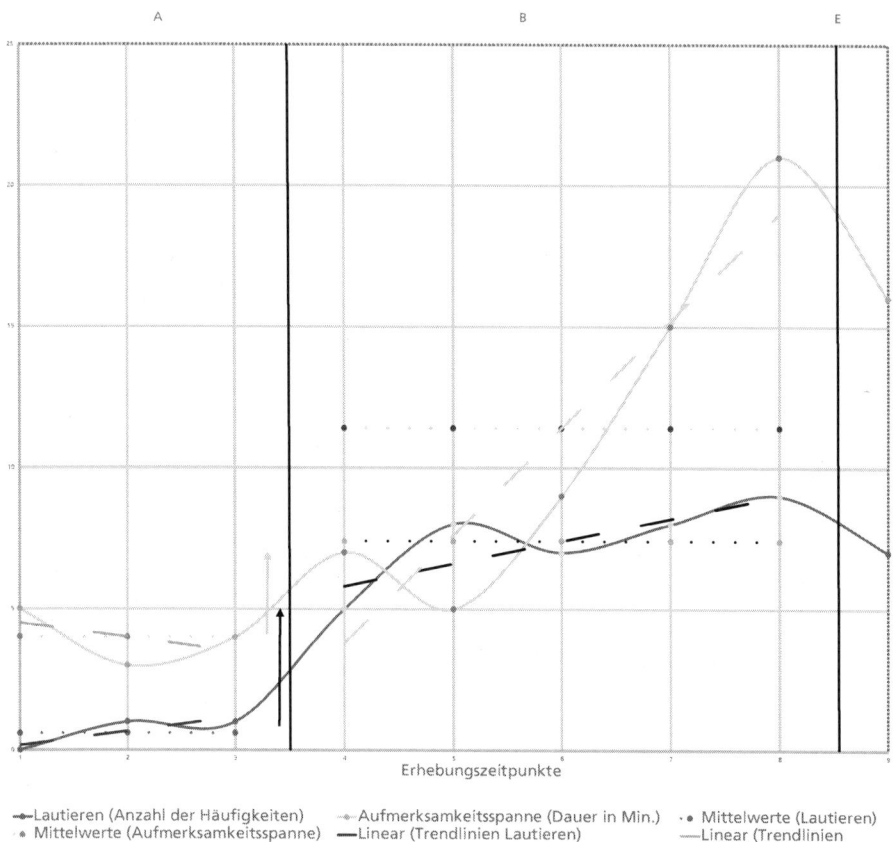

Abb. 3.1: Liniendiagramm zur visuellen Inspektion: Ergebnisse der Kontrollierten Einzelfallstudie

Die Werte der abhängigen Variablen, im Fall von Marvin die Anzahl von Lautierungen und die Dauer der Aufmerksamkeitsspanne, werden auf der y-Achse, die Messzeitpunkte auf der x-Achse skaliert. Der Startzeitpunkt der Interventionsphase, im Beispiel der vierte Erhebungstermin, wird durch das Ziehen einer Senkrechten veranschaulicht, damit mögliche Interventionseffekte augenscheinlich werden (ebd.). Die Bewertung der Interventionswirksamkeit erfolgt also ohne objektive

Kriterien und liegt damit im subjektiven Ermessen des Betrachters. Der damit einhergehenden Fehleranfälligkeit kann allerdings durch die Nutzung gewisser Hilfsmittel entgegengewirkt werden (Wilbert & Grünke, 2015):

Der Vergleich der Mittelwerte von Grundraten- und Interventionsphasen ist eine Möglichkeit, das Ausmaß der Veränderung quantitativ zu beschreiben. Zur Bestimmung der Mittelwertunterschiede werden je Phase alle erfassten Daten durch die Anzahl der Messzeitpunkte dividiert und anschließend in Form einer Geraden an dem entsprechenden Ordinatenwert im Liniendiagramm markiert.

Tab. 3.4: Berechnung der Mittelwerte anhand der Ergebnisse der Kontrollierten Einzelfallstudie

Item	A-Phase	B-Phase
Lautieren	$\bar{x} = 1/3 \cdot (0 + 1 + 1)$ $= 0{,}66$	$\bar{x} = 1/5 \cdot (5 + 8 + 7 + 9)$ $= 7{,}4$
Aufmerksamkeitsspanne	$\bar{x} = 1/3 \cdot (0 + 1 + 1)$ $= 0{,}66$	$\bar{x} = 1/5 \cdot (5 + 8 + 7 + 9 + 21)$ $= 11{,}4$

Der Mittelwert der Grundrate zum Lautieren beträgt 0,66 und der Förderphase 7,4. Die erfassten Ergebnisse zur Aufmerksamkeitsspanne zeigen einen vergleichbaren Mittelwertunterschied von 7,4 Minuten. Beide Mittelwertvergleiche deuten auf eine Wirksamkeit der Förderung hin.

Ein weiteres Kriterium, um die Kausalität zwischen Intervention und abhängiger Variable zu beurteilen, ist die Veränderung im Niveau des Entwicklungsverlaufs. Treten deutliche Wertunterschiede bei Phasenwechseln auf, die im Diagramm durch Pfeile (▶ Abb. 3.1) gekennzeichnet werden, ist von einem Interventionseffekt auszugehen (ebd.). Im hier dargestellten Beispiel sind solche Niveauunterschiede deutlich sichtbar, was die Annahme einer Interventionswirksamkeit stützt.

Entsprechend kurz sollte die Latenz zwischen Interventionsbeginn und der prognostizierten Verhaltensänderung ausfallen, damit die beobachtbaren Veränderungen der abhängigen Variable eindeutig auf die Förderung zurückzuführen sind. Umso größer die Spanne zwischen Einsetzen der Intervention und sichtbaren Veränderungen des Zielverhaltens ausfällt, umso wahrscheinlicher ist es, dass dafür andere externe Faktoren ursächlich sind (Jain & Spieß, 2012; Mühl, 2008).

Zuletzt ermöglichen Veränderungen im Trend, die mithilfe von sog. Regressionsgeraden oder Trendlinien veranschaulicht werden, Rückschlüsse auf den Interventionseffekt. Regressionsgraden oder Trendlinien beschreiben die zu erwartende Entwicklung des Datenverlaufs. Die Regressionsgerade der A-Phase repräsentiert die prognostizierte Entwicklung der abhängigen Variablen ohne Intervention. Können Richtungswechsel während des Phasenwechsels oder Steigungsunterschiede ausgemacht werden, gilt die Fördermaßnahme als effektiv (Wilbert & Grünke, 2015). Abbildung 3.1 zeigt deutliche Steigungsunterschiede der Regressionsgraden der A- und B-Phase für beide abhängigen Variablen (Häufigkeit des Lautierens und Dauer der Aufmerksamkeitsspanne), was den auf Basis des Mittelwerts- und Niveauunterschieds gewonnenen Eindruck der Wirksamkeit der Intervention untermauert. Trendstabilität ist erreicht, wenn 80–90 % der Datenpunkte in einer 15 %-igen Streuung um die Trendlinie liegen (Mühl, 2008). Die Trendlinie kann mittels Freihand- oder Split-Middle-Methode in die graphische Darstellung eingefügt werden. Bei der Freihandmethode wird die Regressionsgerade so eingezeichnet, dass die eine Hälfte aller Daten oberhalb, die andere Hälfte unterhalb liegt. Wesentlich präziser ist die Split-Middle-Methode, die anhand folgender Schritte vollzogen wird (ebd.):

- Teilung der ermittelten Daten pro Untersuchungsphase durch eine Senkrechte in zwei Hälften
- Erneute Teilung der durch die erste Teilung entstandenen Hälften
- Kennzeichnung der Mediane beider Hälften, indem man eine Waagerechte durch denjenigen Datenpunkt zieht, über und unter dem gleich viele Datenpunkte liegen
- Verbinden der sich je Hälfte daraus ergebenen Schnittpunkte durch eine Gerade
- Auszählen der Punkte, die unterhalb bzw. oberhalb dieser Geraden liegen, und ggfs. Verschiebung dieser bis auf beiden Seiten die gleiche Anzahl an Datenpunkten liegt.

Ergänzend zur visuellen Analyse kann die Berechnung von Effektstärkenmaßen zur Beurteilung der Wirksamkeit einer pädagogischen Maßnahme herangezogen werden. Zwei übliche Effektstärken sind der Prozentsatz nichtüberlappender Daten (PND) sowie der Anteil der Nichtüberlappung aller Paare (NAP), die »bei Vorliegen einer stabilen Baseline […] die durch eine visuelle Inspektion erhaltenen Informationen sinnvoll quantifizieren und dadurch objektiver und besser kommunizierbar machen [können]« (Jain & Spieß, 2012, S. 242). Errechnet wird der PND, indem man den höchsten Wert der Grundratenphase mit den ermittelten Werten der Interventionsphase vergleicht. Die Anzahl der Werte der Interventionsphase, die größer als der höchste Wert der Baseline sind, werden durch die Anzahl aller Datenpunkte der Interventionsphase dividiert und mit 100 multipliziert (Jain & Spieß, 2012; Grünke, 2012).

$$PND = \frac{\text{Number of intervention data exceeding the highest baseline data point}}{\text{Total number of data points in the intervention phase}}$$

Abb. 3.2: Formel zur Berechnung des PND (Alresheed, Hott & Bano, 2013, S. 3)

Im obigen Beispiel (Abb. 3.2) sind alle Werte der B-Phase zum Lautieren über dem höchsten Wert der A-Phase. In Hinblick auf die Aufmerksamkeitsspanne ist eine Wertüberschneidung der Grundrate und der Förderphase zu verzeichnen. Es ergibt sich folgende Berechnung:

Tab. 3.5: Berechnung des PND für die Kontrollierte Einzelfallstudie

PND (Aufmerksamkeitsspanne) = 4/5 x 100 = 80 %
PND (Lautieren) = 5/5 x 100 = 100 %

Ergebnisse über 85 % bestätigen die Wirksamkeit der Intervention (Wilbert & Grünke, 2015). Obwohl der PND zur Berechnung von Effektstärkenmaßen weit verbreitet ist, wird seine seriöse Aussagekraft im wissenschaftlichen Diskurs kritisch gesehen. Insbesondere wenn starke Schwankungen in der Grundratenphase oder aber Decken- bzw. Bodeneffekte vorliegen, kann nicht von verlässlichen Ergebnissen ausgegangen werden (Jain & Spieß, 2012; Grünke, 2012).

Zur Berechnung des NAP ermittelt man die Datenüberlappungen zwischen allen möglichen Wertepaar-Kombinationen der Grundraten- und Interventionsphase. Liegt ein Wert der A-Phase über einem Wert der B-Phase, wird dieser zur Berechnung als ein Punkt gewertet, sind Werte der A- und B-Phase gleich groß, zählt diese Überlappung als ein halber Punkt. Die Summe aller möglichen Überlappungen wird von der Anzahl aller möglichen Wertepaare subtrahiert und anschließend durch die Anzahl aller möglichen Permutationen geteilt (Parker & Vannest, 2009; Wilbert & Grünke, 2015).

$$NAP = \frac{Pos. + (.5 \times no.of\ Ties)}{No.of\ Pairs}$$

Abb. 3.3: Formel zur Berechnung des NAP (Alresheed, Hott & Bano, 2013, S. 13)

Im dargestellten Beispiel wurden 8 Messungen durchgeführt, 3 Messungen in der A-Phase und 5 Messungen in der B-Phase. Hieraus ergeben sich 15 Wertepaare, die miteinander verglichen werden. Es kann eine Überlappung eines Wertes der A-Phase und der B-Phase bei der Erfassung der Aufmerksamkeitsspanne festgestellt werden. Dies führt zu folgender Berechnung:

Tab. 3.6: Berechnung des NAP für die Kontrollierte Einzelfallstudie

NAP (Lautierungen) = 15/15 = 1 = 100 %
NAP (Aufmerksamkeitsspanne) = $\frac{14 + (5 \times 1)}{15}$ = 0,96 = 96 %

Der NAP gilt laut Parker et al. (2009) im Vergleich zu anderen Effektstärkenmaßen, wie z. B. dem PND, als differenzierter und valider, da er alle möglichen Permutationen der Wertepaare in der Berechnung berücksichtigt und sich damit stärker an R^2, der dominierenden Effektstärke in wissenschaftlichen Publikationen, orientiert.

»A third advantage sought from NAP was stronger validation by R^2, the leading effect size in publication [...]. Since NAP entails more data comparisons than other nonoverlap indices, it should relate more closely to R^2, which makes fullest use of data« (ebd. S. 358).

Im Rahmen der Datenauswertung ist nach der Ermittlung der Berechnungsergebnisse die Diskussion der Daten erforderlich. Die Sichtbarmachung von Veränderungen der untersuchten Zielvariablen (z. B. in einer Grafik) gibt Einblicke in den Verlauf des Lernprozesses. Es wird auch ersichtlich, welches Lernergebnis vorliegt. Ein Zusammenhang zwischen abhängiger und unabhängiger Variable im gewählten Lernkontext wird möglich:

Die dargestellten Ergebnisse der Einzelfalluntersuchung erlauben, einen positiven Effekt auf Marvins Lernentwicklung mittels *Musikbasierter Kommunikation* anzunehmen. Neben der visuellen Inspektion (graphische Darstellung, Mittelwerts- und Niveauunterschiede und Berücksichtigung der Trends) bekräftigen auch die Berechnungen der Effektstärkenmaße (PND und NAP) die Annahme eines Ursache-Wirkungs-Verhältnis zwischen abhängiger und unabhängiger Variable. Zur Prüfung der Nachhaltigkeit der Intervention, die zugleich einen möglichen Lerneffektiv vom konditionierten Reiz abgrenzt, wurde in das Untersuchungsdesign eine Extensionsphase 4 Wochen nach Beendigung der musikbasierten Förderung implementiert. In Hinblick auf die Häufigkeit des Lautierens kann Marvin das Niveau zum Ende des Förderzeitraumes nahezu halten. Er zeigt im Erhebungszeitraum von 30 Minuten eine Lautierung weniger als in der Phase B (insgesamt 8). Die Aufmerksamkeitsspanne liegt mit 16 Minuten zwar deutlich unter dem Höchstwert von 21 Minuten, ist aber dennoch beträchtlich höher als vor der Intervention, wo er seine Aufmerksamkeit lediglich zwischen 3 bis 5 Minuten aufrechterhalten konnte. Unter Berücksichtigung der Ergebnisse der Follow-up-Erhebung kann folglich von einer nachhaltigen Wirksamkeit des musikbasierten Förderkonzeptes von Marvin ausgegangen werden.

Für die wissenschaftliche Arbeit lassen sich mehrere Kontrollierte Einzelfallstudien eines gleichgelagerten Forschungsdesigns durch eine Metaanalyse zusammenfassen, um eine Verallgemeinerung der für einzelne Probanden erzielten Ergebnisse nun zu prüfen (vgl. Julius, Schlosser & Goetze, 2000). Im Rahmen der Schulpraxis kann diese Vorgehensweise insofern relevant werden, dass möglicherweise ein methodisches Vorgehen Aktivierungsprozesse derart ermöglicht, dass es für einen ausgewählten Untersuchungsbereich, der ein Themenbereich eines Unterrichtsfaches sein kann, verallgemeinerungswürdig ist (▶ Kap. 3, i. d. Bd.; ▶ Kap. 10, i. d. Bd.).

3.3 Theorie-Praxis-Transfer

Die Einzelfallforschung ist für die Selbstevaluation und entwicklungsförderliche Fortschreibung von individualisiertem Unterricht hilfreich. Ohne wesentliche Vorkehrungen und Hilfsmittel kann sie der Lehrkraft als ein Instrument der Qualitätssicherung in jeder Klasse und unabhängig vom Entwicklungsstand des Schülers dienen. Sie bietet, je nach Auswahl der Variablen, die Möglichkeit, Schüler partizipatorisch am eigenen Forschungsprozess teilhaben zu lassen.

Die Vorzüge der Einzelfallforschung gegenüber anderen Forschungsansätzen werden vor allem darin gesehen, dass in der »unmittelbare[n] Nähe zum untersuchten Objektbereich, [die] Möglichkeit des Rückgriffs auf den Fall in seiner komplexen Gesamtheit und [die] deutlich geringere Anzahl von Versuchspersonen, […] insgesamt tiefergehende Einsichten in schwer zugängliche Gegenstandsfelder möglich [machen]« (Mayring, 2016, S. 42 f).

Mühl beschreibt, angesichts möglicher Potenziale, die Kontrollierte Einzelfallstudie für die Sonderpädagogik als »Methode der Wahl« (2008, S. 631). Auch Horner, Carr, Halle, McGee, Odom & Wolery (2005) heben Potenziale von Einzelfallstudien in der Sonderpädagogik hervor. Besondere Chancen sehen sie darin, dass das Individuum im Zentrum des Erkenntnisinteresses steht und aktive Förderung stattfindet, welche in unterschiedlichen Kontexten (z. B. in der Schule, im häuslichen Umfeld usw.) umgesetzt werden kann.

Im Sinne Mühls (2008) empfehlen wir das Vorgehen als eine Möglichkeit der Qualitätssicherung unter schwierigen Bedingungen des Lernens, die zur Wahrung optimaler Unterrichtsangebote für alle Schüler beitragen kann.

Literatur

Ahrbeck, B., Ellinger, S., Hechler, O., Koch, K. & Schad, G. (2016): *Evidenzbasierte Pädagogik. Sonderpädagogische Einwände.* Stuttgart: W. Kohlhammer.

Alresheed, F., Hott, B. L. & Bano, C. (2013): Single Subject Research: A Synthesis of Analytic Methods. *Journal of special education apprenticeship* 39, (1/2), 1–18.

Barlow, D. H., Nock, M. K. & Hersen, M. (Eds.) (2009): *Single case experimental designs Strategies for studying behavior change (Ed. 3).* Boston: Pearson.

Bergold, J. B. & Flick, U. (Hrsg.) (1987): *Einsichten. Zugänge zur Sicht des Subjekts mittels qualitativer Forschung.* Tübingen: DGVT.

Döring, N.; Bortz, J. (2016): *Forschungsmethoden und Evaluation in den Sozial-und Humanwissenschaften* (5. Auflage). Berlin: Springer.

Dzengel, J. (2017): Die Kasuistik in der Lehrerbildung als Vermittlungsinstanz zwischen Theorie und Praxis. In: T. Burger & N. Miceli (Hrsg.), *Empirische Forschung im Kontext Schule* (S. 373–391). Wiesbaden: Springer.

Fichten, W. & Meyer, H. (2014): Skizzen einer Theorie forschenden Lernens in der Lehrer_innenbildung. In: E. Feyrer, K. Hirschhausen & K. Soukup-Altrichter (Hrsg.): *Last oder Lust? Forschung und Lehrer_innenbildung* (S. 11–42). Münster: Verlag Waxmann.

Fischer, E. (2011): Bildungsstandards für Kinder und Jugendliche mit schwerster Behinderung?! In: *Vierteljahreszeitschrift der Heilpädagogik und ihrer Nachbarwissenschaften* (VHN) 77 (1), 284–296.

Flick, U., Kardorff, E. von, Steinke, I, (Hrsg.) (2017): *Qualitative Forschung. Ein Handbuch* (12. Auflage). Reinbek: rowolts enzyklopädie.

Fornefeld, B. (2004): *Einführung in die Geistigbehindertenpädagogik* (3. Auflage). München: Reinhardt.

Glasersfeld, E. von (1997): *Radikaler Konstruktivismus. Ideen, Ergebnisse, Probleme. In: Suhrkamp-Taschenbuch Wissenschaft.* Band 1326. Frankfurt am Main: Suhrkamp (englisch, Originaltitel: Radical Constructivism. Übersetzt von Wolfram K. Köck.

Großmann, K., Bach, A. & Winkel, J. (2017): Das Praxissemester in Flensburg. In: R. Schüssler, A. Schöning, V. Schwier, S. Schicht, J. Gold & U. Weiland (Hrsg.), *Forschendes Lernen im Praxissem*ester (S. 81–95). Bad Heilbrunn: Verlag Julius Klinkhardt.

Grünke, M. (2012): Auswertung von Daten aus kontrollierten Einzelfallstudien mit Hilfe von Randomisierungstests. In: *Empirische Sonderpädagogik* 12 (3/4), 247–264.

Horner, R. H., Carr, E. G., Halle, J., McGee, G., Odom, S. & Wolery, M. (2005): The use of single subject research to identify evidence-based practice in special education. *Exceptional Children*, 71 (2), 165–179.

Jain, A. & Spieß, R. (2012): Versuchspläne der experimentellen Einzelfallforschung. In: *Empirische Sonderpädagogik*, 12 (3/4), 211–245.

Jantzen, W. & Lanwer, W. (Hrsg.) (2011): *Diagnostik als Rehistorisierung: Methodologie und Praxis einer verstehenden Diagnostik am Beispiel schwer behinderter Menschen*. ICHS-Praxis, Bd. 2. Köln: Lehmanns.

Joswig, K.-D. (2007): *Der systemisch-ökologische Orientierungsansatz Otto Specks in der Heilpädagogik: zur Rezeption des systembiologischen Konstruktivismus und der soziologischen Systemtheorie in der speziellen Pädagogik*. Münster: LIT-Verlag.

Julius, H., Schlosser, R. W. & Goetze, H. (2000): *Kontrollierte Einzelfallstudien: eine Alternative für die sonderpädagogische und klinische Forschung*. Göttingen: Hogrefe.

Kazdin, A. E. (2010): *Research Design in Clinical Psychology*. Boston: Pearson.

Koch, K. (2016): Ankunft im Alltag–Evidenzbasierte Sonderpädagogik im Alltag. In: B. Ahrbeck, S. Ellinger, O. Hechler, K. Koch & G. Schad: *Evidenzbasierte Pädagogik. Sonderpädagogische Einwände* (S. 9–41). Stuttgart: W. Kohlhammer.

Lauth, G. W., Grünke, M. & Brunstein, J. C. (2014): *Intervention bei Lernstörungen: Förderung, Training und Therapie in der Praxis*. Göttingen: Hogrefe.

Levinas, E. (1999): *Die Spur des Anderen. Untersuchungen zur Phänomenologie und Sozialphilosophie*. Übersetzt, herausgegeben und eingeleitet von Wolfgang Nikolaus Krewani, Freiburg i. Br./ München: Karl Alber.

Mayring, P. (2016): *Einführung in die Qualitative Sozialforschung* (5. Auflage). Weinheim: Beltz.

Mühl, H. (2008): Kontrollierte Einzelfallforschung in der Pädagogik bei geistiger Behinderung. In: S. Nußbeck, A. Biermann & H. Adam (Hrsg.): *Sonderpädagogik der geistigen Entwicklung* (S. 631–649). Göttingen: Hogrefe.

Meyer, N. (2004): *Was ist guter Unterricht?* Berlin: Cornelsen.

Parker, R. I & Vannes, K. J. (2009): An improved effect size for single case research: Non-overlap of all pairs (NAP). *Behavior Therapy*, 40 (4), 357–367.

Pospeschill, M. & Siegel, R. (2018): *Methoden für die klinische Forschung und Diagnostische Praxis. Ein Praxisbuch für die Datenauswertung kleiner Stichproben*. Berlin: Springer.

Runow, V. & Borchert, J. (2003): Effektive Interventionen im sonderpädagogischen Arbeitsfeld–ein Vergleich zwischen Forschungsbefunden und Lehrereinschätzungen. In: *Heilpädagogische Forschung*, Bd. XXIX (4), 189–203.

Speck, O. (2008): *System Heilpädagogik. Eine ökologisch reflexive Grundlegung* (6., überarbeitet Auflage). München: reinhardt.

Wagner, M. (2000): *Menschen mit geistiger Behinderung und ihre Lebenswelten. Ein evolutionärkonstruktivistischer Versuch und seine Bedeutung für die Pädagogik*. Bad Heilbrunn: Klinkhardt.

Waldenfels, B. (1992): *Einführung in die Phänomenologie*. München: W. Fink.

Wember, F. (2015): Unterricht professionell: Orientierungspunkte für einen inklusiven Unterricht mit heterogenen Lerngruppen. *Zeitschrift für Heilpädagogik* 66 (10), S. 456–473.

Wilbert, J. & Grünke, M. (2015): Kontrollierte Einzelfallforschung. In: K. Koch & S. Ellinger (Hrsg.), *Empirische Forschungsmethoden in der Sonderpädagogik* (S. 100–105). Göttingen: Hogrefe.

4 Der Erwerb von Rechenkompetenzen durch die Unterstützung metakognitiven Denkens

Isabelle von Seeler

Ziel dieses Beitrags ist es, eine didaktische Konzeption zum Erwerb von Additionskompetenzen sowie Ideen zur praktischen Umsetzung für den Mathematikunterricht im Förderschwerpunkt Geistige Entwicklung (FSGE) vorzulegen. In den weiteren Ausführungen wird entsprechend auf die Addition im Zahlenraum bis 20 unter Berücksichtigung eines flexiblen Strategieeinsatzes fokussiert. Die theoretische Auseinandersetzung mit fachdidaktischen Perspektiven auf den Erwerb von Additionsstrategien soll in Verknüpfung mit Überlegungen zum Kompetenzerwerb eine konkrete Möglichkeit zur didaktischen Konzeption mathematischer Inhalte im FSGE aufzeigen. In diesem Zusammenhang könnte die Berücksichtigung metakognitiver Kompetenzen von besonderer Bedeutung sein, da diese die Grundlage einer gezielten Auswahl, Kontrolle und Steuerung des Strategieeinsatzes bilden (Hasselhorn, 1992).

Eine kontrollierte Einzelstudie zeigt in diesem Beitrag Möglichkeiten der individualisierten Konzeptumsetzung und -evaluation für Lehrkräfte auf.

4.1 Einführung

In der Pädagogik für Menschen mit geistigen Beeinträchtigungen (BgE) ist es unumstritten, dass mathematische Kompetenzen einen Beitrag zur Teilhabe an Alltags- und Bildungsprozessen leisten (Djuric-Zdravkovis; Japundza-Milisavljevic & Macesic-Petrovic, 2011). So befähigen arithmetische Kompetenzen zur Bewältigung alltäglicher Anforderungssituationen, etwa beim Einkaufen oder der Verwaltung des Haushaltsbudgets, und nehmen damit Einfluss auf das Selbstwirksamkeitserleben (Behörde für Schule und Berufsbildung Hamburg, 2017). Gleichermaßen eignen sich mathematische Inhalte aber auch als Gegenstand der Förderung kognitiver Prozesse und tragen so zur Denkerziehung im Allgemeinen bei (Ratz, 2010).

Etwa zwei Drittel der Gesamtschülerschaft im (FSGE) verfügt bereits zum Zeitpunkt des Schuleintritts über numerische Kompetenzen (Moser Opitz, Garrote & Ratz, 2014; Grüning, 2014). Vor diesem Hintergrund verwundert aber die prekäre Forschungslage zum mathematischen Lernen, die laut Ratz & Wittmann (2014) auf etwa 100 Untersuchungen weltweit gründet. Noch misslicher zeigt sich der Forschungsstand im deutschsprachigen Raum: Hier sind kaum wissenschaftlich evaluierte Förderkonzepte zu verzeichnen (Siegemund, 2016). Dieses Forschungsdesiderat beeinflusst wiederum die konkrete Konzeption des Mathematikunterrichts im Schulalltag, bei der nach wie vor in erster Linie an tradierten didaktischen Förderkonzepten festgehalten wird. Die Thematisierung des Konzepts *Pränumerik*, welches für sich den Stellenwert eines grundlegenden Fundaments für die Entwicklung des Zahlbegriffs und Rechenkompetenzen beansprucht, ist aber aus fachwissenschaftlicher Perspektive als überholt und widerlegt einzuschätzen. Dönges (2016) fasst hier treffend zusammen: »Für Schüler im FgE bewirkt die Orientierung am Konzept Pränumerik einen künstlich herausgezögerten Eintritt in die Welt der Zahlen; [...]« (S. 13). Zur Tradition des Mathematikunterrichts im FSGE gehört ebenso das Konzept des zählenden Rechnens, obwohl es als besonders umständlich, zeitaufwendig und fehleranfällig gilt und Einsichten in Zahlenstrukturen und Zahl-Zusammenhänge erschwert (Gerster 1996). Auch wenn das Zählen »für Kinder der Einstieg in die Welt der Zahlen« ist, kann es nicht zwangsläufig mit dem Verständnis von Zahlen gleichgesetzt werden (Gaidoschick, 2016, S. 14). Die Bedeutung der Überwindung des zählenden Rechnens hin zu einem strategisch-flexiblen Vorgehen zur Lösung von Rechenaufgaben wird in der aktuellen Mathematikdidaktik nicht in Frage gestellt (Rechtsteiner-Merz, 2013; Werner & Klein, 2012). Ratz und Wittmann (2014) wie auch Siegemund (2016) empfehlen folglich im Kontext einer aktuellen verstärkten Fachorientierung die Ausrichtung an der Mathematikdidaktik des Elementar- und Primarbereichs.

> »In children with MID [Mild Intellectual Disabilities, Anm. I.v.S.] the importance of mastering fundamental mathematical knowledge is emphasized, including the ability to utilize arithmetic operations involving addition and subtraction to resolve a series of problems in everyday situations« (Djuric-Zdravkovis et al., 2011, S. 214).

4.2 Theoretischer Bezugsrahmen

Eingangs soll geklärt werden, wie sich Kompetenzen entwickeln und welche Rolle die Metakognition beim Kompetenzerwerb spielt. Anschließend veranschaulichen fachdidaktische Zugangsweisen zum flexiblen Rechnen ein spezifisches Feld der Vermittlung von Kompetenz. Die Verknüpfung dieser theoretischen Ausführungen zeigt Möglichkeiten zur didaktischen Strukturierung der Entwicklung von Additionskompetenzen auf.

4.2.1 Der Kompetenzbegriff

Ziel des mathematischen Bildungsprozesses für Schüler im FSGE sind lebensbedeutsame mathematische Fach- und Methodenkompetenzen (KMK, 1998). Zentral für einen von der Schulart unabhängigen kompetenzorientierten Unterricht ist die Integration einer ausreichenden Anzahl von Anforderungssituationen, sog. Performanzsituationen (Lersch, 2010), die es den Schülern erlauben, ihren Wissenszuwachs aktiv zu nutzen. Die Komplexität des Kompetenzbegriffs wird an Weinerts (2002) Definition deutlich. Er kennzeichnet Kompetenzen als »die bei Individuen verfügbaren oder durch sie erlernbaren kognitiven Fähigkeiten und Fertigkeiten, um bestimmte Probleme zu lösen, sowie die damit verbundenen motivationalen, volitionalen und sozialen Bereitschaften und Fähigkeiten, um die Problemlösungen in variablen Situationen erfolgreich und verantwortungsvoll nutzen zu können« (S. 27 f.). Hervorzuheben an Weinerts Kompetenzbegriff ist vor allem die Anwendung gezielter (Lösungs-)Strategien, um verschiedenartige Problemsituationen zu bewältigen. Bloßes Anhäufen von fachbezogenem Wissen, etwa in Form von Fakten oder Daten, reicht also für den Kompetenzerwerb nicht aus. Des Weiteren können Kompetenzen bereichsspezifisch, beispielsweise im Mathematikunterricht angesiedelt sein, gewinnen aber eine überfachliche Dimension sobald sie in außermathematischen Kontexten relevant werden. Später können diese zunächst fachbezogenen Kompetenzen variabel auf unterschiedliche Performanzsituationen anderer Kontexte und Fächer transferiert werden (Lersch, 2010; Hartig & Klieme, 2006).

4.2.2 Der Kompetenzerwerb

Nach Lersch (2010) ist für den Kompetenzerwerb eine horizontale wie vertikale Vernetzung von Wissen und Fertigkeiten notwendig. Das von Schülern erworbene Wissen (vertikal) wird demnach in Performanzsituationen konkret angewendet (horizontal). Diese Vernetzung für nachhaltigen Kompetenzerwerb gelingt nach Meyer & Feindt (2010) effektiv, wenn sechs wesentliche Bedingungen Berücksichtigung finden: *Kognitive Aktivierung* meint, dass die Schüler dazu befähigt werden, bereits vorhandenes Wissen und Können zur Bearbeitung neuer Herausforderungen anzuwenden. Unter *Vernetzung von Wissen und Fertigkeiten* versteht man die Verdeutlichung der Strukturen eines Themas. *Übung und Überarbeitung* beschreibt, dass sich nachhaltiger Kompetenzerwerb nur dann vollzieht, wenn die Schüler ausreichend Möglichkeit erhalten, ihre erworbenen Kompetenzen in neuen Herausforderungssituationen anzuwenden (ebd.). *Lebensweltliche Anwendung* bedeutet, den Transfer erworbener Strategien auf lebensweltliche Aufgabenstellungen zu ermöglichen (ebd.). *Individuelle Lernbegleitung* setzt die differenzierte didaktische Analyse zu fördernder Kompetenzen voraus, um Performanzsituationen gemäß dem Kompetenzniveau der Schüler anbieten zu können (ebd.). Die *Reflexion des Lernfortschritts* bedingt neben der Formulierung angemessener Kompetenzziele, dass Schülern die von ihnen genutzten Lernstrategien bewusst und Lernfortschritte transparent gemacht werden (ebd.).

Vor diesem Hintergrund wird das Phänomen erschwerter Transferleistungen (Speck, 2016) als eine Barriere und somit als eine Herausforderung in Lernprozessen für Schüler mit geistiger Beeinträchtigung bedeutsam. So ist z. B. im Mathematikunterricht im FSGE häufig zu beobachten, dass den Lernenden alle notwendigen Voraussetzungen zur Lösung problemhaltiger Aufgaben zur Verfügung stehen, diese jedoch offenbar in fremden Kontexten nicht herangezogen werden können (Sarimski, 2003).

4.2.3 Zweidimensional-didaktische Strukturierung von kompetenzorientiertem Unterricht

Um Schülern den Erwerb fachlicher und überfachlicher Kompetenzen zu ermöglichen, gilt es, den vertikalen Lerntransfer (Wissenszuwachs) stets um die horizontale Dimension (Performanzsituationen) zu ergänzen. Kompetenzorientierung verzichtet also nicht auf die systematische Planung von fachlichen Inhalten, sondern erweitert diese um entsprechenden Anforderungssituationen. Lersch (2010) hat dazu ein Kompetenzerwerbsschema vorgelegt, das zu einer didaktisch-methodischen Strukturierung kompetenzfördernden Unterrichts verhelfen soll.

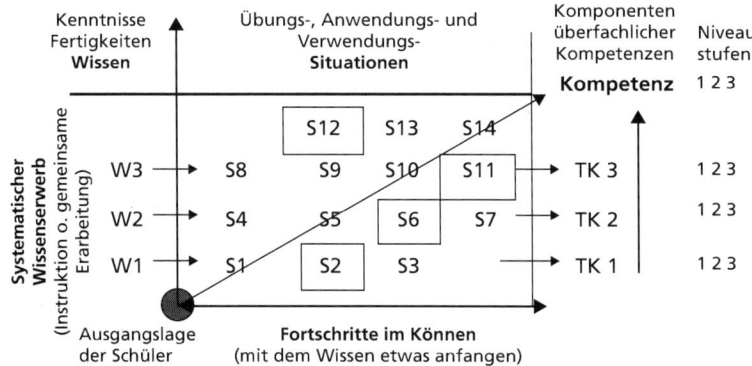

Abb. 4.1: Kompetenzerwerbsschema (Lersch, 2010, S. 23)

Dieses Schema bietet die Möglichkeit, kompetenzfördernden Unterricht für größere Zeiträume (z. B. ein Schuljahr, eine gesamte Jahrgangsstufe usw.), aber auch für einzelne Unterrichtseinheiten zu konzipieren. Lersch (2010) unterscheidet zwischen *proximalen* und *distalen* Kompetenzen. *Distale* Kompetenzen (Zielkompetenzen, z. B. das Addieren mit Zehnerübergang) werden durch das Kumulieren *proximaler* Kompetenzen (Teilkompetenzen; z. B. die Anwendung bestimmter Rechenstrategien) erworben. Demnach tragen alle erworbenen Teilkompetenzen zur Aneignung der Zielkompetenz bei. Insofern bildet die *distale* Kompetenz den didaktischen Ausgangspunkt der Lernplanung. Neben der systematischen Strukturierung des Kompetenzerwerbs birgt Lerschs Modell die Chance, eine optimale Passung zwischen Anforderungssituation und Wissens- wie Kompetenzaneignung zu ermöglichen. Präzise formulierte Teilkompetenzen versetzen Lehrkräfte erst in die Lage, eine genaue Analyse der noch zu vermittelnden fachlichen Inhalte sowie die Auswahl entsprechender Performanzsituationen vorzunehmen, die den angestrebten (Teil-)Kompetenzerwerb herausfordern.

4.2.4 Kompetenzerwerb und Metakognition

Der bewusste, gezielte und kontrollierte Einsatz von Strategien, der auf Kompetenzen beruht, ist der zentrale Gegenstand des Konzepts der Metakognition, welches im Folgenden beschrieben wird. Metakognition wird als »Kognitionen über Kognitionen« (Weinert, 1984, S. 14) oder »Nachdenken über Denkprozesse« (Kaiser & Kaiser, 2011, S. 15) definiert und übernimmt entsprechend »Kommandofunktionen der Kontrolle, Steuerung und Regulation« im Lernprozess (Hasselhorn, 1992, S. 36).

Grundsätzlich werden in theoretischen Konzepten zwei unterschiedliche metakognitive Aspekte voneinander abgegrenzt: das *Wissen über Kognition* und die *Regulation der Kognition* (Lingel, Neuenhaus, Artelt & Schneider, 2014, S. 3).

Das *Wissen über eigene kognitive Funktionen (auch deklarative Dimension genannt)* umfasst die Einschätzungen der eigenen Ressourcen und Defizite im Lernprozess (z. B. des eigenen Strategierepertoires), die Analyse der Anforderungen von Lernaufgaben sowie die Erwägungen, welche Strategie gemäß den Anforderungen der Lernaufgabe effizient genutzt werden kann. Im Konzept der Metakognition spielt also das metakognitive Wissen über Strategien eine zentrale Rolle. Zu unterscheiden sind hier kognitive Strategien, die der unmittelbaren Informationsverarbeitung dienen, und metakognitive Strategien, die die gezielte Auswahl und Steuerung des Strategieeinsatzes zum Ziel haben (Bannert, 2007). Im Zusammenspiel mit der metakognitiven Wissensvariablen Person (z. B. eigenes Strategierepertoire) und Aufgabe (Anforderungsanalyse der wesentlichen Aufgabenmerkmale) wird die gezielte Auswahl einer Lösungsstrategie möglich (Lingel et al., 2014).

Die *Steuerung und Kontrolle des eigenen Denkens und Lernens (auch als exekutive Dimension bezeichnet)* beinhaltet die Planung, Überwachung und Regulierung von Lernhandlungen. Planung meint hier alle Lernaktivitäten, die vor der eigentlichen Bearbeitung der Aufgabe vollzogen werden, wie etwa die Aufgabenanalyse oder die Ideensammlung potentieller Lösungswege. Die Überwachung vollzieht sich hingegen während des gesamten Lernprozesses, wobei unter anderem stetig geprüft wird, ob der geplante Lösungsweg eingehalten wird und wann eine Modifikation des Vorgehens bei auftretenden Schwierigkeiten (z. B. in Form der Änderung der gewählten Strategie) angezeigt ist. Die Regulierung bildet die Steuerung des Lernverlaufs, z. B. in Form erhöhter Anstrengung bei herausfordernden Aufgabenstellungen, ab (Guldimann & Lauth, 2004, Kaiser & Kaiser, 2006). Diese Überwachung eigenen Denkens erfordert einen kognitiven Rückgriff (Erinnern als Gedächtnisleistung) auf bekannte Lösungsmodelle, die ein sog. *Flexibles Rechnen* (Rathgeb-Schnierer & Rechtsteiner, 2018) ermöglichen.

Menschen mit geistiger Beeinträchtigung wird aus kognitionspsychologischer Perspektive eine nur unzureichende Fähigkeit zur Entwicklung und zum Einsatz von adäquaten Strategien und deren Transfer auf neuartige Aufgabenstellungen attestiert (Gligorovic & Buha, 2016; Sarimski, 2003). Insofern ist eine gezielte Anleitung bei der Vermittlung von strategischen Lösungswerkzeugen sowie die Transparentmachung der zugrundeliegenden Zahl- bzw. Aufgabenbeziehungen dem selbstständigen Entdecken und Erkennen dieser vorzuziehen. Gleichwohl ist auch bei Schülern im FSGE davon ausgehen, dass Strategien zur Lösung von Additionsaufgaben entwickelt werden können, so dass die Festlegung auf eine am besten geeignete Rechenstrategie, wie in der ersten theoretischen Zugangsweise zum aufgabenadäquaten Handeln beschrieben, auch hier nicht zwangsläufig angezeigt ist. So konnte Ratz (2008) in seiner qualitativen Studie zum aktiv-entdeckenden Lernen im Mathematikunterricht bei Schülern mit geistiger Beeinträchtigung die selbstständige Generierung von Strategien zur Lösung von Denkspielen belegen.

4.2.5 Addition unter Einbeziehung metakognitiver Prozesse

Metakognition ist erforderlich, um strategisches Denken zur Problemlösung, im Sinne der Antizipation von Lösungen, zu entwickeln und das Lernen über »*Nachahmen*« oder »*Versuch und Irrtum*« (Speck, 2016, S. 201) auf einer höheren Qualitätsstufe anzuzielen, ohne deren Berechtigung in bestimmten Lernkontexten und für bestimmte Schüler infrage zu stellen.

Mathematisches Problemlösen kann als ein linearer vierphasiger Prozess (1. Verstehen der Aufgabe, 2. Ausdenken eines Plans, 3. Ausführen des Plans, 4. Rückschau) (Polya, 1949) aufgefasst werden. Garofalo und Lester (2010) kennzeichnen gleichzeitig unterschiedliche metakognitive Aktivitäten, die zur Bewältigung der einzelnen Phasen notwendig sind.

Aus dem Modell geht die zentrale Bedeutung metakognitiver Aktivität beim mathematischen Problemlösen hervor, die jedoch laut Autoren je nach Vorwissen und Erfahrungen einer Person und der zu bewältigenden Aufgabenstellung variieren kann: »It is important to note that for a given task a person's metacognitive decisions are more likely to occur at some points than at others« (S 171). Insofern bewerten sie neben den regulierenden metakognitiven Aktivitäten auch die Selbsteinschätzung des mathematischen Fachwissens zur Lösung mathematischer Probleme als wesentlich und konkretisieren diese in Anlehnung an Flavell und Wellman (1977) für den mathematischen Anwendungsbereich. Die Aktivität des Überdenkens der mathematischen Anforderung umfasst folgende Teilprozesse:

- Das *Personenwissen* schließt die Einschätzung der eigenen Ressourcen und Grenzen in Hinblick auf mathematische Anforderungen im Allgemeinen, aber auch in spezifischen Inhaltsgebieten ein. Hinzu kommen affektive Variablen, wie Motivation oder Angst, die die individuelle Selbsteinschätzung des eigenen mathematischen Könnens beeinflussen.
- Das *Aufgabenwissen* umfasst die individuelle Bewertung konkreter Anforderungen anhand von Aufgabenmerkmalen wie dem Kontext, der Struktur oder syntaktischer Zusammenhänge in Abgleich mit den eigenen zur Verfügung stehenden mathematischen Fähigkeiten.
- Das *Strategiewissen* beinhaltet zum einen kognitive Strategien, wie z. B. Heuristiken und Algorithmen, zum anderen aber auch metakognitive Strategien, die das Verstehen der Aufgabenanforderungen und damit das Identifizieren relevanter Aufgabenmerkmale unterstützen sowie zur Planung des Lösungsprozesses und der Ergebnisevaluation beitragen.

ORIENTATION: Strategic behavior to assess and understand a problem

a. Comprehension strategies
b. Analysis of information and conditions
c. Assessment of familiarity
d. Initial and subsequent representation
e. Assessmant of level of difficulty and chances of success

ORGANISATION: Planning of behavior and choice of actions

a. Identification of goals and subgoals
b. Global planning
c. Local planning (to implement global plans)

EXECUTION: Regulation of behavior to conform to plans

a. Performance of local actions
b. Monitoring of progress of local and global plans
c. Trade-off decisions (e.g., speed vs. Accuracy, degree of elegance)

VERIFICATION: Evaluation of decisions made and of outcomes of executed plans

a. Evaluation of orientation and organisation
   1. Adequacy of representation
   2. Adequacy of organizational decisions
   3. Consistency of local plans with global plans
   4. Consistency of global plans with goals
b. Evaluation of execution
   1. Adequacy of performance of actions
   2. Consistency of actions with plans
   3. Consistency of local results with plans and problem conditions
   4. Consistency of final results with problem conditions

Abb. 4.2: Kognitiv-metakognitives Rahmenmodell (Garofalo & Lester, 1985, S. 171)

Garofalo & Lester (1985) betonen, dass sich das von ihnen vorgelegte *Kognitiv-metakognitive Rahmenmodell* nicht nur auf das klassische Problemlösen in Sachkontexten beschränkt, sondern auch auf andere mathematische Inhaltsbereiche, wie etwa auf arithmetische Aufgabenstellungen, übertragen lässt. Sie sehen es als Werkzeug zur Analyse metakognitiver Aktivitäten, die zur erfolgreichen Bewältigung mathematischer Anforderungssituationen beisteuern. Mit der Zielperspektive, wesentliche metakognitive Aktivitäten beim Erwerb von Additionskompetenzen identifizieren zu können, wird das Kognitiv-metakognitive Rahmenmodell (Garofal & Lester, 1985) im Folgenden auf den Inhaltsbereich der Addition am Beispiel der Aufgabe 7 + 8 übertragen.

Tab. 4.1: Übertragung des Kognitiv-metakognitiven Rahmenmodells auf das Lösen von Additionsaufgaben am Beispiel 7 + 8

Orientierung: Strategisches Verhalten zum Bewerten und Verstehen des Problems

- Verstehensstrategien: Auswahl der entsprechenden Rechenoperation, also der Addition, anhand des Rechenzeichens (Aufgabenwissen)
- Analyse der gegebenen Informationen: Erkennen von Zahlbeziehungen: Die Summanden unterscheiden sich um 1 (Aufgabenwissen)
- Einschätzung der Vertrautheit mit der Aufgabe: Automatisierter Abruf der Lösung oder Kenntnis ähnlicher Aufgaben, z. B. der Verdopplungsaufgabe 7 + 7 (Personenwissen, Aufgabenwissen)
- Repräsentation der Aufgabe: z. B. mentale Repräsentation (im Kopf) oder ikonische Darstellung im Zwanzigerfeld
- Einschätzung der Aufgabenschwierigkeit und Erfolgsaussichten: Abgleich von Personen-, Aufgaben- und Strategiewissen: Kenntnis einer Strategie, die zur Lösung genutzt werden kann, z. B. Handpakete oder Verdoppeln plus 1

Organisation: Verhaltensplanung und Auswahl des Lösungsweges

- Zielbestimmung: Anwendung einer Rechenstrategie zur Lösung der Aufgabe 7 + 8
- Globale Planung: Auswahl einer angemessenen Strategie, z. B. Verdoppeln plus 1
- Lokale Planung: Planung der Lösungsschritte des Algorithmus, z. B. erst verdoppeln, dann plus 1 rechnen

Durchführung: Regulierung des Verhaltens, um den Plan umzusetzen

- Umsetzen der lokalen Planung: Ausführung der Lösungsschritte gemäß dem gewählten Algorithmus
- Monitoring: Überwachung, ob alle notwenigen Lösungsschritte ausgeführt werden
- Abstimmung von Bearbeitungsentscheidungen: Sorgfältigkeit versus Geschwindigkeit

Verifikation: Evaluation der in den Phasen der Orientierung, Organisation und Ausführung getroffenen Entscheidungen

- Evaluation von Orientierung und Organisation
  - Angemessenheit der Aufgabenrepräsentation: angemessene Identifikation der zentralen Aufgabenmerkmale: bei 7 + 8 Feststellung des Unterschieds zwischen den Summanden um 1
  - Angemessenheit der Lösungsplanung: Adäquate Auswahl der Strategie und Identifikation einzelner Lösungsschritte: Verdoppeln plus 1 bedeutet erst zu verdoppeln, dann 1 zu addieren
  - Zusammenhang zwischen lokalen und globalen Plänen: Beurteilung, ob die vollzogenen Lösungsschritte den vollständigen Algorithmus abbilden, 1. Lösungsschritt: 7 verdoppeln, 2. Lösungsschritt: plus 1 rechnen
  - Zusammenhang zwischen globalem Plan und Aufgabenziel: Angemessene Strategiewahl zur Erreichung des Ziels: Angemessene Auswahl der Strategie entsprechend der festgestellten Aufgabenmerkmale: Verdoppeln plus 1
- Evaluation der Ausführung
  - Angemessenheit der Umsetzung der Lösungshandlungen: Korrektheit der Rechnungen: 7 + 7 = 14, 14 + 1 = 15
  - Zusammenhang der Lösungshandlungen und der Planung: Korrekte Ausführung des Algorithmus: erst Lösungsschritt 1: 7 verdoppeln, dann Lösungsschritt 2: plus 1 rechnen
  - Zusammenhang zwischen globalem Ergebnis und den gegebenen Informationen: Korrektheit des Ergebnisses durch bekannte Aufgaben prüfen, z. B. 10 + 10 = 20, 7 + 8 ist weniger, ist plausibel

Die Übertragung des Kognitiv-metakognitiven Rahmenmodells von Garofalo und Lester (1985) zeigt, dass selbst bei einem vermeintlich einfachen Anforderungsbereich, wie der Addition im Zahlenraum bis 20, vielschichtige metakognitive Teilprozesse beteiligt sind: Das metakognitive Wissen über die kognitiven Rechenstrategien trägt in Abgleich mit den eigenen bereits erlernten Strategien und den spezifischen Aufgabenmerkmalen zum Einsatz eines adäquaten strategischen Werkzeugs im Problemlöseprozess bei (*Orientierung und Organisation*). Gleichzeitig gilt es aber auch, den Einsatz der gewählten Rechenstrategien zu überwachen, gegebenenfalls zu regulieren und letztlich zu evaluieren (*Durchführung und Verifikation*).

An dieser Stelle wird die Relevanz der Konzeption von Performanzsituationen besonders deutlich, die gleichermaßen die Veranschaulichung wesentlicher Aufgabenmerkmale und -beziehungen sowie die Thematisierung zentraler metakognitiver Aktivitäten im Lösungsprozess zum Ziel haben muss. Eine Möglichkeit, die am Lösungsprozess von Additionsaufgaben beteiligten kognitiven und metakognitiven Aktivitäten für Schüler offenzulegen und sprachlich verfügbar zu machen, ist das Selbstinstruktionstraining.

4.2.6 Rechenstrategien zur Addition im Zahlenraum bis 20

Im Zahlenraum bis 20 lassen sich insgesamt sechs Rechenstrategien unterscheiden, die im Folgenden in Anlehnung an Rechtsteiner-Merz (2013) anhand der zugrundeliegenden mathematischen Tätigkeiten systematisiert werden. Hier können Strategien, denen die Tätigkeiten des Zerlegens oder des Zusammensetzens zugrunde liegen, von jenen abgegrenzt werden, bei denen auf Hilfsaufgaben im Lösungsprozess zurückgegriffen wird.

- Die *Strategie der Handpakete* (oder auch Kraft der 5 genannt) eignet sich im Zahlenraum bis 10 bei allen Additionsaufgaben, die den Summanden 5 beinhalten. Die Lösung der jeweiligen Additionsaufgabe wird anhand von Fingerbildern ermittelt. Jede Hand repräsentiert durch die entsprechende Anzahl von Fingern einen Summanden der zu lösenden Aufgabe. Durch diese strukturierte Mengendarstellung kann das Ergebnis quasi-simultan, also auf einen Blick erfasst werden (Gaidoschick, 2014). Im Zahlenraum bis 20 kann diese Strategie bei allen Additionsaufgaben eingesetzt werden, die aus Summanden gleich/größer 5 bestehen. Zur Bewältigung der Aufgabe 8 + 8 werden die beiden Summanden zunächst in 5 + 3 zerlegt. Im Anschluss kann das Ergebnis relativ leicht aus den sich ergebenden Verdopplungsaufgaben 5 + 5 und 3 + 3 abgeleitet werden (Gaidoschick, 2016). Mit Hilfe der Handpakete lassen sich nahezu alle Aufgaben mit Zehnerübergang im Zahlenraum bis 20, ausgenommen 7 + 4, 8 + 4, 8 + 3, 9 + 4, 9 + 3, 9 + 2, bewältigen (Gaidoschick, 2012).
- Bei der *Strategie der Verliebten Zahlen* (auch als Zehnersummen bezeichnet) macht man sich alle Zahlenpaare zunutze, die in ihrer Summe 10 ergeben. Das automatisierte Erkennen der verliebten Zahlen ermöglicht die Identifizierung aller Aufgaben mit dem Ergebnis 10 und damit das rechenfreie Lösen auf einen Blick (Gerster & Schulz, 2004).

- Die *Strategie der Tauschaufgabe* fußt auf dem Kommutativgesetz der Addition, welches die mathematische Regelhaftigkeit beschreibt, dass die Summanden einer Additionsaufgabe vertauscht werden können, ohne eine Veränderung des Ergebnisses nach sich zu ziehen. Sie trägt zur Vereinfachung von Aufgaben bei, die den Summanden 1 beinhalten. Unter Rückgriff auf eine Hilfsaufgabe wird 1 + 7 zu 7 + 1 und kann mit der *number-after-rule* gelöst werden. Sie besagt, dass das Ergebnis von Additionsaufgaben, die den Summanden 1 enthalten, die Zahl ist, die auf den anderen Summanden folgt (Gaidoschick, 2010). Nach Padberg und Benz (2011) wird das auswendig zu lernende Faktenwissen des kleinen Einsund-Eins schon allein durch die Nutzung der Tauschaufgabe um etwa die Hälfte reduziert.
- Die *Strategie der Nachbaraufgaben* basiert auf bereits automatisiertem Faktenwissen und dem Erkennen von Aufgabenanalogien. Zur Lösung nicht bekannter Aufgaben wird hier auf die Bildung bereits automatisierter Nachbaraufgaben zurückgegriffen. Nachbaraufgaben zeichnen sich dadurch aus, dass sich ein Summand um 1 von der Ursprungsaufgabe unterscheidet (ebd., S. 100). Kann z. B. die Aufgabe 7 + 4 noch nicht automatisiert abgerufen werden, kann das bereits bekannte verliebte Zahlenpaar 7 + 3 zur Lösung herangezogen werden. Aus dem automatisierten Abruf der Summe der Nachbaraufgabe kann so das Ergebnis der eigentlichen Additionsaufgabe abgeleitet werden (Rathgeb - Schnierer & Rechtsteiner, 2018).
- Die *Strategie des Verdoppelns* +1/−1 basiert auf dem Prinzip der Nachbaraufgabe und macht sich die Einprägsamkeit von Verdopplungsaufgaben zunutze. Sie kommt zur Vereinfachung von Aufgaben zum Einsatz, deren Summanden sich um 1 unterscheiden. Soll die Aufgabe 7 + 8 gelöst werden, wird zunächst einer der beiden Summanden verdoppelt und im Anschluss entsprechend 1 subtrahiert oder addiert: 7 + 7 + 1 oder 8 + 8 − 1 (Ratz & Wittmann, 2011).
- Eine weitere *Strategie*, die sich der Analogie der Nachbaraufgabe bedient, ist der *Zehnertrick* (Gaidoschick, 2012). Er kann zum Einsatz kommen, wenn ein Summand in der Aufgabe 9 ist. Aus den bereits automatisierten Aufgaben, die den Summanden 10 beinhalten, kann so relativ einfach das Ergebnis abgeleitet werden (z. B. 9 + 6 = 10 + 6 − 1).
- Bei der *Strategie der Bruderaufgaben* werden bereits erlernte Fakten aus dem Zahlenraum bis 10 zur Lösung von Aufgabenstellungen im Zahlenraum bis 20 genutzt, so dass z. B. »[…] bei Kenntnis von 5 + 2 = 7 keine neue Rechnung bei der Aufgabe 15 + 2 notwendig ist« (Padberg & Benz, 2011).

4.2.7 Didaktische Strukturierung des Erwerbs von Additionskompetenzen

Den mathematikdidaktischen und den allgemeinen theoretischen Ausführungen zum Kompetenzerwerb ist gemein, dass sie den gezielten Einsatz von Lernstrategien zur Problemlösung proklamieren. Die Kompetenz, Aufgabenlösungen zu antizipieren, um sie effektiv zu nutzen, ergibt sich demnach aus der Auswahl geeigneter Rechenstrategien. Die Adaption von Lerschs Kompetenzerwerbsmodell auf den fachlichen Inhalt der Addition führt zu folgender didaktischer Strukturierung:

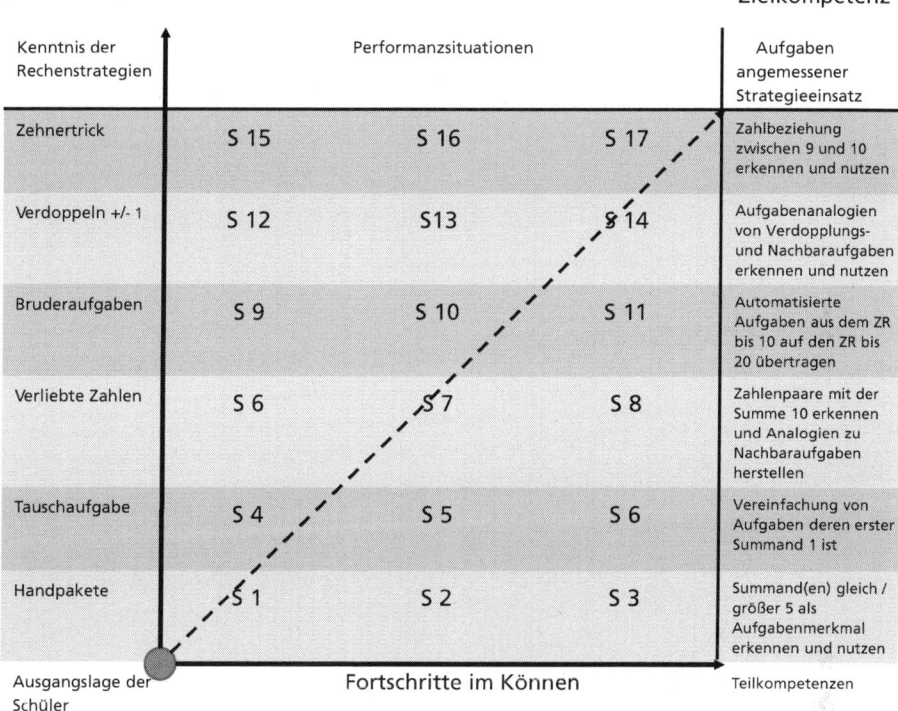

Abb. 4.3: Didaktische Strukturierung des Erwerbs von Additionskompetenzen

4.2.8 Das Selbstinstruktionstraining zum Erwerb von Additionskompetenzen

Beim Selbstinstruktionstraining werden die an der Problemlösung beteiligten Prozesse durch eine Lehrkraft kognitiv modelliert.

> »The main purpose of verbal self-instruction is that learners are converting to independent individuals in order to supervise and modify their cognitive and learning processes toward specific objectives« (Pourmohamadreza-Tajrishi, Ashori & Jahil-Abkenar, 2015, S. 59).

Die Sprache dient hier der Handlungsregulation, indem die Lehrkraft die zentralen kognitiven und metakognitiven Aktivitäten analog zu seinen Handlungen verbalisiert. Ziel ist es, dass die Schüler durch Übernahme der modellierten Aussagen zu einem selbstgesteuerten Lösungsprozess gelangen (Borchert, 2000). Im Allgemeinen werden fünf Aneignungsstufen der Selbstinstruktion unterschieden.

Tab. 4.2: Aneignungsprozess der Selbstinstruktion (in Anlehnung an Borchert 2000, S. 154, und Lauth, Scherzer & Otte 2004, S. 172)

Stufe 1: Kognitives Modellieren durch Modellperson, die den Lösungsweg handlungsbegleitend verbalisiert
Stufe 2: Kind vollzieht die Lösungshandlungen anhand der Verbalisierung des Lehrers, der dafür die Ich-Form verwendet
Stufe 3: Kind vollzieht die Lösungshandlungen und steuert sein Vorgehen durch laute Selbstinstruktionen
Stufe 4: Kind vollzieht die Lösungshandlungen, begleitet sich aber nur noch flüsternd oder punktuell
Stufe 5: Kind vollzieht die Lösungshandlungen und gibt sich Anweisungen, ohne diese lautsprachlich zu verbalisieren

Die empirischen Studien über das Selbstinstruktionstraining zur Entwicklung mathematischer Kompetenzen bei Menschen mit Beeinträchtigung der geistigen Entwicklung (Lauth, Scherzer & Otte, 2004; Pourmohamadreza-Tajrishi, Ashori & Jahil-Abkenar, 2015) konnten bereits positive Effekte nachweisen, was in Hinblick auf den Einsatz zum Erwerb von Additionskompetenzen optimistisch stimmt. Eine Schlüsselrolle kommt hier der konkreten Konzeption der kognitiven Modellierung zu. Soll den Schülern die Übernahme und Verinnerlichung der kognitiv modellierten Lösungshandlungen ermöglicht werden, muss eine optimale Passung zwischen Lernausgangslage und Lernangebot angestrebt werden. Zu berücksichtigen wären hier z. B. die sprachlichen Anforderungen in der Modellierung, der Umfang zu leistender Lösungsschritte, aber auch die transparente Darstellung metakognitiver Aktivitäten. Entsprechend wird im Folgenden ein exemplarisches Verlaufsschema der kognitiven Modellierung zum Lösen von Additionsaufgaben vorgeschlagen. Dieses orientiert sich an den vier Phasen Orientierung, Organisation, Durchführung und Evaluation des kognitiv-metakognitiven Rahmenmodells von Garofalo und Lester (1985), die auch als Phasen der Regulierung einer Lernhandlung beschrieben (Galperin, 1974) werden.

Tab. 4.3: Exemplarische Darstellung einer kognitiven Modellierung zum Lösen von Additionsaufgaben am Beispiel 9 + 4

Orientierung	Ich schaue mir die Aufgabe genau an! Ist die Aufgabe leicht oder schwierig?	Was muss ich tun? Da ist ein Pluszeichen, also muss ich plus rechnen. Habe ich das Ergebnis im Kopf? Kenne ich eine ähnliche Aufgabe?
Organisation	Ich suche mir einen Rechentrick aus! Kann mir ein Rechentrick helfen?	Ich kann 10 + 4 ganz schnell im Kopf rechnen. Ich rechne mit dem Zehnertrick! Den Zehnertrick kann ich immer benutzen, wenn eine 9 in der Aufgabe ist.

Tab. 4.3: Exemplarische Darstellung einer kognitiven Modellierung zum Lösen von Additionsaufgaben am Beispiel 9 + 4 – Fortsetzung

Durchführung	Ich rechne die Aufgabe! Hat mir der Rechentrick geholfen?	Ich rechne erst 10 + 4, das ist leicht, das sind 14. Jetzt muss ich noch eins abziehen, dann habe ich 13 raus. Ja, so war die Aufgabe leicht für mich.
Evaluation	Ich überprüfe das Ergebnis! Habe ich den richtigen Rechentrick gewählt?	Ich schaue auf die Rückseite meiner Aufgabenkarte/meines Arbeitsblattes. Da steht die Lösung. Ja, ich habe richtig gerechnet und den richtigen Rechentrick gewählt.

Entscheidend ist es auf der ersten Stufe des Aneignungsprozesses der Selbstinstruktion neben korrekten auch zunächst fehlerhafte Lösungsprozesse zu modellieren, die z. B. eine Modifikation des Strategieeinsatzes bedürfen. Erst dann können Schüler lernen, selbstgesteuert und angemessen mit Fehlern umzugehen.

4.3 Theorie-Praxis-Transfer

4.3.1 Eine Kontrollierte Einzelfalluntersuchung zum Erwerb von Additionskompetenzen

Im Folgenden sollen nun Möglichkeiten der individualisierten Konzeptumsetzung und -evaluation im Mathematikunterricht im FSGE aufgezeigt werden. Hierzu werden methodische Umsetzungsmöglichkeiten anhand eines Einzelfalls exemplarisiert und ein für den Unterrichtsalltag praktikables empirisches Evaluationsinstrument, die quantitative Einzelfallstudie (▶ Kap. 3, i. d. Bd.) vorgestellt.

4.3.2 Proband

Jan ist ein zehnjähriger Junge mit leichtgradiger Beeinträchtigung in der geistigen Entwicklung. Im Mathematikunterricht ist er stets motiviert. Er rechnet bereits im Zahlenraum bis 10, konnte also schon ein Operationsverständnis zur Addition entwickeln. Auch Teil-Ganzes-Beziehungen nutzt er, kann Zahlbeziehungen zur 5 und zur 10 erkennen, Anzahlen auf einen Blick benennen und selbst darstellen. Darüber hinaus kann Jan schon viele Ergebnisse von Additionsaufgaben im Zahlenraum bis 10 automatisiert abrufen. Jan liebt Fantasy-Geschichten, so dass fantastische Figuren schon häufig Eingang in die methodische Umsetzung von Lernangeboten gefunden haben.

4.3.3 Versuchsplan

Um die Wirksamkeit des Förderkonzeptes für Jan überprüfen zu können, soll die Zielverhaltensweise korrektes Lösen der Additionsaufgaben mit Hilfe der Rechenstrategien der Handpakete und Tauschaufgaben erfasst werden. So wurde ein multipler Grundratenversuchsplan mit einer Grundraten- und einer Förderphase sowie einer Follow up-Erhebung (A-B-E) (▶ Kap. 3, i. d. Bd.) gewählt. In der A-Phase (4 Sitzungen) werden Jan je gewählter Rechenstrategie 10 Aufgaben des entsprechenden Aufgabenpools per Zufallsprinzip zur Lösung vorgelegt und die Anzahl korrekt gelöster Aufgaben (abhängige Variable) erhoben. In der B-Phase (10 Sitzungen) wird äquivalent verfahren, allerdings geht der Datenerhebung eine dreißigminütige Förderung (unabhängige Variable) voraus. Nach drei Monaten soll durch eine erneute Datenerhebung die Nachhaltigkeit der Förderung überprüft werden.

4.3.4 Pädagogische Förderung in der Lernsituation

Zur Förderung von Jans Additionskompetenzen wurden die Rechenstrategien Handpakete und Tauschaufgaben gemäß seiner aktuellen Lernausgangslage gewählt. Folgendes Vorgehen sollte Jan gleichermaßen die wesentlichen Aufgabenmerkmale und -beziehungen sowie die metakognitiven Aktivitäten transparent machen: Zunächst wurden die zu lösenden Aufgaben unter Rückgriff auf die Anschauungshilfen Fingerbilder und Zwanzigerpunktefeld visualisiert und die zentralen Aufgabenmerkmale hervorgehoben. Bei der Aufgabe 6 + 7 wurde beispielsweise gemäß der Strategie der Handpakete also zunächst die Zerlegung der beiden Summanden in 5 + 1 und 5 + 2 mit Hilfe von Fingerbildern demonstriert. Anschließend wurde die Vereinfachung der Berechnung anhand der sich neu ergebenen Aufgaben, nämlich 5 + 5 und 1 + 2, veranschaulicht (Abb. 4.4): »Wenn man die Aufgabe 6 + 7 mit Fingerbildern darstellt, kommen zwei ganz einfache Rechnungen heraus, mit denen ich die Aufgabe lösen kann. 5 + 5 =10 und 1 + 2 = 3, 10 + 3 sind zusammen 13.«

Im Anschluss wurde dann der Lösungsprozess entsprechend des weiter unten dargestellten Verlaufs (Tab. 4.4) kognitiv modelliert, danach gemeinsam mit Jan umgesetzt und letztlich allein von ihm ausgeführt. Da Jan, wie eingangs erwähnt, eine Vorliebe für Fantasy-Geschichten und Figuren hat, fungierte ein Zaubermeister, der über die Fähigkeit verfügt, Rechentricks zur Lösung von Plusaufgaben zu nutzen, als kognitives Modell. Damit Jan die einzelnen Schritte des Lösungsprozesses besser memorieren und verinnerlichen konnte, wurde das Selbstinstruktionstraining mit einer visuellen Anschauungshilfe unterlegt. Dazu diente ein mit Bildern bestückter Ablaufplan, der die vier oben dargestellten Lösungsschritte verdeutlicht. Eine kleine Zaubermeisterfigur veranschaulichte die notwendigen kognitiven Lösungshandlungen gemäß der jeweiligen Phase. Für die Beispielaufgabe 6 + 7 sah die kognitive Modellierung folgendermaßen aus:

4 Der Erwerb von Rechenkompetenzen

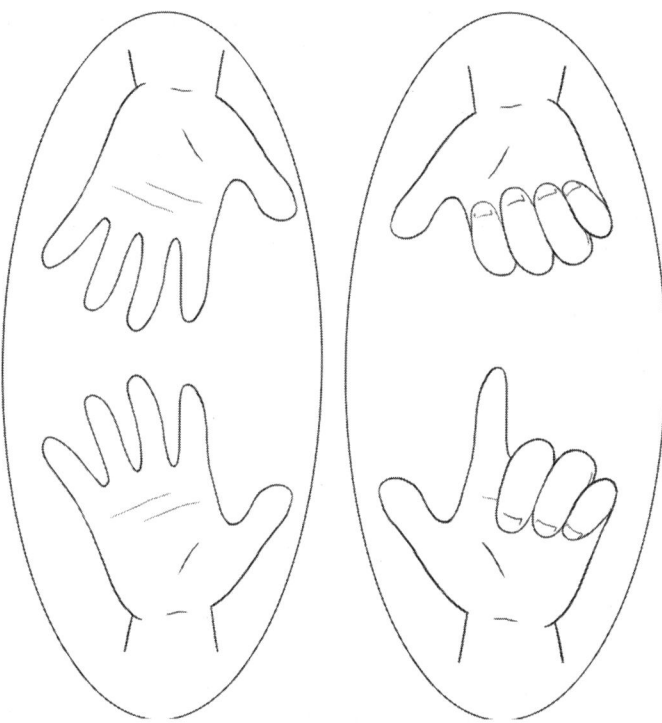

Abb. 4.4: Beispiel zur Visualisierung zentraler Aufgabenmerkmale von 6 + 7

Tab. 4.4: Exemplarische Darstellung des Modellierungsprozesses zur Aufgabe 6 + 7

Orientierung	Ich schaue mir die Aufgabe genau an! Ist die Aufgabe leicht oder schwierig?	Was muss ich tun? Da ist ein Pluszeichen, also muss ich plus rechnen. Habe ich das Ergebnis im Kopf? Nein, ich kenne das Ergebnis nicht.
Organisation	Ich suche mir einen Rechentrick aus! Kann mir ein Rechentrick helfen?	In beiden Zahlen steckt die 5. Dann kann ich mit den Handpaketen rechnen.
Durchführung	Ich rechne die Aufgabe! Hat mir der Rechentrick geholfen?	Ich benutze Fingerbilder, um die Aufgabe leichter zu machen. Dann rechne ich 5 + 5 =10 und 1 + 2 = 3, 10 + 3 sind zusammen 13. Ja, so war die Aufgabe leicht für mich.
Evaluation	Ich überprüfe das Ergebnis! Habe ich den richtigen Rechentrick gewählt?	Ich schaue auf die Rückseite meiner Aufgabenkarte. Da steht die Lösung 13. Ja, ich habe richtig gerechnet und den richtigen Rechentrick gewählt.

Die zehn Fördersitzungen wurden innerhalb von drei Wochen in Einzelsituationen durchgeführt.

4.3.5 Datenauswertung

Die erhobenen Daten wurden zunächst anhand eines Liniendiagramms visualisiert und anschließend mittels der in der Einzelfallforschung üblichen Methode der visuellen Inspektion analysiert. Hierbei rücken vor allem die Unterschiede der Datenmuster der Grundraten- und Interventionsphase in den Mittelpunkt des Interesses. Große Effekte, wie die deutliche Zunahme des gewünschten Zielverhaltens in der Interventionsphase werden durch die graphische Darstellung offengelegt (Jain & Spieß, 2012, Wilbert & Grünke, 2015). Da die Beurteilung des Interventionserfolgs auf Grundlage der visuellen Inspektion keinen festgelegten Kriterien folgt, sondern im persönlichen Ermessen des Betrachters liegt, gilt sie als fehleranfällig. Zur Sicherung der Aussagekraft der Untersuchung wurden deshalb statistische Verfahren zur Datenauswertung ergänzt.

Zur Berechnung von Effektstärkenmaßen wurde auf den Anteil der Nichtüberlappung aller Paare (NAP) sowie den Prozentsatz nichtüberlappender Daten (PND) zurückgegriffen, der »bei Vorliegen einer stabilen Baseline [...] die durch eine visuelle Inspektion erhaltenen Informationen sinnvoll quantifizieren und dadurch objektiver und besser kommunizierbar machen [kann]« (Jain & Spieß, 2012, S. 242).

4.3.6 Ergebnisse zur Einzelfallstudie

In Tabelle 4.5 sind alle registrierten Daten in Phase A und B zu beiden Untersuchungsvariablen (Handpakete und Tauschaufgaben) dargestellt. Ihre Anordnung in der graphischen Darstellung (s. Abb. 4.5) erlaubt erste Einblicke zur Wirksamkeit des Konzepts.

Tab. 4.5: Gesamtheit der erhobenen Daten für Jan in der A- und B - Phase

Variable	A-Phase	B-Phase	E- Phase
Handpakete	3, 2, 3, 3	5, 6, 6, 7, 6, 7, 8, 9, 9, 9	8
Tauschaufgabe	3, 4, 3, 4	5, 4, 6, 6, 8, 7, 8, 9, 10, 10	9

Abbildung 4.5 veranschaulicht den Verlauf der Untersuchung. Die visuelle Inspektion mittels graphischer Darstellung der Messwerte in Form eines Liniendiagramms erlaubt einen Effekt des Selbstinstruktionstrainings anzunehmen. Mit Beginn der Förderung kann Jan immer mehr Aufgaben richtig lösen. Zudem sind deutliche Steigungsunterschiede in den Trendlinien zu erkennen.

Der Vergleich der Mittelwerte von A- und B-Phase bestätigt den ersten visuellen Eindruck.

Um eine gesicherte, für den Einzelfall valide Einschätzung abgeben zu können, werden zuletzt noch der PND und der NAP berechnet.

4 Der Erwerb von Rechenkompetenzen

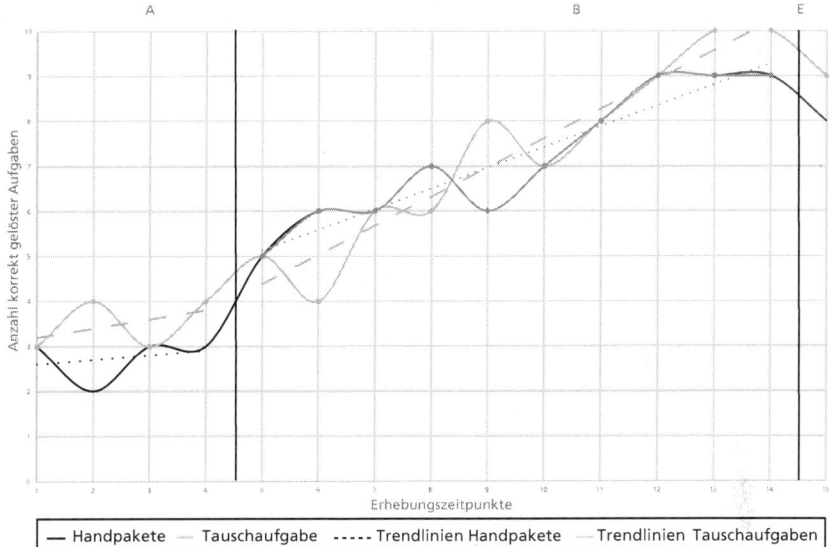

Abb. 4.5: Graphische Darstellung der erhobenen Daten zu den Strategien Tauschaufgaben und Handpakete

Tab. 4.6: Berechnung der Mittelwerte

	A - Phase	B - Phase
Handpakete	$\bar{x} = \frac{1}{4} \cdot (3 + 2 + 3 + 3)$ $= 2{,}75$	$\bar{x} = \frac{1}{10} \cdot (5 + 6 + 6 + 7 + 6 + 7 + 8 + 9 + 9) + 9)$ $= 7{,}2$
Tauschaufgaben	$\bar{x} = \frac{1}{4} \cdot (3 + 4 + 3 + 4)$ $= 3{,}5$	$\bar{x} = \frac{1}{10} \cdot (5 + 4 + 6 + 6 + 8 + 7 + 8 + 9 + 10 + 10)$ $= 7{,}3$

Errechnet wird der PND, indem man den höchsten Wert der Grundratenphase mit den ermittelten Werten der Interventionsphase vergleicht. Die Anzahl der Werte der Interventionsphase, die größer als der höchste Wert der Baseline sind, werden durch die Anzahl aller Datenpunkte der Interventionsphase dividiert und mit 100 multipliziert (Jain & Spieß, 2012, Grünke, 2012). Ergebnisse über 85 % bestätigen die Wirksamkeit der Intervention (Wilbert & Grünke, 2015).

Zur Berechnng des NAP ermittelt man die Datenüberlappungen zwischen allen möglichen Wertepaar-Kombinationen der Grundraten- und Interventionsphase. Liegt ein Wert der A-Phase über einem Wert der B-Phase wird dieser zur Berechnung als ein Punkt gewertet, sind Werte der A- und B-Phase gleich groß, zählt diese Überlappung als ein halber Punkt. Die Summe aller möglichen Überlappungen wird von der Anzahl aller möglicher Wertepaare subtrahiert und anschließend durch die Anzahl aller möglichen Permutationen geteilt (Parker & Vannest, 2009; Wilbert & Grünke, 2015).

Tab. 4.7: Berechnung des PND

PND (Handpakete) $= \dfrac{10}{10} \times 100 = 100\,\%$
PND (Tauschaufgaben) $= \dfrac{9}{10} \times 100 = 90\,\%$

Tab. 4.8: Berechnung des NAP

NAP (Handpakete) $= \dfrac{40}{40} = 1 = 100\,\%$
NAP (Tauschaufgaben) $= \dfrac{38 + (.5 \times 2)}{40} = 0{,}975 = 97{,}5\,\%$

Die Ergebnisse des PND und des NAP von 90 % und 97,5 % bei der Strategie der Tauschaufgaben und jeweils 100 % bei der Strategie der Handpakete untermauern die Wirksamkeit des Förderkonzepts von Jan. Bei der Follow up-Erhebung nach drei Monaten löst Jan je Strategie eine Aufgabe weniger. Dennoch besteht weiterhin ein deutlicher Unterschied im Vergleich zur Anzahl gelöster Aufgaben in der Grundrate, was für die Nachhaltigkeit der Förderung spricht.

4.3.7 Abschlussbetrachtung zum Theorie-Praxis-Transfer

Bildung bereitet auf ein Leben in der Gesellschaft vor und ermöglicht die Teilhabe an Alltagsprozessen. Der Mathematikunterricht im FSGE muss sich entsprechend an den Anforderungen der Lebenswelt orientieren und Bildungsprozesse initiieren, die den Schülern zur Bewältigung arithmetischer Herausforderungen verhelfen. Dieser Bildungsauftrag führt zu einer didaktischen Schwerpunktsetzung, die Zahlen und Mengen sowie zentrale Rechenoperationen in den Mittelpunkt des Mathematikunterrichts rückt. »Die Beeinträchtigungen der Schüler dürfen nicht durch vermeintlich besondere, anders: sonderbare didaktische, mitunter fachwissenschaftlich nicht belegbare Ansätze potenziert werden« (Schäfer, 2016, S. 5). Die dargestellten Ergebnisse der Kontrollierten Einzelfallstudie ermutigen dazu, dieser Prämisse nachzukommen und die Inhalte des Mathematikunterrichts sowohl an der Didaktik der Arithmetik als auch an Grunderkenntnissen der Unterstützung kognitiver Prozesse bei Beeinträchtigung der geistigen Entwicklung auszurichten. Besonders vielversprechend erscheint im Rahmen der arithmetischen Kompetenzentwicklung die Vermittlung metakognitiver Strategien, die zu einem flexiblen Problemlöseprozess beitragen und in diesem hier vorgestellten Einzelfall zur deutlichen Verbesserung der Additionskompetenzen eines Schülers im FSGE führen. Auch wenn die hier dargestellte Untersuchung natürlich keine Gültigkeit für die gesamte Schülerschaft im FSGE beanspruchen kann, verdeutlicht sie Chancen und Umsetzungsmöglichkeiten individualisierter metakognitiver Förderung und deren pragmatischer, Unterrichtsalltags tauglicher Evaluation. Dieser Beitrag will Lehrkräfte darin bestärken, Schülern im FSGE die Kompetenz zur Strategieentwicklung und ihrem gesteuerten Einsatz zuzutrauen und Bildungsangebote zu konzipieren, die metakognitives Handeln herausfordern. Damit würde gleichsam der eingangs formulierten Forderung nach Implementierung alltagsrelevanter arithmetischer Bildungsinhalte in den Mathematikunterricht im FSGE genüge getan.

Literatur

Bannert, M. (2007): *Metakognition beim Lernen mit Hypermedien: Erfassung, Beschreibung und Vermittlung wirksamer metakognitiver Strategien und Regulationsaktivitäten*. Münster: Waxmann.

Behörde für Schule und Berufsbildung Hamburg (Hrsg.) (2017): Bildungsplan. Förderschwerpunkt geistige Entwicklung (https://www.hamburg.de/contentblob/9128884/28deb2a01e52adf987593b31b5438b01/data/bpl-fsp-ge.pdf), Zugriff am 13.5.19

Borchert, J. (Hrsg.) (2000): *Handbuch der Sonderpädagogischen Psychologie*. Göttingen: Hogrefe.

Dönges, C. (2016): Didaktische Ansatzpunkte mathematischer Förderung im FgE. *Lernen konkret 36* (4), 12–15.

Feindt, A. & Meyer, H. (2010): Kompetenzorientierter Unterricht. *Die Grundschulzeitschrift, 24* (237), 29–33.

Flavell, J. H. & Wellman, H. M. (1977): First dicussant's comments: What is memory development the development of? *Human Development, 14* (4), 272–278.

Djuric-Zdravkovis, A., Japundza-Milisavljevic, M. & Macesic-Petrovic, D. (2011): Arithmetic Operations and Attention in Children with Intellectual Disabilities. *Education and Training in Autism and Developmental Didabilities, 46* (2), 214–219.

Gaidoschik, M. (2010): Die Entwicklung von Lösungsstrategien zu den additiven Grundaufgaben im Laufe des ersten Schuljahres. (http://othes.univie.ac.at/9155/1/2010-01-18_830 2038.pdf), Zugriff am 13.03.2019

Gaidoschik, M. (2012): Viele Wege führen über den Zehner. Eine Anregung zur Behandlung von Aufgaben mit Zehnerübergang im ersten Schuljahr. (http://www.recheninstitut.at/wp-content/uploads/2012/04/Zehnerübergang.pdf), Zugriff am 20.02.2019

Gaidoschik, M. (2014): Erarbeitung nicht-zählender Rechenstrategien. (https://pikas.dzlm.de/pikasfiles/uploads/upload/Material/Haus_3_-_Umgang_mit_Rechenschwierigkeiten/FM/Modul_3.3/H3_FM_M3.3_Erarbeitung_nicht-zaehlender_Rechenstrategien.pdf), Zugriff am 25.2.19

Gaidoschik, M. (2016): *Rechenschwäche verstehen – Kinder gezielt fördern. Ein Leitfaden für die Unterrichtspraxis* (9. Auflage). Hamburg: Persen.

Galperin, P.J. (1974): Die geistige Handlung als Grundlage für die Bildung von Gedanken und Vorstellungen. In: A. N. Leontjew, & P. J. Galperin (Hrsg.), *Probleme der Lerntheorie* (S. 33-49). Berlin: Volk und Wissen.

Garofalo, J. & Lester, F. K. (1985): Metacognition, cognitive monitoring and mathematical performance. *Journal for Research in Mathematics Education, 16* (3), 163–176.

Gerster, H. D. (1996): Vom Fingerrechnen zum Kopfrechnen. Methodische Schritte aus der Sackgasse des zählenden Rechnens. In: G. Eberle, & R. Kornmann, *Lernschwierigkeiten und Vermittlungsprobleme im Mathematikunterricht. Möglichkeiten der Vermeidung und Überwindung* (S. 137–161). Weinheim: Dt. Studien-Verlag.

Gerster, H. D. & Schultz, R. (2004): *Schwierigkeiten beim Erwerb mathematischer Konzepte im Anfangsunterricht: Bericht zum Forschungsprojekt Rechenschwäche – erkennen, beheben, vorbeugen* (3., überarbeitete Auflage). (https://phfr.bsz-bw.de/frontdoor/deliver/index/docId/16/file/gerster.pdf), Zugriff am 24.5.19

Gligorovic, M. & Buha, N. (2016): Influence of inhibitory control on planning abilities in children with mild intellectual disability. *Specijalna edukacija i rehabilitacija 15* (3), 287–304.

Grüning, E. (2014): Faktoren der Ein- und Umschulung in Förderzentren mit dem Schwerpunkt Geistige Entwicklung in Schleswig-Holstein. *Heilpädagogische Forschung 40* (3), 119–132.

Grünke, M. (2012): Auswertung von Daten aus kontrollierten Einzelfallstudien mit Hilfe von Randomisierungstests. *Empirische Sonderpädagogik 4* (3/ 4), 247–264.

Guldimann, T. & Lauth G. W. (2004): Förderung von Metakognition und strategischem Lernen. In: G. W. Lauth, M. Grünke & J. C. Brunstein (Hrsg.): *Interventionen bei Lernstörungen. Förderung, Training und Therapie in der Praxis* (S. 176–186). Göttingen: Hogrefe

Hartig, J. & Klieme, E. (2006): Kompetenz und Kompetenzdiagnostik. In: Schweizer, K., *Leistung und Leistungsdiagnostik* (S. 127–143). Berlin: Springer.

Häsel-Weide, U., Nührenbörger, M., Moser Opitz, E. & Wittich, C. (2013): *Ablösung vom zählenden Rechnen. Fördereinheiten für heterogene Lerngruppen.* Seelze: Kallmeyer.

Hasselhorn, M. (1992): Metakognition und Lernen. In: G. Nold (Hrsg.), *Lernbedingungen und Lernstrategien: welche Rolle spielen kognitive Verstehensstrukturen?* (S. 35–63). Tübingen: Narr.

Ianes, D. (2009): *Die besondere Normalität: Inklusion von SchülerInnen mit Behinderung.* München [u. a.]: Reinhardt.

Jain, A. & Spieß, R. (2012): Versuchspläne der experimentellen Einzelfallforschung. *Empirische Sonderpädagogik 3* (4), 211–245.

Kaiser, A. & Kaiser, R. (2011): Lernerfolg durch Metakognition. Weiterbildung. *Zeitschrift für Grundlagen, Praxis und Trends* (3), 14–17.

Keil, M. (2010): *Mit Rechenstrategien zum Einmaleins: Arbeitsblätter zum operativen Üben.* Buxtehude: Persen.

Sekretariat der Ständigen Konferenz der Kultusministr der Länder in der Bundesrepublik Deutschland (1998): Empfehlungen zum Förderschwerpunkt geistige Entwicklung. (https://www.kmk.org/fileadmin/veroeffentlichungen_beschluesse/1998/1998_06_20_FS_Geistige_Entwickl.pdf), Zugriff am 13.05.2019

Lauth, G., Scherzer, N. & Otte, T. (2004): Vermittlung von pränumerischen Fähigkeiten bei leicht geistig Behinderten im Selbstinstruktionstraining–Generalisierung und zeitliche Stabilität. *Heilpädagogische Forschung, 30* (4), 170–177.

Lersch, R. (2010): Didaktik und Praxis kompetenzfördernden Unterrichts. *Schulpädagogik heute 1* (10), 1–17.

Lingel, K., Neuenhaus, N., Artelt, C. & Schneider, W. (2014): Der Einfluss des metakognitiven Wissens auf die Entwicklung der Mathematikleistung am Beginn der Sekundarstufe I. *Journal für Mathematikdidaktik 20* (35), 49–77.

Merziger, P. & Kletschkowski-Luteijn, A. (2008): »Wo stehe ich? Individuelles und kooperatives Lernen mit Kompetenzrastern fördern.« In: C. Biermann, M. Fink, M. Hänze, M., Heckt, D., M. A. Meyer & L. Stäudel: *Individuell lernen – kooperativ Arbeiten* (S. 92–95). Friedrich Jahresheft (XXVI), Seelze: Erhard Friedrich.

Merzinger, P. & Schnack, J. (2005): Mit Kompetenzrastern selbstständiges Lernen fördern. *Pädagogik 57* (3), 20–24.

Moser-Opitz, E. & Garrote, A.& Ratz, C. (2014): Mathematische Kompetenzen von Schülerinnen und Schülern mit dem Förderschwerpunkt Geistige Entwicklung: Erste Ergebnisse einer Pilotstudie. *Sonderpädagogische Förderung heute 59* (1), 19–31.

Müller, A. (2003): Dem Wissen auf der Spur. (https://docplayer.org/51631276-Andreas-mueller-dem-wissen-auf-der-spur-pirit-of-learning.html), Zugriff am 12.3.2019

Padberg, F. & Benz, C. (2011): *Didaktik der Arithmetik: für Lehrerausbildung und Lehrerfortbildung* (4., erweiterte, stark überarbeitete Auflage). Heidelberg: Spektrum.

Parker, R. I. & Vannest, K. J. (2009): An improved effect size for single case research: Nonoverlap of all pairs (NAP). *Behavior Therapy, 40* (4), 357–367.

Polya, G. (1949): *Schule des Denkens. Vom Lösen mathematischer Probleme.* Tübingen: Francke Verlag.

Pourmohamadreza-Tajrishi, M., Ashori, M. & Jahil-Abkenar, S. (2015): The Effectiveness of Verbal Self-Instruction Training on Maths Problem-Solving of Intellectually Disabled Students. *Iranian Rehabilitation Journal, 13* (4), 58–62.

Rathgeb-Schnierer, E. & Rechtsteiner, C. (2018): *Rechnen lernen und Flexibilität entwickeln. Grundlagen – Förderung – Beispiele*. Berlin: Springer Spektrum.

Ratz, C. (2008): *Aktiv-entdeckendes Lernen im Mathematikunterricht bei Schülern mit geistiger Behinderung. Eine qualitative Studie am Beispiel von mathematischen Denkspielen*. Oberhausen: Athena.

Ratz, C. & Wittmann, E. C. (2014): Mathematisches Lernen im Förderschwerpunkt geistige Entwicklung. In: Ratz, C. (Hrsg.), *Unterricht im Förderschwerpunkt geistige Entwicklung: Fachorientierung und Inklusion als didaktische Herausforderung* (S. 129–152). Oberhausen: Athena.

Rechtsteiner-Merz, C. (2013): *Flexibles Rechnen und Zahlenblickschulung. Entwicklung und Förderung von Rechenkompetenzen bei Erstklässlern, die Schwierigkeiten beim Rechnenlernen zeigen*. Münster: Waxmann.

Sarimski, K. (2003): Kognitive Prozesse bei Menschen mit geistiger Behinderung. In: D. Irblich & B. Stahl (Hrsg.), *Menschen mit geistiger Behinderung. Psychologische Grundlagen, Konzepte und Tätigkeitsfelder* (S. 148–204). Göttingen: Hogrefe.

Schäfer, H. (2016): Arithmetik im FgE. Anschlussfähige Gedanken und (Neu-) Ausrichtung. *Lernen konkret 36* (4), 4–5.

Siegemund, S. (2016): *Kognitive Lernvoraussetzungen und mathematische Grundbildung*. Oberhausen: Athena.

Tschekan, K. (2011): *Kompetenzorientiert unterrichten. Eine Didaktik* (3. Auflage). Berlin: Cornelsen.

Weinert, F. (2002): *Leistungsmessungen in Schulen* (2. Auflage). Weinheim: Beltz.

Werner, B. & Klein, T. (2012): »Ich rechne immer mit den Fingern, aber heute hab ich das mal im Kopf gemacht«. Flexibilität bei der Lösung von Additions- und Subtraktionsaufgaben im Zahlenraum bis 100 bei Förderschülern. *Zeitschrift für Heilpädagogik 63* (4), 162–170.

Wilbert, J. & Grünke, M. (2015): Kontrollierte Einzelfallforschung. In: K. Koch & S. Ellinger (Hrsg.), *Empirische Forschungsmethoden in der Sonderpädagogik* (S. 100–105). Göttingen: Hogrefe.

5 Aufbau von Selbstwirksamkeitserleben und prosozialem Verhalten im API-Konzept für den Kunstunterricht

Svenja Karlsson

Die hohe Prävalenz auffälligen Verhaltens von Kindern und Jugendlichen mit Beeinträchtigung der geistigen Entwicklung (BgE) lässt ein Problem der Passfähigkeit zwischen den äußeren Bedingungen des Lebens und Lernens unter den aktuellen Bedingungen unserer gesellschaftlichen Normativität und den individuellen Möglichkeiten, das eigene Handeln darauf abstimmen zu können, vermuten. In Anlehnung an den Kunststil Action Painting (Jackson Pollock) wird ein Konzept für die Unterstützung von Handlungskompetenz und sozialer Interaktionsfähigkeit von Kindern und Jugendlichen mit BgE für den Kunstunterricht vorgestellt. Durch den explorativen Umgang mit dem Material über Experimentiertechniken soll das Selbstwirksamkeitserleben gesteigert und persönliche Vorlieben und Abneigungen entwickelt werden, das sozial verantwortliches Handeln im gemeinsamen Lernen begünstigen kann. Die mögliche Einflussnahme auf das emotional-soziale Verhalten wird anhand kontrollierter Einzelfallstudien und durch die Darstellung von Effekten des Konzepts belegt und als Anregung für die schulische Praxis aufbereitet.

5.1 Einführung

In Schulen mit dem Förderschwerpunkt Geistige Entwicklung (FSGE) lernen zunehmend Kinder und Jugendliche, deren soziale Lebensumstände zu besonders umfassendem Förderbedarf führen. Vielfache sozial bedingte Versagens- und Misserfolgserlebnisse in ihrer Lernbiografie (Dworschak, Kannewischer, Ratz, Wagner 2012; Grüning, 2014) beeinflussen die emotionale Lage dieser Schülerinnen und Schüler negativ. Eine daraus resultierende geringe Motivation, sich mit Unterrichtsinhalten befassen zu wollen, kann mit auffälligem Verhalten oder dissozialem Interagieren beantwortet werden.

Kunstpädagogische Ansätze betonen den »besonderen Entwicklungsbedarf« dieser Kinder und Jugendlichen, womit aufgezeigt werden soll, dass zunächst zwar Kinder und Jugendliche gemeint sind, die überwiegend Förder- oder Sonderschulen besuchen und damit einen festgestellten sonderpädagogischen Förderbedarf haben (Uhlig, 2006, S. 201). Gleichzeitig soll mit der Formulierung jedoch darauf verwiesen werden, dass »sich an so genannten Regelschülern immer häufiger ebenfalls ein besonderer Entwicklungsbedarf beobachten lässt« (Uhlig, 2006, S. 201), was zu einer erschreckenden Annahme für die Pädagogik führt: Die Zahl der Kinder und Jugendlichen, die besonderer Unterstützung bedürfen, um sich gesund entwickeln zu können, steigt, und damit einhergehend auch die Zahl der Schüler mit BgE (KMK, 2016, 2018, 2019a, 2019b).

Da davon auszugehen ist, dass die Verarbeitung von Informationen aus der sozialen Umwelt durch die Beeinträchtigung der geistigen Entwicklung erschwert wird, stellen sich Interpretationen sozialer Wahrnehmung ein, die subjektiv negativ bewertet werden. Diese subjektiven Interpretationen aus sozialen Informationen führen mitunter zu erhöhtem Konfliktpotenzial in Interaktionen zwischen Schülern, insbesondere, wenn die Codierung von Informationen einerseits und die Dekodierung dieser Informationen andererseits aufgrund der Beeinträchtigung behindert werden. Problematisches Verhalten bedeutet für die Betroffenen unter Einbezug der gesamten Lerngruppe oder Schulklasse eine qualitative Einschränkung des Lernerfolgs in sozialer Gemeinschaft, die das Kompetenzerleben *aller* gefährden und sehr wahrscheinlich zu weiteren emotionalen Belastungen führen kann. Besonders die Nachhaltigkeit der Bildungsangebote, die eine eklatante Bedeutung für das spätere Leben in der Gesellschaft haben, wird durch dissoziales Interagieren im Lehr- und Lernprozess gefährdet.

Aktuell definiert die WHO (2017) den Begriff einer geistigen Behinderung sehr weit gefasst als »signifikant verringerte Fähigkeit, neue oder komplexe Informationen zu verstehen und neue Fähigkeiten zu erlernen und anzuwenden (beeinträchtigte Intelligenz). Dadurch verringert sich die Fähigkeit, ein unabhängiges Leben zu führen (beeinträchtigte soziale Kompetenz). Dieser Prozess (...) hat dauerhafte Auswirkungen auf die Entwicklung. Behinderung (...) eines Kindes (...) hängt auch entscheidend davon ab, in welchem Maße die vorhandenen Rahmenbedingungen seine vollständige Beteiligung am gesellschaftlichen Leben begünstigen. (...) Er [der Begriff, Anm. S.K.] schließt aber auch Kinder ein, die aufgrund (...) einer Ablehnung durch ihre Familie (...) Entwicklungsstörungen und psychologische Probleme aufweisen« (WHO, 2017).

An der Neufassung des Begriffs zum Phänomen sowie anhand von Rückmeldungen aus der schulischen Praxis im FSGE wird deutlich, dass sich das Verständnis einer Beeinträchtigung der geistigen Entwicklung anscheinend verändert hat (Dworschak et al., 2012; WHO, 2017). Zudem ist nach vielen Umstrukturierungen im Schulsystem nicht mehr ganz klar, wo genau wie viele Schüler in welchem Umfang sonderpädagogischer Unterstützung bedürfen, damit ihre Teilhabe umfassend, gemessen an der individuellen Lebenssituation, gelingen kann.

Eine Beeinträchtigung der geistigen Entwicklung ist also nicht unbedingt an die Beschulung im Sondersystem gebunden, sondern bezieht sich auf die in Anlehnung an die Definition der WHO (2017) anklingende *besondere* Gestaltung von Unterricht, um negative Auswirkungen auf die Entwicklung weitestmöglich zu verringern oder aufzuheben. Die Forderung, Kindern und Jugendlichen mit besonderem Assistenzbedarf individuelle und damit subjektiv sinnhafte und entwicklungslogische Förderung (Feuser, 1989) zu gewähren, ohne zu stigmatisieren und zu diskriminieren, steht dabei an oberster Stelle einer gesamtgesellschaftlichen Forderung von Inklusion.

In einer Zeit, in der die Singularisierung der Mitglieder einer Gesellschaft so stark zugenommen hat (Reckwitz, 2017) (vgl. Kap. 1, i. d. Bd.), dass Lebensentwürfe kaum noch miteinander vergleichbar sind und die Gefahr, existenziell an diesem System zu scheitern, deutlich zugenommen hat, ist die (kindliche) Entwicklung ebenso wie die Gewährleistung einer weitest möglichen Teilhabe als individuellem Lebensentwurf in der Gesellschaft und mit einem von Wohlbefinden und Lebensqualität geprägten Gesundheitszustand (DIMDI, 2005) als sehr komplex einzuschätzen. Da einzelne Faktoren sich im Kontext von Beeinträchtigungen in einer Leistungsgesellschaft wechselseitig negativ beeinflussen können, bedarf es dringend weiterer sonderpädagogischer Konzeptbildungen, die diesen Kindern und Jugendlichen eine Perspektive eröffnen helfen können, was Zielsetzung dieses Beitrags ist.

Schule und Unterricht muss der Tendenz, dass sich bereits Entwicklungsrisiken aufgrund mangelnder Unterstützung zu Behinderungen manifestieren, begegnen, gerade, da die rechtlichen Ansprüche mehr denn je gegeben sind (KMK 1998; BMAS 2011). Den kindlichen Malprozess als intrinsisch motivierte, spielerische Auseinandersetzung mit der Umwelt zu begreifen, eröffnet Möglichkeiten zur experimentellen Unterrichtsgestaltung, die den sich im Verhalten manifestierenden Gefahren in der Entwicklung angemessen begegnen können, was die Basis des für den Kunstunterricht vorzustellenden Konzepts der ActionPaintingIntervention (API) bildet.

5.2 Theoretischer Bezugsrahmen

5.2.1 Kunstunterricht im Förderschwerpunkt Geistige Entwicklung (FSGE)

Wir leben in einer komplexen Welt, die von Bildern des medialen Zeitalters überflutet wird, die ohne kritische Betrachtungsweise und eine verantwortliche Meinungsbildung für viele Menschen Gefahren birgt (▶ Kap. 10, i. d. Bd.). Sich visuellen Eindrücken zuwenden und diese hinterfragen zu können, setzt Kompetenzen voraus, die über schulische Bildung erworben werden können. Nicht zuletzt seit den Leistung vergleichenden Bildungsstudien, wie der im Jahr 2000 eingeführten PISA-Studie, wird dem Kunstunterricht, der traditionell eine mehrdimensionale Auseinandersetzung mit Bildern beinhaltet, jedoch ein besonders niedriger Stellenwert beigemessen (Speck, 2007; Theunissen, 2011; Myschker & Stein, 2014; Lazarides & Mohr, 2016), was verwundern sollte, da visuelle Informationen in der täglichen Lebensumwelt von Heranwachsenden aufgrund noch nie dagewesener technischer und damit medialer Möglichkeiten den Lebensalltag inzwischen nicht nur füllen, sondern dominieren.

Aufgrund nachgewiesener Ab- und Umschulungstendenzen im Zuge der Inklusion (Dworschak et al. 2012, Klauß, 2012; Grüning, 2014; Musenberg & Riegert, 2015) lernen im FSGE aktuell Schüler mit extrem heterogen ausfallenden, aber negativ vorgeprägten Lernausgangslagen und überproportional belasteter emotional-sozialer Interaktion, die ein kritisches Sozialverhalten in Lehr- und Lernsituationen bedingen kann. Bei Beeinträchtigung der geistigen Entwicklung kann das

Handlungsrepertoire zur Lösung sozialer Konflikte gerade in hohen Anspannungszuständen möglicherweise nicht endgültig zielführend abgerufen werden, da auch die kognitiven Prozesse, die zur bewertenden Verarbeitung visueller bzw. sämtlicher Umweltreize beitragen, komplex verlaufen. Erfolgreiche Selbstbewertungen des (eigenen) Handelns sind ohne sie jedoch nicht möglich. Eine gelungene Interaktionsgestaltung oder der Aufbau von Beziehungen zwischen Schülern mit dem FSGE sowie zu Pädagogen ist somit grundsätzlich deutlich erschwert, kann sich aber aufgrund unzureichender Unterstützung drastisch verschärfen.

Weil aktuelle Bildungspläne für den Kunstunterricht Ansprüche formulieren, die einem traditionellen Verständnis von Leistung im schulischen Bildungssystem folgen, bekommen jedoch gerade diese Schüler ein inhaltliches Lernangebot, das wenig subjektive Sinnhaftigkeit auslöst und damit zusätzlich verunsichert und demotiviert (Theunissen, 2011; Sansour, 2015).

Neben der gefährdeten Emotionalität *aller* wirkt sich ein negatives Lernklima wiederum deutlich einschränkend auf den fachlichen Bildungsgehalt des Kunstunterrichts aus. Da die (positive) Selbstbewertung von Lernprozessen jedoch als eine der wirksamsten Vorgehensweisen effektiven Lernens gelten darf (Hattie, 2014), kommt Lernerfolg durch Selbstbewertung eine Schlüsselposition zu, die Unterrichtsqualität über nachhaltig verlaufende Bildungsprozesse befördern kann, was besonders im FSGE von Bedeutung erscheint. Da eine Beeinträchtigung der geistigen Entwicklung der erfolgreichen Bewältigung kognitiver Prozesse entgegenwirkt, ist zu beobachten, dass Reflexionen des eigenen Handelns von Schülern mit dem FSGE unvollständig sind, mit unrealistischen Einschätzungen oder interpretiertem Selbstversagen enden, die ebenfalls zu einem verstärkten Auftreten von auffälligem Verhalten und dissozialem Interagieren führen können.

In Bezug auf die Bildungserwartungen im Kunstunterricht formulieren aktuelle Bildungspläne die positive Entwicklung der gesamten Persönlichkeit über das Erleben umfassender Handlungskompetenz (MFBWK Schleswig-Holstein, 2002; ISB München, 2003; BSB Hamburg, 2010; SENBJF Berlin-Brandenburg, 2011). Im norddeutschen Raum geschieht dies über die Unterstützung des »persönlichen Ausdruck[s] der Schülerinnen und Schüler«, die »ästhetische Prozesse [gestalten], die ihrem persönlichen Erleben und Empfinden entsprechen und aus ihrem eigenständigen Umgang mit verschiedenem Material entstehen«, wobei der »persönliche« Ausdruck im Sinne eines Sichtbarmachens von »Vorstellungen und inneren Bildern« zu verstehen ist und »Basis« des Unterrichts dabei die »Kommunikation in der Lerngruppe« bildet (BSB Hamburg, 2010, S. 82; SENBJF Berlin-Brandenburg, 2011, S. 80). Im süddeutschen Raum ermöglichen »Selbst- und Welterfahrungen durch Lernen mit allen Sinnen«, die den Anspruch einer »Ganzheitlichkeit« bedienen, die über »kreativ[es]«, aus »eigener Initiative« heraus entstandenes, und noch dazu »aktiv[es]« und »frei[es]« Gestalten als Unterrichtsmittelpunkt zu betrachten sind, wobei »[ä]sthetische« Anknüpfungspunkte der »Lebenswelt« der Schüler Gegenstand der Auseinandersetzung bilden (ISB München, 2003, S. 296 f.).

»Dass jedoch hierbei die Sache Kunst verfehlt wird, scheint manchen Lehrplan-Konstrukteuren nicht bewusst zu sein« (Theunissen, 2011, S. 310), denn aufgrund dieser realitätsfernen Formulierung von Zielvorstellungen und einer nahezu unmöglichen Umsetzung in die praktische Unterrichtsgestaltung werden im FSGE tatsächlich »Fensterdekorationen und Geschenke gebastelt, Kulissen für das nächste Theaterstück gebaut oder Bilder für die kranke Kollegin gemalt« (Sansour, 2015, S. 379) bzw. die im FSGE so wichtigen Pflege-, Therapie- oder Entspannungszeiten gerade in diesem Unterrichtsfach ermöglicht. Nachweislich geschieht dies, weil Lehrkräfte in der (Modernen) Kunst eher weniger qualifiziert sind, da sie das Fach zumeist fachfremd unterrichten und mit den überhöhten Ansprüchen des Bildungsplans schwer realistische Unterrichtsinhalte planen und sinnvolle Lerngegenstände auswählen können, sodass ästhetische Erfahrungen dem Lernen im FSGE entsprechend aufbereitet werden können und der positiven Entwicklung der Persönlichkeit über die Auseinandersetzung mit Bildern zuträglich erscheinen (Blohm, 1991; Buschkühle, 2004; Theunissen & Voigt, 2011, Sansour, 2015).

Um bei diesen gegebenen Bedingungen Erfolgserlebnisse auszulösen, die im FSGE generell sehr wichtig sind, jedoch noch wichtiger werden, wenn die Lerngruppe aus überwiegend belasteten Schülern besteht, muss Zweckgebundenheit (Sansour, 2015) eine fehlende subjektive Sinnhaftigkeit ersetzen. Weil eine Instrumentalisierung von Unterrichtsinhalten kein individuelles Kompetenzerleben ermöglicht, da zieldifferentes Handeln wenig erzeugt werden kann, führt diese Form der Unterrichtsgestaltung jedoch zu einer emotionalen Abhängigkeit der Beteiligten zueinander: Zum einen entsteht extrem hoher Assistenzbedarf, da individuelle Kompetenzen wie Schneiden, Kleben, gerade Linien ziehen oder akkurates Flächenfüllen nur von einigen beherrscht werden. Zum anderen entsteht Abhängigkeit in Bezug auf ein bewertendes Urteil bezüglich des Arbeitsergebnisses, das Sinnhaftigkeit im Handeln als individuelles Kompetenzerleben hervorbringt. Die sozial-emotional bereits belastete Situation wird drastisch verschärft und schafft Voraussetzungen für weitere emotional-soziale Belastungen. Wer gleichzeitig im Sinne des einseitig aufgefassten Leistungsbegriffs produktorientierte Erfolge vorzeigen soll, findet kein *sicheres* Umfeld für Äußerungen der Persönlichkeit über experimentelles Handeln vor, sodass dies die Auseinandersetzung mit freiem, selbstgesteuertem Gestalten und (abstrakter) Kunst als dem von Bildungsplänen gewünschten individuellen Selbstausdruck im Kunstunterricht verunmöglicht.

So formulieren Bildungspläne Ansprüche wie das Gestalten *ästhetischer* oder *kreativer* Prozesse, die dem persönlichen Erleben und Empfinden nicht entsprechen und diesem auch keinen Ausdruck verleihen können (Bröcher, 1997), die damit nicht nur als völlig überhöhte Zielvorstellungen des Faches Kunst einzuschätzen sind. Gleichzeitig wird damit wenig auf die spätere Rolle in der Gesellschaft vorbereitet, wenn schulische Bildung die Entfaltung der Persönlichkeit wenig gefördert hat (Fischer, 2008; Pitsch & Thümmel, 2011). Umfassende Persönlichkeitsentwicklung über das besondere Kompetenzerleben und das explorative Entdecken des Selbst soll die kritische Meinungsbildung, die verantwortliches Handeln in sozialer Gemeinschaft bedingt, jedoch gerade in diesem Fach ermöglichen (ISB München, 2003; BSB Hamburg, 2010; Senatsverwaltung, 2011).

So kann eine solche Füllung des Kunstunterrichts, insbesondere auf der personalen und sozialen Ebene, Lern- und Entwicklungsziele verschließen, die für Schüler mit dem FSGE von besonderer Bedeutung für die Persönlichkeitsentwicklung sind, weil gerade ihr eigenaktiver Erfahrungsraum eingeschränkt ist und deshalb umso stärker sinnlich, direkt, in vertrauensvoller Atmosphäre und damit ihren individuellen Fähigkeiten entsprechend, erfahren werden sollte.

Trotz einer Beeinträchtigung nehmen die Schüler wahr, dass ihre Leistungen in vielerlei Hinsicht nicht ausreichen, und sie wissen anhand der Reaktionen anderer, dass dies angesichts des hohen Stellenwerts selbstreflektierender Vergleiche mit Gleichaltrigen im Kindes- und Jugendalter in der Identitätsentwicklung ein Problem darstellt. So bildet sich eine Emotionalität des Wissens um das eigene Versagen weiter aus, wobei jedoch die individuellen Reflexionsfähigkeiten in der Regel nicht ausreichen, um mit Gefahren für die persönliche Entwicklung umzugehen.

Implizites Wissen um eigenes Fehlverhalten, das nicht ausreichend reflektiert werden kann, weil die kognitiven Beeinträchtigungen dies nicht ohne besondere Förderung erlauben, können zum völligen Verlust von Selbstwirksamkeitsüberzeugung, Handlungsbereitschaft und Motivation führen und automatisch in erlernter Hilflosigkeit (Steiner, 2001; Sarimski & Steinhausen, 2008; Seligman, 2016) sowie zu beobachtenden dissozialen Verhaltensweisen (Schubarth, 2019) als Ausdruck emotionaler Verzweiflung münden. Die Sinnhaftigkeit der eigenen Existenz wird auf subjektiv emotionaler Ebene in Frage gestellt und den Schülerinnen und Schülern durch gewählte Lerninhalte weiter entzogen.

Weil im FSGE immer mehr Schülerinnen und Schüler aufeinander treffen (Dworschak et al., 2012; Grüning, 2014), die resultierend aus ihren sozioökonomischen Bedingungen ein stark negativ geprägtes Selbstbild haben und nicht unbedingt verlässliche und sozial angemessen agierende Bezugspersonen gewohnt sind, die ihnen bei Problemen zur Seite stehen (können) und ihnen so emotionale Sicherheit in ihrer Entwicklung bieten, verfügen sie bereits über abnehmende Selbstwirksamkeitsüberzeugung (Schmitz, 2002) und damit abnehmende Handlungskompetenz. Mangelnde Explorationsfreude und Neugier, sich mit dargebotenen Umweltreizen zu befassen, erhöhen die Passivität im Unterricht aus Angst vor Versagen und der Überzeugung heraus, nicht kompetent handeln zu können. So verliert sich die Bereitschaft, im Unterricht angemessen sozial zu interagieren, und Lehrkräfte werden zunehmend aktiv von Schülern am Lehren gehindert (Schubarth, 2019).

Nicht nur Schüler werden so haltlos überfordert und deprivierende Prozesse in ihrer Entwicklung forciert. Alle Beteiligten leiden im Kunstunterricht unter fehlenden und klaren didaktischen Gestaltungsvorschlägen zum Erfahren eines *kompetenten Selbst*. Was unterrichtlich verändert werden müsste, um das entwicklungsförderliche Potenzial der Kunst mit dem Unterricht im FSGE in Verbindung zu bringen, ist Gegenstand der Auseinandersetzung in der Konzeption der ActionPaintingIntervention (API) und soll Kunstunterricht zu persönlichkeitsförderlichem Entwicklungspotenzial verhelfen.

5.2.2 Action Painting (Jackson Pollock) im Kunstunterricht für Kinder und Jugendliche mit dem Förderschwerpunkt Geistige Entwicklung

Um die Konzeptbildung der ActionPaintingIntervention (API) transparent darzustellen, erfolgt eine kurze Bezugnahme zum Begründer dieser Stilrichtung der Modernen Kunst und der Übertrag auf die im FSGE zu erwartenden Bedingungen des Lernens, die über eine besondere Gestaltung von Unterricht zu kompensieren sind. Abschließend wird die konzeptuelle Anlage der ActionPaintingIntervention (API) dargestellt und erläutert.

Jackson Pollocks Action Painting

Als Begründer des Action Painting, einer spezifischen Stilrichtung innerhalb des Abstrakten Expressionismus, die sich Ende der 1940er Jahre entwickelte, gilt der Amerikaner Paul Jackson Pollock (Engelmann, 2007; Gündüz, 2013; Emmerling, 2016). Bis 2013 wurde das von ihm 1948 fertig gestellte Werk *No. 5* als teuerstes Bild der Welt gehandelt, das 2006 für 140 Millionen Dollar versteigert wurde (Vogel, 2006). Pollock bediente bereits zu Lebzeiten einen künstlerischen Mythos, der gemeinhin auch als Wirken zwischen Genie und Wahnsinn formuliert werden könnte. Da er vom Jugendalter an mit psychischen Problemen zu kämpfen hatte, die aus pädagogischer Sicht mit auffälligem Verhalten und vor allem dissozialem Interagieren bezeichnet werden können, wird er als Persiflage an eine historische und für die Gesellschaft randständige Figur auch als »*Jack the Dripper*« bezeichnet (Haberlik & Mazzoni, 2003, S. 224; Emmerling, 2016).

Wie kein anderer zuvor ließ Pollock im Action Painting die Spontanität in die Kunst einziehen. Im Gegensatz zum damals üblichen künstlerischen Vorgehen plante er keine Werke, sondern handelte impulsiv (Hess, 2004; Engelmann, 2007). Hatten Künstler ihre Werke zuvor auf zahlreichen Studien basierend angefertigt, die zumeist in mehrjähriger Arbeit umgesetzt wurden (Hess, 2004), erstellte Pollock seine Werke quasi über Nacht, auch wenn er sie dann erst später endgültig fertigstellte (Gündüz, 2013).

Die besondere Technik des Farbauftrags als neues Gestaltungselement in der Kunst (erstmals bringt ein Künstler Maluntergrund und Malwerkzeug *nicht* miteinander in Berührung) begründet das besondere Potential gerade des Action Paintings im Kontext eines Erlebens und Regulierens von Emotionalität gegenüber anderen abstrakten Stilrichtungen (Unplanbarkeit, Unwiederholbarkeit). Wirkungen von Farben und Formen als Qualität, d. h. als Ausdruck eines Lebensgefühls, rückten damit zunehmend in den Fokus allgemeinen künstlerischen Interesses.

Pollock glaubte an die Beeinflussbarkeit des Zufalls in der spontanen Aktionsgestaltung und spielte mit physikalisch wirkenden Kräften beim Farbauftrag. Er war überzeugt, dass sich durch spontanes, ungeplantes Handeln Raum für das Unbewusste innerhalb gestalterischer Prozesse eröffnet. Dieser Ausdruck unbewusster Anteile der Person sollte zu einer stabileren Emotionalität führen, was er aus eigenen Erfahrungen im Selbstversuch schlussfolgerte (Engelmann, 2007). Pollock schleuderte, tropfte und schüttete Farbe auf Leinwände, die er am Boden oder an der Wand befestigte (ebd.). Für das *Dripping* und *Pouring*, wie diese Techniken des Farbauftrags genannt werden (Emmerling, 2016), benutzte er unterschiedliche Gefäße, die er über der Leinwand ausgoss, tauchte Stöcke in Farbe und schleuderte sie über der Leinwand aus, ließ sie verharren oder langsam kreisen (Engelmann, 2007; Gündüz, 2013). Mit Bewegung des ganzen Körpers im eher grobmotorischen Malprozess versuchte er immer wieder, die Grenzen zwischen kontrolliertem Farbauftrag und physikalisch wirkenden Kräften durch Farbgießen, -schleudern oder -tropfen in Abhängigkeit zur Geschwindigkeit seiner Bewegungen auszuloten und fand über die Spontanität des Agierens im selbstbestimmten Bewegungsablauf Entspannung und inneren Frieden (Gündüz, 2013; Emmerling, 2016).

Immer wieder betonte er, dass es weniger um die entstandenen Bilder als um den Prozess des Malens selbst ginge. Er verwies auf die Einzigartigkeit der Werke als Ausdruck eines persönlichen Seelenlebens im prozessualen Handeln, sowohl aufgrund ihrer Unwiederholbarkeit als auch aufgrund des resultierenden Umstands, solche Werke kaum fälschen zu können (Engelmann, 2007). Mit der Nummerierung seiner Werke anstelle von Bildtiteln spielte er auf die Überheblichkeit einer kunstkritischen Beurteilung seiner Werke an, da er selbst immer wieder versuchte, den Fokus auf den Malprozess zu lenken (ebd.). Stets betonte er das emotionale Erleben in der Entstehung: »*Ich möchte meine Gefühle ausdrücken, nicht bebildern*« (Emmerling, 2016, Umschlag).

Pollock selbst hatte sicher weniger daran gedacht, sein gestalterisches Vorgehen (Planung) und bildnerisches Handeln (Umsetzung) mit Kompetenzen zu charakterisieren, die aktuell für Schule und Unterricht verwendet werden. Er erkannte jedoch die positive Wirkung seiner Art der Bildgestaltung auf das eigene emotionale Befinden, wenn der agierende Mensch in einen Zustand versetzt wird, der es ihm ermöglicht, spontan und selbstbestimmt in neue, nicht immer vorhersehbare Ausdrucksformen der Bildgestaltung vorzudringen und damit höchst kompetent zu handeln. Gerade die Forderung Pollocks, seine Bilder nicht interpretieren und deuten, sondern vielmehr wirken zu lassen (Gündüz, 2013, Emmerling, 2016), erinnert an aktuelle kunstpädagogische Forderungen, dass Kinder »*ungestört malen*« (Stern, 2012, Klappentext) können sollten.

Pollock darf als Künstler gelten, der im Selbstversuch und damit sozusagen als Einzelfall Möglichkeiten einer positiven Beeinflussung seiner Emotionalität über (spontanes) bildnerisches Gestalten feststellte. Bezüglich einer emotionalen Belastung, die zu auffälligem Verhalten führt und dissoziale Interaktionsmuster bedingt, können Parallelen zu Schülern mit dem FSGE gezogen werden. Die Wirkung seiner selbst postulierten Unplanmäßigkeit im Handeln, die in der Zieldimension zu absichtsvollem Handeln wird, soll als Aufbau von Handlungskompetenz sonderpädagogisch nutzbar gemacht werden.

Emotionalität und Kognition in der Lernhandlung des Malprozesses

Um Schlussfolgerungen aus Jackson Pollocks individuellen Erfahrungen im Malprozess und den von ihm erlebten Auswirkungen auf seine subjektiven Empfindungen bzw. seine Emotionalität ziehen zu können, sollte sich vergegenwärtigt werden, welche besonderen Bedingungen des Lernens und damit eng verknüpft auch des Erlebens der eigenen Emotionalität im sozialen Handeln ergeben. Hierüber wird ebenfalls deutlich, weshalb Bildungspläne bestimmte Anforderungen für den Unterricht im FSGE stellen.

So wird in Bildungsplänen verschiedener Bundesländer formuliert, dass an oberster Stelle ein positives emotionales Erleben für Schüler mit dem FSGE im

Unterricht zu gewährleisten ist. Umfassende Handlungskompetenz sollen sie erfahren. Diese Forderung ergibt sich aus dem Umstand, dass Schüler, die ihre Beeinträchtigung im Handeln erleben, nur bedingt eigenaktiv sind und sich damit auch nur begrenzt handlungskompetent erfahren können (Pitsch & Thümmel, 2011; Häußler, 2015). Wenn wiederum die Selbstbewertung beeinträchtigt ist, kann positives Kompetenzerleben durch getätigte Handlungen zusätzlich vermindert ausfallen. Dies kann ein negatives emotionales Erleben des Selbst in der Interaktion mit der Umwelt in zweifacher Hinsicht und ggf. auch, in Abhängigkeit zu den reflexiven Fähigkeiten, ein negatives Selbstbild bedingen. So lassen sich die in Bildungsplänen geforderten Erfolgserlebnisse im Unterricht und die erfolgsorientiert auszuwählenden Unterrichtsinhalte zunächst erklären.

Gleichzeitig ist die Komplexität im Ablauf einer Lernhandlung zu berücksichtigen, die ebenfalls in diese Forderung hineinspielt. Eine Handlung ist nach der Handlungsregulationstheorie (Leontjew) in vier Strukturelemente gegliedert, die unterschiedlich hohe kognitive Anteile für einen erfolgreichen Handlungsablauf beinhalten. Diese Strukturelemente sind 1. die Handlungsmotivation, 2. die Handlungsplanung, 3. die Handlungsausführung und 4. die Handlungskontrolle (Leontjew, in: Pitsch, 2005, Pitsch & Thümmel, 2011). Es ist naheliegend, dass die Elemente Handlungs*planung* und Handlungs*kontrolle* höhere kognitive Anteile beinhalten, da es hier zunächst um die Vorausplanung dessen geht, was getan werden soll, was das situative Abstraktions- und Vorstellungsvermögen von zukünftigen Aktionen fordert. Auch muss eine Zielvorstellung, was das Handeln bewirken soll, als geistiges *Bild* antizipiert und mit der Vorausplanung in Beziehung gesetzt werden.

Das Strukturelement Handlungskontrolle setzt voraus, dass die getätigte Handlung reflektiert werden kann, was ebenfalls hohen kognitiven Anspruch mit sich bringt. Die Person muss die Handlung hierfür mit einer Zielvorstellung abgleichen, dabei in ihre einzelnen Teilschritte gliedern und zusätzlich sich selbst bzw. ihr situatives Handeln in der Situation anhand verschiedener Elemente bewerten und somit aus dem eigenen Selbst heraustreten. Für diese metakognitive Leistung ist zudem eine hohe Emotionskontrolle notwendig, die bei einer BgE aufgrund anderer Impulskontrollfähigkeiten sowie einer häufig veränderten Wahrnehmung und resultierenden Einschätzung von Situationen ebenfalls bedingt gegeben ist.

Zu erwarten ist daher, dass Handlungskompetenz bzw. kompetent ausgeführte Handlungen bei einer Beeinträchtigung der geistigen Entwicklung besonders häufig an den beschriebenen Strukturelementen Handlungsplanung und Handlungskontrolle scheitern bzw. unvollständig ablaufen, da die vorhandenen Fähigkeiten weder für die Antizipation des Handelns noch für dessen Reflexion ausreichen. So lässt sich als Anforderung für den Unterricht ableiten, dass Handlungen entweder einen geringen Planungsanteil aufweisen sollten, um zunächst kompetent ausgeführt werden zu können, oder eine besonders kleinschrittige Einführung in die Umsetzung notwendig ist, damit das Handeln kompetent verlaufen kann. Inwiefern Handlungen bewusst im Sinne eigenen Kompetenzerlebens reflektiert werden können, hängt damit nicht nur von den reflexiven Fähigkeiten an sich ab, sondern auch davon, ob die Handlung überhaupt (erfolgreich im Sinne der gesetzten Handlungsplanung) ausgeführt werden konnte.

Eine beeinträchtigte geistige Entwicklung bedingt in der Regel auch eine Vielzahl von motorischen Beeinträchtigungen, da kognitive Steuerungsprozesse eine (fein-)motorisch geschickte Ausführung von Handlungen einschränken (Speck, 2018). Dies kann allgemein feinmotorische Koordinations- und Bewegungseinschränkungen oder Einschränkungen in der Wahrnehmungsverarbeitung oder Hand-Auge-Koordination bedeuten oder sich bereits auf den grobmotorischen Bewegungsablauf auswirken, weshalb gerade zeichnerische Elemente schwer umgesetzt oder feinmotorisch komplexe Abläufe wie Schneiden oder Kleben erschwert ausgeführt werden können.

Da Action Painting auf selbstgewählte Bewegungsabläufe zurückgreift, kann das Individuum hier zunächst seinen individuellen Kompetenzen entsprechend agieren und sich damit als handlungskompetent erleben, was auf die eben beschriebenen Besonderheiten in der Entwicklung optimal abgestimmt erscheint. Für die Ausführung des *Drippings* und *Pourings* sind wenig feinmotorische, sondern vielmehr grobmotorische Ansprüche im Handlungsablauf zu stellen, sodass erfolgreiches Handeln trotz vorliegender (motorischer) Beeinträchtigungen gelingen kann. Aufgrund der situativ spontanen Umsetzung des Malprozesses fällt das Strukturelement der Handlungsplanung weg, sodass aus dem spontanen Impuls heraus erfolgreich gehandelt werden kann, was zusätzliches Kompetenzerleben selbst bei beeinträchtigter Wahrnehmung ermöglicht, weil das Handlungsergebnis in Sinne von Farbspuren, auf dem Maluntergrund hinterlassen, schnell sichtbar wird. Die Wirkung des eigenen Handelns ist so auch bei einer kurzen Aufmerksamkeitsspanne unmittelbar erfahrbar, was dem Erleben der eigenen Handlungskompetenz entgegenkommt. Die Person kann sich selbst in ihrem Handeln somit als wirksam erleben.

Das sichtbare Handlungsergebnis wird dabei in hohem Maße von physikalischen Kräften im individuell gewählten Bewegungsablauf beeinflusst. Elemente des Zufalls fließen ein. Ein natürliches ästhetisches Empfinden von Farben und Formen einer natürlichen Lebensumwelt wird mit sofortiger Wirkung ermöglicht. Da Spuren von natürlich entstandenen Bewegungsabläufen in der Regel als ästhetisch ansprechend erlebt werden, kann der bildnerische Ausdruck positiv wahrgenommen und mit dem eigenaktiven Handeln verknüpft werden, was das Selbstwirksamkeitserleben zusätzlich positiv über ein ästhetisch ansprechendes Ergebnis des eigenen Handelns beeinflusst.

Für Schüler in diesem Prozess bleibt ein ausreichend eigener individuell bestimmbarer Gestaltungsraum. Sie können selbstbestimmt und kreativ mit Farbtönen, Farbmengen, Mischungen und Bewegungsabläufen auch über die Auswahl der verwendeten Werkzeuge sowie über den individuellen Bewegungsablauf mit den physikalisch wirkenden Kräften experimentieren. Selbstgewählte Bewegungsabläufe, gerade in Bezug auf ihre Intensität im Sinne von Spannungsabbau oder Spannungsaufbau können das situative Wohlbefinden so zusätzlich befördern, ebenso wie es möglich ist, den eigenen Arbeitsplatz grundsätzlich den eigenen motorischen Möglichkeiten bzw. Präferenzen über Sitzen, Stehen oder auch Liegen anzupassen.

So wird das Erschließen der eigenen Lebenswelt und vor allem auch von neuen, unbekannten Unterrichtsinhalten ohne Versagensängste und Misserfolgserlebnisse möglich, was mehr Zutrauen in das eigene Handeln, Neugier und somit Motivation für die Auseinandersetzung mit Unterrichtsinhalten ermöglichen kann. Es kann eigenaktiv und kompetent gehandelt und eine positive Emotionallage erlebt werden, die wenig abhängig von anderen erscheint, was wiederum den Ablauf des Unterrichts allgemein positiv beeinflussen kann und Stolz auf eigene Leistungen bzw. *Freude im gemeinsamen Tun* tatsächlich erzeugen kann (ISB München, 2003).

Da in der Handlungsausführung die Selbstbestimmung schlussfolgernd besonders hoch ausfällt, weil die Komplexität des gesamten Handlungsablaufs an die vorliegenden Beeinträchtigungen angepasst werden kann, ist auch hier davon auszugehen, dass eine positive emotionale Selbstbewertung vollzogen werden kann, weil Handlungskompetenz und Selbstbestimmung das eigene Handeln leiten. Inwiefern dies nicht nur implizit erlebt, sondern auch bewusst reflektiert werden kann, hängt wiederum von den individuell vorliegenden Kompetenzen ab, kann jedoch über spezifische Strategien zu einer kompetenten Selbstreflexion erweitert werden, was Gegenstand der ActionPaintingIntervention (API) darstellt.

Konzeption der ActionPaintingIntervention (API)

Anknüpfend an den erläuterten Grundsätzen für gelungenen Unterricht im FSGE, der nachhaltigen Bildungsangebote ermöglicht, folgt die ActionPaintingIntervention (API) einem mehrwöchigen ritualisierten Ablauf, der über Übung und Wiederholung (Pitsch & Thümmel, 2011) die Steigerung der Eigenaktivität und das Erfahren von Selbstwirksamkeit bei zunehmender Erweiterung der Handlungskompetenz uneingeschränkt aller Schüler ermöglichen soll.

Das Experimentieren mit dem angebotenen Material in der Anwendung des Drippings und Pourings, das als zentrales methodisches Vorgehen des schülerorientierten Unterrichts zu verstehen ist, wird als unterrichtlicher Dreischritt (Jank & Meyer, 2014) organisiert und senkt über den immer gleichen Ablauf dieser Aktionsstunden Hemmschwellen im selbstbestimmten Handeln. Hier steht der Malprozess sowie dessen Vor- und Nachbereitung im Fokus. Der Lerngegenstand, der vielfältige selbstbestimmte Entscheidungen im Malprozess erlaubt, erzeugt die Motivation, zunehmend gemeinsam und sozial interagieren zu wollen. Dies kann im Malprozess über wechselnde soziale Interaktionsformen (Einzel-, Partner- und Gruppenarbeit ist hier möglich) sowie eine arbeitsteilige Verwendung von Werkzeugen organisiert werden und zusätzlich in den *didaktischen Phasentrennern*, beim Auf- und Abbau, konkret den individuellen Kompetenzen entsprechend gefordert werden.

Die in den Aktionsstunden erlebte Kompetenz im bildnerischen Handeln und zunehmend auch in der sozialen Interaktion bei der Malprozessorganisation befördert die Fähigkeit und auch die Bereitschaft zu einem achtsamen Umgang miteinander, sodass von zunächst kleinschrittig organisierten Umbauphasen über zunehmende Verantwortungsabgabe an die Schüler abhängig von der jeweiligen Lerngruppe auch ein vollständig selbstorganisiertes Arbeiten erfolgen kann, was damit die Bereitschaft, Verantwortung für eigenes Handeln in sozialer Gemeinschaft zu übernehmen, insgesamt fördern soll.

So kann in der ActionPaintingIntervention (API) aufgrund der Anlage einer mehrwöchig geplanten Unterrichtseinheit (fünf bis acht Wochen werden mindestens empfohlen) möglichst viel Verantwortung an Schüler übertragen werden, was auch bei der späteren Planung und Umsetzung der Präsentation der entstandenen

Werke den individuellen Kompetenzen jeder und jedes Einzelnen entsprechend berücksichtigt werden kann. Es kann eine schulinterne oder auch öffentliche Ausstellung organisiert werden, die dem realen Kunstbetrieb mit Vernissage, Finissage, entsprechender Öffentlichkeitsarbeit und umfassender Organisation im Ablauf entsprechen kann und zusätzliche Informationen zur Entwicklung des Action Paintings sowie der Person Jackson Pollocks mit historischem Zeitbezug im Sinne einer entwicklungslogischen Didaktik (Feuser, 1989) erarbeitet werden.

Die wöchentlich ritualisierten Aktionsstunden der ActionPaintingIntervention (API) werden um ritualisiert abgehaltene Betrachtungsstunden ergänzt bzw. erweitert (Gieseke & Markert, 1996; Buschkühle, 2000). Sie verstehen sich als wöchentlich zeitversetzte Erweiterung des unterrichtlichen Dreischritts und ermöglichen noch vor der Ausstellung eine zusätzliche Reflexionsphase im Anschluss an das konkrete bildnerische Handeln. In diesen bildrezeptiven Reflexionsstunden steht nicht der Arbeitsprozess, der am Ende des unterrichtlichen Dreischritts reflektiert wird, sondern das Produkt im Fokus. Da Handlungskompetenz nicht zwangsläufig an die Erstellung eines bestimmten Produkts gebunden sein muss, ermöglicht diese Vorgehensweise Schwerpunktsetzungen in der Reflexion, die beeinträchtigten kognitiven Fähigkeiten entgegenkommt.

Da über Übung in der Regel zunehmend ansprechende Produkte entstehen, die vielfach individuelle Präferenzen und Stile ausdrücken, werden diese in der ActionPaintingIntervention (API) in einem zweiten Schritt in den Mittelpunkt gestellt. Hier erfolgt die Selbstbetrachtung der entstandenen Werke als zusätzlicher Reflexionsebene. Wie diese sogenannten Betrachtungsstunden als umfassende Bildrezeption konkret organisiert werden, hängt wiederum von den individuellen Kompetenzen der Gruppe ab. Es ist möglich, die Bilder stumm wirken zu lassen, im Sinne von Erinnerungsspielen Zuordnungsversuche vorzunehmen, wem welches Bild gehört, oder umfassendere bildrezeptive Kompetenzen wie Farbgebung, Bildaufbau, Wirkung von Techniken und Bewegungen u. v. m. zu erarbeiten und das von Pollock fokussierte Spiel mit dem Zufall und eine mögliche Beeinflussung physikalisch wirkender Kräfte über den motorischen Ausdruck von Emotionalität zu thematisieren.

Durch eine wiederum getrennt erfolgende Fremdbewertung der entstandenen Werke während der Ausstellung, als dritter Reflexionsebene, ist es entsprechend den reflexiven Kompetenzen möglich, drei aufeinander aufbauende Reflexionsebenen zu erzeugen, die durch die zeitliche und räumliche Trennung bewusster wahrgenommen werden sollen. So können nicht nur prozessorientierte von produktorientierten Kompetenzen als Reflexionsebene I unterschieden und (wieder) miteinander in Verbindung gebracht werden. Zusätzlich kann über die Anlage und praktische Umsetzung des API-Konzepts auch die Selbstbewertung als eigenes ästhetisches Empfinden (Reflexionsebene II) von der Fremdbewertung als ästhetisches Empfinden anderer (Reflexionsebene III) differenziert werden (Karlsson, 2017a, 2017b, 2017c). Hier kann vor allem Vielfalt und Unterschiedlichkeit sowie die Akzeptanz unterschiedlicher Ansichten und Meinungen wahrgenommen werden, die einen besonderen Wert für umfassende Teilhabe *in* der Gesellschaft haben kann.

Gerade bei häufig erlebten Versagens- und Misserfolgserlebnissen kann diese Vorgehensweise helfen, eine weitestgehend freie Meinungsbildung aufzubauen und ihren Erhalt unterstützen, ein negatives Selbstbild zu relativieren und somit auch dem Phänomen der erlernten Hilflosigkeit (Steiner, 2001; Seligman, 2016) vorzubeugen bzw. entgegenzuwirken.

Die Wirksamkeit des API-Konzepts

Um die im vorangegangenen Punkt 3 theoretisch angestellten konzeptionellen Überlegungen praktisch zu fundieren, ist über einen Zeitraum von insgesamt viereinhalb Jahren eine empirische Untersuchung, bestehend aus Vor- und Hauptuntersuchung, an Schulen mit dem FSGE durchgeführt worden, um die Wirksamkeit der ActionPaintingIntervention (API) wissenschaftlichen Standards entsprechend zu belegen. Als zentrale Forschungsmethode wurde die Kontrollierte Einzelforschung ausgewählt, da dieser Ansatz den Zielsetzungen der Forschung und den Bedarfslagen der Probanden entsprachen (▶ Kap. 3, i. d. Bd.).

Insgesamt sind 14 kontrollierte Einzelfallstudien nach dem Multiple-Baseline-Design (Julius, Schlosser, Goetze, 2000) erhoben worden, die in drei aufeinander folgenden Erhebungswellen nach wissenschaftlichen Kriterien als Metaanalyse zusammenfassend ausgewertet werden konnten. Sieben Lerngruppen mit 65 Schülern sowie acht voneinander unabhängige Beobachterinnen und Beobachter nahmen an der Untersuchung teil, um im Sinne der Gütekriterien ein möglichst objektives, zuverlässiges und gültiges Messergebnis aus der Datenerhebung erzielen zu können (Julius et al., 2000; Mühl 2008). Die Lernerfolge, die sich im Verlauf der Unterrichtseinheit anhand der Datenverläufe nachweislich ergeben haben, sollen nachfolgend in ihrer wissenschaftlichen Anlage detailliert erläutert werden.

Forschungsprojekt ActionPaintingIntervention (API) im Förderschwerpunkt Geistige Entwicklung

Da es sich bei der Untersuchung zur Wirksamkeit der ActionPaintingIntervention (API) um Feldforschung in der schulischen Praxis handelt, sind die praktischen Gegebenheiten des Felds zunächst im Rahmen einer Voruntersuchung getestet worden, um ein für eine groß angelegte Hauptuntersuchung einheitliches Setting stellen zu können, das für die Vergleichbarkeit der Ergebnisse und zum Erstellen einer Metaanalyse verbindlich ist (Mühl, 2008).

Alle insgesamt sieben Lerngruppen wurden an Sonderschulen mit dem FSGE beschult und jeweils über die Dauer eines Schulhalbjahres begleitet, um detaillierte Daten erfassen und gleichzeitig ausschließen zu können, dass Reifeprozesse positive Verhaltensänderungen bewirkt haben könnten (Mühl, 2008). Um die Gültigkeit der Messergebnisse zusätzlich zu einer zeitversetzten Erhebung der Daten zu erhöhen, sind in den beiden Erhebungswellen der Hauptuntersuchung zwei verschiedene Altersgruppen in die Untersuchung einbezogen worden (ebd.). Die Probanden der Voruntersuchung (VU) und der ersten Erhebungswelle der Hauptuntersuchung (HU I) besuchten die Mittelstufe, die Probanden der zweiten Erhebungswelle der Hauptuntersuchung (HU II) besuchten die Unterstufe.

Das Instrumentarium zur Datenaufzeichnung wurde selbst entwickelt und dabei an die Individualität der Probanden, die nach spezifischen Kriterien in die Untersuchung einbezogen wurden, sowie an die Besonderheiten des Lernens im FSGE angepasst. Zur Validierung des selbst entworfenen Systems *IKEAV* (*I*nstrumentarium zur *k*ontrollierten *E*rfassung *a*uffälligen *V*erhaltens) wurde zusätzlich das Diagnoseverfahren *BASYS-F* (Beobachtungssystem zur Analyse aggressiven Verhaltens in schulischen Settings, Version Fremdbeobachter) von Alexander Wettstein (2008) sowie sieben weitere Beobachter in die Untersuchung einbezogen, die das selbst entworfene Instrumentarium in Anwendung brachten. Nachfolgend werden die Untersuchungsanlage und das Vorgehen zur Datenerhebung detaillierter beschrieben und anschließend exemplarische Ergebnisse dargestellt.

Umsetzung der Untersuchungsanlage in der schulischen Praxis

In einer ersten Testphase, der Voruntersuchung (VU), wurde das API-Konzept mit zwei Probanden einer Lerngruppe, deren Daten als kontrollierte Einzelfallstudien zeitgleich erhoben wurden, erstmals in der schulischen Praxis angewendet und auf mögliche Erfolge hin überprüft. Das *Vorgehen*, zum Entwurf eines eigenen Instrumentariums zunächst eine unsystematische Beobachtung mit anschließender Systematisierung von Beobachtungskategorien in Absprache mit den jeweiligen Klassenleitungen vorzunehmen und die so entstandenen Items zur Erstellung eines einheitlichen Messinstruments für eine systematische Datenerhebung anschließend verbindlich zu definieren, wurde erstmals erprobt. Das Verfahren *BASYS - F* (Wettstein, 2008) ist erprobt sowie der Einsatz eines zweiten Beobachters während der Interventionsphase auf seine Eignung hin geprüft worden.

Zueinander zeitgleich erhobene kontrollierte Einzelfallstudien erlauben bedingt valide Aussagen der Messergebnisse, können jedoch erste Hinweise auf etwaige positive Veränderungen liefern und Aussagen treffen, ob weitere Forschungsbemühungen lohnenswert erscheinen (Julius et al., 2000; Mühl, 2008; Terfloth & Janz, 2009). Forschungsmethodischen Grundsätzen entsprechend bietet dieses Vorgehen im Falle einer ersten positiven Beantwortung der Forschungsfrage weiterhin die Möglichkeit, mit der Durchführung weiterer kontrollierter Einzelfallstudien ein Multiple-Baseline-Design aufzubauen, das deutlich validere Aussagekraft hat (Julius et al., 2000; Mühl, 2008).

Die Probanden der Voruntersuchung erzielten im Verlauf der ActionPainting-Intervention (API) so enorme Fortschritte in ihrem Sozialverhalten, bzw. zeichnete sich im Datenverlauf ein so deutlicher Rückgang auffälligen und damit für Lehr- und Lernsituationen problematischen Verhaltens ab, dass ein Jahr später eine größer angelegte Hauptuntersuchung in zwei weiteren aufeinander folgenden Erhebungswellen für jeweils etwa ein Schulhalbjahr installiert wurden. Jede Erhebungswelle (HU I, HU II) umfasste dabei die Datenerhebung von sechs Probanden, verteilt auf drei Lerngruppen, die wiederum zeitversetzt zueinander die ActionPaintingIntervention (API) erprobten. Insgesamt lassen sich so drei Erhebungswellen (VU, HU I, HU II) mit sieben zueinander zeitversetzten Durchführungen des API-Konzepts ausmachen, um die *Fragestellung* zu beantworten, ob sich aufgrund der Durchführung der ActionPaintingIntervention (API) auffälliges und damit für Lehr- und Lernsituationen problematisches Verhalten reduzieren lässt.

Jeweils zwei Beobachter (Lehrkraft der Klasse und Projektleiterin) führten für jeden Probanden unsystematische Verhaltensbeobachtungen aus, deren Ergebnisse nach den Diagnostikkategorien zum aggressiven Verhalten Wettstein (2008) systematisiert und zu einem vereinheitlichten Beobachtungsbogen (IKEAV) zusammengefasst werden konnten. Mit diesem Vorgehen war sichergestellt, dass über die Beobachtungsitems der Untersuchung bei allen Teilnehmenden ein einheitliches Verständnis vorlag, um das Auftreten von Messfehlern in der Hauptuntersuchung zu minimieren.

Die Auswahl der *Stichprobe* erfolgte anhand grundlegender Kriterien:

- das Vorliegen einer Beeinträchtigung der geistigen Entwicklung,
- die Zugehörigkeit zur Schule des Sondersystems mit dem FSGE,
- das Vorliegen auffälligen bzw. für Lehr- und Lernsituationen problematischen Verhaltens,
- keine grundsätzliche Abneigung gegen Kunstunterricht.

Der Geschlechterverteilung im FSGE entsprechend, umfasste die Stichprobe zwölf Jungen und zwei Mädchen in zwei getrennten Altersgruppen, die sich insgesamt im Alter zwischen 9 und 16 Jahren befanden.

Das *Setting* stellte stets die vertraute Umgebung der Probanden dar, die überwiegend in ihrem Klassenraum im Fach Kunst unterrichtet wurden. Auch wurde die Personalsituation im Verlauf der Datenerhebung nicht verändert, sodass über alle Untersuchungsphasen hinweg diejenigen Vertrauenspersonen anwesend waren, die die Lerngruppe auch sonst im Kunstunterricht begleiteten.

Das Multiple-Baseline-Design wurde nach dem A-B-E-Schema aufgebaut (Julius et al., 2000), woraus sich drei Untersuchungsphasen für jede Lerngruppe in jeder Erhebungswelle ergaben. Die Erhebung des Ist-Zustands (A) wurde an fünf wöchentlichen Terminen den Kunststunden entsprechend vorgenommen und erfasste die individuellen Lernausgangslagen. Die Durchführung der ActionPaintingIntervention (API) im Sinne der Intervention (B) schloss sich mit acht wöchentlichen Terminen an. Nach einem mindestens vierwöchigen Abstand zur Interventionsphase (B) wurde die Erweiterungs- bzw. Follow-Up-Phase (E) mit fünf wöchentlichen Terminen den Kunststunden entsprechend erhoben, um die Nachhaltigkeit des Bildungsangebots zu überprüfen.

Neben vier feststehenden Items aggressiven Verhaltens im IKEAV, die der Aggressionsdiagnostik Wettsteins (2008) als das das eigene Beobachtungsinstrument validierende Verfahren entsprachen, umfasste das Instrumentarium zur Datenerhebung weitere sechs Kategorien individuell auffälligen Verhaltens, das sich in Anlehnung an Hillenbrand (2008) sowie Myschker und Stein (2014) in vier im Fachbereich eingängig anerkannte übergeordnete Kategorien auffälligen Verhaltens unterteilen lässt. Diese im IKEAV vorgenommene Einteilung auffälligen Verhaltens entsprechend ihrer Symptomatik umfasst 1. *externalisierendes* bzw. *aggressiv-ausagierendes* Verhalten, 2. *internalisierendes*, bzw. *ängstlich-gehemmtes* Verhalten, 3. *altersunangemessenes* bzw. *sozialunreifes* Verhalten sowie 4. *sozialisiert-delinquentes* Verhalten (ebd.).

Im IKEAV waren am häufigsten die von Wettstein (2008) etablierten Items vertreten. Hinzugefügt wurden die für Schule und Unterricht besonders belastend internalisierende Verhaltensweisen wie Ängste, Depressionen, selbstverletzendes Verhalten, Interesselosigkeit, Freudlosigkeit, Zurückgezogenheit, Minderwertigkeitsgefühle u. Ä. sowie externalisierende Verhaltensweisen wie Aggression, Überaktivität, Impulsivität, oppositionelles Verhalten, Regelverletzungen und Aufmerksamkeitsstörungen (Myschker & Stein, 2014, in Anlehnung an Peterson, Quay & Tiffany, 1961, Quay, Morse & Cutler, 1976, Quay & Werry 1972).

Für die Untersuchung wurden so zehn maximal zu besetzende Items auffälliger Verhaltensweisen pro Proband ermittelt, deren Reduktion in der absoluten Häufigkeit im Verlauf der Durchführung der Intervention API zu verzeichnen war.

Der für alle Lerngruppen verbindliche Aufbau der Unterrichtseinheit und der Ablauf der Unterrichtsstunden blieben über den gesamten Verlauf der Interventionsphase konstant. Welche Entwicklungen festgestellt werden konnten, soll nachfolgend präsentiert werden.

Ausgewählte Ergebnisse

Die Untersuchung baut auf insgesamt 1.336 Erhebungen aus 14 Kontrollierten Einzelfallstudien auf (Karlsson, 2021). Der aus zwölf kontrollierten Einzelfallstudien der Hauptuntersuchung erhobene Datensatz umfasst damit 1.296 Einzelmessungen, die nach bestimmten Kriterien als Metaanalyse zusammengefasst und anschließend ausgewertet werden können (Julius et al., 2000; Wilbert, Grünke, 2015; Döring, Bortz, 2016).

Vorteilig für die Auswertung ergibt sich in dieser Untersuchung, dass eine Angleichung von Forschungsparametern für die Erstellung der Metaanalyse entfällt, da alle Studien im selben Projekt und damit nach einheitlichen Kriterien erhoben worden sind, was im Forschungsbereich der Pädagogik bei Beeinträchtigung der geistigen Entwicklung noch cher selten der Fall ist (Mühl, 2008). Nur 4,6 % der Messungen sind aus feldbedingten Umständen nicht auswertbar und aus dem Datensatz auszuklammern gewesen, was unbedingt für Feldforschung trotz der Komplexität schulischer Praxis spricht (Sarimski, 2009).

Die Validierung des IKEAV, die sich aus dem parallelen Einsatz des BASYS-F (Wettstein, 2008) sowie dem Einsatz von sechs zusätzlichen Beobachterinnen und Beobachtern in der Hauptuntersuchung ergab, zeigt für beide Methoden eine sehr hohe Übereinstimmung: Im Beobachtervergleich weisen bereits die deskriptiven Statistiken (Mittelwert, Standardabweichung, Median, Minimum und Maximum) auf eine sehr gute Übereinstimmung durch nahe beieinanderliegende Werte hin.

Zur Beurteilung der Güte dieser annähernden Übereinstimmung wurde der Interklassen Korrelationskoeffizient (ICC) mehrfach bestimmt, wobei sich jeweils eine sehr hohe Übereinstimmung (alle Koeffizienten ≥ 0,95) ergeben hat. Interpretiert werden kann daher, dass das unsystematische Vorgehen zur Eingrenzung individuell-auffälligen Verhaltens und die anschließende systematische Kategorisierung zu Items mit Definition gemeinsam mit den Klassenleitungen dazu geführt hat, dass die Items des IKEAV inhaltlich nachvollziehbar und klar voneinander abzugrenzen waren. Die selbst entworfenen Beobachtungskategorien bauten damit auf verständlichen Item-Definitionen auf.

Das selbst entworfene Verfahren IKEAV ist als offene Erfassungsliste angelegt, die eine Aufzeichnung der absoluten Häufigkeit auffälliger Verhaltensweisen pro Messzeitpunkt erlaubt. BASYS-F hingegen greift auf eine geschlossene Anzahl anzukreuzender Kästchen zurück, sodass maximal zwei bzw. fünf Ereignisse innerhalb von 45 Minuten erfasst werden können (Wettstein, 2008).

Die absoluten Häufigkeiten beider Verfahren sind in ihrem jeweiligen Niveau daher schwer miteinander vergleichbar, weil diese beim IKEAV höher liegen (müssen) und zwar insbesondere dann, wenn hohe Raten auffälligen Verhaltens zu verzeichnen sind. Jedoch kann der Trend der Datenverläufe zwischen den Systemen als Vergleich der Entwicklung im zeitlichen Verlauf ermittelt werden. Sinkt die Rate auffälligen Verhaltens unter die bei BASYS-F maximal anzukreuzende Anzahl an Ereignissen, so kann der Trend bei beiden Verfahren betrachtet werden. Hierzu wurde der Korrelationskoeffizient nach Pearson berechnet, um auszudrücken, wie stark der Zusammenhang ist. Beide Erhebungsinstrumente zeigen bei unterschiedlich hohen absoluten Auftretenshäufigkeiten große Ähnlichkeiten im zeitlichen Verlauf, womit ein hoher Zusammenhang in der Entwicklungstendenz der Verhaltensweisen gegeben ist. Zu bedenken ist bei dieser Art der Verfahrensabsicherung allerdings, dass ein Verfahren nicht zuverlässiger messen kann als das Vergleichsinstrument (Julius et al., 2000; Wettstein, 2008).

Wenn der Datenverlauf kontrollierter Einzelfallstudien nach der hier formulierten Fragestellung einer bestimmten, zuvor erwarteten Entwicklung (U-förmige Kurve) entspricht, kann eine wirksame Intervention vermutet werden (Julius et al., 2000; Mühl, 2008). Das in dieser Untersuchung gewählte Multiple-Baseline-Design hat zudem eine relativ valide Aussagekraft, wenn in allen zueinander zeitversetzten Untersuchungsgruppen kurz nach Einsetzen der Intervention eine (deutliche) Verhaltensänderung in die gewünschte Richtung, der Forschungsfrage entsprechend die Abnahme des aufgezeichneten Verhaltens, stattfindet (Julius et al., 2000). Durch das Mittel eines zeitversetzten Untersuchungsbeginns in allen Gruppen kann mit dieser Entwicklung relativ sicher ausgeschlossen werden, dass sich eine positive Entwicklung durch andere, außerhalb der Untersuchung liegende Einflussgrößen ereignet hat (ebd.).

So zeigen die Datenverläufe aller Fälle kurz nach Einsetzen der ActionPainting-Intervention (API) einen deutlichen Rückgang in der Auftretenshäufigkeit mit einem wiederum deutlichen Abwärtstrend über den gesamten Phasenverlauf. Das Kriterium, sich abbildende Verhaltenstrends mit der durchgeführten Intervention und nicht mit außerhalb des Experiments liegenden Einflussfaktoren in Verbindung bringen zu können, wird damit erfüllt (Julius et al., 2000; Mühl, 2008). Zudem zeichnet sich ein signifikanter Rückgang auffälligen Verhaltens aufgrund der Durchführung des API-Konzepts ab:

Die Auftretenshäufigkeiten in der Datenerhebungsphase A (Grunddaten) sind als relativ stabil bezogen auf die weitere Entwicklung in den Phasen B und E zu bezeichnen (absolute Häufigkeit im Mittelwert der Fälle pro Beobachtungstag von 18.3 zu Beginn und 21.4 am Ende der Beobachtung). Die Korrelation nach Pearson zeigt im zeitlichen Verlauf eine schwach steigende ($r = 0.194$), aber nicht signifikante ($p = 0.144$) Tendenz. In der Phase B des Experiments nehmen die Auftretenshäufigkeiten über die Zeit statistisch signifikant ab (7.4 zu Beginn, 1.8 am Ende der Intervention), was anhand von $p < 0,001$ und der Korrelation $r = -0.576$ einen starken, negativen Zusammenhang und damit einen deutlichen Rückgang des auffälligen Verhaltens sofort nach Einsetzen der Intervention als starken Effekt in Zahlen ausdrückt. In der Phase E zeigt sich eine steigende, signifikante Tendenz (von 6.5 bis 12.8, r = 0,380, p = 0,004), wobei die Werte jedoch nicht das Niveau der Ausgangslage erreichen. Der Datenverlauf beschreibt damit eine erkennbare U-förmige Kurve im zeitlichen Verlauf der Phasen, was der erwarteten Kurvenentwicklung bei einer wirksamen Intervention entsprechend der in dieser Untersuchung formulierten Fragestellung entspricht (Julius et al., 2000), womit durch die Signifikanzprüfung anhand von Korrelationen eine starke Effektivität des API-Konzepts nachzuweisen ist.

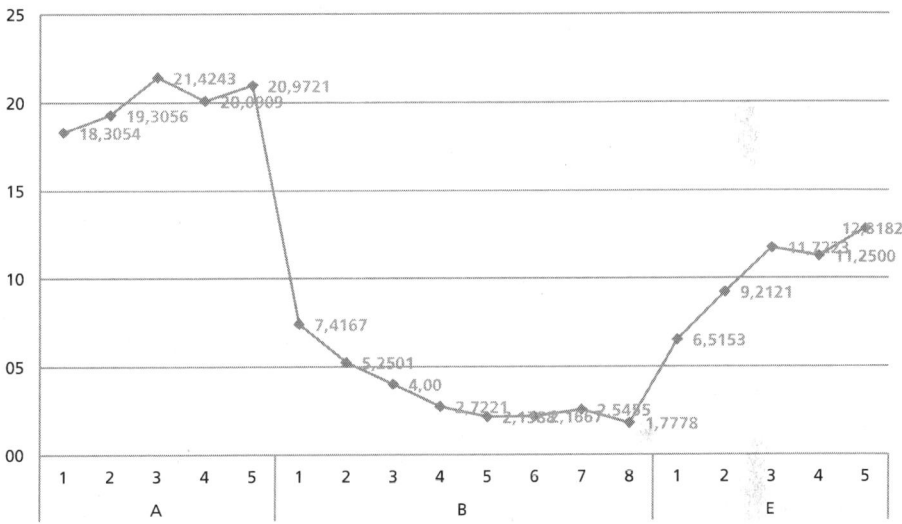

Abb. 5.1: Absolute Häufigkeiten auffälligen Verhaltens im zeitlichen Verlauf (IKEAV)

Die Signifikanzprüfung anhand der Mittelwerte der Untersuchungsphasen weist zusätzlich signifikante Unterschiede und starke Effekte zwischen den Phasen aus: Die mittleren Auftretenshäufigkeiten der drei Phasen ergeben anhand der Effektstärke nach ANOVA: Eta signifikante Unterschiede ($p = < 0,001$; $r = 0,892$). Da deutliche Unterschiede zwischen den Phasen vorliegen, wurde der t-Test verwendet, um den Mittelwert der Phase A (19,9) jeweils im Paarvergleich mit dem Mittelwert der Phasen B (3,5) und E (10,4) zu vergleichen. Beide Paarvergleiche ergeben im t-Test $p < 0,001$, womit signifikante Mittelwertunterschiede vorliegen. Zwischen den Phasen A und E wurde zur Beschreibung des Gesamteffekts weiterhin Cohens (1988, 1992) d mit 2,264 bestimmt, was einen starken Interventionseffekt mindestens vier Wochen nach Durchführung des API-Konzepts nachweist. Die Unterschiede im Mittelwert sind damit nach verschiedenen Prüfverfahren als stark zu bezeichnen. Da sich das Auftreten auffälliger Verhaltensweisen von Phase A (19,9) nach Phase B (3,5) auf ca. 1/5 reduziert und von Phase A (19,9) nach Phase E (10,4) fast halbiert, kann anhand der Durchführung der ActionPaintingIntervention (API) ein effektiver Rückgang auffälligen und für Lehr- und Lernsituationen problematischen Verhaltens statistisch nachgewiesen werden, der zudem signifikant ist.

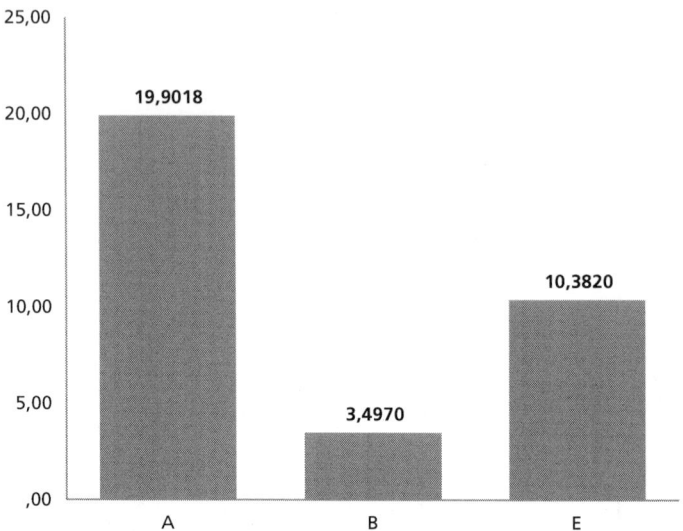

Abb. 5.2: Zuordnung der Häufigkeit der Mittelwerte auffälligen Verhaltens zu den Phasen des Auswertungsbogens (IKEAV)

Das API-Konzept (Karlsson, 2021) erweist sich nach diesen Ergebnissen für die Probanden als geeignet, das auffällige Verhalten in allen Fällen zu minimieren. Es wird angenommen, dass das Konzept den Lernausgangslagen der Probanden angemessen begegnen konnte und ihnen eine umfassende Teilhabe an Lernprozessen ermöglichte, sodass weniger auf auffälliges Verhalten zurückgegriffen wurde und personale und soziale Kompetenzen erweitert werden konnten.

Evaluationsmöglichkeiten für Lehrkräfte

Das Verfahren IKEAV (Karlsson, 2021) wird nachfolgend in der Form abgebildet, sodass Lehrkräften eine Übertragungsmöglichkeit auf eigene (soziale) Forschungsfragen erleichtert wird. Die Ereignisstichprobe hält offene Zeilen zur Erfassung absoluter Häufigkeiten pro Item bereit, sodass auffälliges bzw. für Lehr- und Lernsituationen problematisches Verhalten absolut erfasst werden kann, um anschließend Mittelwerte zu bilden. Die so ermittelten absoluten und durchschnittlichen Häufigkeiten können anhand eines Auswertungsbogens auf ihre Entwicklung hin überprüft werden, sodass bestimmt werden kann, ob ein Unterrichtsangebot eine Verhaltensänderung bewirkt haben kann.

Um erste Hinweise auf die Wirksamkeit einer Intervention zu erhalten, reicht in der Regel eine visuelle Inspektion der Datensätze aus (Julius et al., 2000; Mühl, 2008), was sich in der schulischen Praxis zumeist realisieren lässt. Tiefergehende und damit deutlich umfangreichere statistische Berechnungen zur Bestimmung der Effektivität eines Unterrichtskonzepts sind anhand des Instrumentariums jedoch ebenfalls möglich, wie die Ausführungen zeigen sollten.

Besonders wichtig ist die Erhebung einer Grundrate (A), damit Effekte von Interventionen (B) gemessen an der Ermittlung der Ausgangslage (A) interpretiert werden können. Um Ergebnisse den wissenschaftlichen Gütekriterien entsprechend zu erhalten, empfiehlt es sich, die Messung der Grundrate (A) unter möglichst gleichen Bedingungen, zur gleichen Zeit im wöchentlichen Verlauf und mit Anwesenheit derselben Personen, zu erheben, wie die folgende Intervention (B), da ein Wechsel in Wochentag und Tageszeit ebenso wie unterschiedliche Bezugspersonen Einfluss auf das gezeigte Verhalten von Schülerinnen und Schülern haben können.

Dass im Feld häufig nur annähernd dieselben Bedingungen gestellt werden können, ist kein Ausschlusskriterium, sollte jedoch auf den Bögen unter Besonderheiten vermerkt werden, um einen möglichen Einfluss transparent zu machen. Auch sollte der Zeitraum, in dem gemessen wird, gleich lang sein. Die Lehrkraft sollte sich daher vorab überlegen, wie lange die geplante Intervention dauern soll und entsprechend planen, ob sie die Messung bspw. für 45, 60, 90 oder weniger Minuten vornimmt, was in Abhängigkeit zum Umfang des Unterrichtsangebots aber auch in Abhängigkeit zu den individuellen Lernausgangslagen entschieden werden sollte.

Die einfache Anwendung des IKEAV lässt Raum, den Beobachtungsbogen parallel zur Unterrichtsleitung zu führen. Da Unterricht im FSGE sowohl an Förder- bzw. Sonderschulen als auch im Unterricht unter inklusionsorientierten Bedingungen im Mehrpädagogensystem stattfindet, kann die Beobachtung auch an eine der teilnehmenden Pädagogin abgeben oder diese(n) als zusätzlich beobachtende Person zur Übermittlung einer Übereinstimmung in der Beobachterwahrnehmung herangezogen werden. Wichtig ist, dass im Verlauf der mindestens zwei Beobachtungsphasen A (Grundrate) und B (Intervention) die Beobachter ihre Rolle zuverlässig ausfüllen und keine personellen Wechsel auftreten.

Drei bis fünf Termine sind für die Grundratenerhebung (A) empfehlenswert, um Stabilität bzw. Trendfreiheit einerseits und ethischen Grundsätzen andererseits zu genügen (▶ Kap. 3, i. d. Bd.). Die Länge der Interventionsphase (B) richtet sich zum einen nach dem spezifisch angepassten Inhalt des geplanten Unterrichtsangebots, zum anderen nach der in der schulischen Praxis zu bedenkenden Realisierbarkeit des Vorhabens. Eine unterbrechungsfreie Erhebung der Daten ist anzustreben, wobei Ausfallzeiten jedoch nicht immer zu vermeiden sein können. Kann ein Ersatztermin zeitnah gefunden werden, sollte diese Möglichkeit in Anspruch genommen werden. Kann dies nicht realisiert werden, muss bei der Datenauswertung berücksichtigt werden, ob eine Unterbrechung möglicherweise Einfluss auf die Daten genommen haben kann. Es empfiehlt sich dennoch, die Messung fortzusetzen.

Für valide Messergebnisse (Julius et al., 2000; Mühl, 2008) sollte einige Zeit nach Abschluss der Intervention (B) eine Erweiterungsphase (E) erhoben werden (▶ Kap. 3, i. d. Bd.). Empfehlenswert erscheinen auch hier mindestens fünf Termine, um zu ermitteln, ob die Durchführung der Intervention (B) Verhaltensweisen verändern konnte und wie nachhaltig diese Entwicklung ausfällt.

Tab. 5.1: Anlage des Beobachtungsbogens

Phase/Messzeitpunkt:	Beobachtungsbogen Nr.:	Beobachter:			
Lerngruppe/Klasse:					
Tag:	Std.:	Zeit:	Beobachtungsdauer		

Unt.	Item	Schüler I	Schüler II	Absolute Häufigkeit			
	A) Orientierung+ Phasentrenner B) Aneignung C) Reflexion+Phasentrenner	Name:	Name:	A)	B)	C)	Gesamt
1		A) B) C)	A) B) C)	I: II:			
2		...					

Damit die Beobachtungsbögen den jeweiligen Messungen zugeordnet werden können, enthalten sie eine Kopfzeile, in die die Untersuchungsphase, die Nummer des Bogens, die beobachtende Person, die Lerngruppe und die beobachtete Person bzw. die beobachteten Personen einzutragen sind. Außerdem wird der Tag, die Unterrichtsstunde im zeitlichen Verlauf des Stundenplans, die Uhrzeit, die Länge des Beobachtungszeitraums und mögliche Besonderheiten auf dem Bogen vermerkt. Die Items sind in wenigen Sätzen separat zu definieren und in den leeren Kästchen auf der linken Seite zu benennen, sodass für den Verlauf der Beobachtung bzw. zwischen mehreren Beobachtern ein einheitliches Verständnis besteht, das Messfehler minimieren hilft. Die absoluten Häufigkeiten sind als Strichlisten in der nächsten Spalte für bis zu zehn Items einzutragen, wobei Verhaltensweisen je nach Fragestellung auch auf bis zu einem Item reduziert werden können. Die Unterrichtsphasen können dabei nach dem unterrichtlichen Dreischritt (Jank & Meyer, 2014) für die einzelnen Phasen A) Orientierung, B) Aneignung, C) Reflexion getrennt erhoben werden. Phasentrenner werden dabei der Orientierungs- bzw. Reflexionsphase zugeordnet, um in der Aneignung das Verhalten im Verlauf eines pädagogischen Konzepts isoliert betrachten zu können. In der rechten Spalte können die Strichlisten in Zahlen übersetzt und Mittelwerte gebildet werden. Die Bögen werden in ausreichender Zahl in Abhängigkeit zur Anzahl der Messzeitpunkte vervielfältigt.

Die Auswertungsbögen (Tab. 5.1) enthalten die Möglichkeit, für jedes Item des Beobachtungsbogens nach Beobachtungsphasen getrennt die absoluten Häufigkeiten und die Mittelwerte übersichtlich einzutragen. Hierzu ist ebenfalls eine Kopfzeile mit den wichtigsten Angaben zu den Messzeitpunkten auszufüllen. Für die

Grundrate (A), die Interventionsphase (B) und die Erweiterungsphase (E) stehen bis zu acht mögliche Einträge zur Verfügung. Fallen die Phasen A und E, wie in dieser Untersuchung, kürzer aus, werden die letzten Kästchen offengelassen. Sollten während der Phasen an einzelnen Tagen Besonderheiten in der Beobachtung aufgetreten sein, die die Messergebnisse beeinflusst haben könnten, kann dies in der Fußzeile unter Notizen vermerkt werden. Auch hier können die Auftretenshäufigkeiten nach einzelnen Unterrichtsphasen getrennt sowie für die Unterrichtsstunde insgesamt vermerkt werden.

Tab. 5.2: Anlage des Auswertungsbogens (Kurzform)

Auswertungsbogen Nr.:	Beobachtungstage:	BeobachterIn:
Lerngruppe/Klasse:	(Phase/Messpunkt)	(pro Phase/Messpunkt)

Item in Phasen des Unterrichts: A) Orientierung B) Aneignung C) Reflexion	Schüler I:	Schüler II:	Mittelwert der Häufigkeiten (pro Phase)			
	absolute Häufigkeitserfassung des Items im Messpunkt		A)	B)	C)	Ges.
1	A)	A)	I			
1	B)	B)				
1	C)	C)	II			
	Ges	Ges				
2						

Ein Bogen pro Phase erlaubt eine übersichtliche Betrachtung der durchgeführten Datenerhebung. Sind alle Datensätze der beobachteten Person(en) übertragen worden, kann anhand der errechneten Mittelwerte rechts bereits eine mögliche Verhaltensänderung, sowohl nach einzelnen Unterrichtsphasen als auch insgesamt, abgelesen werden. Die ermittelten Daten können auch in ein Tabellenprogramm übertragen werden, was eine grafische Übersetzung der Werte als visuelle Inspektion der Datensätze erlaubt.

5.3 Forschung-Praxis-Transfer (Fazit)

Eine absolute Sicherheit bezüglich einer zutreffenden Ermittlung von Forschungsergebnissen ist auch nach wissenschaftlichen Kriterien nicht herstellbar (Müller-Benedict, 2006). Das API-Konzept erscheint aufgrund der gewählten Untersuchungsanlage jedoch mit sehr hoher Wahrscheinlichkeit als sehr effektiv, auffälligem Verhalten über die spezifische Gestaltung von Kunstunterricht entgegenwirken und damit für Lehr- und Lernsituationen problematisches Verhalten in diesem Fach deutlich reduzieren zu können.

Die Untersuchungsanlage (Karlsson, 2021) ist über den Einsatz zweier Verfahren zur Datenaufzeichnung, insgesamt acht voneinander unabhängigen Beobachtern und durch das gewählte Design mit spezifischem Phasenschema so aufgebaut worden, dass objektive, zuverlässige, und auch gültige Messergebnisse anzunehmen sind (Julius et al., 2000; Mühl, 2008; Terfloth & Janz, 2009). Mit insgesamt vierzehn kontrollierten Einzelfallstudien und einem Datensatz von mehr als 1.300 Messungen, die in ihrer Entwicklung alle einen positiven Verlauf direkt nach Einsetzen des Unterrichtskonzepts genommen haben, kann die Erhebung zudem als eine der größten Untersuchungen eingeschätzt werden, die im deutschsprachigen Raum bisher im Fachbereich nach einheitlichen Maßstäben ohne Angleichung von Forschungsparametern in der Metaanalyse durchgeführt worden ist (eigene Recherche).

Sicher ermittelt werden konnte ein deutlicher Rückgang auffälligen Verhaltens auf ca. 1/5 während und fast auf die Hälfte der als Ausgangslage ermittelten absoluten Häufigkeiten in vier Wochen nach dem Abschluss der ActionPaintingIntervention (API), der anhand mehrerer statistischer Prüfverfahren zudem signifikant ist (Karlsson, 2021).

Diese und weitere aus der Untersuchung gewonnene Erkenntnisse führen zu bestimmten Annahmen für die Pädagogik: Es zeichnet sich als sehr wahrscheinlich ab, dass API tatsächlich auf die im FSGE vorliegenden Beeinträchtigungen optimal abgestimmt ist und damit den besonders beeinträchtigten Strukturelementen einer Handlung (Leontjew, in: Pitsch, 2005, Pitsch & Thümmel, 2011) in der ästhetischen Auseinandersetzung mit dem Lerngegenstand im Kunstunterricht ausreichend Rechnung tragen kann. Über eher grobmotorische, aber vor allem spontane Bewegung erscheint es möglich, große Eigenaktivität zu erzeugen, wodurch sich die Wahrnehmung eigener Handlungskompetenz für das Individuum deutlich erlebbar vollzieht. Die überwiegende Aktivität und Selbstbestimmung im regeloffenen Agieren (anstelle Passivität in der Hilfestellung) befördert wiederum zusätzlich die kognitive Aktivierung über Bewegung, sodass Bewegung und Aktivität zweiseitig aktivierend und kompetenzerweiternd wirken können. Dies erscheint insgesamt bereits eine hohe Motivation auszulösen, sich dargebotenen Unterrichtsinhalten zuzuwenden.

Der Aufbau der Unterrichtseinheit, der Ablauf der einzelnen Stunden und die verwendeten Materialien scheinen zudem so gestaltet zu sein, dass nicht nur Anforderungen und Zielsetzungen transparent und der Unterricht damit Sicherheit bietend für die Schüler gestaltet wird. Darüber hinaus erscheinen sie den Lernvoraussetzungen angemessen, logisch nachvollziehbar und damit auch nach individuellem Empfinden realisierbar zu sein, sodass Zutrauen in eigene Fähigkeiten erfahren und damit die Bereitschaft zusätzlich erhöht werden kann, sich mit Unterrichtsinhalten befassen zu wollen.

Kompetenz und Performanz einer Person befinden sich damit (wieder) im Gleichgewicht (Stein, 2012), was sich nicht nur motivierend auf das eigene Verhalten, sondern auch auf die Gruppe auswirkt. Sukzessive steigt die Motivation, nicht nur bildnerisch handeln zu wollen, sondern dabei auch achtsam mit anderen zu agieren, da es möglich *und* lohnenswert erscheint, um ein selbstbestimmt gewähltes Ziel zu erreichen. Die ActionPaintingIntervention (API) bietet damit das individuelle Erleben von Erfolg, das sich über Handlungskompetenz, aber auch über das Entstehen ästhetisch ansprechender (großformatiger) Werke ergibt, die abschließend auch von anderen positiv bewertet werden, sodass erlebte Misserfolge relativiert und Versagensängste hierüber abgebaut werden können. Es ist anzunehmen, dass der Selbstwert der Person (wieder) steigt und so von auf eigenaktive unterrichtsbezogene Handlungen grundsätzlich negativ wirkende Überzeugungen mangelnder Fähigkeiten bzw. Kompetenzen befreit.

Gleichzeitig wird eine den FSGE auszeichnende Heterogenität in den Lernvoraussetzungen über eine entwicklungslogische Gestaltung von Unterricht (Feuser, 1989) mit einer für alle Schüler transparenten Didaktik und Methodik berücksichtigt, die damit auch für die Inklusion große Chancen mit sich bringt. Gerade der Faktor der Selbstbestimmung kann als motivationales und damit verbindendes Element bei der Auseinandersetzung mit Unterrichtsinhalten betrachtet werden, der für alle auf unterschiedlichem Niveau ermöglicht werden kann und ein zieldifferentes, vielfältiges Unterrichtsergebnis für die Gruppe erzeugen kann, was das in inklusiver Beschulung festgestellte Problem einer großen Heterogenität (Musenberg & Riegert, 2015) angemessen aufgreifen kann. Das Unterrichtssetting wird nicht zuletzt über Übung und Wiederholung transparent, sodass die unterrichtlich gestellten Anforderungen Sicherheit auch bei umfänglichen Beeinträchtigungen der geistigen Entwicklung bieten und eigenes Kompetenzerleben auf individuell höchst unterschiedlichem Entwicklungsniveau ermöglichen.

Dieses Kompetenzerleben wiederum kann sowohl im bildnerischen Handeln an sich als auch in der sozialen Interaktion und damit *gemeinsam* über einen *verbindenden Lerngegenstand* erlebt werden, sodass sich Handlungskompetenz auf insgesamt drei Bereiche beziehen und damit kompetenzerweiternd positiv auswirken kann: erstens eigenaktiv zu handeln, zweitens durch eigenaktive Handlungen sichtbare Ergebnisse erzielen bzw. herstellen zu können und drittens gemeinsam mit anderen interagieren zu können (und zu wollen), da subjektive Sinnhaftigkeit individuell erlebt wird, sodass in der Regel alle von den entstandenen Handlungsergebnissen profitieren können, da sie Akzeptanz, Anerkennung und Wertschätzung aktiv, mit anderen und durch andere erfahren, was das Zusammengehörigkeitsgefühl fördert und achtsames Handeln insgesamt begünstigt.

Die Definition einer geistigen Behinderung kann nach der WHO (2017) inzwischen so interpretiert werden, dass sich Kinder und Jugendliche mit emotional-sozialen Risikofaktoren in der Entwicklung auch mit einer BgE konfrontiert sehen können, sofern sie nicht optimal und damit ihren individuellen Kompetenzen entsprechend gefördert werden. Daher kann abgeleitet werden, dass sich Kinder und

Jugendliche in der Auseinandersetzung mit den verschiedenen Ebenen des Projekts mitunter als kompetent handelnd erfahren können, sodass sie umfassende (d. h. gemessen an ihren individuellen Kompetenzen und diesen entsprechend) Teilhabe erfahren.

Die Basis des Konzepts stellt dabei so niedrigschwellige Zugangsanforderungen, dass diese von nahezu *allen* bedient werden können, und bietet genügend individuellen Entwicklungsraum, sodass sich eigenen Präferenzen und Kompetenzen entsprechend subjektiv sinnhafter Lernzuwachs ergibt und individuelle Kompetenzen unter Berücksichtigung einer zieldifferenten Gestaltung von Unterricht weiter ausgebaut werden können. So kann eine gemeinsame und damit inklusive Beschulung heterogener Lerngruppen und grundsätzlich unabhängig von der Schulart (Förder- oder Sonderschule oder Regelschule) gelingen, in denen alle ihrer Individualität entsprechend umfassend teilhaben so, wie es ihrem Recht auf Bildung entspricht.

Literatur

Blohm, M. (1991): Ästhetische Erfahrung im Kunstunterricht. In: *Fachzeitschrift des BDK. Fachverband für Kunstpädagogik/Bund Deutscher Kunsterzieher e. V.* Hannover: BDK, 4. o. S.
Bundesministerium für Arbeit und Soziales (BMAS) (2011) (Hrsg.): Übereinkommen der Vereinten Nationen über die Rechte von Menschen mit Behinderungen. Convention of the United Nations on the rights of persons with disabilities. Convention des Nations Unies relative aux droits des personnes handicapées. Artikel 24. (S. 35–38). Bonn: BMAS.
Bröcher, J. (1997): *Lebenswelt und Didaktik. Unterricht mit verhaltensauffälligen Jugendlichen auf der Basis ihrer (alltags-) ästhetischen Produktionen.* Heidelberg: Winter.
Behörde für Schule und Berufsbildung Hamburg (BSB) Hamburg (2010); Senatsverwaltung für Bildung, Wissenschaft und Forschung Berlin; Ministerium für Bildung, Jugend und Sport des Landes Brandenburg (Hrsg.): Rahmenlehrplan für Schülerinnen und Schüler mit dem sonderpädagogischen Förderschwerpunkt »Geistige Entwicklung« (Entwurf). Hamburg: 2010. http://li.hamburg.de/contentblob/2967610/data/pdf-rahmenplan-fuer-schulen-mit-dem-foerderschwerpunkt-geistige-entwicklung-entwurf.pdf, Zugrifff am 02.12.2011
Buschkühle, C.- P. (2000): Die Weisheit geht am Stock. Zur Kunstpädagogik von Joseph Beuys. In: *Kunst + Unterricht*/SB, Lernchancen im Kunstunterricht (Bd. 257, S. 10–12). Marburg: Friedrich.
Buschkühle, C.-P. (2004): Kunstpädagogen müssen Künstler sein. Zum Konzept künstlerischer Bildung. In: K.- J. Pazzini, E. Sturm, E., W. Legler & T. Meyer (Hrsg.), *Kunstpädagogische Positionen*, 5, o.S.. Hamburg: University Press.
Deutsches Institut für Medizinische Dokumentation und Information (DIMDI (2005) (Hrsg.): Internationale Klassifikation der Funktionsfähigkeit, Behinderung und Gesundheit, ICF. Genf: WHO.
Döring, N. & Bortz, J. (2016): *Forschungsmethoden und Evaluation in den Sozial- und Humanwissenschaften (5., erweiterte Auflage).* Berlin, Heidelberg: Springer.
Dworschak, W., Kannewischer, S., Ratz, C. & Wagner, M. (2012): Verhaltensstörungen bei Schülern im Förderschwerpunkt geistige Entwicklung in Bayern. In: C. Ratz, (Hg.): *Verhaltensstörungen und geistige Behinderung* (S. 67–83). Athena: Oberhausen.
Emmerling, L. (2016): *Jackson Pollock. 1912–1956. An der Grenze der Malerei.* Köln: Taschen.
Engelmann, I.-J. (2007): *Jackson Pollock und Lee Krasner.* München: Prestel.

Feuser, G. (1989): Allgemeine integrative Pädagogik und entwicklungslogische Didaktik. In: *Behindertenpädagogik, 28*, Heft 1, 4–48.

Fischer, E. (2008): *Bildung im Förderschwerpunkt geistige Entwicklung. Entwurf einer subjekt- und bedarfsorientierten Didaktik.* Bad Heilbrunn: Klinkhardt.

Gieseke, F. & Markert, A. (1996): *Flieger, Filz und Vaterland. Eine erweiterte Beuys Biografie.* Berlin: Elefanten Press.

Grüning, E. (2014): Faktoren der Ein- und Umschulung in Förderzentren mit dem Schwerpunkt Geistige Entwicklung in Schleswig-Holstein. In: Heilpädagogische Forschung. Bd. 40, Heft 3, 119 – 132.

Gündüz, B. (2013): *Jackson Pollock. Die Biografie.* Berlin: Parthas.

Haberlik, C & I. Mazzoni, I. (2003): *Künstlerinnen. Malerinnen, Bildhauerinnen und Photographinnen* (2. Auflage). Gerstenberg: Hildesheim.

Häußler, M. (2015): *Unterrichtsgestaltung im Förderschwerpunkt geistige Entwicklung.* Stuttgart: Kohlhammer.

Hattie, J. (2014): *Lernen sichtbar machen. Überarbeitete deutschsprachige Ausgabe von »Visible Learning«.* Hohengehren: Schneider.

Hess, B. (2004): *Willem de Kooning. 1904–1997. Inhalt als flüchtiger Eindruck.* Köln: Taschen.

Hillenbrand, C. (2008): *Einführung in die Pädagogik bei Verhaltensstörungen.* (4. Auflage) München: Reinhardt.

Jank, W. & Meyer, H. (2014): *Didaktische Modelle* (11. Auflage) Berlin: Cornelsen Scriptor.

Julius, H., Schlosser, R. & Goetze, H. (2000): *Kontrollierte Einzelfallstudien. Eine Alternative für die sonderpädagogische und klinische Forschung.* Göttingen: Hogrefe.

Karlsson, S. (2017a): Pädagogisch-didaktische Verortung der ActionPaintingIntervention (API). In: *Lernen konkret. 36*, Heft 2, 8–9.

Karlsson, S. (2017b): Experimentiertechniken und didaktische Struktur der ActionPaintingIntervention (API). Der erweiterte unterrichtliche Dreischritt. In: *Lernen konkret. 36*, Heft 2, 10–17.

Karlsson, S. (2017c): Pädagogische Anleitung zur Selbstreflexion des Handelns in der ActionPaintingIntervention (API). Die API-Reflexionsstruktur als kompetente Selbstbewertung. In: *Lernen konkret. 36*, Heft 2, 18–23.

Karlsson, S. (2021): *ActionPaintingIntervention (API) in der Sonderpädagogik. Ein Konzept für den Kunstunterricht bei auffälligem Verhalten im Förderschwerpunkt Geistige Entwicklung.* Hamburg: Verlag Dr. Kovač.

Klauß, T. (2012): Weshalb gibt es immer mehr Sonderschülerinnen und -schüler im Förderschwerpunkt geistige Entwicklung? In: *Teilhabe, 51*, 161–168.

Lazarides, R. & Mohr, S. (2016): Leistungsevaluation und Kompetenzmessung in Schule und Unterricht. In: C. Griese, H. Marburger & T. Müller (Hrsg.), *Bildungs- und Bildungsorganisationsevaluation. Ein Lehrbuch* (S. 277–294). Berlin/Boston: De Gruyter.

Ministerium für Bildung, Wissenschaft, Forschung und Kultur des Landes Schleswig-Holstein (Hrsg.) (2002): *Lehrplan. Sonderschulen, Grundschule, weiterführende allgemeinbildende Schulen und berufsbildende Schulen. Sonderpädagogische Förderung.* Glückstadt: Glückstädter Werkstätten.

Müller-Benedict, V. (2006): *Grundkurs Statistik in den Sozialwissenschaften* (3. Auflage). Wiesbaden: VS Verlag für Sozialwissenschaften.

Mühl, H. (2008): Kontrollierte Einzelfallforschung in der Pädagogik bei geistiger Behinderung. In: S. Nußbeck, A. Biermann, A.& H. Adam (Hrsg.), *Sonderpädagogik der geistigen Entwicklung. Handbuch Sonderpädagogik.* (Bd. 4, S. 631–649). Göttingen: Hogrefe.

Musenberg, O.& Riegert, J. (2015): Inklusiver Fachunterricht als didaktische Herausforderung. In: J. Riegert & O. Musenberg (Hrsg.), *Inklusiver Fachunterricht in der Sekundarstufe* (S. 13–28). Stuttgart: Kohlhammer.

Myschker, N. & Stein, R. (2014): *Verhaltensstörungen bei Kindern und Jugendlichen. Erscheinungsformen, Ursachen, Hilfreiche Maßnahmen* (7., erweiterte Auflage) Stuttgart: Kohlhammer.

Pitsch, H.-J. (2005): *Zur Methodik der Förderung der Handlungsfähigkeit Geistigbehinderter* (2. Auflage). Oberhausen: Athena.

Pitsch, H.-J. & Thümmel, I. (2011): *Zur Didaktik und Methodik des Unterrichts mit geistig Behinderten* (4., erweiterte Auflage) Oberhausen: Athena.
Reckwitz, A. (2017): *Die Gesellschaft der Singularitäten. Zum Strukturwandel der Moderne* (6. Auflage) Berlin: Suhrkamp.
Sansour, T. (2015): Identität ausbilden und soziale Beziehungen eingehen. Inklusiver Kunstunterricht unter Berücksichtigung von Menschen mit geistiger Behinderung (S. 375–386). In: J. Riegert & O. Musenberg, (Hrsg.), *Inklusiver Fachunterricht in der Sekundarstufe*. Stuttgart: Kohlhammer.
Sarimski, K. (2009): Wer hat Angst vorm Erbsenzählen? Quantitative Forschung für Menschen mit geistiger Behinderung – eine Zeitschriftenanalyse 2000–2007. In: K. Terfloth & F. Janz (Hrsg.), *Empirische Forschung im Kontext geistiger Behinderung* (S. 21– 34) Heidelberg: Universitätsverlag Winter.
Sarimski, K. & Steinhausen, H.- C. (2008): *Psychische Störungen bei geistiger Behinderung. Leitfaden Kinder- und Jugendpsychotherapie* (11. Auflage) Göttingen: Hogrefe.
Schmitz, G. (2002): Bedeutung der Selbstwirksamkeitserwartung für emotional kompetentes Verhalten. In: M. v. Salisch (Hrsg.), *Emotionale Kompetenz entwickeln. Grundlagen in Kindheit und Jugend* (S. 207–225). Stuttgart: Kohlhammer.
Schubarth, W. (2019): *Gewalt und Mobbing an Schulen. Möglichkeiten der Prävention und Intervention* (3., aktualisierte Auflage). Stuttgart: Kohlhammer.
Sekretariat der ständigen Konferenz der Kultusminister der Länder in der Bundesrepublik Deutschland: Empfehlungen zum Förderschwerpunkt geistige Entwicklung (1998). Beschluss der Kultusministerkonferenz vom 26.06.1998 http://www.kmk.org/fileadmin/Dateien/veroeffentlichungen_beschluesse/1998/1998_06_20_FS_Geistige_Entwickl.pdf, Zugriff am 16.02.2017
Seligman, M. (2016): *Erlernte Hilflosigkeit* (2. Auflage). Weinheim und Basel: Beltz.
Senatsverwaltung für Bildung, Wissenschaft und Forschung Berlin, Ministerium für Bildung, Jugend und Sport des Landes Brandenburg (2011) (Hrsg.): Rahmenlehrplan Eingangsstufe bis Oberstufe bzw. Jahrgangsstufe 1 bis Jahrgangsstufe 10 für Schülerinnen und Schüler mit dem sonderpädagogischen Förderschwerpunkt »Geistige Entwicklung«. https://bildungsserver.berlin-brandenburg.de/fileadmin/bbb/unterricht/rahmenlehrplaene/schulen_mit_sonderpaedagogischem_Foerderschwerpunkt/pdf/Geistige_Entwicklung_RLP_Sonderpaed__2011_Berlin_Brandenburg.pdf, Zugriff am 20.03.2019
Sekretariat der Ständigen Konferenz der Kultusminister der Länder in der Bundesrepublik Deutschland (Hrsg.) (2016): Statistische Veröffentlichungen der Kultusministerkonferenz. Dokumentation Nr. 210. Sonderpädagogische Förderung in Schulen 2005 bis 2014. Berlin: KMK, https://www.kmk.org/fileadmin/Dateien/pdf/Statistik/Dokumentationen/Dok_210_SoPae_2014.pdf, Zugriff am 21.03.2019
Sekretariat der Ständigen Konferenz der Kultusminister der Länder in der Bundesrepublik Deutschland (Hrsg.) (2018): Statistische Veröffentlichungen der Kultusministerkonferenz. Dokumentation Nr. 214. Sonderpädagogische Förderung in Schulen 2007 bis 2016. Berlin: KMK, https://www.kmk.org/fileadmin/Dateien/pdf/Statistik/Dokumentationen/Dok_214_SoPaeFoe_2016.pdf, Zugriff am 21.03.2019
Sekretariat der Ständigen Konferenz der Kultusminister der Länder in der Bundesrepublik Deutschland. IVC/Statistik (Hrsg.) (2019a): Sonderpädagogische Förderung in Förderschulen (Sonderschulen) 2017/2018. Berlin: KMK, https://www.kmk.org/fileadmin/Dateien/pdf/Statistik/Dokumentationen/Aus_Sopae_2017.pdf, Zugriff am: 21.03.2019
Sekretariat der Ständigen Konferenz der Kultusminister der Länder in der Bundesrepublik Deutschland IVC/Statistik (Hrsg.) (2019b): Sonderpädagogische Förderung in allgemeinen Schulen (ohne Förderschulen) 2017/2018. Berlin: KMK: https://www.kmk.org/fileadmin/Dateien/pdf/Statistik/Dokumentationen/Aus_Sopae_Int_2017.pdf, Zugriff am 21.03.2019
Speck, O. (2007): Bildung. In: G. Theunissen, W. Kulig & K. Schirbort (Hrsg.), *Handlexikon Geistige Behinderung. Schlüsselbegriffe aus der Heil- und Sonderpädagogik, Sozialen Arbeit, Medizin, Psychologie, Soziologie und Sozialpolitik* (S. 51). Stuttgart: Kohlhammer
Speck, O. (2018): *Menschen mit geistiger Behinderung. Ein Lehrbuch zur Erziehung und Bildung.* (13., überarbeitete Auflage). München: Reinhardt.

Stein, R. (2012): Verhaltensauffälligkeiten als sozial-emotionale Entwicklungsstörungen. In: C. Ratz (Hrsg.), *Verhaltensstörungen und geistige Behinderung* (S. 11– 22). Oberhausen: Athena.
Staatsinstitut für Schulqualität und Bildungsforschung (ISB) (Hrsg.) (2003): Lehrplan für den Förderschwerpunkt geistige Entwicklung. München: Hintermaier.
Steiner, G. (2001): *Lernen. 20 Szenarien aus dem Alltag* (3., korrigierte Auflage). Bern: Huber.
Stern, A. (2012): *Wie man Kinderbilder nicht betrachten soll.* München: Zabert Sandmann.
Terfloth, K.& Janz, F. (2009): Forschung im Kontext geistiger Behinderung. In: K. Terfloth & F. Janz (Hrsg.), *Empirische Forschung im Kontext geistiger Behinderung* (S. 9–20). Heidelberg: Universitätsverlag Winter.
Theunissen, G. (2011): Lernbereich Kunst – Ästhetische Erziehung. In: C. Ratz (Hrsg.), *Unterricht im Förderschwerpunkt geistige Entwicklung. Fachorientierung und Inklusion als didaktische Herausforderungen* (S. 305–325). Oberhausen: Athena.
Theunissen, G. & Voigt, H. (2011): Aktionskunst mit geistig behinderten Schülern. In: *Lernen konkret, 30*, 15–22.
Uhlig, B. (2006): Sonderpädagogisch orientierter Kunstunterricht. In: H. Brög, P. Foos & C. Schulze (Hrsg.), *Korallenstock. Kunsttherapie und Kunstpädagogik im Dialog* (S. 201– 214) München: Kopaed..
Vogel, C. (2006): A Pollock Is Sold, Possibly for a Record Price. http://www.nytimes.com/2006/11/02/arts/design/02drip.html, Zugriff am 08.12.2016
Wettstein, A. (2008): *BASYS. Beobachtungssystem zur Analyse aggressiven Verhaltens in schulischen Settings.* Bern: Hogrefe.
Wilbert, J & Grünke, M. (2015): Wie kann man eine einzelne Person untersuchen und die erhobenen Daten auswerten? Kontrollierte Einzelfallforschung. In: K. Koch, K. & S. Ellinger (Hrsg.), Empirische Forschungsmethoden in der Heil- und Sonderpädagogik. Eine Einführung (S. 100–105). Göttingen: Hogrefe.
Weltgesundheitsorganisation (WHO) Regionalbüro Europa (2017): Definition des Begriffs »geistige Behinderung«. http://www.euro.who.int/de/health-topics/noncommunicable-diseases/mental-health/news/news/2010/15/childrens-right-to-family-life/definition-intellectual-disability, Zugriff am 16.02.2017

Teil 2: Lernen in einer technisierten und globalisierten Lebenswelt

6 Erweiterung lebenspraktischer Kompetenz durch Verbraucherbildung

Eberhard Grüning

Veränderungen im Zusammenleben und neue technische Möglichkeiten sind bisherige Parameter der sozialen, technischen, ökonomischen und ökologischen Entwicklung der marktwirtschaftlich orientierten Gesellschaft in der Spätmoderne. Im Ergebnis dieser Prozesse entstehen aktuell Handlungsoptionen, »die Menschen mit Behinderung stärker mit der wettbewerbsorientierten Gesellschaft konfrontieren« (Weitzig & Wiepcke, 2017, S. 223). Diese »komplexe Welt stellt neue Anforderungen an die Verbraucherbildung« (Institut für Markt-Umwelt-Gesellschaft, 2013, S. 36).

Die Sonderpädagogik ist gefordert, diese Problematik als Herausforderung schulischer Bildung und Erziehung zu betrachten. Der folgende Beitrag beabsichtigt daher, Handlungsoptionen zur Unterstützung der individuell möglichen Teilhabe am gesellschaftlichen Leben sowie zur Prävention folgenschwerer Fehlentscheidungen von Menschen mit Beeinträchtigung der geistigen Entwicklung (BgE) durch schulische Verbraucherbildung zu thematisieren. Diese Schwerpunktsetzung wird auch in der Bildungspolitik aufgegriffen, indem auf gesellschaftliche Entwicklungen Bezug genommen wird. Die Kultusministerkonferenz beschloss für alle Schularten, Unterricht zur Verbraucherbildung einzurichten (Sekretariat, 2013). Als einziges Bundesland ist seit dem Schuljahr 2009/2010 in Schleswig-Holstein *Verbraucherbildung* als ein Unterrichtsfach in der Sekundarstufe aller Schularten in der Stundentafel verankert. Die Einrichtung der universitären Ausbildung der dafür erforderlichen Lehrkräfte versetzte die Verbraucherbildung in den Status einer wissenschaftlichen Disziplin des Lehramtsstudiums. Zwei der vier Kernbereiche der Verbraucherbildung werden für das Schulfach thematisiert (Ministerium für Bildung, 2009). In Bayern wird das Wahlpflichtfach *Verbraucherprofi* angeboten. Berlin hat ein *Basiscurriculum Verbraucherbildung* konzipiert. Andere Bundesländer sehen oder prüfen Anknüpfungspunkte zu ihren bestehenden Lehr- und Rahmenplänen durch Projekte bzw. folgen dem Beschluss, Themen der Verbraucherbildung in bestehende Lehrkonzepte einfließen zu lassen (Kultusministerkonferenz, 2015). Im inklusionsorientierten Unterricht besteht demnach für Schüler mit Unterstützungsbedarf im Schwerpunkt Geistige Entwicklung vor allem die Möglichkeit der zeitlich begrenzten Begegnung mit Themen der Verbraucherbildung in Projekten. Für den Lernerfolg bei BgE werden jedoch konditionale Lernbedingungen benötigt, die durch punktuelle Einzelprojekte kaum erfüllt werden, da Übungs- und Transferleistungen zu wenig herausgefordert werden. Ein nachhaltiger Lernerfolg basiert auf Lernkonzepten, die Lerninhalte aus dem Arbeitsgedächtnis in das Langzeitgedächtnis überführen lassen, um sie dauerhaft verfügbar zu machen (Roth, 2011). Aus (sonder-)pädagogischer Sicht sind dafür mitunter langwierige Übungsangebote mit häufigen Wiederholungen bei Einbettungen in ein und denselben Kontext über

Prozesse der Habituierung erforderlich, um den somit vereinfachten Vollzug von Transferleistungen in herausfordernden Alltagssituationen gelingen zu lassen. In Anbetracht der Beeinträchtigung kognitiver Prozesse der Schüler muss diese Konsequenz für eine notwendige Lernorganisation noch nachdrücklicher als für andere Kinder und Jugendliche gefordert werden. Bereits in der familiären Entwicklung des Gesundheitsverhalten »sind Gewöhnung und Übernahme von Denk- und Verhaltensmustern kennzeichnend für die Sozialisation« (Meyer, 2019, S. 204).

Verbraucherbildung in der Pädagogik bei BgE sollte folglich immanenter Bestandteil von Unterricht sein. Der Beitrag ist darauf gerichtet, diese Konzeptbildungen zu unterstützen.

6.1 Einleitung

Inwiefern pädagogisch offerierte Lernangebote von Kindern und Jugendlichen mit BgE angenommen werden, ist vor allem davon abhängig, ob die Bedeutsamkeit des Lerngegenstandes zur Motivation führt, eine Auseinandersetzung mit einem Gegenstand oder einem Prozess so zu führen, dass Lernen initiiert wird. Der Lerngegenstand sollte hinreichend Potenzial besitzen, Kompetenzen zu aktualisieren, zu stabilisieren oder zu erweitern. Da es vor allem die unmittelbar zu bewältigenden Lebensprozesse und die damit verbundenen Sachbezüge für das Alltagshandeln sind, die zur Auswahl stehen, erweisen sich geeignete Lerngegenstände als sinnvoll, die der Lebenswelt der Kinder und Jugendlichen zugeordnet werden können und eine Herausforderung im Sinne ihres Nochnichtkönnens, aber Könnenwollens darstellen.

Um zu klären, welche Gegenstände und Prozesse aus der Lebenswelt der Kinder und Jugendlichen Bildungsgehalt haben, besteht die Möglichkeit, sich an den sieben grundlegenden Kategorien der *Didaktischen Analyse* in der *Kritisch-konstruktivistischen Didaktik* (Klafki, 2007) zu orientieren. Die Didaktische Analyse ist vornehmlich auf die Auswahl eines Lerngengenstandes gerichtet, der durch doppelseitige Erschließung zwischen dem möglichen Lernobjekt und dem Subjekt des Lernenden zum Bildungsgehalt wird. Da im Modell Klafkis (2007) nur das notwendige Elementare oder das ausgewählte Reduzierte eines komplexen Sachverhalts zum Lerngegenstand erhoben wird, ist ein induktiver Weg zur Erkenntnis bzw. zum Lernerfolg möglich, der für vorgefundenes Lernverhalten bei BgE Zugangsbedingungen zum Lerngegenstand ermöglicht. Hingegen ist das deduktive Denken auf den logischen Schluss gerichtet, der vom Allgemeinen zum Besonderen führt. Dieser Erkenntnisverlauf ist an abstrakt-logische Denkprozesse gebunden, die bei Beeinträchtigung der kognitiver Strukturen und Funktionen erschwert sind. Daher sind vor allem gegenläufige (induktive) Lernwege zu verfolgen. Im induktiven Lernprozess steht das Lernen durch Erfahrungen im Vordergrund. Die geordneten Erfahrungen des Besonderen können zu einem System des Wissens auf allgemeiner Ebene führen. Die Didaktik Klafkis hat zudem »ihre Stärken darin, ungeeignete

Unterrichtsinhalte begründet auszugrenzen« (Jank & Meyer, 2002, S. 151). Lernprozesse werden nicht nur durch die Elementarisierung von Lerngegenständen, wie sie mit der *Entwicklungslogischen Didaktik* (Feuser, 1998) vorgeschlagen wird, initiiert und mittels der Repräsentationsmodi (Bruner, 1974) didaktisch aufbereitet. Die Entlastung der Informationsverarbeitungsprozesse durch Hemmung irrelevanter Informationen (Sarimski, 2003) bzw. der Auswahl von relevanten Informationen trägt wesentlich zur Zuwendung zum Lerngegenstand bei. Mit konstruktivistischer Sicht lässt sich davon ausgehen, dass das lernende Subjekt auswählt, welcher Lerngegenstand relevant sein kann. Da u. a. die Antriebs- und Steuerungsprozesse bei Schülern mit BgE dem entgegenwirken können, sollte eine pädagogische Unterstützung verantwortet werden. Eine erfolgreiche Verarbeitung der Informationen über den Lerngegenstand wird das Kind ermuntern, dazu Analogiebildungen in seinem explorierenden Lernverhalten zu versuchen und damit von der exemplarischen Information eines speziellen Lerngegenstandes über den selbstgesteuerten Lernweg zu immer komplexeren Auseinandersetzungen und Erkenntnissen gelangen. Die Auswahl des Lerninhaltes und seine didaktische Gestaltung sind Voraussetzungen des Lernerfolgs. Dafür lassen sich u. a. Begründungen aus der Hirnforschung anführen. Die Erkenntnisse von Ciompi (1997) über den engen Zusammenhang zwischen Emotionen, Kognition und Verhalten sind der erhobenen Kritik an Klafkis Didaktischer Analyse, das Modell berücksichtige nicht oder zu wenig die Schülerpartizipation bei der Auswahl des Bildungsgehalt, entgegenzusetzen. Da eine Zuwendung zu einem Lerngegenstand ohne Entscheidungsprozesse der Schüler nicht erfolgreich sein wird und Sonderpädagogen sich bei der Auswahl der Lerninhalte und der Organisation des Lernprozesses von der Bedarfslage ihrer Schüler leiten lassen können (▶ Kap 2, i. d. Bd.), sind vorgebrachte Argumente gegen die Vorgehensweise Klafkis in der Didaktischen Analyse kaum haltbar. Daher werden Lehrkräfte bei der Auswahl von Lerngegenständen Überlegungen aus der Sicht der Schüler stellen: Welche Herausforderungen beggnen mir im Alltag? Welche Herausforderungen werden zukünftig Bedeutung haben? Welche Lösungsangebote führen zur Überwindung von Barrieren? Welche der Lösungsoptionen sind für mich von Vorteil? Ist die Bewältigung dieser Herausforderung so erlernbar, dass sie weitgehend selbsttätig ausgeführt werden kann? Kann die Herausforderung weitestgehend selbstverantwortlich ausgeführt werden? Die regionalen Lehrpläne für die schulische Bildung geben dafür grobe Orientierungen. Sie lassen Raum für individuelle Modifikationen.

Benannte Erkenntnisse der Hirnforschung finden zwischenzeitlich auch in zahlreichen Wissenschaftsdisziplinen zielgerichtet Verwendung. Brillante Marketingstrategien, die auf diesen Erkenntnissen beruhen, erreichen den unvoreingenommenen Konsumenten. Die Pädagogik kann Erkenntnisse, wie die Ciompis (1997), u. a. zur Verbraucherbildung nutzen, um Schüler in die Lage zu versetzten, sich vor unseriösen und unnötigen Belastungen zu schützen. Die pädagogische Berücksichtigung des Zusammenhangs beginnt mit der Wahl der Lerninhalte und der didaktischen Struktur der Lernsituation. Gelingt die Zuwendung zum Lerngegenstand, kann Lernen stattfinden (▶ Kap. 2, i. d. Bd.). Die Erkenntnis Ciompis (1993) belegt jedoch zugleich, wie irritierend es für Menschen in einer hoch entwickelten Industriegesellschaft sein kann, die vor dem Hintergrund marktwirtschaftlichen Überflusses um ihre Kunden wirbt. Auf der Suche nach dem Absatz sinnhafter und sinnloser, preisgünstiger und überteuerter oder gesunder und ungesunder Konsumgüter bemächtigen sich auch Hersteller, Anbieter, Berater und weitere Vermittler zwischen Konsumgütern und Konsumenten den Erkenntnissen zur Affektlogik (Ciompi, 2008), um Einfluss auf das soziale Wohlbefinden und damit auf die Entscheidung der Konsumenten zu nehmen. In welchem Ausmaß die Informationsflut des Alltags das Wohlbefinden tangiert, zeigt u. a. die hohe Beanspruchung von Kindern und Jugendlichen mit Beeinträchtigung der geistigen Entwicklung in einer Pilotstudie beim Aufwenden von Energie, um Stressoren des (schulischen) Alltags bewältigen zu können (Hecht & Grüning, 2007). Die pädagogische Einflussnahme auf diese Art der Belastung durch vermeidbare Stressoren kann über verschiedene Zugangsweisen erfolgen. Nur belastungsfrei stellt sich positives Wohlbefinden, als eine zentrale Dimension von Lebensqualität, ein. Belastungspotenziale für Kinder und Jugendliche mit Beeinträchtigung der geistigen Entwicklung liegen bereits in ihrem unmittelbaren sozialen Umfeld (Grüning, 2007a; Grüning; 2014), die als Barrieren definierbar sind und einen Ansatz für schulische Bildung sein sollten. Die Verbraucherbildung ermöglicht durch Bildung Einfluss auf den Umgang mit diesen subjektiv empfundenen Stressoren des Alltags zu nehmen. Sie umfasst verschiedene Kernbereiche.

Für die Bildung im Kernbereich *Gesundheit und Ernährung* formuliert Heindl:

> »Vor dem Hintergrund der Lage der Familien, die offensichtlich überfordert sind, Wissen und Können im Umgang mit Essen, Trinken und Ernährung zu vermitteln, richten sich berechtigte Forderungen an Institutionen der Gesellschaft, Bildungskonzepte der Gesundheit so zu gestalten, dass sie innerhalb und außerhalb der Privatsphäre der Menschen wirksam werden« (2004, S. 16).

Insbesondere ist für Familien mit niedrigem familialen sozialen Status (Grüning, 2014) zu vermuten, dass die daran gebundenen Einschränkungen für Kinder und Jugendliche zu einer Verschärfung der von Heindl (2004) beschriebenen Situation führen. Im Vergleich des Gesundheitszustandes von Kindern und Jugendlichen in Deutschland zwischen 2014 und 2018 hat sich dieser nach den Ergebnissen zur Welle 2 der KIGGS-Studie signifikant verschlechtert (Robert-Koch-Institut, 2018). Die Studie belegt wiederholt den engen Zusammenhang zwischen Gesundheit und sozialem Status der Familien, der den bereits im Ergebnis der Welle 1 formulierten pädagogischen Handlungsbedarf erneut untermauert (Robert-Koch-Institut, 2018). Es vollzieht sich zudem eine Veränderung der traditionellen Rolle der Familie in der Gesellschaft. Geest-Rack (2013) verweist darauf, dass z. B. für die Zubereitung von Mahlzeiten oder weiterer Versorgungen der Familien zunehmend Dienstleistungen in Anspruch genommen werden und den Kindern somit sowohl Modelle der Selbstversorgung als auch das Bewusstsein und die Kompetenzbildung für diese Prozesse im häuslichen Umfeld verloren gehen. Die Verlagerung lebensweltbezogener Themen in die schulische Bildung findet schleichend, aber zwangsläufig statt.

Exemplarisch wurden Lehrkräfte der Berufsbildungsstufe an Förderschulen mit dem Schwerpunkt Geistige Entwicklung (n=23) zum lebensweltorientierten Unterricht der Verbraucherbildung befragt:

- Weniger als die Hälfte der Befragten orientieren sich zu diesen Themen am Lehrplan.
- Vielmehr werden Lerninhalte des tradierten Hauswirtschaftsunterrichts verfolgt.
- Themen, die über den Kernbereich Ernährung und Gesundheit hinausgehen, werden als wenig relevant eingestuft.
- Nur 30, 4 % der befragten Lehrkräfte besitzen eine fachbezogene Qualifikation zur Verbraucherbildung (Möck, 2015).

Diese ernüchternden Ergebnisse zeigen sich auch in anderen Schularten, die nicht zuletzt im Zuge der inklusiven Bildung Lehrangebote für Schüler mit Beeinträchtigung vorzuhalten haben. Die repräsentative IMUG-Studie (2013) zur Verbraucherbildung an allgemeinen Schulen, die Sonder- und Förderschulen nicht berücksichtigte, informiert über gleichgelagerte Ergebnisse, wenn die befragten Lehrkräfte (n=971) die Ziele zu den Kernbereichen der Verbraucherbildung *Finanz- und Medienkompetenz* sowie *Nachhaltiger Konsum* als mangelhaft umgesetzt bewerten. Die Fortführung des Forschungsanliegens bestätigte 2019 die Stabilität der Ergebnisse. Im Ergebnis einer nicht repräsentativen Befragung von Lehrkräften (n=15) zur Notwendigkeit einer lebenspraktisch ausgerichteten Bildung für Kinder mit dem FSGE in Förder- und Inklusionsschulen geben diese an, den Bedarf bei ihren Schüler zu erkennen, jedoch dafür zu wenig Zeit im Schulalltag aufbringen zu können (Grabowsky, 2014) oder sich nicht hinreichend kompetent zu fühlen, die Herausforderungen der technisierten Welt schülerorientiert als Lerngegenstand aufbereiten zu können (Demir, 2019).

Beiläufig entsteht aus dem interpretierbaren selbst auferlegten Druck der Vermittlung des Schulfachwissens die Überlegung, ob die seit Jahrzehnten geführte Diskussion über *totes Wissen* und den geringen langfristigen *Wirkungsgrad der Bildungsinhalte* an allgemeinen Schulen unbeachtet bleibt, wenn eine wenig reflektierte Hinwendung durch die Sonderpädagogik zu kritisiertem Lernstoff und deren Vermittlung auf Kosten erforderlicher bedarfsorientierter Lerninhalte stattfindet (▶ Kap. 1, i. d. Bd.). Die im Zuge inklusiver Bildung sich stärker vollziehende fachorientierte Bildung für Schüler mit dem FSGE steht nicht im Widerspruch zur Lebensweltorientierung der Verbraucherbildung. Weder die exemplarisch zu nennende unterrichtliche Behandlung des physikalischen Gesetzes der thermischen Expansion, noch das Üben von Texterschließung im Deutschunterricht müssen durch Lerninhalte der Verbraucherbildung zurückstehen. Vielmehr geht es darum, eine Verknüpfung zu bewirken. So lässt sich mit dem benannten Beispiel aus der Physik die Erkundung der Funktionsweise elektrischer Geräte oder mit Bezug zum Fach Deutsch das Lesen und Verstehen von Werbetexten, Bedienungsanleitungen oder Kaufverträgen des Handels verbinden. Neue Herausforderungen in konstruierten oder feldbezogenen Lernsituationen zur Alltagsbewältigung wecken das Interesse am Lernen, stützen die Ausdauer im Lernprozess, lassen Ungeahntes erkunden und entwickeln und erweitern dabei Kompetenzen.

Die Notwendigkeit einer schulischen Verbraucherbildung lässt sich aus dem gesellschaftlichen Wandel begründen, der in den letzten Jahrzehnten mehr Lebenschancen, Teilhabe und Normalisierung von Lebensprozessen für Menschen mit Beeinträchtigung der geistigen Entwicklung eröffnete. Um zum grundlegenden

Verständnis technischer Prozesse und der lebensweltbezogenen Exemplifizierung für den Unterricht bei Beeinträchtigung der geistigen Entwicklung beitragen zu können, folgen Ausführungen im Kapitel 9 (▶ Kap. 9), die zur Lösung des zitierten Widerspruchs zwischen dem selbsthinterfragten Pädagogenwissen und dem Pädagogenwissen (Demir, 2019) beitragen sollen. Wenn alltagsorientierte und damit schülerorientierte Bildungsgehalte im FSGE nicht mehr hinreichend berücksichtigt werden können, ist der damit verbundene Bildungserfolg gefährdet, der unmittelbare Wirkung auf Lebensentscheidungen haben kann.

6.2 Theoretischer Bezugsrahmen

Mit der Teilhabe an allen gesellschaftlichen Prozessen sind Schüler Konsumenten. Im Zuge der beruflichen Bildung an Förder- und Sonderschulen erwerben sie zudem Kompetenzen als Produzenten. Beide sozialen Rollen sind charakteristisch für die Teilhabe am gesellschaftlichen Leben.

6.2.1 Begriff und allgemeine Ziele der Verbraucherbildung

Die Verbraucherbildung »wird verstanden als Befähigung zu Wissen, Verstehen, Reflexion und Handeln in unterschiedlichen Konsumfeldern auf der Grundlage individueller und sozialer Bedürfnisse u. a. gesundheitsorientierter und ökologischer Entscheidungen und anderer ökologischer Werthaltungen« (Schlegel-Matthies, 2004, S. 15). Das Lernfeld bzw. wissenschaftliche Fachgebiet der Verbraucherbildung wird durch vier Kernbereiche bestimmt:

- Bildung der nachhaltigen Entwicklung,
- Medien und Informationen,
- Finanzen, Verbraucherrecht und Marktgeschehen,
- Gesundheit und Ernährung (Sekretariat, 2013).

Eine wesentliche Motivation für die Etablierung der Verbraucherbildung in den schulischen Bildungsauftrag sieht die Kultusministerkonferenz in mangelhaften Ergebnissen der teilnehmenden deutschen Schüler an den international vergleichenden Bildungsstudien, die den Aufgabenbereich *Kreatives Problemlösen* beinhalten (Kultusministerkonferenz, 2015).

> »Die Problemlösekompetenz ist definiert als die Fähigkeit, Prozesse kognitiv zu verarbeiten, um Problemsituationen zu verstehen und zu lösen, in denen die Lösungsmethode nicht unmittelbar auf der Hand liegt. Sie umfasst die Bereitschaft, sich mit derartigen Situationen auseinanderzusetzen, um sein Potenzial als konstruktiver und reflektierender Bürger voll auszuschöpfen« (Kultusministerkonferenz, 2015, S. 4). »Diese Problemlösefähigkeiten sind bei allen Projekten der Schlüssel zum Erfolg und können in der Schule in den Unterrichtsfächern entwickelt und gefördert werden« (Kultusministerkonferenz, 2015, S. 6).

Effektives Problemlöseverhalten erfordert eine an kognitive Prozesse gebundene Strategiebildung, die für Menschen mit Beeinträchtigung in diesem Entwicklungsbereich erschwert zu entwickeln ist und daher sonderpädagogischer Unterstützung bedarf (▶ Kap. 4, i. d. Bd.).

In die Zieldimension der Verbraucherbildung rücken spezifische Kompetenzen, die in ihrem Zusammenhang aus ökonomischer, ökologischer und sozialer Sicht zu bearbeiten sind.

Die ökonomische Dimension resultiert aus dem Prozess des privaten Konsums. Damit verbunden ist die Orientierung im Marktgeschehen aus dem Blickwinkel der Käuferposition. Die soziale und die ökologische Position richten sich vor allem auf die Existenzsicherung des Konsumenten und die Befriedigung seiner Bedürfnisse (Lackmann, 2002). Diese grundlegende Orientierung beinhaltet auch die Wahrnehmung der sozialen Verantwortlichkeit in der Rolle des Konsumenten.

> »Eine klassische Konsumerziehung setzt bei der Aufklärung in den Konsumbereichen Ernährung, Outfit, Wohnen, Technik, Freizeit an und sucht direkten Einfluss auf das Konsumverhalten Jugendlicher zu nehmen, indem sie die Verbindung von sozialökologischen Restriktionen und diesen Bereichen thematisiert und problematisiert« (Meinhold, 2001).

Schulbildung hat dafür grundlegende Kompetenzen und Orientierungen zu vermitteln. Diese Bildungsaufgabe kann vor allem den fachlichen Richtzielen der Pädagogik bei Beeinträchtigung zur »Vermittlung von Lebensorientierung« (Speck, 2018, S. 204) und zum »Bilden von Lebenshaltungen« (Speck, 2018, S. 207) zugeordnet werden.

6.2.2 Struktur der Verbraucherbildung

Schlegel-Matthies zählt zu den Bildungsinhalten der Verbraucherbildung an Schulen: »Recht, Verbraucherschutz, Warenkunde, Bewertung von Marktgütern, Überblick und Verantwortung im Marktgeschehen, Werbung und Anbieterstrategien, Nutzungsprozesse, Entsorgungsprozesse« (2004, S. 16).

Für die Verbraucherbildung im FSGE gibt Demir (2019) einen Überblick über genutzte Lerninhalte. Seine Untersuchungsergebnisse entstanden durch induktive Kategorienbildung nach schriftlicher Befragung (Mayering, 2010) von Lehrkräften an Förderschulen mit dem Schwerpunkt Geistige Entwicklung. Ihre Angaben beruhten auf Erfahrungen zu Themen der Verbraucherbildung im Unterricht. Die in diesem Verfahren ermittelten Lernangebote bilden die Basis der Aussagen in den Tabellen 6.1 bis 6.4. Zur Information über die Struktur der Verbraucherbildung soll diese nun näher erläutert werden:

Bildung der nachhaltigen Entwicklung

Eine grundlegende und staatenübergreifende Orientierung für Bildungsprozesse in diesem Bereich liefert die *Agenda 2030 für nachhaltige Entwicklung (BNE)* (Vereinte Nationen, 2015) sowie das daraus resultierende gleichnamige Weltaktionsprogramm der UNESCO (2015–2019) (▶ Kap. 7, i. d. Bd.). Die Kultusministerkonferenz der

Länder in der Bundesrepublik Deutschland leitet die Fokussierung aus diesem globalen Anliegen für den schulischen Bildungsauftrag ab (Kultusministerkonferenz, 2016).

»Der Kerngedanke einer nachhaltigen Entwicklung ist, allen Menschen eine gleichberechtigte Teilhabe an materiellen, natürlichen und kulturellen Gütern zu ermöglichen. Diese Forderung gilt für alle Menschen weltweit heute und in Zukunft« (Schrüfer & Schockemöhle, 2012, S. 108).

Im ersten Bericht über die Umsetzung des Beschlusses an allgemeinen Schulen von 2016 findet sich u. a. die Einschätzung, dass von der »flächendeckenden und systematischen Verankerung der BNE in der Lehrkräftebildung in den Ländern noch nicht gesprochen werden kann« (2017, S. 6). In Deutschland werden diese Lernbereiche ausschließlich als eine Querschnittsaufgabe schulischer Bildung betrachtet. Um die äußeren strukturellen Rahmenbedingungen für die Umsetzung der Ziele zu schaffen, wird eine bessere schulische Verankerung der Themen unter Stärkung der Partizipation und der Gewinnung von außerschulischen Kooperationspartnern (▶ Kap. 11, i. d. Bd.) erwartet (Kultusministerkonferenz, 2017).

Finanzen, Verbraucherrecht und Marktgeschehen

Die Inhalte dieses Kernbereichs sind wesentlicher Bestandteil der *ökonomischen Bildung*, die u. a. auf eine *finanzielle Allgemeinbildung* ausgerichtet ist.

Die »finanzielle Allgemeinbildung bezeichnet den Prozess zur Entwicklung von Finanzkompetenz. Diese wird als die Summe von Einstellungen, Motivationen, Wertvorstellungen, Kenntnissen, Fähigkeiten und Fertigkeiten verstanden, die es einem Individuum ermöglichen soll, sich kompetent und mündig auf dem Finanzdienstleistungsmarkt zu orientieren, es befähigen, seine privaten Finanzen zu organisieren, entsprechend zu handeln und sich an der Analyse und Gestaltung der institutionellen Rahmenbedingungen des Finanzdienstleistungsbereichs zu beteiligen. Finanzielle Allgemeinbildung umfasst neben der Verbraucherperspektive auch die Unternehmensperspektive und die ordnungspolitische Dimension, um eine multiperspektivische Auseinandersetzung mit dem Finanzwesen, den Finanzprodukten und den darauf bezogenen institutionellen Rahmenbedingungen zu ermöglichen« (Kaminski & Friebel, 2012, S. 6).

Die Begriffsbeschreibung verdeutlicht die Interdisziplinarität des Kernbereichs und zugleich die Herausforderungen, in diesem Lebensbereich kompetent handeln zu können. Für die schulische Bildung im FSGE lassen sich Zugangsweisen benennen, die in der Tabelle 6.2 (▶ Tab. 6.2) aufgezeigt werden. Die Barrieren für diesen Lebensbereich sind vielfältig und z. T. in festen Strukturen verankert, so dass dieser Bereich der Verbraucherbildung aktuell als wenig bis irrelevant für die schulische Bildung im FSGE eingeschätzt werden könnte, wie auch die Untersuchungsergebnisse von Demir (2019) andeuten. Dagegen spricht der schulische Bildungsauftrag (vgl. u. a. Sekretariat, 2013). Die Liberalisierung der Märkte verstärkt den Bedarf zur Orientierung in der Alltagswelt. Finanzielle Un- oder Teilselbständigkeit, Bedienungshürden in der *Hightech-Küche* (▶ Kap. 9, i.d. Bd.) oder die Benutzung digitaler Medien können nicht nur durch Bildung erschlossen, sondern ebenso in ihrer Weiterentwicklung unter dem Aspekt der Barrierefreiheit beeinflusst werden, auch wenn nicht allen Menschen mit BgE alle Möglichkeiten gleichermaßen zuteilwerden. Lernzugänge werden in der Tabelle 6.2 (▶ Tab. 6.2) eröffnet.

Medien und Information

Medienkompetenz ist das erklärte Ziel des Kernbereichs. Medienkompetenz umfasst technische Kompetenzen (als Fähigkeit zur Bedienung und Vermittlung), kulturelle Kompetenzen (als Fähigkeit, sich verschiedener Aneignungsstrategien zu bedienen), soziale Kompetenzen (als Fähigkeit, sich der medienadäquaten Kommunikationsformen bedienen zu können) und reflexive Kompetenzen (als Fähigkeit, Informationen sachlich und richtig einzuschätzen) (Bosse, 2013). Die Begriffsbeschreibung verdeutlicht die Vielschichtigkeit der zu konzipierenden Bildungsangebote, die weit über die Vermittlung von Fachkompetenzen hinausgehen.

Lernanlässe zu diesem Kernbereich sind vielfältig auffindbar, denn viele Menschen mit BgE nutzen digitale Medien aus verschiedenen Anlässen heraus (Bosse & Hasebrink, 2016). Erfahrungen aus Modellprojekten zeigen, dass sich Schüler bereits mit einer hohen intrinsischen Motivation diesen Lerngegenständen zuwenden. Bosse und Hasebrink (2016) stellen zwar keine Unterschiede in der Motivationslage zu Untersuchungsgruppen von Menschen mit anderweitigen Beeinträchtigungen fest, konstatieren jedoch eine starke Differenz in Bezug auf die tatsächliche Nutzung von Medien, die weit unter der Häufigkeit anderer Gruppen liegt. Das »Zusammenspiel von Beeinträchtigung, Lebensbedingungen, Barrieren und [Zugang zu] Hilfsmitteln« (Bosse & Hasebrink, 2016, S. 102) sind entscheidende Faktoren für die Teilhabe an der Mediennutzung, so dass u. a. ein Bildungsanspruch, der individuell mögliches Lernverhalten zu berücksichtigen hat, ableitbar ist. Die damit verbundene Forderung richtet sich nicht ausschließlich auf die Adaption von Bedienungselementen der Hardware (i. w. S.) oder der Anschauungs- bzw. Repräsentationsebenen von Software (i. w. S.), sondern gleichermaßen auf die Befähigung zur Anwendung. Denk- und Handlungsmuster können vornehmlich entstehen durch Nachahmendes Lernen (Modelllernen), durch sprachliche Verarbeitung und wiederholte Handlungsausführungen in der Einheit von Denken, Sprache, Bewegung und Emotion. Bosse & Hasebrink (2016) verdeutlichen, dass in der untersuchten Praxis Konzepte bei der Unterstützung in der Medienbildung fehlen, die die aufgezeigten Barrieren thematisieren. Kolshorn problematisiert in diesem Band das Lernfeld für die schulische Bildung von Kindern und Jugendlichen mit Unterstützungsbedarf im Schwerpunkt Geistige Entwicklung und zeigt Möglichkeiten zur Gestaltung von Lernangeboten auf (▶ Kap. 10, i. d. Bd.).

Gesundheit und Ernährung

Subjektive Haltungen und Handlungskonzepte zur Gesundheit gehören zur gesicherten Lebensqualität. Die Befähigung zu einem höheren Maß an Selbstbestimmung über eigene gesundheitsbezogene Belange ist ein zentrales Anliegen der Gesundheitsförderung. Der Zusammenhang von Gesundheit und Ernährung sowie die Auswirkungen von Fehlverhaltensweisen sind durch die Gesundheitsberichte über

Kinder und Jugendliche in Deutschland hinlänglich bekannt. Heindl stellt diesen Bezug her und merkt an, dass »weltweit, insbesondere in den Industrie-, aber auch in den Schwellenländern Ernährung sich zu einem gravierenden gesundheitlichen und gesellschaftlichen Problem entwickelt« (2011, S. 187). Risikoverhaltensweisen wie Bewegungsmangel oder Fehlernährung tragen dazu bei. Kantor (2011) berichtet, dass Menschen mit Beeinträchtigung der geistigen Entwicklung doppelt so hoch von Übergewicht und Adipositas betroffen sind wie der Rest der Bevölkerung. Syndromspezifika und die Einnahmen von Pharmazeutika sind nicht selten eine Ursache dafür, deren negative Folgen durch fehlende Gesundheitskompetenz begünstigt werden (Schanze, 2014). Mit zunehmender Selbstständigkeit von Menschen mit Beeinträchtigung der geistigen Entwicklung zeigen sie gesundheitsschädigendes Verhalten (Schanze, 2014). Die erschwert auszubildende Fähigkeit zur Selbstreflexion, mit der eigenen Gesundheit verantwortlich umzugehen, kann als eine Folge dieser Entwicklung angenommen werden. Selbstreflexionsprozesse zur Selbststeuerung zu optimieren ist eine (sonder-)pädagogische Bildungsaufgabe, wenn sich Zielsetzungen des Empowerments auf der personalen Ebene verwirklichen sollen (▶ Kap. 5). Diese Zielsetzungen erhalten, so auch im Bereich Gesundheit und Ernährung, noch nicht den Stellenwert in der praktischen Arbeit, der ihnen zukommen müsste. Denn zu den benannten Gefährdungen und gesundheitsschädlichen Entwicklungen kommt hinzu, dass »private Gesundheitsvorstellungen von Fachkräften nicht selten den Gesundheitshorizont der ihnen anvertrauten Personen definieren« (Walther, 2019, S. 8). Malzahn (2019) untersucht in Anlehnung an die zwölf bildungspolitisch formulierten Themen zum Kernbereich Gesundheit und Ernährung (Sekretariat, 2012) die Häufigkeit ihrer Berücksichtigung im Unterricht für Schüler mit Beeinträchtigung geistigen Entwicklung. Daraus ergibt sich eine Rangfolge der häufig unterbreiteten Lernangebote zu den Themen des Kernbereichs Gesundheit und Ernährung: 1. Ernährung, 2. Bewegung, 3. Mobbing und soziales Lernen, 4. Hygieneerziehung, 5. Entspannung in Spiel- und Ruhebereichen.

Nicht oder nicht bewusst verfolgt wurden die Themenschwerpunkte: Stressprävention, Lärmprävention, Lern- und Arbeitsplatzgestaltung (Malzahn, 2019). Die befragten Lehrkräfte geben jedoch an, Elemente zur Unterstützung der Bewegung, der Ernährung und Entspannung/Stressbewältigung täglich in den Unterricht einfließen zu lassen. Aus der Studie von Malzahn (2019) ist zu schlussfolgern, dass die klassischen Themen des Hauswirtschaftsunterrichts in der schulischen Bildung, die in diesem Kernbereich abgebildet sind, zielgerichtet beachtet werden. Lehrkräfte an FSGE gaben an, zur Kompetenzbildung in diesem Lernbereich folgende Schwerpunkte zu verfolgen: 1. Unterschiedliche Lebensmittelarten benennen können, 2. ein Gericht zubereiten können, 3. Wissen über gesunde Ernährung besitzen, 4. Den Unterschied zwischen Fertigprodukten und frischen Produkten kennen, 5. Mehrere Gerichte zubereiten können (Möck, 2015). Der Beitrag der Pädagogik zu einer subjektiven Gesundheitsvorstellung wird dabei bisher weniger in Betracht gezogen als die ohne Zweifel wichtige Basis der Vermittlung von Sachwissen. Auch in bildungspolitischen Empfehlungen dominieren normative Gesundheitsvorstellungen.

Eine Sensibilität zum ausgewogenen und bedarfsorientierten Verhältnis zu allen Elementen der Verbraucherbildung im Kernbereich Gesundheit und Ernährung ist nicht vorzufinden.

Die befragten Lehrkräfte schätzen ein, dass Rahmenbedingungen der Schulen zu ungünstigen Bedingungen in der Umsetzung der Zielstellungen zur Gesundheitsförderung beitragen (Malzahn, 2019.). Zu diesen Faktoren zählen die geringe Anzahl von Ruhezonen, die fehlende Trennung von Arbeits- und Pausenräumen, fehlende sinnvolle Pausenangebote, ungesunde Zusammenstellungen des Schulessens und geringe Flexibilität von Schulstrukturen (ebd.).

Die enge Beziehung zwischen lebenspraktischer, an der Lebenswelt orientierten Bildung und Verbraucherbildung wird offensichtlich. Beide Ansätze sind sowohl eigenständige Konzepte als auch Pool für Lerninhalte und mögliche didaktische Leitlinien zur Organisation von Lernhandlungen aufzufassen. Sie beruhen auf Erfahrungen und der Teilhabe an der sozialen, gegenständlichen und prozesshaften komplexen Lebenswelt. Kinder nehmen in der Primärsozialisation die Lebenspraxis ihrer Eltern auf. »Vorlieben, Haltungen und Umgangsformen der Eltern gegenüber Lebensmitteln, Kochen und Formen des Genusses, ... grundlegende Techniken der Nahrungszubereitung und Aufnahme, ... Ort und Zeit der Nahrungsaufnahme, ... soziale, kulturelle und religiöse Bedeutung von Lebensmitteln, die Belohnung durch Lebensmittel bei erwünschtem Verhalten« (Meyer, 2019, S. 204) kennzeichnen eine sozialisationstheoretische Perspektive für den Kernbereich Gesundheit und Ernährung. Seit jeher wurde die »Lebenspraktische Bildung und Erziehung zu einem zentralen Begriff der Geistigbehindertenpädagogik mit multiplem Bedeutungsgehalt«, der sowohl den Alltagsbezug der Lerninhalte als auch das didaktische Vorgehen durch »vornehmlich ganzheitliches Lernens in Sach-, Sozial und Wertzusammenhängen« berücksichtigen sollte (Grüning, 2007b, S. 204). Die Konzeptualisierung der Verbraucherbildung lässt sich durch das Lernverhalten der Schüler und den darauf basierenden grundlegenden didaktischen Modellen für den Unterricht (Speck, 2018) bestimmen. Eine grundlegende Orientierung an den Zielsetzungen im Rahmen der Gesundheitsförderung könnten die Komponenten des systemischen Modells der Salutogenese vermitteln (Antonovsky, 1997). Salutogenese (Wissenschaft von der Entstehung der Gesundheit) ist als Ergänzung zur Pathogenese (Wissenschaft von der Entstehung von Krankheit) zu sehen. Auch wenn die Grundannahmen zum Salutogenese-Ansatz noch nicht hinreichend wissenschaftlich begründet werden konnten, erscheint es nachvollziehbar, dass Kontrollüberzeugungen und Selbstwirksamkeitserwartungen eine zumindest stabilisierende Funktion in der Entwicklung von Empowerment-Fähigkeiten besitzen. Nach Faltermeier kann die Grundfrage der Salutogenese wie folgt formuliert werden: »Wie und unter welchen Bedingungen entsteht Gesundheit? Was erhält Menschen trotz vielfacher Risiken und gefährdender Bedingungen gesund?« (2017, S. 51). Von zentraler Bedeutung in diesem Modell sind die allgemeinen Widerstandsressourcen, die den Stressbewältigungsprozess erleichtern, und das Kohärenzgefühl, als Vermittler zwischen Ressourcen und erfolgreicher Bewältigung von Belastung (Faltermeier, 2017). Mit dem Kohärenzgefühl ist die Überzeugung eines Menschen gemeint, dass das eigene Leben trotz Belastungen sinnvoll ist und als bedrohlich bewertete Probleme lösbar sind (Faltermeier, 2017). Diese Einsicht erfordert kognitive und emotionale Kompetenzen der Selbstreflexion. Schüler sollten also lernen dürfen, dass ihr Kohärenzgefühl und der Einsatz ihrer Ressourcen bei der Bewältigung von Stressoren helfen können, ihre Resilienz zu stärken. Die damit verbundene Erwartung zur Kompetenzentwicklung in diesen Lernfeldern und Entwicklungsbereichen sonderpädagogischer Unterstützung sind nicht nur auf die selbsttätige und weitestgehend selbständige Bewältigung von Anforderungen im schulischen und außerschulischen Umfeld gerichtet, sondern fordern die Schüler, Entscheidungen kritisch und damit bewusst zu reflektieren. Die Lerninhalte sind so aufzubereiten, dass sie Potenziale für kognitive, volitionale, motorische und sprachliche Aktivität bieten, aber auch die Möglichkeit zur Ausbildung von wertorientierten Grundhaltungen.

Mit der Verbraucherbildung sind folglich zentrale sonderpädagogische Bildungsaufgaben verbunden, die bislang teilweise ausschließlich in der familialen Erziehung verankert waren und es parallel zur schulischen Bildung auch weiterhin sein sollten. Die eingeforderte Verknüpfung der Verbraucherbildung mit allen Bereichen des Lebens bietet Anlässe zur Systematisierung von Wissen (Sekretariat, 2013), die Einfluss auf die Qualität von Handlungskompetenzen nehmen sollte.

6.3 Theorie-Praxis-Transfer

Auf der Grundlage verschiedener zitierter Studien wird die »Lehrerfortbildung als Lösungsansatz« für die stärkere Verankerung der Verbraucherbildung in den Schulen präferiert (Sekretariat, 2013, S. 58). Als Theorie-Praxis-Transfer sollen daher die in diesem Kapitel ausgewählten Kompetenzziele exemplarisch Lerngegenständen der Verbraucherbildung zugeordnet werden, um Anregungen für Unterrichtskonzepte zu vermitteln: Die Beispiele sind so gewählt, dass heterogene Lernausgangslagen Berücksichtigung finden. Die Kompetenzziele werden für den Einzelfall eine Schwerpunktmodifizierung erforderlich machen. Unter Berücksichtigung von Lernverhaltensweisen sowie Lern- und Stresstypen bei Beeinträchtigung der geistigen Entwicklung erscheint es von Vorteil, Lerngegenstände sowohl mittelfristig in Unterrichteinheiten bzw. Vorhaben als auch immanent für den Unterricht mit anderen Schwerpunktthemen vorzusehen. Das sollte unabhängig von der in der Schulart vornehmlichen Unterrichtsorganisation gesichert sein. In den Abbildungen 6.1 bis 6.4 werden die Ziele den Kompetenzbereichen Personal- bzw. Ich-Kompetenz (P), Fachkompetenz (F), Sozialkompetenz (S) und Methodenkompetenz (M) zugeordnet.

6.3.1 Bildung für nachhaltige Entwicklung in der Ziel-Inhalt-Dimension von Unterricht

Ausgangspunkt sind persönlich bedeutsame Alltagsgeschehnisse, die, soweit als individuell sinnvoll, in ihren systemischen Bezügen betrachtet werden sollten. Die Beispiele in Tabelle 6.1 sind zwar fiktiv ausgewählt, könnten aber an Bedarfslagen anknüpfen und Teilhabeoptionen offerieren.

Tab. 6.1: Ausgewählte Kompetenzziele und Lerngegenstände zur Bildung für nachhaltige Entwicklung

(Ausgewählte) Kompetenzziele	(Mögliche) Lerngegenstände im Unterricht
Eigene Bedürfnisse definieren und kommunizieren (P, S),	Tagebuchführung, Unterstützungsmaterialien (Symbolkarten, Handpuppen)
Lebensorte für die Bedürfnisbefriedigung erkunden (P, F)	Wohn- und Berufsmöglichkeiten, urbane und rurale Lebensräume, Pro - Contra - Listen
Sich für einen Lebensort entscheiden (P, M)	Besichtigungen, Probewohnungen, Praktika
Nachhaltigkeit der Entscheidung überprüfen (P, M)	Müllentstehung und Müllentsorgung; Ausflugsplanung unter dem Aspekt von Nachhaltigkeit (Umwelt, Wirtschaft, Soziales), Einkauf unter Berücksichtigung von Verpackungsmaterial

Für den Lerngegenstand *Urbane und rurale Lebensräume* sieht Demir (2019) eine Unterrichtskonzeptentwicklung vor, die Fragestellungen auf der Grundlage der ausgeführten Didaktischen Analyse (Klafki, 2007) in den Mittelpunkt rücken:

Was brauche ich zum Leben? Wo finde ich den Ort zur Befriedigung meiner Bedürfnisse? Warum würde ich mich für diesen Ort entscheiden? Was benötige ich, um meine Bedürfnisse zu erreichen? Ist meine Entscheidung für einen Wohnort nachhaltig?

Am persönlich relevanten exemplarischen Fall der Verkehrsanbindung des auszuwählenden Wohnortes lässt sich die Nachhaltigkeit in Bezug auf Ökonomie, Ökologie und Soziales auf der enaktiven, ikonischen und symbolischen Repräsentationsebenen des Lerngegenstandes (Bruner, 1974) abwägen und Schlüsse für das eigene Handlungskonzept ziehen. Für den ausgewählten Lerngegenstand zur Bildung der nachhaltigen Entwicklung sieht Demir (2019) Differenzierungen des Unterrichts zum Thema vor, die grundlegende Repräsentationsebenen (Bruner, 1974) in der Organisation der Lernprozesse vorsehen: *enaktiv*: Gegenstände anzeigen, die subjektives Wohlbefinden im Wohnbereich repräsentieren; potenzielle Wohnräume besichtigen; Verkehrsmittel zum potenziellen Wohnobjekt benutzen; *ikonisch*: Bilder von erwünschter Wohneinrichtung herstellen und auswählen; Sammeln von Argumenten zur persönliche Relevanz von Ausstattungsgegenständen der Wohnung mittels Farbtafel; repräsentative Bilder zu den Themen Ökologie, Ökonomie und Soziales den ausgewählten Optionen zuordnen; *symbolisch*: laut- bzw. schriftsprachliches Formulieren von Wünschen; Notizen zu Vor- und Nachteilen zu möglichen Optionen aus Sicht der Ökologie, Ökonomie und des sozialen Bereichs.

Eine weiterführende Akzentuierung der Konzeptualisierung der Bildung für nachhaltige Entwicklung zeigt Westphal (▶ Kap. 7, i. d. Bd.) auf.

6.3.2 Finanzen, Verbraucherrecht und Marktgeschehen in der Ziel-Inhalt-Dimension von Unterricht

Das unmittelbare Lebensumfeld hält eine Vielzahl von Herausforderungen bereit, die für Teilhabeprozesse von Bedeutung sind. Eine Auswahl an Lerngegenständen und den daran aktivierbaren Kompetenzen enthält Tabelle 6. 2.

Tab. 6.2: Ausgewählte Kompetenzziele und Lerngegenstände zur Bildung im Kernbereich Finanzen, Verbraucherrecht und Marktgeschehen

(Ausgewählte) Kompetenzziele	(Mögliche) Lerngegenstände im Unterricht
Geld als Zahlungsmittel verwenden können (P, S, F, M)	Preisvergleich, Warenzahlung, Banken und Sparkassen, Lohnzahlungen
Konsument und Produzent im Marktgeschehen sein (F, M, P, S)	Schulinterner Produkterwerb: Rollenspiel, Schulkiosk, Schulfest, Flohmarkt; schulexterner Produkterwerb, Einkauf im Internet, Finanzhaushalt in Schülerfirmen, Einkaufsliste nach Budget
Rechte als Verbraucher kennen und seine Rechte geltend machen können (F, M, S, P)	Gewährleistungsrechte, Widerrufsrechte, Kundeninformationen, Reklamationen und Umtausch, Arbeit der Verbraucherzentralen, Arbeit von Mietervereinigungen

Die Kompetenzziele in Tabelle 6.2 sind neben der Vermittlung von Sach- und Methodenkompetenz vor allem an Sozialkompetenzen gebunden. Ihre Beobachtung in der Alltagswelt (Modellwahrnehmung und Abgleich mit dem eigenen Wertesystem), die Nachbereitung im Unterricht (Analyse) zum Nachvollziehen von Beweggründen des Handelns (kreative Lösungsfindung), die Entwicklung eines Informationsheftes (methodische Reihe; Vertiefung und Systematisierung), das Rollenspiel zur Übung von Verhaltensmustern (Anwendung in Laborsituation, Habitualisierung) bis hin zur weitestgehend begleiteten und selbständigen Anwendung in der Alltagsituation (Transferierung) sind gestaltbare Lernsituationen.

Exemplarisch wird die Bedeutung von Konsument und Produzent im Marktgeschehen aus dem Unterrichtskonzept von Demir (2019) zitiert. Der Aufbau der gleichnamigen Unterrichtseinheit sieht folgende Handlungsstruktur vor:

»1. Alle Schüler erhalten von der Bank eine Geldsumme aus ihren Ersparnissen. 2. Die Produkte [Shampoo, Zahnpasta, Kekspackung etc. in verschiedenen Verpackungsformen mit leeren Preisschildern] werden bereitgestellt. 3. Schüler entwerfen eigene Preise und werben an Verkaufsständen dafür. 4. Konsumenten entscheiden sich an Verkaufsständen für Produkte, 5. Reflexion des Rollenspiels zu Kaufbegründungen, zum Vergleich erworbener Produkte, zu Handlungsalternativen und zu Folgen des Kaufs anhand des verbliebenen Geldes« (Demir, 2019, S. 58).

Die Komplexität des Lernangebotes zeigt, dass es zur Orientierung im Alltagsleben und zur Teilhabe am ökonomischen Prozess nicht mehr hinreichend sein kann, zum

Einkauf in den Supermarkt zu fahren und nach Rezepten zu kochen, wenn Schüler in die Empowerment-Position versetzt werden sollen, sich im Marktgeschehen so orientieren zu können, dass ihre finanzielle Allgemeinbildung Grundlage des Handelns wird. Die umfassendere Teilhabe von Menschen mit Beeinträchtigung am Marktgeschehen wird Hersteller und Verkäufer von Produkten herausfordern, sie stärker als Konsumenten wahrzunehmen und möglicherweise zu Schussfolgerungen gelangen lassen, Teilhabeprozesse zu vereinfachen.

6.3.3 Medien und Informationen in der Ziel-Inhalt-Dimension von Unterricht

Der Medienbegriff lässt Raum für die Auswahl vielfältiger Lerngegenstände, damit sich alle Schüler Möglichkeiten der medialen Bildung erschließen, die Angebote zur medialen Unterstützen Kommunikation einschließt, aber auch darüber hinausgehen soll.

Tab. 6.3: Ausgewählte Kompetenzziele und Lerngegenstände zur Medienbildung

(Ausgewählte) Kompetenzziele	(Mögliche) Lerngegenstände im Unterricht
Relevante Informationen filtern können (F, M, P)	PC-Recherchen; Bilder oder Berichte in Zeitungen und Werbematerial; Nachrichten, Interviewführung, Textanalysestrategien, Verbraucherhinweise
Medien sachgerecht bedienen und verstehen können (F, M, P)	Handyführerschein erwerben: Fotos hochladen, Apps-Erkundungen
Mediengebrauch steuern können (F, P)	Erfahrungsberichte, Suchmaschinen, Gefühle in der digitalen Welt, digitale und analoge Informationsangebote
Mit Medien kommunizieren können (P, S, M, F)	Persönliche und allgemeine Mitteilungen, Bilderbearbeitung

Die gegenständliche und soziale Lebenswelt bieten eine Vielzahl von möglichen Lerninhalten. Die Auswahl der Lerngegenstände sollten dem Schüler ermöglichen, diese mediale Unterstützung als bedeutsam zu reflektieren bzw. auch zu verdeutlichen, welche Medien-Angebote aktuell keine Relevanz für die Lösung des zu bearbeitenden Problems haben, um somit eine kritische Haltung zur Informationsflut über Medien zu entwickeln. Exemplarisch soll die Vorbereitung auf einen Werbefilm über die Schule ausgewählt werden (Demir, 2019). Für die Unterrichtsstunde zum Thema: *Vorbereitungen für ein Drehbuch* sind zahlreiche Informationen zu filtern (▶ Tab. 6.3). Die Handlungsstruktur lässt Differenzierungen unter Berücksichtigung der Aneignungsebene zu. So könnte ein Angebot auf der enaktiven Ebene der Anschauung eine Schulbesichtigung beinhalten. Für die ikonische Ebene bietet sich an, Fotografien über ausgewählte Orte in der Schule zu erstellen bzw. aus der Vielzahl von Fotografien geeignete auszuwählen. Die Aufgabenbearbeitung auf der symbolischen Ebene könnte durch bildliches, ganzwörtliches oder analytisch-synthetisches Aufschreiben geeigneter Orte, die gedächtnismäßig abgerufen und als gemaltes Bild, Druck, PC-Text oder handschriftlich erstellter Text produziert werden.

6.3.4 Gesundheit und Ernährung in der Ziel-Inhalt-Dimension von Unterricht

In Tabelle 6.4 werden Lerngegenstände benannt, die Möglichkeiten eröffnen, Kompetenzen mittels Verbraucherbildung im Kernbereich *Gesundheit und Ernährung* zu verfolgen.

Tab. 6.4: Ausgewählte Kompetenzziele und Lerngegenstände zur Gesundheitsförderung

(Ausgewählte) Kompetenzziele	(Mögliche) Lerngegenstände im Unterricht
Nahrungsmittel kennen und nach Verwendungszweck unterscheiden können	Einkaufslisten; Nahrungsauswahl nach Vorlieben, Qualität, Preis und Nährwert; Zubereitungsformen
Gesundheitsfolgen von Nahrungsmitteln kennen	Ernährungspyramide; Nahrungsmittelkette; Lebensmittelprüfung
Signale körperlicher und psychischer Gesundheitsgefährdung wahrnehmen können	Einblicke in die Funktion des menschlichen Körpers
Mit gesundheitlichen Einschränkungen umgehen können; Verantwortung für sich übernehmen und Maßnahmen zur Selbstpflege und Hygiene einhalten können	Ernährungsplan; universelle und gesundheitsbedingte (Selbst-)Pflege; allgemeine Selbstpflege (Kleidung, Gesundheitsprävention)
Mit freiverfügbarer Zeit verantwortungsbewusst umgehen können	Verhaltenscodex für Pausenzeiten zur Lärmregulation; Angebote zur Nutzung frei verfügbarer Zeit in Schul- bzw. Lernpausen
Ernährungswissen in Schulklassen und Kommissionen zum Speiseplan anwenden	Mitbestimmung des Schulessen nach Vorlieben, Religion und Gesundheit
Überbeanspruchung reflektieren und kommunizieren; Handlungsmuster für Erholungszeit entwickeln und habitualisieren	Pausenzeiten bei hoher Stressbelastung; Rituale; Entspannungsangebote
Eigen- und Mitverantwortung für äußere Ordnung an Lern- und Arbeitsplätzen übernehmen	Ordnungssysteme für Arbeitstische, Schülerfächer

»*Health Literacy* [ist] ein Bestandteil von Empowerment und umfasst die kognitive und soziale Fähigkeit, die Individuuen benötigen, um Informationen zu erschließen, zu verstehen und diese effektiv zur Gesunderhaltung zu nutzen« (Schaeffer & Pelikan, 2017, S. 17, in: Bössing, Schrooten & Tiesmeyer, 2019, S. 77). Im Grundkonzept zur Gesundheitsförderung entwickelt Malzahn (2019) auf der Basis der durch Health Literacy bezeichneten Konzeptanforderungen Unterrichtsangebote, die für die Ziel-, Inhalts- und Handlungsstruktur entwickelt werden. Für den Schwerpunkt *Ernährung* werden folgende Überlegungen eingebracht:

> »Körperumrisse aufmalen, Körperdimensionen einschätzen, Körperbeweglichkeit testen, Finger- und Handmassagen, menschliche Organe als Applikation herstellen und Körperpuzzle erstellen, Lebensmittelgruppen erkunden, Portionsgrößen messen, Elternfrühstück nach der Ernährungspyramide gestalten, Tischsets mit Lieblingsspeisen produzieren« (Malzahn, 2019, S. 60–61).

Die Auswahl der Lernangebote in den Tabellen lässt sich zu den erläuterten Kernbereichen beliebig erweitern. Die Unterrichtskonzeption kann mit den fachwissenschaftlich fundierten Leitideen der PBgE (Selbstbestimmung, Teilhabe/Inklusion, Empowerment, Sicherung der Lebensqualität) begründet werden.

Literatur

Antonovsky, A. (1997): *Salutogenese. Zur Entmystifizierung der Gesundheit.* Deutsche Heraugabe von Alexa Franke. Tübingen: dgvt-Verlag.
Bosse, I. (Hrsg.) (2013): *Medienbildung im Zeitalter der Inklusion.* Düsseldorf: Landesanstalt für Medien Nordrhein-Westphalen.
Bosse, I. & Hasebrink, U. (2016): *Mediennutzung von Menschen mit Behinderung – Forschungsbericht.* Aktion Mensch e.V. & die medienanstalten (Hrsg.), Bonn, Berlin.
Bössing, C., Schrooten, C. & Tiesmeyer, K. (2019): Barrieren in der gesundheitlichen Vorsorge von Menschen mit Lernschwierigkeiten. In: K. Walther & K. Römisch (Hrsg.), *Gesundheit inklusive: Gesundheitsförderung in der Behindertenarbeit* (S. 51–87), Wiesbaden: Springer VS.
Bruner, J. S. (1974): *Entwurf einer Unterrichtstheorie.* Berlin: Berlin Verlag
Ciompi, L. (1997): *Die emotionalen Grundlagen des Denkens. Entwurf einer fraktalen Affektlogik.* Göttingen: Vandenhoeck & Ruprecht.
Ciompi, L.(2008): Affektlogik und die soziale Dimension. In: H. Stoffels, (Hrsg), *Soziale Krankheit und soziale Gesundung. Beiträge zur medizinischen Anthropologie* (S. 34–49), Bd. 6. Würzburg: Königshausen und Neumann.
Demir, D. (2019): *Grundkonzept zur Verbraucherbildung im Förderschwerpunkt Geistige Entwicklung.* Unveröffentl. Master-Thesis, Flensburg: Europa-Universität Flensburg.
Faltermeier, T. (2017): *Gesundheitspsychologie* (2., überarbeitete Auflage). Stuttgart: Kohlhammer.
Feuser, G. (1998): Gemeinsames Lernen am Gemeinsamen Gegenstand. In: A. Hildeschmidt & I. Schnell (Hrsg.), *Integrationspädagogik* (S. 19–36). Weinheim: Juventa.
Geest-Rack, S. (2013): *Ernährungsbildung an Berliner Grundschulen – Studie zur Qualität des Unterrichts und zur Professionalisierung des pädagogischen Personals – Analyse und Strategien.* Dissertationsschrift, Berlin: Technische Universität https://depositonce.tu-berlin.de/bistrem/11303/4130/1/geest_rack_silke.pdf, Zugriff am 20.02.2019
Grabowsky, N. (2014): *Lebenspraktische Bildung im inklusiven Unterricht.* Unveröffentl. Master-Thesis. Flensburg: Europa-Universität Flensburg.
Grüning, E. (2007a): Beanspruchungen in Alltagssituationen bei Schülerinnen und Schülern mit geistiger Behinderung. In: *Sonderpädagogik*, Bd, 37 (1), 3–15.

Grüning, E. (2007b): Lebenspraktische Bildung. In: G. Theunissen, W. Kulig, & K. Schirbort (Hrsg.), *Handlexikon Geistige Behinderung* (S. 204 –205). Stuttgart: Kohlhammer.
Grüning, E. (2014): Faktoren der Ein- und Umschulung in Förderzentren mit dem Schwerpunkt Geistige Entwicklung in Schleswig-Holstein. In: *Heilpädagogische Forschung*, Bd. 40 (3), 119–132.
Havemann, M. & Stöppler, R. (2014): *Gesundheit und Krankheit bei Menschen mit geistiger Behinderung*. Stuttgart: Kohlhammer.
Hecht, K. & Grüning, E. (2007): Diagnostik der Selbstregulation emotionaler Prozesse bei Schülern mit geistiger Behinderung. In: *Heilpädagogische Forschung*, Band XXXIII (2), 77–87.
Heindl, I. (2010): Reform der Ernährungs- und Verbraucherbildung an Schulen – Vorreiterrolle Schleswig-Holstein im Bundesgebiet. www.uni-flensburg.de/ihl/downloads/verbraucher bildung.pdf, Zugriff am 13.05.2015
Heindl, I., Methfessel, B. & Schlegel-Matthies, K. (2013): Ernährungssozialisation und -bildung und die ›Entstehung einer kulinarischen Vernunft‹. In: A. Ploeger, G. Hirschfelder & G. Schönberger (Hrsg.), *Zukunft auf dem Tisch* (S. 187–202). Wiesbaden: VS Verlag Springer.
Institut für Markt-Umwelt-Gesellschaft (IMUG) (2013): Praxisorientierte Bedarfsanalyse zur schulischen Verbraucherbildung, Abschlussbericht. Eine Studie erstellt im Auftrag der Deutschen Stiftung Verbraucherschutz. Hannover, http://www.verbraucherstiftung.de/praxisorientierte-bedarfsanalyse-zur-schulischen-verbraucherbildung, Zugriff am 02.04.2019
Kaminski, H. & Friebel, S. (Hrsg.) (2012): *Arbeitspapier »Finanzielle Allgemeinbildung als Bestandteil der ökonomischen Bildung«*. Oldenburg: Institut für Ökonomie.
Klafki, W. (2007): *Neue Studien zur Bildungstheorie und Didaktik: Zeitgemäße Allgemeinbildung und kritisch-konstruktive Didaktik*. Weinheim: Beltz.
Kompetenzzentrum für Ernährung an der Bayrischen Landesanstalt für Landwirtschaft (2018): Erhebung zur Ernährungsbildung in Schulen. Analyse unterrichtsbegleitender Materialien und Schulbücher Befragung zur Ernährungsbildung in allgemeinbildenden Schulen, aktualisierte Version. http://www.kern.bayern.de/abschlussbericht_des_projketes_ernährung_in_schulen_pdf.,Zugriff am 20.05.2019
Kultusministerkonferenz (2015): Bericht zur Verbraucherkompetenz von Schülerinnen und Schülern. (Von der Kultusministerkonferenz am 03.12.2015 und von der Verbraucherschutzministerkonferenz am 22.04.2016 zur Kenntnis genommen.). https://www.kmk.org/fileadmin/Dateien/veroeffentlichungen_beschluesse/2015/2015_12_03-Bericht-Verbraucherbildung-VSMK-KMK.pdf, Zugriff am 21.06.2019
Kultusministerkonferenz (2017): Zur Situation und zu Perspektiven der Bildung zur nachhaltigen Entwicklung. Bericht der Kultusministerkonferenz vom 17.03.2017. https://www.kmk.org/fileadmin/Dateien/veroeffentlichungen_beschluesse/2017/2017_03_17-Bericht-BNE-2017.pdf, Zugriff am 30.04.2019
Lackmann, J. (Hrsg.) (2002): *Verbraucherpolitik und Verbraucherbildung. Beiträge für einen nachhaltigen Verbraucherschutz*. Weingarten: Pädagogische Hochschule.
Ministerium für Bildung und Frauen des Landes Schleswig-Holstein (2009): Fachliche Konkretionen Verbraucherbildung. http://www.evb-online.de/aus_den_laendern/sh_Lehrplan_._Verbraucherbildung_._fachliche_konkretionen-pdf., Zugriff am 03.05.2019
Malzahn, J. (2019): *Gesundheitsförderung für Schülerinnen und Schüler im Förderschwerpunkt Geistige Entwicklung*. Unveröffentl. Master-Thesis. Flensburg: Europa-Universität-Flensburg.
Meinhold, R. (2001): *Lifestyle und Selbstverwirklichung auf dem Weg zur Nachhaltigkeit?* Weingarten. Pädagogische Hochschule Weingarten.
Meyer, C. (2019): Über die (noch zu unsichere) Bedeutung des Essens für 12, 77 Millionen Menschen. In: K. Walther & K. Römisch (Hrsg.), *Gesundheit inklusive: Gesundheitsförderung in der Behindertenarbeit* (S. 199–228), Wiesbaden: Springer VS.
Jank, W. & Meyer, H. (2002): *Didaktische Modelle*, (13. Auflage) Berlin: Cornelsen.
Möck, M. (2015): *Verbraucherbildung am Förderzentrum mit dem Schwerpunkt geistige Entwicklung*. Unveröffentl. Master-Thesis. Flensburg: Europa-Universität Flensburg.
Robert-Koch-Institut (2018): Journal of Health Monitoring – KIGGS Welle 2 Gesundheitsverhalten von Kindern und Jugendlichen. Berlin, https://www.rki.de/DE/Content/Gesundheitsmonitoring/Gesundheitsberichterstattung/GBEDownloadsJ/Journal-of-Health-Monitoring_02_2018_KiGGS-Welle2_Gesundheitsverhalten.pdf?__blob=publicationFile, Zugriff am 13.05.2019

Roth, G. (2011): *Bildung braucht Persönlichkeit*, (4. Auflage) Stuttgart: Klett-Cotta.
Sarimski, K. (2003): Kognitive Prozesse bei Menschen mit geistiger Behinderung. In: D. Irblich & B. Stahl (Hrsg.), *Menschen mit geistiger Behinderung: Psychologische Grundlagen, Konzepte und Tätigkeits*felder (S. 148–204). Göttingen: Hogrefe.
Schlegel-Matthies, K. (2004): *Verbraucherbildung im Forschungsprojekt REVIS–Grundlagen.* Paderborner Schriften zur Ernährungs- und Verbraucherbildung (Bd. 2), Paderborn: Universität Paderborn.
Schrüfer, G. & Schockemöhle, J. (2012): Nachhaltige Entwicklung und Geografieunterricht. In: J. B. Haversath, *Geografiedidaktik* (S. 107–132). Braunschweig: Bildungshaus Schulbuchverlage.
Sekretariat der ständigen Konferenz der Kultusminister der Länder in der Bundesrepublik Deutschland (Hrsg.) (2013): Verbraucherbildung an Schulen (Beschluss der Kultusministerkonferenz vom 12.09.2013), (http.kmk.org/fileadmin/Dateien/.../2013/2013_09_12-Verbraucherbildung.pdf) Zugriff am 18.04.2019.
Ständige Konferenz der Kultusminister der Länder in der Bundesrepublik Deutschland/Bundesministerium für wirtschaftliche Zusammenarbeit und Entwicklung (KMK/BMZ) (2016): Orientierungsrahmen für den Lernbereich Globale Entwicklung im Rahmen einer Bildung für nachhaltige Entwicklung. (https://www.kmk.org/fileadmin/veroeffentlichungen_beschluesse/2015/2015_06_00-Orientierungsrahmen-Globale-Entwicklung.pdf), Zugriff am 18.04.19
Vereinte Nationen, Generalversammlung (2015): Transformation unserer Welt: die Agenda 2030 für nachhaltige Entwicklung. https://www.un.org/Depts/german/gv-70/band1/ar70001.pdf, Zugriff am 20.05.2019
Walther, K. (2019): Einführung, Gesundheit inklusive: Gesundheitsförderung in der Behindertenarbeit. In: K. Walther & K. Römisch (Hrsg.), *Gesundheit inklusive: Gesundheitsförderung in der Behindertenarbeit* (S. 3–15), Wiesbaden: Springer VS.
Weitzig, S. & Wiepcke, S. (2017): Ansprüche an eine ökonomische Bildung von Menschen mit geistiger Behinderung – konzeptionelle Überlegungen und empirische Exploration (S. 220–223). In: Arndt, H. (Hrsg.), *Perspektiven der Ökonomischen Bildung.* Schwalbach/Ts.: Wochenschau-Verlag.

7 Bildung für nachhaltige Entwicklung und Globales Lernen im Förderschwerpunkt Geistige Entwicklung

Ilona Westphal

Auswirkungen der Globalisierung tangieren die Lebens- und Bildungsprozesse der Kinder- und Jugendlichen unmittelbar. Im Anschluss an die UN-Dekade »Bildung für nachhaltige Entwicklung« (BNE) wurde das Weltaktionsprogramm (WAP) BNE für die Laufzeit 2015 bis 2019 von der 37. Generalversammlung der UNESCO Ende 2013 verabschiedet. Das WAP unterstützt die am 01.01.2016 in Kraft getretene UN-Agenda 2030 mit dem offiziellen Titel »Transforming our world: The 2030 Agenda for Sustainable Development« (UN, 2015). Daran schließt sich das Programm »BNE 2030« an. Als pädagogische Antwort auf BNE entfaltet sich das »Globale Lernen« als unterrichtliches Handlungsfeld in der Pädagogik bei Beeinträchtigung der geistigen Entwicklung. Das neue Programm »BNE 2030« (DUK, 2020) dient dem Bildungskonzept Globales Lernen als Bezugsrahmen, welches sich konkret praktisch am Beispiel des inklusiven Bildungsmaterials »Blaues Wunder« (bezev, 2014) wiederfindet. Das Bildungsmaterial wurde unter Berücksichtigung aller Förderschwerpunkte entwickelt, um den Anforderungen einer heterogenen Schülerschaft gerecht zu werden. Aufgrund der Komplexität der Personengruppe soll eine kriteriengeleitete Erprobung in qualitativen Einzelfallstudien der Evaluation des Bildungsmaterials dienen, um im Hinblick auf die Anwendung im FSGE Ansätze zur Weiterentwicklung des Materials herauszustellen und zugänglich zu machen. Darüber hinaus sollen Lehrpersonen motiviert werden, Bildungsmaterialien für die Arbeit im inklusiven Setting zu modifizieren, sodass auch komplexe Themen zielgruppengerecht vermittelt werden können. Die Ergebnisse der vorliegenden Analysen zum »Blauen Wunder« werden in Form praktischer Tipps und einem daraus abgeleiteten Leitfaden zusammengefasst.

7.1 Einführung

Der Beitrag stellt das pädagogische Handlungsfeld »Bildung für nachhaltige Entwicklung« (BNE) und Globales Lernen mit seinen Zielen, Prämissen und möglichen Themenbereichen vor. Die Relevanz für den FSGE wird im Rahmen der UN-Behindertenrechtskonvention (UN-BRK) und der Agenda 2030 der Vereinten Nationen verdeutlicht und begründet. Der Einzug BNE-relevanter Thematiken in die Schulen ist nicht nur aus Innovationsgründen oder der Hoffnung auf mehr »Freude am Unterricht«, sondern primär basierend auf dem Recht auf Partizipation und

Mitbestimmung in der Weltgesellschaft unabdingbar (vgl. Westphal, 2020). Es existieren inzwischen viele Materialien, die Themen aus dem Bereich BNE/Globales Lernen aufgreifen, doch berücksichtigt kaum ein Angebot die Lernvoraussetzung von Schülerinnen und Schülern im FSGE. Für Lehrerinnen und Lehrer entsteht somit eine Barriere, die u. U. dazu führen kann, dass das eine Spektrum des Lern-Leistungsbereichs nicht (ausreichend) mitbedacht wird und somit vom Unterrichtsgegenstand ausgeschlossen wird. Es reicht schon lange nicht mehr aus, Schülerinnen und Schülern des FSGE reine Lebenspraxis im engeren Sinne zu vermitteln. Die Auseinandersetzung mit den Schlüsselproblemen der Welt (Klafki, 2007, S. 56 ff.) ist unverzichtbar zur Anregung von Empowerment-Prozessen. Nur durch das Wissen um bestimmte Sachverhalte kann Partizipation und Selbstbestimmung erlangt werden, wodurch *echte* Mitbestimmung und somit auch langfristig eine Steigerung von Lebensqualität initiiert werden kann. Um die Umsetzung dieser Leitprinzipien schulisch zu unterstützen, bedarf es geeigneter Bildungsangebote und -materialien. Der Verein »Behinderung und Entwicklungszusammenarbeit e.V.« (bezev) hat bereits mehrere Bildungsmaterialien herausgegeben, die sich als inklusiv bezeichnen. Die Materialien sind von Grund auf für heterogene Lerngruppen konzipiert. Eines davon ist das »Blaue Wunder« (bezev, 2014), das sich mit dem Thema »Wasser« beschäftigt. Materialien wie dieses bieten die Grundlage für pädagogische Neuorientierungen im Rahmen von Unterrichtsgestaltung. Alle BNE-Themenfelder bilden Zusammenhänge ab, die sich nicht an konkrete Unterrichtsfächer binden lassen. Sie bieten hervorragende Möglichkeiten für Projekte, in denen die Kompetenzerweiterung in lebensbedeutsamen Handlungsfeldern eine Rolle spielt. Zur Umsetzung von BNE im inklusiven Setting soll das »Blaue Wunder« bezogen auf den FSGE näher beleuchtet werden. Durch eine kriteriengeleitete Evaluation des Materials und der Erprobung ausgewählter Modulteile in sechs qualitativen Einzelfallstudien lassen sich Hinweise für die erfolgreiche Konzipierung bzw. Modifizierung bestehender Bildungsmaterialien ableiten. Impulse, Tipps sowie ein Leitfaden zur Annäherung an BNE-relevante Themen und Bildungsmaterialien sollen Lehrerinnen und Lehrer ermutigen, BNE-Themen im Unterricht mit Lernenden im FSGE aufzugreifen und auch komplexe Themen aufzubereiten.

7.2 Theoretischer Bezugsrahmen

7.2.1 UN-BRK

Gleichberechtigte Teilhabe für *alle* wurde mit der Verabschiedung der UN-BRK im Jahr 2006 auf Völkerrechtsebene verankert. Grüning konstatiert: »Eine Kategorisierung in teilhabeberechtigte und nicht teilhabeberechtigte Kinder an einem Bildungssystem ist mit keinem Menschenrecht begründbar« (Grüning, 2012, S. 195). Im schulischen Kontext ist der Artikel 24 (Bildung) wohl der bekannteste der Konvention. Die Erfüllung des Artikels 24 (1) c hängt erheblich von den Lehrpersonen ab: »Menschen mit Behinderungen zur wirklichen Teilhabe an einer freien Gesellschaft zu befähigen« (BMAS, 2010, S. 51). Schließlich entscheiden sie im recht großzügig gesteckten Rahmen der Lehrpläne und Curricula welche Inhalte und somit auch welcher *Bildungsgehalt* (Klafki, 2007, S. 114 ff.) tatsächlich vermittelt wird. Der Artikel 21 (Recht der freien Meinungsäußerung, Meinungsfreiheit und Zugang zu Informationen) besagt:

> »Die Vertragsstaaten treffen alle geeigneten Maßnahmen, um zu gewährleisten, dass Menschen mit Behinderungen das Recht auf freie Meinungsäußerung und Meinungsfreiheit, einschließlich der Freiheit, Informationen und Gedankengut sich zu beschaffen, zu empfangen und weiterzugeben, gleichberechtigt mit anderen (…) ausüben können (…)« (BMAS, 2010, S. 51).

Um also diesen Forderungen gerecht zu werden, muss die unterrichtliche Implementierung globaler und gesellschaftlicher Themen in all ihren Zusammenhängen garantiert werden. Inzwischen wurde das Wahlrecht von Menschen mit Behinderung mit »Betreuung in allen Angelegenheiten« diskutiert. Das höchste Deutsche Gericht entschied 2019 im Eilverfahren, dass das inklusive Wahlrecht schon ab der Europa-Wahl am 26. Mai 2019 gültig ist (Zeit online, 15. April 2019). Um den Artikel 29 (Teilhabe am politischen und öffentlichen Leben) nicht nur formal zu bedienen, sondern z. B. die Wahlteilnahme *aller* auch praktisch zu ermöglichen, bedarf es einer Bildung, in der die globalen Schlüsselprobleme von zentraler Bedeutung sind (Klafki, 2007, S. 56 ff.). Die dem FSGE angemessene Aufbereitung und Elementarisierung relevanter Bildungsinhalte kann den benötigten Informationszugang gewährleisten (Terfloth & Bauersfeld, 2015, S. 85 ff.).

7.2.2 UN-Agenda 2030

Am 01. Januar 2016 ist die im Jahr 2015 verabschiedete »Agenda 2030 für nachhaltige Entwicklung« der Vereinten Nationen in Kraft getreten. Die UN-Agenda 2030 bietet Handlungsanweisungen für eine nachhaltige Entwicklung der Welt in den drei Bereichen Soziales, Umwelt und Wirtschaft, dabei bietet sie Empfehlungen, ohne geltendes Recht zu sein (BMZ, 2016; UN, 2015a). Die Agenda knüpft an die Millenniumsziele an, zeigt sich jedoch mit ihren 17 Hauptzielen als deutlich differenzierter. Diese werden Nachhaltigkeitsziele (Sustainable Development Goals, SDGs) genannt und sind in 169 Unterziele untergliedert. Den Rahmen bilden die fünf Kernbotschaften, auch die *Five Ps* genannt:

- *People* (die Würde des Menschen im Mittelpunkt),
- *Planet* (den Planeten schützen),
- *Prosperity* (Wohlstand für alle fördern),
- *Peace* (Frieden fördern) und
- *Partnership* (Globale Partnerschaften aufbauen).

Die Ziele der Agenda richten sich nicht wie die Millenniumsziele primär an die Länder des globalen Südens, sondern an *alle* Länder der Erde. Fast jedes der Nachhaltigkeitsziele (SDG 1, 2, 3, 4, 5, 6, 7, 8, 9, 10, 11, 16) berücksichtigt Menschen mit Behinderung direkt oder indirekt – ganz bewusst wurde auf ein gesondertes Ziel für Menschen mit Behinderung verzichtet (BMZ, 2016; UN, 2015a). Maximen für die Bildung werden mit dem Nachhaltigkeitsziel 4 (Quality Education) aufgestellt, die Umsetzung wird durch die Bildungsagenda 2030 begleitet (DUK, 2017). Die Aufforderung zur Vermittlung notwendiger Schlüsselthemen wird im siebten Unterziel des vierten Nachhaltigkeitsziels (SDG 4.7) deutlich:

> »Bis 2030 sicherstellen, dass alle Lernenden die notwendigen Kenntnisse und Qualifikationen zur Förderung nachhaltiger Entwicklung erwerben, unter anderem durch Bildung für nachhaltige Entwicklung und nachhaltige Lebensweisen, Menschenrechte, Geschlechtergleichstellung, eine Kultur des Friedens und der Gewaltlosigkeit, Weltbürgerschaft und die Wertschätzung kultureller Vielfalt und des Beitrags der Kultur zu nachhaltiger Entwicklung« (UN, 2015b, S. 18).

Eine systematische Etablierung genannter Inhalte kann unter Verwendung der Konzepte BNE, Globales Lernen oder Global Citizenship Education erfolgen.

7.2.3 BNE

Die Dimensionen Ökologie, Ökonomie, Kultur und Soziales werden durch den Begriff »nachhaltige Entwicklung« verbunden, dabei ist die Verantwortung der Generationen bezogen auf den Erhalt und die aktive Gestaltung der zukünftigen Welt im Rahmen von Partizipation und Gerechtigkeit vordergründig (Michelsen, Rode, Wendler & Bittner, 2013, S. 15 ff.). Über mehrere Dekaden entstand das Konzept »Bildung für nachhaltige Entwicklung« auf verschiedenen miteinander interagierenden Entwicklungslinien. Beginnend mit der UN-Weltumweltkonferenz im Jahr 1972, folgten weitere Meilensteine für das Fortkommen der BNE: z. B. der Brundtland-Bericht der Weltkommission für Umwelt und Entwicklung (1987), die Agenda 21 und UN-Konferenz für Umwelt und Entwicklung (1992), die Erdgipfel Rio+5 (1997) und Rio+10 (2002) sowie der Beschluss der Weltdekade *Bildung für nachhaltige Entwicklung* für den Zeitraum 2005–2014. Es folgten die Weltkonferenz BNE (2009), der Erdgipfel Rio+20 (2012) und die Weltkonferenz Bildung für nachhaltige Entwicklung (2014). Die Verabschiedung der UN-Agenda 2030 erfolgte dann im Jahr 2015, wodurch das UNESCO-Weltaktionsprogramm (Laufzeit 2015–2019) gestartet wurde (BMZ, 2018). Das Nachfolgeprogramm »Education für Sustainable Development: Towards achieving the SDGs« (»ESD for 2030«, deutsch »BNE 2030«) wurde 2019 durch die 40. UNESCO-Generalkonferenz verabschiedet (BMBF, o.J. a). Die theoretischen Bezugspunkte für BNE im FSGE bilden die UN-BRK und die UN-Agenda 2030.

7.2.4 Ziel der BNE

Ziel der BNE ist die Vermittlung von Fähigkeiten und Werten, anstelle reinen Faktenwissens, dazu gehört »vorausschauendes Denken, interdisziplinäres Wissen, autonomes Handeln [und die] Partizipation an gesellschaftlichen Entscheidungsprozessen« (DUK, o. J. b, o. S.). Entscheidungen können nur bewusst und verantwortungsvoll getroffen werden, wenn die Konsequenzen des eigenen Handelns antizipiert werden können. Die Befähigung zum nachhaltigen Denken und Handeln soll durch BNE im Sinne der Gesellschaft initiiert werden. Die Auswirkungen des eigenen Handelns auf Menschen, Tiere und Umwelt sollen mit entsprechendem Wissen eingeschätzt und im Sinne *aller* gezielt gesteuert werden, wodurch – ohne Einschränkung – jedes Individuum am globalen Transformationsprozess mitwirken kann (BMBF, o. J. b). BNE versteht sich folglich nicht nur als Konzept, sondern als gesamtgesellschaftliche Aufgabe zur Gestaltung der Zukunft. Zentrale Inhalte einer Allgemeinbildung, die epochaltypische Schlüsselprobleme aufgreift (Klafki, 2007, S. 43 ff.; Seitz 2003, S. 249), können sein: Klima, Energie, Konsum, Ernährung, Gesundheit, Krankheit, Armut, Handel, Boden/Erde, Landwirtschaft, biologische Vielfalt, Wasser, Wachstum/ Wohlstand, Krieg und Frieden (vgl. Westphal & Olejnick, 2022), Ungleichverteilung der Güter, Hunger, Menschenrechte/Kinderrechte, Umweltschutz, Müll, Plastik oder Wald. Um die Partizipation von Schülerinnen und Schülern im FSGE zu gewährleisten, kann es auf Grundlage der UN-BRK als eine Pflicht der Lehrerinnen und Lehrer gesehen werden, den benötigten Kompetenzerwerb zu forcieren. Die interdependenten Zusammenhänge der Themen sollten so, wie sie in der Welt tatsächlich vorkommen, herausgestellt werden. Umzusetzen ist dies am ehesten in kooperativen Projekten.

Als Reaktion auf diese Entwicklungen hat die Kultusministerkonferenz (KMK) den *Orientierungsrahmen für den Lernbereich Globale Entwicklung* herausgegeben (KMK & BMZ, 2016). Hier wird in die Kompetenzbereichen *Erkennen, Bewerten, Handeln* unterschieden, diesen werden zusätzlich 11 Kernkompetenzen als Zielperspektiven untergeordnet (KMK & BMZ, 2016, S. 95). Im Orientierungsrahmen findet sich eine Sammlung mit 21 Themen zum nachhaltigen Lernen (KMK & BMZ, 2016, S. 97). Die unterrichtliche Umsetzung orientiert sich an folgenden fünf Leitideen:

- Orientierung am Leitbild der nachhaltigen Entwicklung
- Analyse von Entwicklungsprozessen auf unterschiedlichen Handlungsebenen
- Umgang mit Vielfalt
- Fähigkeit zum Perspektivenwechsel
- Kontext- bzw. Lebensweltorientierung (KMK & BMZ, 2016, S. 24).

Inzwischen bieten Datenbanken eine Vielzahl an Anregungen und konkreter Materialien für den Unterricht, z. B. *Portal Globales Lernen* oder die Infothek des *BNE-Portals* mit jeweils über 800 Suchergebnissen. Bisher sind nur die wenigsten Materialien für den inklusiven Unterricht konzipiert, insbesondere der FSGE wird kaum bis gar nicht berücksichtigt (Gebauer & Simon, 2012; Westphal, 2019).

7.2.5 Globales Lernen

Der Umweltaspekt wurde durch die Entstehung des Handlungsfelds Umweltbildung in den 1970er Jahren in den Fokus gerückt, hervorgebracht durch die pädagogischen Strömungen der 1960er Jahre, wie z. B. Dritte-Welt-Pädagogik (Gräsel &

Bilharz, 2008, S. 119). Die Zusammenhänge des Globalen Nordens und des Globalen Südens wurden seit den 1980er Jahren immer kritischer beleuchtet und seit den 1990er Jahren ist Globales Lernen ein anerkannter Begriff, der alle die Globalisierung betreffenden pädagogischen Ansätze unter sich zusammenführt. Das offene Konzept vereint die Prinzipien Ganzheitlichkeit, Interdisziplinarität, Partizipation, Empowerment, Handlungsorientierung und Gerechtigkeit. Globales Lernen und Umweltbildung, bei der Ressourcen und Natur im Mittelpunkt stehen, bilden die Stützpfeiler der BNE. Schulisch sind die Ansätze meist im Politik-, Religion-, Geographie-, Naturwissenschaftlichen und Sachunterricht verortet (Asbrand & Scheunpflug, 2012; Forghani, o. J.; Hoffmann, o. J.).

7.2.6 Lernvoraussetzungen im FSGE

Für die Schülerschaft im FSGE haben Terfloth und Cesak (2016, S. 13) die Förderbereiche und Förderbedarfe auf Basis der KMK zusammengefasst. Die Förderbereiche *Kognition, Kommunikation, Bildung, Emotionalität* und *Sozialität* sowie *Lebenspraxis* sind in die Förderbedarfe untergliedert. Im Bereich Kognition sind dies beispielsweise die Förderbedarfe »Entwicklung der Wahrnehmung und Motorik, Entwicklung von Merkfähigkeit, Aufbau von Transferkompetenz, vorausschauendem Denken und Problemlöseverhalten« sowie »Begriffsbildung und Anwendung von Begriffen« (ebd.). Grundsätzlich ist zu bedenken, dass jede Person für die Auseinandersetzung mit Inhalten und Sachgegenständen unterschiedliche Zugänge und Wege nutzt. Um Schülerinnen und Schülern in heterogenen Lerngruppen gerecht werden zu können, müssen in der Unterrichtsplanung und -umsetzung die verschiedenen Aneignungsmöglichkeiten berücksichtigt werden. *Basal-perzeptive* Aneignungsmöglichkeiten bieten den Schülerinnen und Schülern Erfahrungen über die Sinne und ihren Körper durch Hantieren, Wahrnehmen und das Ausloten von Bewegungsmöglichkeiten. Durch Erforschen und Handeln können sich Kinder die Welt *konkret-gegenständlich* aneignen. Darstellungen, Modelle und Rollenspiele bieten Optionen der *anschaulichen* Aneignung, dies kann auch über Fotografien oder Abbildungen geschehen. Die *abstrakt-begriffliche* Aneignung kann ohne Anschauungsmaterialien vollzogen werden, Inhalte werden über Sprache und die gedankliche Auseinandersetzung verinnerlicht. Schülerinnen und Schüler im FSGE nutzen bevorzugt wahrnehmbare, also basal-perzeptive und konkret-gegenständliche Zugänge der Aneignung. Für die Gestaltung von Unterricht bzw. den Entwurf oder die Anpassung von Unterrichtmaterialien ist dies stets zu bedenken (Terfloth & Bauersfeld, 2015, S. 108 ff.; Terfloth & Cesak, 2016, S. 14 f.). Bildungsmaterial muss demensprechend so gestaltet sein, dass jeder Inhalt über alle Wege erfahrbar gemacht wird. Bruners »EIS-Modell« (1971) bietet eine einfache Möglichkeit der Selbstkontrolle: Ist die Auseinandersetzung mit dem Lerngegenstand an die eigene Aktivität gebunden, können sich die Schülerinnen und Schüler *enaktiv-handelnd* mit der Sache auseinandersetzen? Ist die Arbeit am Sachgegenstand auf *ikonisch-bildhafter* Ebene möglich? Kann das Lernen *symbolisch-sprachlich* erfolgen? Nur wenn alle Fragen mit »ja« beantwortet werden können, ist im Material ein Grundstein für heterogene Lernausgangslagen gelegt. Lehrerinnen und Lehrer sind herausgefordert, die Bearbeitung des Unterrichtsgegenstands auf allen Repräsentationsebenen zu ermöglichen (Gebauer & Simon, 2012, S. 16).

Die für den Unterricht erforderliche Handlungskompetenz, bestehend aus Handlungsorientierung, Handlungsplanung, Handlungskontrolle und Handlungsausführung (Terfloth & Cesak, 2016, S. 16, nach Schulte-Peschel & Tödter, 1999), kann bei Schülerinnen und Schülern im FSGE durch eine mögliche Beeinträchtigung der Exekutiven Funktionen Unterstützung erfordern. Im Unterricht kann dies durch konkrete Handlungspläne, visuelle Darstellungen der Handlungsziele und -abfolgen sowie systematisch angebahnte Reflexionsprozesse geschehen (Terfloth & Cesak, 2016, S. 17; Sarimski, 2003, S. 176 f.).

Kommunikation stellt ein zentrales Werkzeug des Unterrichtsgeschehens dar. Durch Unterschiede der Kommunikationsmittel und -wege kann es in Lernsituationen zu Einschränkungen der Partizipation von Lernenden kommen. Durch Unterstützte Kommunikation, die als »Ausdrucksmittel«, »Unterstützung beim Spracherwerb«, »Ergänzung zur Lautsprache« und als »Ersatzsprache« (Terfloth & Cesak, 2016, S. 18 f.) dienen kann, wird kommunikationsbedingter Exklusion entgegengewirkt (Gebauer & Simon, 2012, S. 11). Unterschieden wird in »Körpereigene Kommunikationsformen« (Gestik, Mimik, Bewegung, Gebärden, Laute, Lautsprache), »Kommunikation über Objekte« (Objekte oder Fotografien von Objekten stehen für bestimmte Aktivitäten), »Grafische Symbole/Symboltafeln« (Bildtafeln mit Symbolen, Zeichnungen, Fotografien oder auch Schrift) und »Technische Kommunikationshilfen«, die über eine Sprachausgabe verfügen (ebd.). Durch eine Bereitstellung entsprechender Hilfen kann die aktive Partizipation am Lerngegenstand und der sozialen Interaktion der Lerngruppe gesichert werden.

Der Erwerb der Kulturtechniken ist für Schülerinnen und Schüler im FSGE von Relevanz, da die Selbstständigkeit der Lernenden mit jedem Kompetenzerwerb steigt, wenn auch nicht alle die Techniken umfangreich erwerben können. Der *erweiterte Lese- und Schreibbegriff* bietet ein Modell des Schriftspracherwerbs für die Personengruppe. Lesearten des erweiterten Lesebegriffs sind Situationslesen, Bilderlesen, Piktogrammlesen, Signalwortlesen, Ganzwortlesen und Schriftlesen. Unter den erweiterten Schreibbegriff fallen die Stufen des graphomotorischen Schreiblernprozesses: Kritzeln, Schemazeichnungen, erste Buchstabenschrift, Lautschrift und das Schreiben mit vorgefertigten Bild- und Wortkarten (Dönges, 2011, S. 62; Dönges, 2007, S. 339; Euker & Koch, 2010, S. 262).

Bildungsmaterialien sollten grundsätzlich vor dem Hintergrund dieser Lernvoraussetzungen erstellt und modifiziert werden. Jedes Kind profitiert von multiplen Aneignungsmöglichkeiten sowie handlungsorientiertem und handlungsbezogenem Unterricht. Wird der FSGE in der Planung und Umsetzung von Lernsituationen berücksichtigt, ist davon auszugehen, dass nahezu alle weiteren Schülerinnen und Schüler ebenfalls berücksichtigt wurden (Ausnahme bildet hier ggf. der Förderschwerpunkt Sehen).

7.2.7 Beispiel »Blaues Wunder«

Das inklusive Bildungsmaterial »Blaues Wunder« wurde von der Nichtregierungsorganisation (NRO) »Behinderung und Entwicklungszusammenarbeit e.V.« (*bezev*) herausgegeben. Das Material ist für die Primarstufe in fünf Modulen konzipiert, die in einem Lehrerheft anschaulich dargestellt werden. Zum Material gehört eine CD mit veränderbaren Arbeitsblättern, Audiodateien u. ä. Die dritte Komponente ist eine Materialkiste, die gegen einen Unkostenbeitrag und Pfand vom Herausgeber ausgeliehen werden kann. In der Materialkiste befinden sich Anschauungsmaterial, Wandkarten, Arbeitsmaterial in Brailleschrift und vieles mehr. Die Bildungsmaterialien berücksichtigen die unterschiedlichen sonderpädagogischen Förderschwerpunkte und die damit verbundene Differenzierung für den inklusiven Unterricht. Gerade die Gestaltung von gleichberechtigter unterrichtlicher Teilhabe für Schülerinnen und Schüler im komplexen FSGE kann Lehrkräfte vor Herausforderungen stellen. In Zusammenarbeit mit Studierenden und Lehrpersonen soll das »Blaue Wunder« mit besonderem Fokus auf die Anforderungen des FSGE evaluiert werden und vor dem Hintergrund der förderschwerpunktspezifischen Aneignungsmöglichkeiten und entsprechenden Präsentationsmodi inhaltlich »weitergedacht« werden.

7.2.8 Herausgeber *bezev*

Der Verein »Behinderung und Entwicklungszusammenarbeit e.V.« (bezev) setzt sich seit 1995 weltweit für die Belange von Menschen mit Behinderung ein. Die Schaffung und Erhaltung einer gerechten, sozialen Welt, die Umsetzung von Inklusion und die Partizipation *aller* an der Transformation der Welt sind Leitziele seiner Arbeit. *Bezev* hat durch Weiterbildungen, Ausstellungen, Kampagnen zu aktuellen Themen und seinen Einsatz in humanitäre und entwicklungspolitische Projekte einen hohen Bekanntheitsgrad erlangt. Darüber hinaus entsendet der Verein junge Erwachsene mit und ohne Behinderung in den Freiwilligendienst in Länder des Globalen Südens. Für den schulischen Kontext hat *bezev* die inklusiven Bildungsmaterialien mit den BNE/Globales Lernen-Themen *Fußball ohne Grenzen*; *Unser Klima, Unser Leben*; *Echt gerecht?! Fairer Handel*; *Cashew Lernen mit Kernen* und *Blaues Wunder* herausgegeben (bezev, 2014, o.J. a, o.J. b). Im Folgenden wird das »Blaue Wunder« als exemplarischer Gegenstand des Projekts näher dargestellt.

7.2.9 Materialbeschreibung

Das »Blaue Wunder« wurde für heterogene Lerngruppen in Klassenstufe drei und vier konzipiert, ist jedoch aufgrund seiner inhaltlichen Komplexität ohne Weiteres in höheren Klassenstufen anwendbar. Das Material besteht aus den fünf Modulen:

(1) Wer, wie Wasser. Wieso, weshalb, warum ist Wasser so wichtig?
(2) Wasser ist mein Recht! (Wasserverbrauch, Wasserkreislauf)

(3) Wasser im Kleiderschrank
(4) WasserSaft, WasserFleisch und WasserSchokolade? Wieviel Wasser versteckt sich in meinem Essen?
(5) Wieviel Wasser esse ich und wie groß ist mein Wasser-Fußabdruck?

Jedes der Module beinhaltet mehrere Aktionsblätter, die Aufgaben und Experimente enthalten. Das farblich gestaltete Lehrerheft hat wie die Materialien einen hohen Aufforderungscharakter, ihm liegt eine CD mit modifizierbaren Arbeitsblättern, Audiodateien, Bildern zum Ausdrucken und Links bei. Im Lehrerheft sind zudem Erläuterungen zu den einzelnen Förderschwerpunkten enthalten, der FSGE wird hier als »Unterstützungsbedarf Kognition und Komplexität« bezeichnet (bezev, 2014, S. 17).

Zum Einstieg in das erste Modul werden die Lernenden auf die Reise Juri Gagarins mitgenommen, dabei werfen sie aus der Vogelperspektive einen Blick auf den »blauen Planeten«. Die ungleiche Verteilung von Wasserressourcen und der verhältnismäßig geringe Anteil von Trinkwasser werden hier thematisiert. Zur Erleichterung des Perspektivenwechsels werden vier Identifikationsfiguren eingeführt: Sidnei aus Brasilien, Abassane aus Elfenbeinküste, Miriam aus Burkina Faso und Thiemo aus Deutschland. Mit neun Aktionsblättern, die in einer Wassermappe abgeheftet werden können, soll den Schülerinnen und Schülern die Bedeutung des Wassers für das persönliche und globale Leben nähergebracht werden (bezev, 2014, S. 21 ff.).

Das zweite Modul greift den Wasserverbrauch auf: Es werden Vergleiche zwischen Deutschland und anderen Ländern bzw. dem globalen Wasserverbrauch angestellt. Es werden Gründe für den unterschiedlichen Wasserverbrauch aufgeführt und Wasser als Menschenrecht bzw. Kinderrecht (UN-Kinderrechtskonvention, Artikel 24: Gesundheitsvorsorge) thematisiert. Mittels sechs Aktionsblätter soll den Schülerinnen und Schülern der Wasserkreislauf, inklusive der Wasseraufbereitung und die vielfältige Nutzung von Wasser in unterschiedlichen Teilen der Erde vermittelt werden. Die Vermittlung der Schlüsselkompetenzen Empathiefähigkeit, Solidaritätsfähigkeit und Selbstreflexion nehmen in diesem Modul ebenfalls eine tragende Rolle ein (bezev, 2014, S. 33 ff.).

Das dritte Modul beschäftigt sich mit verstecktem Wasser in Kleidungsstücken. Dieses im Endprodukt nicht sichtbare Wasser wird mit dem von Tony Allen geprägten Begriff »virtuelles Wasser« bezeichnet (bezev, 2014, S. 49). Burkina Faso, das Heimatland der Identifikationsfigur Miriam, wird hier beispielhaft für ein baumwollproduzierendes Land in den Fokus genommen. Die Schülerinnen und Schüler lernen mit sechs Aktionsblättern den Produktionsweg eines T-Shirts und die Vorteile von Bio-Baumwolle bzw. fair gehandelter Baumwolle kennen. Der eigene Konsum und die Auswirkungen von Verbraucherentscheidungen auf andere Länder ist Gegenstand des Moduls (bezev, 2014, S. 49 ff.).

Das vierte Modul greift die vorangegangenen Inhalte in fünf Aktionsblättern auf und weitet die Überlegungen zum »virtuellen Wasser« auf andere Konsumgüter, insbesondere Lebensmittel aus. Vertiefend werden die Lebensmittel Orangensaft, Rindfleisch und Schokolade behandelt.

Das fünfte und letzte Modul des »Blauen Wunders« beschäftigt sich mit dem »Wasser-Fußabdruck«. Im Rahmen der fünf Aktionsblätter soll ein Transfer auf den eigenen Lebensstil und kritischen Konsum stattfinden, bevor die vier Identifikationsfiguren verabschiedet werden und die Einheit beendet wird (bezev, 2014, S. 67 ff.). Auch wenn es sich anbietet, das gesamte Material in dieser Reihenfolge zu behandeln, lassen sich auch einzelne Module oder Modulteile – abhängig von den jeweiligen Vorerfahrungen der Lerngruppe – in den Unterricht integrieren.

7.2.10 Projektbeschreibung

Um allen Lernenden die gleichberechtigte Teilhabe am Unterrichtsgegenstand zu ermöglichen, sind Lehrpersonen herausgefordert, Unterrichtsmaterialien gemäß den Lernausgangslagen der Schülerinnen und Schüler aufzubereiten. Methodisch-didaktische Hinweise für jeden Förderschwerpunkt werden als Arbeitserleichterung im »Blauen Wunder« für die Lehrpersonen bereitgehalten. Die im Material enthaltenen, umfangreich recherchierten Inhalte bieten zahlreiche Ankerpunkte zur inhaltlichen und methodischen Erweiterung. Der Bedarf bezüglich der Elementarisierung sachbezogener Bildungsinhalte sowie der Integrierung förderpunktspezifischer Aneignungsmöglichkeiten (basal-perzeptiv, konkret-gegenständlich, anschaulich, abstrakt-begrifflich) und Präsentationsmodi (enaktiv, ikonisch, symbolisch) besteht trotz der inklusiven Ausrichtung des »Blauen Wunders« (Terfloth & Bauersfeld, 2015, S. 104 ff.). Gemäß der Zielperspektive *echter* Mitbestimmung und Teilhabe am gemeinsamen Gegenstand (Feuser, 1998) ist darauf zu achten, dass im Elementarisierungsprozess keine entbehrliche qualitative Reduktion komplexer Inhalte vollzogen wird. Es ist darauf zu achten, dass für jedes Individuum der höchstmögliche Output bezogen auf den Bildungsgehalt (Klafki, 2007, S. 114 ff.) erzielt werden kann. Wie konkret Module bzw. Modulteile des »Blauen Wunders« aufbereitet werden sollten, um der komplexen Schülerschaft im FSGE gerecht werden zu können, soll in einem mehrstufigen Evaluationsprojekt herausgefunden werden.

7.2.11 Konzept und Vorgehen

Informationsstand zur Zeit der ersten Überlegungen (Stand 2017): Es wurde ein Artikel zum Material von Westermeier (2015) veröffentlich, außerdem wurden deutschlandweit nur wenige Abschlussarbeiten zum »Blauen Wunder« (ohne spezielle Fokussierung auf den FSGE) verfasst, und es ist bisher keine Evaluation des Materials durchgeführt worden – schon gar nicht bezüglich der Kompatibilität mit dem FSGE. Eine erste visuelle Inspektion offenbarte das Potenzial des Materials, worauf sich als langfristiges Ziel die kriteriengeleitete Evaluation (orientiert an den Standards der DeGEval Gesellschaft für Evaluation e.V.) und Erprobung der Praktikabilität der Materialien vor dem Hintergrund tatsächlicher Umsetzbarkeit im inklusiven Setting ergab. Kuckartz, Dresing, Rädiker & Stefer beschreiben mit den Dimensionen *Fallorientierung, Ganzheitlichkeit und Komplexität, Kontexte und Hintergründe, Vermeiden von Fehlschlüssen und Missinterpretationen, Prozessorientierung, Interaktion und Kommunikation, Konsistenz und Authentizität* sowie *Vermeiden verborgener Normativität* den »Mehrwert der qualitativen Evaluation«, weshalb sich für die qualitative Herangehensweise entschieden wurde (Kuckartz, Dresing, Rädiker &

Stefer, 2007, S. 67 ff.). Die Realisierung erfolgte in Kooperation mit der »Einrichtung für Unterrichtsentwicklung, Lernkultur und Evaluation« (EULE), Lehrerinnen und Lehrer Schleswig-Holsteins, sowie Studierenden der Europa-Universität Flensburg (EUF) und Schülerinnen und Schüler im FSGE. Darüber hinaus soll ein erweiterter Materialkoffer für die interne Nutzung entstehen, wodurch das »Blaue Wunder« barrierefrei und über einen längeren Zeitraum unterrichtlich erprobt werden kann.

Begonnen wurde die Auseinandersetzung mit dem »Blauen Wunder« im WS 2016/17 im interdisziplinären BA-Modul 10 im Seminar »Bildung für nachhaltige Entwicklung/Globales Lernen aus sonderpädagogischer Perspektive«. Es erfolgten weitere Begutachtungen der fünf Module des »Blauen Wunders« mittels evaluativer Fragebögen durch Studierende. Am 12.07.2017 fand eine Ideenwerkstatt mit dem Titel »Bildung für nachhaltige Entwicklung/Globales Lernen im Kontext Inklusion« in der EULE statt. Hierbei erkundeten Lehrerinnen und Lehrer (Primarstufe und Sekundarstufe I) das »Blaue Wunder« und evaluierten das Material in Gruppendiskussionen und mithilfe der schon in den Seminaren eingesetzten Fragebögen.

7.2.12 Fragestellungen

Im Zuge der Vertiefung in das Material stellten sich folgende Problemfelder heraus: Die Frage nach der Erreichung der im Material dargestellten Lernziele von Schülerinnen und Schülern im FSGE. Die Frage nach der tatsächlichen Kompatibilität der Aufgabenstellungen und der im Material vorgeschlagenen Differenzierungen für verschiedene Niveau- und Komplexitätsstufen der Lernenden. Die Frage nach Partizipationsmöglichkeiten für Schülerinnen und Schüler im FSGE an den im Material vorgegebenen Aufgaben. Und letztlich die Frage nach Möglichkeiten der Modifizierung und Ergänzung der Aufgaben, Materialien und für den FSGE vorgeschlagenen Differenzierungen. Für die qualitativen Einzelfallstudien wurden hieraus vier Forschungsfragen abgeleitet:

- F1: Welche Aufgaben des Materials ermöglichen die Partizipation des Schülers/der Schülerin X im Unterricht und wie gelingt diese?
- F2: Welche der im Material dargestellten Lernziele kann Schüler/Schülerin X erreichen und wodurch gelingt ihm/ihr das?
- F3: Welche im Material vorzufindenden Differenzierungen eignen sich besonders für den Unterricht von Schüler/Schülerin X – welche nicht?
- F4: Wie müssen die im Material vorgeschlagenen Differenzierungen ergänzt und verändert werden, damit Schüler/Schülerin X davon profitieren kann?

7.2.13 Qualitative Einzelfallstudie

Die Beantwortung der Fragen erfolgte in sechs qualitativen Einzelfallstudien mit drei Probanden (zwei männlich, eine weiblich) der dritten Klasse und drei Probanden (ebenfalls zwei männlich, eine weiblich) in der sechsten Klasse (Bortz & Döring, 2016, S. 215; Schnell, Hill & Esser, 2013, S. 239 ff.; Häder, 2015, S. 357 f.). Alle Kinder hatten zum Untersuchungszeitpunkt den Status FSGE und wurden in einem Förderzentrum mit dem Schwerpunkt Geistige Entwicklung in Schleswig-Holstein beschult. Das Fundament der Untersuchungen bildet die UN-BRK (v. a. Art. 21, Art. 24 und Art. 29) und die UN-Agenda 2030 v. a. durch die Nachhaltigkeitsziele 4 (hochwertige Bildung), 6 (sauberes Wasser und Sanitäreinrichtungen), 10 (weniger Ungleichheiten) und 12 (nachhaltiger Konsum und Produktion). Den weiteren Rahmen bilden der »Orientierungsrahmen Lernbereich Globale Entwicklung im Rahmen einer BNE« (KMK & BMZ 2016), der Lehrplan Sonderpädagogische Förderung Schleswig-Holstein, der Lehrplan Grundschule Heimat- und Sachunterricht Schleswig-Holstein (Bildungsministerium SH ,1997, 2002) der Perspektivrahmen Sachunterricht der Gesellschaft für Didaktik des Sachunterrichts (GDSU, 2013) und die Lernvoraussetzungen Kognitive Entwicklung (Leontjew, Bruner 1971, MKJS 2009 nach Terfloth & Bauerfeld, 2015). Die qualitativen Einzelfallstudien wurden nach folgendem Schema durchgeführt:

1. Kontaktaufnahme zur Schule, Lehrperson und Klasse
2. Festlegen des Schülers/der Schülerin X für die Einzelfallstudie
3. Erfassung der Lernausgangslage der Lerngruppe und des Schülers/der Schülerin X durch leitfadengestütztes Lehrerinterview und teil-strukturierte Beobachtung (Bortz & Döring, 2016, S. 328; Häder, 2015, S. 210 ff.; Schnell, Hill & Esser, 2013, S. 377 ff.)
4. Auswahl des Moduls/der Modulteile für eine Projekteinheit zum Thema »Wasser«
5. Didaktisch-methodische Aufbereitung und ggf. Modifikation der Aufgaben und Materialien
6. Erstellung der Erhebungsinstrumente (Schülerbeobachtungsbogen, Leitfaden für Schülerinterview, Leitfaden für Lehrerinterview)
7. Durchführung der Projekteinheit zum Thema »Wasser« mit der gesamten Lerngruppe, parallele teil-strukturierte Beobachtung des Schülers/der Schülerin X (Bortz & Döring, 2016, S. 328; Schnell, Hill & Esser, 2013, S. 380 ff.)
8. Leitfadengestütztes Schülerinterview (Häder, 2015, S. 210 ff.; Schnell, Hill & Esser, 2013, S. 377 ff.)
9. Leitfadengestütztes Interview mit der Lehrperson, ggf. mit der Projektanleitung
10. Transkription der Interviews (Dresing & Pehl, 2018)
11. Qualitative Inhaltsanalyse der gewonnenen Daten (Mayring, 2010, 2002)
12. Zusammenführung der Ergebnisse.

Aus den Forschungsfragen wurden die Hauptkategorien (1) Partizipation, (2) Lernziele, (3) Differenzierungen, (4) Gelingensbedingungen, (5) Kritik und (6) Modifikation abgeleitet. Unter der ersten Kategorie wurde die tatsächliche Einbindung des Probanden in das Unterrichtsgeschehen und die Teilhabe am Unterrichtsgegenstand zusammengefasst. Partizipation bildet die Grundvoraussetzung für die Möglichkeit von Lernerfolg. Unter »Lernziele« fällt die Performanz des Probanden bezüglich der Erreichung der vom Material vorgesehenen Lernziele. Die dritte Kategorie verschafft einen Überblick über die vom Material vorgegebenen Differenzierungen für den »Unterstützungsbedarf Kognition und Komplexität«

(bezev, 2014, S. 17). Unter »Gelingensbedingungen« werden alle Faktoren subsummiert, die zur Partizipation und somit zur Möglichkeit der Erreichung von Lernzielen beitragen, dies können u. a. Formulierungen, Hilfsmittel, Anweisungen, Medien, Sozialformen oder Rahmenbedingungen sein. Die fünfte Kategorie beschreibt durch die Untersuchung zutage getretene Kritikpunkte bezüglich Aufgabenstellung, Materialien, Medien, Anforderungsniveau etc., die die Partizipation und somit den Lernerfolg des Probanden limitieren. Die daraus resultierenden Modifikationen, insbesondere die Materialanpassungen, die sich in den Einzelfallstudien als nützlich erwiesen haben, werden in der sechsten Kategorie gesammelt. Da nach Hasselhorn und Gold (2017, S. 123) positive Emotionen eine Gelingensbedingung für den Lernerfolg darstellen, wurde zudem das subjektive Spaßempfinden der Probanden abgefragt.

7.2.14 Ergebnisse

Die Erkenntnisse der Evaluation setzen sich aus folgenden Komponenten zusammen: Studierendengruppen haben in drei Semestern (WS 2016/17, SoSe 2017, WS 2017/18) insgesamt 12 Evaluationsberichte zu den einzelnen Modulen auf Basis eines vorgegebenen Fragenkatalogs verfasst. In zwei weiteren Seminaren (HS 2017/18, HS 2018/19) wurden Fragenkataloge zu den fünf Modulen des Materials ausgefüllt und diskutiert, das gleiche Verfahren wurde mit einer Gruppe von 15 Lehrerinnen und Lehrer der Primar- und Sekundarstufe I im Juli 2017 durchgeführt. Im HS 2017/18 und HS 2018/19 sind zudem insgesamt sechs qualitative Einzelfallstudien entstanden. Bezogen auf die Kategorie der »Partizipation« ist limitierend anzumerken, dass durch die jeweils externen Personen, die das »Wasser-Projekt« in den Lerngruppen durchführten, dem Lerngegenstand quasi automatisch Bedeutung zugewiesen wurde. Zu vermuten ist eine gesteigerte Motivation und Aktivität im Vergleich zur Umsetzung des Projekts durch die Klassenlehrkraft, diese Annahme wird im Rahmen der Evaluation des Bildungsmaterials jedoch vernachlässigt. Des Weiteren ist zu erwähnen, dass aufgrund der Lernvoraussetzungen und Vorerfahrungen der Probanden von Seiten der Einzelfallstudien lediglich Daten für die ersten beiden Module vorliegen (Modul 1, Aktionsblätter 1, 2, 5, 6; Modul 2, Aktionsblätter 1, 2 und 5).

Im Folgenden werden Auszüge der Ergebnissynthese zu den einzelnen Modulen des »Blauen Wunders« dargestellt. Ein Transfer, eine Bestätigung oder Widerlegung der Evaluationsergebnisse durch die Analyseresulate der Einzelfallstudien wird ebenfalls aufgezeigt. Die nachstehenden Ausführungen fokussieren sich auf die inhaltliche Ausweitung und Modifizierbarkeit der Aufgaben und Materialien zu Gunsten des FSGE.

Der Einstieg in das *Modul 1* (Wer, wie, Wasser. Wieso, weshalb, warum ist Wasser so wichtig?) geschieht über die Astronautenperspektive auf die Erde, den »blauen Planeten« (bezev, 2014, S. 19). Im Material findet sich hierzu eine farbliche Abbildung, diese wurde in den Einzelfallstudien erfolgreich durch einen Globus bzw. interaktiven Globus (tiptoi®) ergänzt.

Zum *Aktionsblatt 1* (Wasser um uns herum): Das Material stellt zwei verschiedene Ausmalvorlagen, worauf in unterschiedlicher Komplexität Landschaft, Haus und

Garten abgebildet sind. Die Schülerinnen und Schüler sollen Wasser auf der Darstellung verorten und die entsprechenden Stellen ausmalen. Ergänzend können die Lernenden im Rahmen einer Hausaufgabe notieren (Audioaufnahme, Fotografieren, malen, etc.) wie bzw. wo sie an einem Tag Wasser verbrauchen. Um Wasser in der realen Welt zu identifizieren, sollte ein Schulrundgang vorgenommen werden, bei dem Wasserquellen aufgespürt und dokumentiert werden. Die Fundorte können auf einem Plan der Schule bzw. des Schulgeländes mit einem blauen Papp-Tropfen oder mittels der erstellten Fotos markiert werden. Am Ende des Arbeitsprozesses sollte, wie in Projektarbeiten üblich, ein Produkt entstehen, an dem *alle* Schülerinnen und Schüler mitgearbeitet haben. In den Einzelfallstudien zeigt sich die Ausmalmethode bei einigen Probanden als motivierend und anwendbar, sie wurde durch die Ermöglichung der realen Auseinandersetzung mit dem Wasservorkommen in der näheren Umgebung ergänzt.

Modul 1 (Wer, wie, Wasser. Wieso, weshalb, warum ist Wasser so wichtig?), Aktionsblatt 2 (Wasserprobe): Die Schülerinnen und Schüler verkosten unterschiedliche Wasserarten (Salzwasser, Mineralwasser mit Kohlensäure, Mineralwasser ohne Kohlensäure, Leitungswasser, Mineralwasser mit frischer Zitrone) und versuchen diese gustatorisch zu unterscheiden. Das »Blaue Wunder« empfiehlt für Schülerinnen und Schüler im FSGE eine Reduktion auf vier Proben. In den Einzelfallstudien wurde aufgrund der Nähe zum Leitungswasser auf Mineralwasser ohne Kohlensäure verzichtet. Die Probanden zeigten hohe Begeisterung am Experiment und konnten Erfolge in der Zuordnung verzeichnen. Im Material werden Piktogramme angeboten, die durch Realabbildungen in Form von Fotos ergänzt werden sollten.

Modul 1 (Wer, wie, Wasser. Wieso, weshalb, warum ist Wasser so wichtig?), Aktionsblatt 5 (Der blaue Planet und neue Freunde aus fernen Ländern): Die vier Identifikationsfiguren Sidnei, Abassane, Miriam und Thiemo werden vorgestellt. Auch hier empfiehlt es sich mit einem Globus, statt mit Karten zu arbeiten. Wünschenswert wäre eine Identifikationsfigur mit dem »Unterstützungsbedarf Kognition und Komplexität« (bezev, 2014, S. 17).

Modul 1 (Wer, wie, Wasser. Wieso, weshalb, warum ist Wasser so wichtig?), Aktionsblatt 6 (Mengen an Meer-, Eis-, Grund- und Trinkwasser einschätzen): Das »Blaue Wunder« sieht eine Verdeutlichung der Wasserverteilung mit Hilfe von Kleinstgebäck vor. Einhundert Gebäckteile, davon 97 süß und drei salzig, sollten in der Klasse auf die Kinder verteilt werden. Zudem stehen zwei Gefäße sowie blaue und grüne Kugeln bereit. Die Schülerinnen und Schüler sind aufgefordert die Gebäckteile zu essen und bei jedem verzehrten süßen Gebäckstück eine grüne Kugel in ein Gefäß zu legen und bei jedem salzigen eine blaue in das andere Gefäß zu legen. Diese Methode wurde vielfach kritisch betrachtet, da der Verzehr von 100 Gebäckteilen gerade in kleinen Lerngruppen nicht gerade mit gesundheitsförderndem Unterricht kongruent ist. Außerdem erfordert dieses Vorgehen einen anspruchsvollen, doppelten Transfer: Von den Gebäckteilen auf die Kugeln und von den Kugeln auf Salzwasser und Trinkwasser, das gar nicht wirklich »süß« schmeckt. Auch die Verwendung der Kugelfarben sollte überdacht werden, da die Unterscheidung der Farben Blau und Grün Schülerinnen und Schülern mit Sehbeeinträchtigung schwerfallen kann. Statt des Gebäcks können unterschiedlich farbige Bauklötze verwendet werden, um die prozentualen Wasseranteile bezogen auf das Gesamtwasservorkommen zu visualisieren und erfahrbar zu machen. In den Einzelfallstudien wurde auf Standzylinder zurückgegriffen, die anteilig mit Leitungswasser und Salzwasser gefüllt wurden, die Wasserqualität kann auch hier wieder gustatorisch erfahren werden. Die Bestimmung von Salz- und Süßwasservorkommen ist den Probanden grundsätzlich schwergefallen. Eine Vermutung ist, dass den Probanden nur wenige Erfahrungen mit Wasservorkommen außerhalb der direkten Lebenswelt (Dusche, Toilette, Wasserhahn, Spüle, …) vorliegen, wodurch die Unterscheidung von Bächen, Flüssen, Meeren und Eisvorkommen stark erschwert wird. Vor der Bestimmung von Salz- und Süßwasservorkommen wird empfohlen, mit den Schülerinnen und Schülern Wasserproben in der näheren Umgebung zu nehmen und das Vorwissen zum Thema durch außerschulische Lernorte, z. B. Angebote des Umwelthauses Neustädter Bucht (www.bund-umwelthaus.de), anzubahnen. Entstandene Fotos und Fragen können nach der Exkursion aufgegriffen, behandelt und zur Dokumentation genutzt werden.

Modul 1 (Wer, wie, Wasser. Wieso, weshalb, warum ist Wasser so wichtig?), *Aktionsblatt 8* (Wasserreiche und wasserarme Regionen): Auf einer Weltkarte sind wasserarme und wasserreiche Regionen eingezeichnet, die Schülerinnen und Schüler sollen herausfinden, wie die Länder, in denen die Identifikationsfiguren leben, einzuordnen sind. Neben der bloßen Einteilung in wasserreiche und wasserarme Regionen sollten auf der Weltkarte Länder und deren Grenzen ergänzt werden. Auch Audiosequenzen und Bildergeschichten, in denen die Identifikationsfiguren von ihrem Alltagserleben mit Wasser berichten, können das Lernen unterstützen. Außerdem empfiehlt es sich, die im Material angeregte »Wassermappe« (bezev, 2014, S. 23) weiter fortzuführen und über das erste Modul hinaus zu nutzen.

Modul 2 (Wasser ist mein Recht. Wasserverbrauch, Wasserkreislauf), *Aktionsblatt 1* (Spiel mit Wassergeräuschen): Das »Blaue Wunder« sieht das Vorspielen unterschiedlicher Wassergeräusche vor, die von den Lernenden erraten werden sollen (Regen, laufender Wasserhahn, Toilettenspülung etc.). Aus den Einzelfallstudien hat sich ergeben, dass bestenfalls bekannte Geräusche, wie die Toilettenspülung, am Anfang abgespielt und ähnliche Geräusche wie »Bach« und »Badewanne« nicht direkt hintereinander abgespielt werden sollten. Die Schülerinnen und Schüler sollten die Chance haben, die Geräusche in den Ratesituationen mehrfach hintereinander zu hören. Des Weiteren werden die Lernenden auf eine bildbegleitete Traumreise mitgenommen. Auch der Bau eines »Regenmachers« (bezev, 2014, S. 43) wird vorgesehen, wobei die Anleitung eine Fotoreihe zum vereinfachten Nachverfolgen der Handlungsschritte benötigt. Zur Ergänzung der Aktionen können haptisch-taktile Reize geboten werden, z. B. indem die Schülerinnen und Schüler mit Wasser hantieren oder die Hände durch unterschiedlich temperiertes Wasser bewegen dürfen. Zur auditiven Annäherung bietet der Wasserhahn mit unterschiedlichen Intensitäten des Wasserflusses variable Möglichkeiten. Die gehörte Intensität kann durch Bewegung, Laute oder gestalterisch nachempfunden werden. Leichte Sprache und eine größere Schrift sind ebenfalls zu empfehlen.

Modul 2 (Wasser ist mein Recht. Wasserverbrauch, Wasserkreislauf), *Aktionsblatt 2* (Den Weg des Wassers vom Grundwasser zu den Haushalten erforschen): Der Weg das Wassers soll vom Grundwasser bis in die Wohnung nachverfolgt werden. Das Material bietet hierzu eine ikonische Darstellung, der die Begriffe »Haus«, »Wasserwerk«, »Brunnen« und »Grundwasser« zugeordnet werden sollen. Die Stationen des

Wassers könnten zum besseren Verständnis mit Hilfe eines Puppenhauses verdeutlicht werden. Ein Strohhalm-Rohrsystem, das mit einem Glas Wasser als Brunnen bzw. dem Grundwasser verbunden ist, lässt den Weg einfach nachverfolgen. Die gebauten Modelle lassen sich abfotografiert in die »Wassermappe« der Schülerinnen und Schüler einheften. Des Weiteren bietet sich der Bau einer Mini-Kläranlage (Wasserfilter mit unterschiedlichen Filtermaterialien) an (vgl. Westphal & Blaseio, 2020). Gleiches gilt für das prinzipiell ähnlich strukturierte *Aktionsblatt 3* (Der Weg des Wassers von den Haushalten zurück in die Natur). Im Internet finden sich zusätzliche Impulse: »Der Weg des Wassers durch Berlin« (www.klassewasser.de).

Modul 2 (Wasser ist mein Recht. Wasserverbrauch, Wasserkreislauf), *Aktionsblatt 4* (Verbrauch einschätzen und Wassersparen lernen): Die Schülerinnen und Schüler schätzen den Wasserverbrauch, indem sie unterschiedliche Aktivitäten im Haushalt vorgegebenen Literangaben zuordnen. Das »Blaue Wunder« stellt die Aufgabe in Schriftsprache und mit ikonischen Darstellungen der betreffenden Aktivitäten zur Verfügung. Zum besseren Verständnis könnten die Literangaben durch Mengenangaben, z. B. Eimer oder Badewannen, und die Piktogramme durch Fotos oder fotorealistische Bilder ergänzt werden. Anhand von mit Wasser befüllten 1-Liter-Flaschen kann die Menge des benötigten Wassers für z. B. eine Toilettenspülung verdeutlicht werden. In den Einzelfallstudien wurden insbesondere alltägliche Bezüge wie Trinken, Händewaschen und Toilettengänge zur Verdeutlichung Wasserverbrauchs in Betracht gezogen. Die Bedeutung des Wassers für das persönliche Leben konnte den Probanden somit verdeutlicht werden.

Modul 2 (Wasser ist mein Recht. Wasserverbrauch, Wasserkreislauf), *Aktionsblatt 6* (Andere Kinder, andere Bilder): Die Schülerinnen und Schüler werden aufgefordert, sich in die Lebenssituation der Identifikationsfiguren hineinzuversetzen und ihre Gedanken in Form von Sprechblasen zu notieren. Als Erweiterung wird ein auf den Ergebnissen basierendes Rollenspiel/Theaterstück vorgeschlagen. Um die Teilnahme am Theaterstück bzw. Dialog uneingeschränkt zu ermöglichen, können Dialogfragmente auf eine sprechende Taste (z. B. BIGmack®) gespielt werden, die dann von nicht-sprechenden Schülerinnen und Schülern gedrückt werden kann.

Eine inhaltliche Erweiterung des zweiten Moduls kann durch die Themen Produktionsweisen der konventionellen Landwirtschaft, der Einsatz von Pestiziden und seine Folgen, Plastik im Meer und Auswirkungen auf das Ökosystem sowie Wasserprivatisierung erfolgen.

Modul 3 (Wasser im Kleiderschrank), *Aktionsblatt 1* (Von der Baumwolle zum T-Shirt: sechs Arbeitsgänge): Die Schülerinnen und Schüler werden mit dem versteckten Wasser in einem T-Shirt konfrontiert, dabei soll die Idee des »virtuellen Wassers« induktiv vermittelt werden. Die Dimension von 2500 Litern Wasser, die für die Herstellung eines T-Shirts gebraucht werden, könnte mit Hilfe von 10-Liter-Eimern greifbar gemacht werden.

Modul 3 (Wasser im Kleiderschrank), *Aktionsblatt 2* (Die Baumwollpflanze): Die Schülerinnen und Schüler setzten sich mit dem Aufbau der Baumwollpflanze auseinander. Der im Material aufgeführte Hinweis zum Kauf einer echten (getrockneten) Baumwollpflanze sollte unbedingt umgesetzt werden. Mehr und vor allem kleinschrittigeres Bildmaterial kann zudem einen besseren Eindruck vom Aufbau einer Baumwollpflanze und Baumwollplantage vermitteln.

Modul 3 (Wasser im Kleiderschrank), *Aktionsblatt 4* (Fair Trade und Baumwolle): Die Lerngruppe erhält von der Identifikationsfigur Miriam einen relativ langen Brief ohne ergänzende Bilder. Fotos, die Miriam dem Brief beigelegt hat, könnten den Schülerinnen und Schülern helfen den vorgelesenen Text nachzuvollziehen. Komplizierte Begriffe wie »Nützling« oder »Schädling« bedürfen einer Erklärung.

Weitere Themen, die sich im Bereich »Textilien« ansiedeln lassen, wären z. B. Stoffe im Zusammenhang mit Farbe und Wasser, die Wirkung von Farbe auf Stoffe, Wasseraufbereitung nach einem Färbeprozess, Henna und Pflanzenfarben als Alternativen zum Färben, Hitzebeständigkeit von Textilien, Umgang mit Hand- und Maschinenwäsche.

Modul 4 (WasserSaft, WasserFleisch und WasserSchokolade? Wie viel Wasser versteckt sich in meinem Essen?): Neben den im Material gelisteten Lebensmitteln können die Lieblingslebensmittel der Schüler beleuchtet werden. Auch der Vergleich zwischen lokaler und importierter Ware bietet sich hier an, wie zum Beispiel Orangensaft und Apfelsaft, die im Supermarkt trotz ihrer Unterschiede nebeneinanderstehen. Die Säfte und weitere ausgewählte Lebensmittel können von den Schülerinnen und Schülern aktiv handelnd produziert und erfahren werden. Eine Erweiterung kann hier im Bereich Verpackungen, Düngemittel, CO^2Ausstoß, eigener Gemüseanbau, biologischer Anbau, Lebensmittelproduktion, Lagerung, Erntevorgänge, Tierhaltung und Transportwege vorgenommen werden. Die zum vierten Modul gehörigen Bilder sollten größer und laminiert zur Verfügung stehen, die Nomen des Wortspeichers mit Artikeln und die Aufgabenstellungen mit Piktogrammen oder Fotoabfolgen versehen werden.

Modul 5 (Wieviel Wasser esse ich und wie groß ist mein Wasserfußabdruck?): Inhalte der vorangegangenen Module wie die ungleiche Trinkwasserverteilung und das Konzept des »virtuellen Wassers« sollen vertieft werden. Um dieses abstrakte Thema greifbarer zu machen, könnte beim Besuch eines lokalen Landwirtes direkt das Trinkverhalten einer Kuh abgefragt und sogar erlebt werden. Alternativen zur Verringerung des individuellen Wasser-Fußabdrucks können mit den Schülerinnen und Schülern erarbeitet werden, die dann im bebilderten Kalender für saisonale und lokale Ernährung festgehalten werden.

Im Rahmen der Evaluation ist aufgefallen, dass die vom Material vorgegebenen Lernziele hohe kognitiven Anforderungen stellen und nur schwer operationalisierbar sind. Die vorgegebenen Differenzierungen für den »Unterstützungsbereich Kognition und Komplexität« (bezev, 2014, S. 17) waren primär quantitativer Art, wodurch eine Umfangsreduktion empfohlen wird, die jedoch nichts an der Zugänglichkeit der Aufgaben ändert. Lernziele und Differenzierungen sollten so formuliert sein, dass alle Aneignungsmöglichkeiten (basal-perzeptiv, konkret-gegenständlich, anschaulich, abstrakt-begrifflich) bedient werden. Die verwendete Sprache, wie z. B. »Wo wächst Schokolade?« kann zu Verwirrungen führen, die durch die durchführende Lehrkraft aufgelöst bzw. erklärt werden sollten. Eine Entlastung für Lehrpersonen wären Hinweise auf benötigte Vorläuferfertigkeiten und die Benennung essenziell benötigter Inhalte und Kompetenzen für die Weiterarbeit mit dem jeweils nachfolgenden Aktionsblatt oder Modul. Um im FSGE medial arbeiten zu können, wäre zudem eine Erweiterung des »Blauen Wunders« um Material für das Tablet erfreulich. In den Einzelfallstudien stellte sich heraus, dass den Probanden die

Einhaltung der in den Aufgaben erforderten Handlungsabfolgen teilweise schwerfiel. Konkrete Handlungspläne in unterschiedlichen Niveauabstufungen können Schülerinnen und Schüler im FSGE beim Gebrauch kognitiver Kontroll- und Regulationsmechanismen unterstützen (Terfloth & Cesak, 2016, S. 17). Gerade bei so anspruchsvollem, differenziert ausgearbeitetem Material ist eine sorgfältige Elementarisierung und systematische Aufbereitung der Bildungsinhalte unabdingbar. Der allgemeinen Einschätzung zufolge kann das Material »Blaues Wunder« aufgrund der hohen Komplexität und der zahlreichen Ausbaumöglichkeiten zweifellos in höheren Klassenstufen als der ausgewiesenen Klassen drei und vier eingesetzt werden. Kürzlich wurde das Material an einer berufsbildenden Schule in einer heterogenen Lerngruppe (Alter 16 bis 18 Jahre) mit dem Schwerpunkt »Deutsch als Fremdsprache« praktisch erprobt. Erste Rückmeldungen verzeichnen einen beobachtbaren positiven Einfluss auf die Schülermotivation. Das Material bietet folglich auch für ältere Lernende viele neue Informationen und Gesprächsanlässe.

7.3 Theorie-Praxis-Transfer

Um allen Schülerinnen und Schülern eine uneingeschränkte Teilhabe am Lerngegenstand ermöglichen zu können, müssen Bildungsmaterialien den Lernvoraussetzungen einer heterogenen Schülerschaft gerecht werden. Partizipation stellt eine Grundbedingung für den Lernerfolg durch die Auseinandersetzung mit Bildungsinhalten dar. Die Zugangsmöglichkeiten im Sinne von Aneignungsmöglichkeiten und Repräsentationsmodi müssen vieldimensional und ganzheitlich angeboten werden, damit jedes Kind seinen individuellen Weg zum Lerngegenstand finden kann. Ergänzt durch Methoden und Medien der Unterstützen Kommunikation (z. B. BIGmack®, Metacom™-Symbole, sprachbegleitende Gebärden) kann die aktive Teilnahme und Interaktion mit Peers und Lehrpersonen auf den Weg gebracht und somit eine *echte* Auseinandersetzung und Aneignung ermöglicht werden. Ablauf- und Handlungspläne in fotorealistischen Darstellungen, Symbolen oder einfacher Schriftsprache helfen den Schülerinnen und Schülern, ihre Tätigkeit zu strukturieren. Zur Förderung der Motivation, Eigenverantwortung und Selbstständigkeit können Tipp-Karten zur Selbstkontrolle zu den Materialien und Aufgaben erstellt werden (Möller & Fleckenstein, S. 121 ff.). Die Schülerinnen und Schüler sollen möglichst autonom lernen und entdeckend forschen, z. B. durch Fotos, die sie mit dem Tablet auf Entdeckungstouren machen, oder indem sie Interviews mit Experten oder anderen Kindern führen. Die allgemeinen Grundsätze der Sachunterrichtdidaktik können im Kontext BNE richtungsweisend sein: vielperspektivisch und fächerübergreifend werden Inhalte anhand konkreter Sachen handlungsorientiert erfahren (Blaseio & Westphal 2019). Dabei soll Unterricht fragengenerierend sein, wodurch sich Motivation, Entdeckertrieb und Selbstwirksamkeitserfahrungen positiv beeinflussen lassen. Im Sinne eines Whole School Approachs können die von Knörzer (2002, S. 177 ff.) festgehaltenen Rahmenlinien für die Umsetzung von BNE in das Leitbild der Schule integriert werden: *Verankerung ethischer Grundhaltung; Ökologische, soziale Wissensvermittlung; Schaffung eines ökologischen und sozialen Problembewusstseins; Vermittlung von Problemlösekompetenzen; Erprobung dieser Fähigkeiten an konkreten Beispielen und Inhalten* sowie *Evaluierung und Reflexion dieser Prozesse nachhaltiger Entwicklung*. Die Transformationsprozesse für eine nachhaltig entwickelte Welt können so auf breiterer Ebene vorangetrieben werden, wodurch sich auch die Umsetzung von BNE-bezogenen Projekten für die verantwortlichen Lehrpersonen einfacher realisieren lassen.

Für die Umsetzung von Bildungsprojekten und den Umgang mit bereits bestehenden Bildungsmaterialien bietet der nachstehende Leitfaden (ohne Anspruch auf Vollständigkeit) eine Orientierungs- und Reflexionshilfe bezüglich der wichtigsten Fragen, die bezüglich FSGE-relevanter Materialauswahl und Modifikationen bedacht werden sollten:

- Welches Thema soll behandelt werden?
- Welche Begriffe beschreiben den Kern des Themas und können einen Überblick erschaffen bzw. das Thema konkretisieren?
- Welche Bedeutung hat das Thema in der Lebenswelt der Lernenden?
- Welches Bildungsmaterial bildet das Thema ab?
- Wie ist das Material strukturiert? Welche Unterthemen werden behandelt?
- Welche Lernziele setze ich für die Schülerinnen und Schüler (individuell)?
- Welche Teillernziele setze ich für die Schülerinnen und Schüler (individuell)?
- Welche praktischen Fähigkeiten bringen die Lernenden mit und welche neuen Fähigkeiten können sie an dem Thema erlernen?
- Wie kann den Schülerinnen und Schülern das Thema passend zu ihrem jeweiligen Entwicklungsstand angeboten werden?
- Wie gliedere ich das Thema und die Unterthemen über welchen Zeitraum?
- Wie gestalte ich die Unterrichtseinheit/das Projekt konkret aus?
- Welche außerschulischen Lernorte können mit einbezogen werden?
- Welche Ressourcen benötige ich dafür?
- Habe ich einen visualisierten Ablaufplan erstellt?
- Habe ich Handlungspläne für die Aufgaben erstellt?
- Habe ich kooperative Lernformen und Methodenvielfalt berücksichtigt?
- Arbeiten alle Schülerinnen und Schüler am gleichen Lerngegenstand?
- Wodurch wird die Partizipation *aller* Schülerinnen und Schüler der Lerngruppe gesichert?
- Werden durch die Aufgabenstellungen alle Aneignungsmöglichkeiten (basal-perzeptiv, konkret-gegenständlich, anschaulich, abstrakt-begrifflich) bedient?
- Wird der Lerngegenstand in allen Repräsentationsmodi (enaktiv-handelnd, ikonisch-bildhaft, symbolisch-sprachlich) angeboten?
- Werden durch die Aufgaben alle Sinne angesprochen?
- Wie kann das Thema handelnd erfahren werden?
- Wie kann das Thema in Bewegung erfahren werden?
- Wie kann das Thema künstlerisch-gestalterisch behandelt werden?
- Wie kann das Thema schriftlich, mathematisch und gedanklich erfasst werden?
- Wie werden neue Begriffe eingeführt?

- Werden tatsächlich alle Niveau- und Komplexitätsstufen berücksichtigt? Wer oder was kann dabei behilflich sein?
- Welche Modelle, Bilder, Grafiken, Symbole und Kommunikationsmittel können für die Vermittlung des Themas genutzt werden?
- Welches Produkt ergibt sich aus dem Projekt?
- Tragen alle Schülerinnen und Schüler etwas zum Produkt des Projekts bei?
- Wie und in welchem Rahmen wird das Produkt des Projekts veröffentlicht?

Das »Blaue Wunder« und die Erfahrungen in den Einzelfallstudien sind ein motivierendes Beispiel dafür, dass Schülerinnen und Schüler im FSGE Interesse und Freude an aktuellen BNE-bedeutsamen Themen haben und diese erfolgreich bewältigen können. Das Zutrauen, das den Lernenden durch die Konfrontation mit komplexen Bildungsinhalten entgegengebracht wird, bietet Potenzial für Entwicklungsprozesse. Durch Kompetenzzuwachs wächst Selbstvertrauen und damit die Fähigkeit, Bedürfnisse zu äußern, die eigene Meinung zu vertreten und am Puls der Zeit statt nur dabei zu sein.

Vielen Dank an alle beteiligte Kollegen und Kolleginnen, Lehrpersonen, Schülerinnen und Schüler sowie Studierenden, die an der Umsetzung des Projekts beteiligt waren und die Auseinandersetzung mit dem »Blauen Wunder« durch Diskussionen, Impulse und Ideen bereichert haben. Besonderer Dank gilt Lennart-Pascal Bausdorf, Fabian Böckenhauer, Lea-Maria Delor, Mats Giszas, Thore-Rasmus Staake und Isabella Weiss-Latzko für die Vorbereitung und Durchführung der Einzelfallstudien.

Literatur

Asbrand, B. & Scheunpflug, A. (2005): Globales Lernen. In: W. Sander (Hrsg.), Handbuch politische Bildung. Reihe Politik und Bildung, Bd. 69 (S. 401–412). Schwalbach am Taunus: Wochenschau Verlag.

Behinderung und Entwicklungszusammenarbeit e.V. (bezev) (2014): Blaues Wunder. Wie das Wasser unser Leben bestimmt. Inklusives Globales Lernen in der Grundschule. (https://www.bezev.de/de/home/bildung-fuer-nachhaltige-entwicklung/blaues-wunder/), Zugriff am 28.04.23

Behinderung und Entwicklungszusammenarbeit e.V. (bezev) (o. J. a): Unser Leitbild. (https://www.bezev.de/de/ueber-uns/unser-leitbild/), Zugriff am 28.04.23

Behinderung und Entwicklungszusammenarbeit e.V. (bezev) (o. J. b): Inklusives Bildungsmaterial. (https://www.bezev.de/de/home/bildung-fuer-nachhaltige-entwicklung/bne-in-der-schule/material/), Zugriff am 28.04.23

Blaseio, B. & Westphal, I. (2019): Sachunterricht. In: H. Schäfer (Hrsg.), Handbuch Förderschwerpunkt geistige Entwicklung. Grundlagen, Spezifika, Fachorientierung, Lernfelder (S. 498–507). Weinheim und Basel: Beltz.

Bortz, J. & Döring, N. (2016): Forschungsmethoden und Evaluation in den Human- und Sozialwissenschaften. 5., überarbeitete Auflage. Heidelberg: Springer.

Bruner, J. S. (1971): Ein Überblick. In: J. S. Bruner, R. R. Olver & P. M. Greenfield (Hrsg.), Studien zur kognitiven Entwicklung. Stuttgart: Klett.

Bundesministerium für Arbeit und Soziales (BMAS), Referat Information, Publikation, Redaktion (2010): Übereinkommen über die Rechte von Menschen mit Behinderungen. Convention of the United Nations on rights of persons with disabilities. Convention relative des Nations Unies aux droit des personnes handicapées. Deutsch. Englisch. Französisch. Leichte Sprache. Bonn: BMAS.

Bundesministerium für Bildung und Forschung, Koordinierungsstelle BNE (BMBF) (o. J. a): Das UNESCO-Programm »BNE 2030« in Deutschland (2020-2030). (https://www.bne-portal.de/bne/de/bundesweit/bne-2030/bne-2030_node.html), Zugriff: 28.04.23

Bundesministerium für Bildung und Forschung, Koordinierungsstelle BNE (BMBF) (o. J. b): Was ist BNE? (https://www.bne-portal.de/bne/de/einstieg/was-ist-bne/was-ist-bne_node.html) Zugriff: 28.04.23

Bundesministerium für wirtschaftliche Zusammenarbeit und Entwicklung (BMZ) (2016): Die Agenda 2030 für nachhaltige Entwicklung. (http://www.bmz.de/de/ministerium/ziele/2030_agenda/index.html), Zugriff am 28.04.23

Deutsche UNESCO-Kommission e.V. (DUK) (2020): UNESCO stellt »BNE 2030-Roadmap« vor. (https://www.unesco.de/bildung/bildung-fuer-nachhaltige-entwicklung/unesco-stellt-bne-2030-roadmap-vor), Zugriff am 28.04.23

Deutsche UNESCO-Kommission e.V. (DUK) (2017): Bildungsagenda 2030. (https://www.unesco.de/bildung/bildung-2030.html), Zugriff am 28.04.23

Dresing, Th. & Pehl, Th. (2018): *Praxisbuch Interview, Transkription und Analyse. Anleitung und Regelsysteme für qualitativ Forschende*. 8. Auflage. Marburg.

Dönges, Ch. (2007): Lesen- und Schreibenlernen an der Schule mit dem Förderschwerpunkt Geistige Entwicklung – Modifikationen zum erweiterten Lesebegriff. In: *Zeitschrift für Heilpädagogik* 9, 338–344.

Dönges, Ch. (2011): Schriftspracherwerb im Förderschwerpunkt geistige Entwicklung – fachdidaktische Entwicklungen und fachrichtungsspezifische Perspektiven. In: Chr. Ratz (Hrsg.), *Unterricht im Förderschwerpunkt geistige Entwicklung. Fachorientierung und Inklusion als didaktische Herausforderung* (S. 61–81). Oberhausen: Athena.

Euker, N. & Koch, A. (2010): Der erweiterte Lesebegriff im Unterricht für Schülerinnen und Schüler mit geistiger Behinderung – Bestandsaufnahme und Neuorientierung. In: *Zeitschrift für Heilpädagogik* 7, 261–268.

Feuser, G. (1998): Gemeinsames Lernen am Gemeinsamen Gegenstand. In: A. Hildeschmidt & I. Schnell (Hrsg.), *Integrationspädagogik* (S. 19–36). Weinheim: Juventa.

Forghani, N. (o. J.): Was ist globales Lernen? ... und was ist es nicht? (http://www.globaleslernen.de/sites/default/files/files/link-elements/Forghani%20GL.pdf), Zugriff am 28.04.23

Gesellschaft für Didaktik des Sachunterrichts (GDSU) (Hrsg.) (2013): *Perspektivrahmen Sachunterricht*. Vollständig überarbeitete und erweiterte Ausgabe. Bad Heilbrunn: Klinkhardt.

Gesellschaft für Evaluationen e.V. (DeGEval) (Hrsg.) (2016): Standards für Evaluationen, Erste Revision. (https://www.degeval.org/fileadmin/Publikationen/DeGEval-Standards_fuer_Evaluation.pdf), Zugriff am 28.04.23

Gebauer, M. & Simon, T. (2012): Inklusiver Sachunterricht konkret: Chancen, Grenzen, Perspektiven. In: www.widerstreit-sachunterricht.de, Nr. 19, Oktober 2012 (19 Seiten).

Gräsel, C. & Bilharz, M. (2008): Erste Schritte zu Kompetenzmodellen in der Umweltbildung. In: H. Giest, A. Hartinger & J. Kahlert (Hrsg.): *Kompetenzniveaus im Sachunterricht* (S. 119–133). Bad Heilbrunn: Klinkhardt.

Grüning, E. (2012): Inklusive Bildung – ein Menschenrecht? In: *Zeitschrift für Heilpädagogik*, 5, 192–196.

Häder, M. (2015): *Empirische Sozialforschung. Eine Einführung*. 3. Auflage. Wiesbaden: Springer.

Hasselhorn, M. & Gold, A. (2017): *Pädagogische Psychologie. Erfolgreiches Lehren und Lernen*. 4. Aufflage. Stuttgart: Kohlhammer-Verlag.

Hoffmann, Th. (o. J.): Bildung für nachhaltige Entwicklung. Begriff, Merkmale, Aufgaben. In: Ministerium für Kultus, Jugend und Sport Baden-Württemberg/Ministerium für Umwelt, Klima und Energiewirtschaft Baden-Württemberg (Hrsg.): Nachhaltigkeit lernen. Modul 5. (https://www.bne-bw.de/fileadmin/downloads/Lehrer/Modul_5_Nachhaltigkeit_lernen.pdf), Zugriff am 19.04.19

Klafki, W. (2007): *Neue Studien zur Bildungstheorie und Didaktik. Zeitgemäße Allgemeinbildung und kritisch konstruktive Didaktik.* Weinheim: Beltz.
Kuckartz, U., Dresing, Th., Rädiker, St. & Stefer, C. (2007): Qualitative Evaluation. Der Einstieg in die Praxis. Wiesbaden: VS Verlag.
Mayring, P. (2002): Einführung in die qualitative Sozialforschung. Eine Anleitung zu qualitativem Denken. 5., überarb. Auflage. Weinheim: Beltz.
Mayring, P. (2010): Qualitative Inhaltsanalyse. Grundlagen und Techniken. 12., aktualisierte und überarb. Aufl. Weinheim: Beltz.
Michelsen, G., Rode, H., Wendler, M. & Bittner, A. (2013): Außerschulische Bildung für nachhaltige Entwicklung. Eine Bestandsaufnahme am Beginn des 21. Jahrhunderts. München: Oekom.
Ministerium für Bildung, Wissenschaft, Forschung und Kultur des Landes Schleswig-Holsteins (Hrsg.) (1997): Lehrplan Grundschule Sachunterricht. Kiel.
Ministerium für Bildung, Wissenschaft, Forschung und Kultur des Landes Schleswig-Holsteins (Hrsg.) (2002): Lehrplan Sonderpädagogische Förderung. Kiel.
Ministerium für Kultus, Jugend und Sport (MKJS) Baden-Würtemberg (2009): Bildungsplan Schule für Geistigbehinderte. (http://www.bildungsplaene-bw.de/site/bildungsplan/get/documents/lsbw/Bildungsplaene/Bildungsplaene-SBBZ/SBBZ-GE/BPL_SchuleGeistigbehinderte_online_oV.pdf), Zugriff am 28.04.23
Möller, J. & Fleckenstein, J. (2016): Motivation. In: J. Möller, M. Köller & Th. Riecke-Baulecke (Hrsg.), Basiswissen Lehrerbildung. Schule und Unterricht – Lehren und Lernen (S. 121–133). Seelze: Klett.
Sarimski, K. (2003): Exekutive Funktionen bei geistiger Behinderung. In: Irblich, D. & Stahl, B. (Hrsg.): Menschen mit geistiger Behinderung (S. 176-177). Göttingen: Hogrefe.
Schnell, R., Hill, P.B. & Esser, E. (2013): Methoden der empirischen Sozialforschung. 10. Auflage. München: Oldenbourg.
Seitz, K. (2003): Verlorenes Jahrzehnt oder pädagogischer Aufbruch? Zur Verankerung des Globalen Lernens 10 Jahre nach dem Kölner Bildungskongress. In: G. Lang-Wojtasik & C. Lohrenscheit (Hrsg.), Entwicklungspädagogik – Globales Lernen – Internationale Bildungsforschung. 25 Jahre ZEP (S. 243–261). Frankfurt a. M.: IKO-Verlag.
Ständige Konferenz der Kultusminister der Länder in der Bundesrepublik Deutschland/Bundesministerium für wirtschaftliche Zusammenarbeit und Entwicklung (KMK/BMZ) (2016): Orientierungsrahmen für den Lernbereich Globale Entwicklung im Rahmen einer Bildung für nachhaltige Entwicklung. (https://www.kmk.org/fileadmin/veroeffentlichungen_beschluesse/2015/2015_06_00-Orientierungsrahmen-Globale-Entwicklung.pdf) Zugriff am 28.04.23
Terfloth, K. & Bauersfeld, S. (2015): *Schüler mit geistiger Behinderung unterrichten.* München: Reinhardt.
Terfloth, K. & Cesak, H. (2016): *Schüler mit geistiger Behinderung im inklusiven Unterricht. Praxistipps für Lehrkräfte.* München: Reinhardt.
United Nations (2015a): Transforming our world: The 2030 Agenda for Sustainable Development. (https://Sustainabledevelopment.un.org/post2015/transformingourworld/publication), Zugriff am 28.04.23
United Nations (25.Oktober 2015b): Resolution der Generalversammlung, verabschiedet am 25. September 2015. Transformation unserer Welt: die Agenda 2030 für nachhaltige Entwicklung. A/RES/70/1. (http://www.un.org/depts/german/gv-70/band1/ar70001.pdf), Zugriff am 28.04.23
Westphal, I. (2019): Bildung für nachhaltige Entwicklung. In: H. Schäfer (Hrsg.), *Handbuch Förderschwerpunkt geistige Entwicklung. Grundlagen, Spezifika, Fachorientierung, Lernfelder* (S. 663–672). Weinheim und Basel: Beltz.
Westphal, I. (2020): Bildung für nachhaltige Entwicklung. In: Schäfer, H., Westphal, I. & Jöhnck, J. (Hrsg.), Prima Klima!? Bildung für nachhaltige Entwicklung. Lernen konkret. Förderschwerpunkt geistige Entwicklung. 2/2020. Westermann. S. 6–8.
Westphal, I. & Blaseio, B. (2020): Sauberes Wasser. In: Schäfer, H., Westphal, I. & Jöhnck, J. (Hrsg.), Prima Klima!? Bildung für nachhaltige Entwicklung. Lernen konkret. Förderschwerpunkt geistige Entwicklung. 2/2020. Westermann. S. 21–21.

Westphal, I. & Olejnick, F. (2022): Bildung für nachhaltige Entwicklung im Kontext politischer Bildung. »Was hat die Bundeswehr mit Frieden zu tun?« – ein Unterrichtsbeispiel zum SDG 16. In: Jöhnck, J. & Baumann, S. (Hrsg.), Politische Bildung im Förderschwerpunkt geistige Entwicklung (S. 160–175). Frankfurt/ M.: Wochenschauverlag.
Westermeier, Chr. (2015): Inklusives und Globales Lernen mit dem Material von bezev zum Thema Klima und zum Thema Wasser. In: Behinderung und Internationale Entwicklung. 26. Jg. Ausgabe 2, S. 22–28.
Zeit online (15. April 2019): Betreute dürfen an Europa-Wahl teilnehmen. (https://www.zeit.de/politik/deutschland/2019-04/wahlrecht-betreute-duerfen-an-europawawahl-teilnehmen), Zugriff am 28.04.23

Links

www.bne-portal.de
www.globaleslernen.de

8 Elementarer Fremdsprachenerwerb in Englisch

Eberhard Grüning

Die englische Sprache wird von ca. 940 Millionen Mutter- und Zweitsprachlern gesprochen und gilt damit als Weltsprache, da sie zudem vielseitig als Bildungs-, Geschäfts- und Verkehrssprache genutzt wird (Bundeszentrale für politische Bildung, 2017). In Deutschland sprechen etwa zwei Drittel aller Bürger über 15 Jahre eine weitere Sprache (Europäische Kommission, 2006). Damit ist der Anteil an Fremdsprachenkenntnissen in Vergleich zu anderen EU-Staaten überdurchschnittlich hoch, woraus ein hoher Stellenwert der fremdsprachlichen Bildung geschlussfolgert werden könnte.

Dieser Beitrag ordnet den Erwerb einer Fremdsprache als Kulturgut ein und thematisiert damit die Entwicklung der Fremdsprachenkompetenz als Mittel zur Teilhabe an Bildung und weiteren sozial bestimmten Lebensprozessen. Exemplarisch sollen die vorliegenden Ausführungen Anlass geben, ethisch verantwortliches Handeln als Lehrkraft auch dann zu reflektieren, wenn es selbstverständlich erscheint, dem Mainstream der Zeit zu folgen. Unter Beachtung der Lernvoraussetzungen besteht im Kern des Beitrags das Ziel, den Fremdsprachenerwerb mit den Herausforderungen für Schüler aus ihrer Lebenswelt zu verknüpfen. Die Anbahnung alltäglich gebräuchlicher Vokabeln wird mit dem *Lebensweltbezogenen Fremdsprachenerwerb* beschrieben. *Total Physical Response (TPR)* (Asher, 1969) wird als Methode in das Konzept integriert, da sie sich an der Lebenswelt wie dem Verlauf des Sprachentwicklungsprozesses orientiert. Aufbauend auf diesen Ansatz wird das offene Konzept *Task Supported Language Learning* von Müller-Hartmann & Schocker-von Dithfurth (2011) empfohlen, da es Potenzial für die Anwendung im Förderschwerpunkt Geistige Entwicklung (GE) enthält. Um dem Anspruch an die Beiträge in diesem Buch zu folgen, werden Beispiele zu den Konzepten des Fremdspracheerwerbs im Theorie-Praxis-Transfer aufgezeigt.

8.1 Einleitung

Sprache fungiert als Kommunikationsmittel zur Interaktion und als Präsentationsmittel des Selbst. Der verbalen Kommunikation liegt der Spracherwerbsprozess in der Muttersprache zugrunde. Der Fremdsprachenerwerb ist im Allgemeinen, unabhängig von einer vorliegenden Beeinträchtigung, darauf gerichtet, durch Kommunikation und Interaktion Teilhabemöglichkeiten zu erweitern.

Der Fremdsprachenerwerb zielt damit seit je her neben der kommunikativen vor allem auf eine soziale Funktion, die mit der Entwicklung von Kulturgut und Teilhabeprozessen verknüpft sind. Die Fremdsprachenbildung für Lehrkräfte der englischen Sprache beinhaltet folglich über den Spracherwerbsprozess hinaus, die Aneignung kulturwissenschaftlicher Inhalte, die auch zur Identifizierung mit der Kultur der Muttersprachler in den englischsprachigen Ländern führen soll (Ahrens, Bald & Hüllen, 1995). Das aktuelle globale Bemühen um barrierefreie Teilhabe am Kulturgut Bildung (United Nations, 2008) soll daher mit einer Skizze zum gegenwärtigen Stellenwert des Fremdsprachenerwerbs vorangestellt werden. Die Kompetenz, Fremdsprachen zu nutzen, verschaffte in historisch begrenzten Zeitabschnitten privilegierte kulturelle Teilhabemöglichkeiten und war zugleich Merkmal und Instrument von Abgrenzung und Ausgrenzung gegenüber Menschen, die dieser Kompetenz nicht mächtig waren und aus heutiger Sicht als benachteiligt bezeichnet werden könnten. Sehr deutlich wird diese Aussage in der Betrachtung des gesellschaftlichen Stellenwertes ausgewählter Fremdsprachen. Exemplarisch stehen in der europäischen Geschichte dafür die Sprachen Latein und Französisch. Das Beherrschen der lateinischen Sprache versetzte einen auserwählten Kreis in die Position, christliche Botschaften aus der Bibel vorzubringen, die auf ein Regelsystem ethischen Handeln gerichtet waren. Sprachkundige räumten sich Vorteile in der Auslegung der Regeln moralischen Handelns gegenüber den Sprachunkundigen ein. Diese Vorteilsnahme beruhte im Mittelalter u. a. auf dem Privileg der Sprachenkenntnis des Lateinischen. Das Wissen aus der Fremdsprache wurde bis hin zur Machtausübung durch Gewalt gegenüber den weniger (Sprach-)Gebildeten missbraucht. Die Kenntnis des Lateinischen eröffnete zudem den Zugang zu höherer Bildung. Ähnliche Aussagen lassen sich aus der Geschichte zur französischen Sprache als Hofsprache im monarchistischen Europa treffen. Insbesondere die sozial motivierte Nähe zum angesehenen französischen Königshof wurde mittels Sprache ab dem 17. Jahrhundert zum Ausdruck gebracht. So war der Erwerb dieser Sprache, abgesehen vom Französischen als Muttersprache, an die Zugehörigkeit eines ausgewählten Personenkreises gebunden, dem Fremdsprachenbildung als Privileg zuteil wurde. Bis heute sind Begriffe und Redewendungen der französischen Sprache im Deutschen verankert, die u. a. die exponierte Bedeutung der Fremdsprache in der damaligen Gesellschaft belegen. Mit der globalen Kolonialisierung durch europäische Länder wechselten die dominierenden Sprachen, jedoch weniger die damit verbundenen Sichtweisen auf Zugehörigkeiten und Teilhabemöglichkeiten einerseits und Abgrenzung von den Nichtsprachkundigen andererseits. Vor allem die englische Sprache gewann durch die globale Kolonialisierung erheblichen Einfluss. Ab der Mitte des 20. Jahrhunderts wirkten sich die wirtschaftliche und politische Stärke der USA und Großbritannien auch auf die globale Entwicklung kultureller Prozesse aus. Als eine der Folgeerscheinung stellt die *Gesellschaft für bedrohte Sprachen* aktuell fest, dass von den gegenwärtig etwa 6500 Sprachen auf der Welt mindestens zwei Drittel in den nächsten Jahrzehnten aussterben werden und damit Kulturgut vernichtet wird (Gesellschaft für bedrohte Sprachen, 2018). Die kritische Betrachtung der Einflussnahme auf Macht durch Fremdsprachen als Kulturgut formulierte Ghandi bereits 1908. In Folge der Auswirkungen zunehmender Kolonialisierung Indiens durch die englische Besatzung bewertete Ghandi (1908) diese Entwicklung:

»To give millions a knowledge of English is to enslave them…Is it not a painfull thing, that if I want to go to a court of justice, I must employ the English language as a medium; that when I became a Barrister, I may not speak my mother-tongue, and that someone else shot have to translate to my from my own language? Is it not absolutely absurd? Is it not a sign of slavery?« (Crystal, 2012, S. 124).

Die Ambivalenz der Aussage Ghandis ist ersichtlich. Erst durch den Gebrauch der englischen Sprache konnten seine Schriften weltweit gelesen und diskutiert werden. Die Aktualität der Problematik um Teilhabe durch Anpassung an (Kultur-)Systeme erscheint in der Diskussion um die Umsetzung inklusiver Bildung jedoch aktueller denn je (Sansour, Musenberg & Riegert, 2018; Westphal, 2018). Es liegen offene Widersprüche vor, die pädagogisch gegenwärtig wenig thematisiert und nicht gelöst werden. Auch das Erlernen der englischen Sprache trägt zum schulpädagogischen Ziel inklusiver Bildung ambivalent bei, wenn damit die Anerkennung von kultureller Vielfalt und Heterogenität verbunden wird. Internationale und transkulturelle Kommunikation erfordern letztendlich einfache Verständigungsmittel. Die Beibehaltung der Kolonialsprachen als Amtssprachen in den Ländern des Globalen Südens sowie die Bedrohung des Aussterbens von Sprachen dokumentieren aber auch ein historisch belastetes Machtgefälle zwischen Muttersprachlern und Fremdsprachlern, die Englisch oder eine der anderen europäischen Sprachen als Zweitsprache erwerben (müssen).

Es bedarf weiterer Überlegungen zum Umgang mit der Vielfalt von Sprache, so auch im Kontext von Bildung, die sich nicht auf den Erwerb des Englischen reduzieren kann. Mit dem Ziel der »gelebten Mehrsprachigkeit« (Ministerium für Schule und Berufsbildung des Landes Schleswig-Holstein, 2015, 4) haben auch Förderschulen und -zentren einen Auftrag. Ein wesentlicher Ausgangspunkt schulischer Bildung im Förderschwerpunkt Geistige Entwicklung (FSGE) ist die Lebenswelt der Schüler. Sie ist im öffentlichen Raum in Deutschland stark von der englischen Sprache geprägt. Im europäischen Vergleich wird dieser Umstand in der deutschen Öffentlichkeit sowie in der Nutzung als Zweitsprache besonders auffällig. Wember (2013) illustriert die Situation humoristisch, wenn er Gespräche Jugendlicher konstruiert, die im nachfolgenden Beispiel erweitert wurden, in dem über Personen mit Piercings und Tattoos berichtet wird, die Bodygel und Eyeshadows kaufen und mit ihren Inline-Skates cool davonfahren, um bei McDonalds einen Chicken-Burger zu essen und danach noch ein wenig chillen. Die Ursachen zunehmender Anglizismen und Redewendungen in der deutschen Sprache liegen in linguistisch, kulturell und soziologisch zu ergründen Prozessen, die an dieser Stelle nicht erschöpfend zu diskutieren sind. Die Folge für Menschen, die sich aufgrund ihres Kompetenzpotenzials oder anderer Gründe nicht auf diese Entwicklungen ihrer Muttersprache einstellen können, sind mögliche Barrieren in ihrer Teilhabe. Die Nichtkenntnis elementarer Anglizismen kann Sprachunkundige an der Lebensorientierung im Alltag behindern. Diese Aussage betrifft nicht nur die Teilhabe an der Jugendkultur, wie im angeführten Beispiel. Grundsätzliche Lebensperspektiven werden in Deutschland mit der so genannten »vierten Kulturtechnik … aktiver Bürger … in schulischer und gesellschaftlicher Normalität« verbunden, denn sie »sind in der Berufswelt des 21. Jahrhunderts notwendiger denn je, gerade auch für Schüler mit sonderpädagogischem Förderbedarf« (Floyd, 2015, S. 335). Floyd (2015) nimmt mit diesen Formulierungen exemplarisch Bezug zum bildungspolitisch verantworteten Rahmenplan der Berliner Senatsverwaltung für Bildung, Jugend und Sport (2005), der sowohl Standards als auch Werte vermittelt, wenn schulische Inklusion mit Forderungen gegenüber Menschen mit Behinderungen verknüpft werden, um ihnen *Teilhabe zu gewähren*. Die Forderung nach Beseitigung von Zugangshindernissen zur Kommunikation sowie nach der Berücksichtigung kommunikativer Möglichkeiten der Menschen (United Nations, 2008, Art. 9, Art. 21) stehen einigen Entwicklungsprozessen der deutschen Sprache im öffentlichen Raum sowie ihrer Wertzuweisung im Rahmen schulischer Bildung bei sonderpädagogischem Unterstützungsbedarf entgegen. Mit Sicherheit ist davon auszugehen, dass auch ungenutzte Potenziale und Möglichkeiten zum Erwerb einer Fremdsprache bei Schülern mit sonderpädagogischem Unterstützungsbedarf vorhanden sind (Köpfer, 2014, 2015; Drawe, 2019). Gesellschaftliche Teilhabe vom Kompetenzniveau in Abhängigkeit zu stellen, muss jedoch als ethisch fragliche Position bewertet werden.

Der Fremdsprachenerwerb ist nicht für alle Kinder und Jugendliche mit Beeinträchtigung der geistigen Entwicklung (BgE) von Bedeutung. Der Erwerb der englischen Sprache in den schulischen Bildungsaufgaben bleibt randständig und individualisiert verankert. Er widerspricht damit dem gegenwärtigen Verständnis von Inklusion (Rossa, 2015).

> »Wenn wir Inklusion folgerichtig als Entwicklungsaufgabe begreifen, dann müssen wir aus pragmatischen Gründen anerkennen, dass die Didaktik des traditionellen Englischunterrichts in allgemeinbildenden Schulen zunächst mehr über geeignete Angebote für Lernende mit sonderpädagogischem Förderbedarf lernen muss. Auf dem Weg dahin mag es lohnend sein, etablierte Konzepte des kommunikativen und aufgabenorientierten Fremdsprachenunterrichts zu prüfen und mit Konzepten der Pädagogik und Didaktik in den Förderschwerpunkten zu verknüpfen« (Rossa, 2015, S. 172).

Ein Ansatzpunkt dieser Prüfung kann die Sprachentwicklung der Gruppe in der Schülerschaft sein, die bereits die deutsche Sprache als Zweitsprache erwirbt (Dworschak, 2012; Grüning, 2014). Aus der Evaluation der sprachlichen Entwicklung dieser Kinder lassen sich Erfahrungswerte zum Fremdsprachenerwerb ableiten, obwohl der Zweitsprachenerwerb in der linguistischen Literatur vom Fremdsprachenerwerb unterschiedlich gewichtet wird. Er stellt erfahrungsgemäß für Menschen mit Beeinträchtigung in kognitiven und/oder sprachlichen Entwicklungsprozessen eine Herausforderung dar (Fröhlich, 2003). Es ist somit anzunehmen, dass aufgrund der Lernvoraussetzungen der Erwerb einer zweiten Sprache erschwert wird. Die Erweiterung der sprachlichen Kultur in der Pädagogik bei BgE sollte daher niedrigschwellig konzipiert und somit im Sinne der begründeten *Lebenspraktischen Bildung* (Grüning, 2013) in didaktischer Leitlinien eingebettet (Terfloth & Bauersfeld, 2015; Speck, 2018; Böing & Terfloth, 2019) und diskutiert werden. Dabei sind fachdidaktische Modelle und Konzepte in der Anglistik für ihre Anwendbarkeit unter den individuellen Bedingungen abzuwägen (Bukowsky, 2015). Die Auseinandersetzung mit der englischen Sprache in der Pädagogik bei BgE wird scheinbar unumgänglich, denn auch die deutsche Sprache unterliegt Veränderungen, die aktuell vor allem englischsprachig beeinflusst wird. Inwiefern die Zielsetzungen und Konzepte der Fachdidaktik Englisch für die Pädagogik bei BgE hilfreich sein können, soll im Folgenden ausgeführt werden.

8.2 Theoretischer Bezugsrahmen

8.2.1 Lernzugänge

Die Sinnhaftigkeit für Schüler mit dem FSGE, die englische Sprache zu erwerben, wird kontrovers diskutiert. In der Darstellung der Möglichkeiten zum unterrichtlichen Spracherwerb in Englisch für Schüler mit Beeinträchtigungen geht Wember (2013) scheinbar selbstverständlich davon aus, dass im FSGE keine Bildungsangebote erfolgen, wenn in seiner Auflistung der Möglichkeiten für Kinder und Jugendliche mit sonderpädagogischem Förderbedarf diese Zielgruppe keine Erwähnung findet. Handlungsmöglichkeiten und ein Planungsbeispiel für den inklusiven Englischunterricht der Sekundarstufe im FSGE bieten hingegen Bukowsky (2015), Köpfer (2015) und Rossa (2015) an. Eine belastbare Aussage über den Erfolg des Fremdsprachenerwerbs liegt nicht vor. Niederberger (2003) beschreibt auf der Grundlage von Einzelanalysen bilingualer Probanden mit BgE den Kompetenzerwerb in der erworbenen Zweitsprache Deutsch: »Bilingualismus ist bei geistiger Behinderung trotz hirnorganischer Schädigung möglich, da beide Sprachen beim Doppelspracherwerb dieselbe Lokalisierung im Gehirn aufweisen« (2003, S. 84). »Bilingualität ist bei geistiger Behinderung trotz beeinträchtigten Spracherwerbs möglich, sofern die erforderlichen Lebensumstände und sozialen Bindungen vorhanden sind« (2003, S. 85). Mit den Ergebnissen aus einer Befragung von Pädagogen (n=101), die bilinguale Schüler im FSGE (n = 185) unterrichten, werden die Aussagen zu den Möglichkeiten des Zweitspracheerwerbs mit dem Ergebnis »geistige Behinderung schließt Zweisprachigkeit nicht aus und umgekehrt« (Jäckel, 2003, 125) bestätigt. Das Erlernen einer Zweitsprache, die zum Austausch im alltäglichen Lebensprozessen benötigt wird, ist zwar ein Lernprozess, der sich vom klassischen Fremdsprachenlernen unterscheidet, jedoch ermutigen die angeführten Einzelfallbeschreibungen zu einer Konzeptbildung des Fremdspracherwerbs, wenn damit eine Bildungschance für einzelne Schüler verbunden werden kann.

Was in den wenigen benannten Untersuchungen aufgezeigt wurde, ist für Kinder und Jugendliche mit BgE in zahlreichen Ländern des Globalen Südens alltägliche Herausforderung. Diese Kinder bewältigen schulische Bildung in einer Fremdsprache. Ihre zugelassene Schulsprache (z. B. in Ghana) ist die Amtssprache des Landes (in Ghana: Englisch). Vor allem in Ländern Afrikas ermöglicht Schule mit dem Zweitspracherwerb einer europäischen Sprache eine Basis der Kommunikation und Teilhabe für Kinder und Jugendliche mit den verschiedensten regionalen Muttersprachen, in den sie in der Regel nicht alphabetisiert sind. Der Erwerb von Schrift- und Lautsprache in Englisch bildet somit eine zusätzliche Barriere für die Schüler.

Erfahrungswerte an Schulen mit dem FSGE in Deutschland zeigen, dass vor allem Jugendliche ein Interesse am englischen Sprachbestand bekunden. In einer Pilotstudie gewährten 12 Schüler im Alter von 10 bis 16 Jahre an Schulen mit dem FSGE Einblicke in ihre Motive, fakultativ die englische Sprache zu erlernen. Die am häufigsten vorgetragenen Gründe bestehen in der Zielstellung, sich auf Englisch mitteilen zu können und Freude an der Unterrichtsgestaltung zu haben, die mit interessanten Medien geführt wird (Gassmann, 2017). Alle befragten Schüler zeigten ein grundsätzliches Interesse an der Sprache. Hauptmotivationsfaktor ist das Verfolgen eigener Interessen und beruflicher Perspektiven sowie das Erweitern der eigenen Kompetenz. Diese Ergebnisse sind zwar nicht repräsentativ, unterscheiden sich jedoch nicht von denen für Deutschland erhobenen Daten zur Motivation für den Fremdsprachenerwerb (Europäische Kommission, 2006). Mit den Ergebnissen von Gassmann (2017) und Drawe (2019) kann für den Einzelfall belegt werden, dass Schüler mit dem FSGE die Bildungschance des Fremdsprachenerwerbs annehmen können. So beruht das von ihnen häufig genutzte *Lernen am Modell* (Soziale Lerntheorie) auf der intrinsischen Motivation und der Identität mit jugendlichem Sprachverhalten Gleichaltriger. Da sowohl die Interaktion mit Gleichaltrigen, das Lernen am Modell als auch das Motivationslernen wesentliche didaktische Komponenten des Lernerfolgs bei BgE darstellen (Speck, 2018), können diese für den Erwerb der englischen Sprache von Bedeutung sein. Wie das Beispiel von Wember (2013) zeigt, sind es vor allem Alltagsbegriffe und mitunter Redewendungen, die eine Orientierung in der unmittelbaren Lebenswelt unterstützen können. Das Aneignen und Nutzen der Alltagsbegriffe und Redewendungen vollzieht sich durch unterstützendes *praktisches Lernen* beim Handeln in den konkreten Lebensweltbezügen sowie in den konstruierten Lernsituationen des Unterrichts *als Bildendes Lernen* (Speck, 2018). Nicht zuletzt macht vor allem die Begegnung des Lerninhaltes in einem *ganzheitlichen Lernangebot* (Speck, 2018) möglich, sich den Sinngehalt umfassend zu erschließen und das Sprachangebot durch Übung zu inventarisieren. In der Konzeption zu *Literacy* für Kinder mit Unterstützungsbedarf im FSGE werden mit derartigen Überlegungen Lernwege aufgezeigt, indem die Sprachaktivität in die soziale Beziehungsgestaltung und soziokulturelle Teilhabe des Sprachlernenden eingebunden wird (Groß-Kunkel, 2017). Die didaktische Strukturierung eines Bildungsinhaltes kann dabei, soweit individuell sinnvoll, in Anlehnung an entwicklungsbezogene Aneignungs- bzw. Niveaustufen geknüpft werden. Zur didaktischen Aufbereitung sind nicht ausschließlich Stufen der Denkentwicklung zu berücksichtigen (Terfloth & Bauersfeld, 2015), sondern auch mögliche Niveaustufen des sachlogischen Entwicklungsstandes, die mit dem Modell der entwicklungslogischen Didaktik (Feuser, 1989) beschrieben werden können sowie den Kompetenzstufen beim Schriftspracheerwerb (Koch, 2008). Chilla & Voigt (2017) erachten für diesen Prozess des Fremdspracheerwerbs Kontinuität und Vernetzung mit verschiedenen Unterrichtsthemen für erforderlich, die sich zudem über verschiedene Unterrichtsgegenstände erstrecken sollten. Sie formulieren damit einen weiteren Anspruch an Unterrichtskonzeptionen für den Fremdsprachenerwerb aus sonderpädagogischer Sicht. Einmalige Sprach-Projekte oder vom Kernunterricht ausgelagerte Sprach-Kurse könnten folglich für Schüler mit Beeinträchtigungen in der Sprache und/oder in der geistigen Entwicklung Barrieren darstellen. Begründungen lassen sich im Lernverhalten finden, woraus didaktische Grundpositionen für den Unterricht abgeleitet sind. Das didaktische Modell des *Handlungsbezogenen Unterrichts* für den FSGE (Mühl, 2006) ermöglicht die geforderte »stärkere Verschränkung der Konzepte« (Chilla & Vogt, 2017, S. 56) von lebensweltlichem und institutionellem Lernen beim Fremdsprachenerwerb, denn im handlungsbezogenen Unterricht »haben Lernprozesse ihre Grundlage im Handeln und sollten in Alltagshandlungen eingebunden sein und hier übend angewendet werden« (Mühl, 2000, S. 103). Auch neuere theoretische Sichtweisen zum Sprachlernen reduzieren die direkte Steuerung von Lernprozessen im Englischunterricht zugunsten handlungsorientierter Interaktionen und berücksichtigen kognitionswissenschaftlich begründete Prozesse beim Spracherwerb (Bach & Timm, 2013). Die Organisationsform des fachübergreifenden und vorhabenorientierten Unterrichts für Schüler mit BgE bietet folglich einen günstigen Rahmen für einen schulischen Fremdsprachenerwerb. Die Einbindung in einen für Schüler sinnvoll angelegten Unterricht, in dem er sich dem Lerngenstand zuwendet, über diesen soziale Kontakte gestaltet und sich emotional sicher fühlt, kann als Qualitätsstandard für die zu sichernden Teilhabeprozesse benannt werden (▶ Kap. 2, i. d. Bd.), die für eine Konzeptentwicklung berücksichtigt werden sollten.

8.2.2 Konzepte zum entwicklungs- und handlungsbezogenem Fremdsprachenerwerb

Bildungspolitische und sonderpädagogische Zielsetzung des Fremdsprachenlernens

Der *Gemeinsame Europäische Referenzrahmen für Sprachen (GER)* (2001) verfolgt grundlegende Ziele der Entwicklung und des Erhalts eines multikulturellen und mehrsprachigen Europas, den Abbau von Sprachbarrieren, die Förderung gegenseitiger Achtung und Toleranz, die Vereinfachung internationaler Mobilität in Ausbildung und Beruf sowie das Erreichen einer bildungspolitischen Übereinstimmung beim Sprachenlernen und -lehren. Hauptziel des Fremdsprachenunterrichts ist der Erwerb interkultureller und kommunikativer Kompetenz in den Sprachen Englisch, Französisch, Spanisch und Deutsch (GER, 2001). Die Qualität der angeeigneten Fremdsprache kann mit den international festgelegten Kompetenzstufen unterschieden werden. Die gestufte Kompetenzentwicklung kategorisiert die Sprachkompetenz in die Grade A bis C. Der erste Grad (A) wird als *Elementare Sprachverwendung* beschrieben, die aufsteigend nach den Subskalen A 1 (Breakthrough) und A 2 (Waystage) festgelegt sind (Coste, North & Trim, 2013). Eine Person mit Sprachkompetenz auf der ersten Stufe (A 1) »kann vertraute, alltägliche Ausdrücke und ganz einfache Sätze verstehen und verwenden, die auf die Befriedigung konkreter Bedürfnisse zielen. Kann sich und andere vorstellen und anderen Leuten Fragen zu ihrer Person stellen – z. B. wo sie wohnen, was für Leute sie kennen oder was für Dinge sie haben – und kann auf Fragen dieser Art Antwort geben. Kann sich auf einfache Art verständigen, wenn die Gesprächspartnerinnen oder Gesprächspartner langsam und deutlich sprechen und bereit sind zu helfen« (Coste, North & Trim, 2013, S. 35). Für schulische Bildung von Kindern und Jugendlichen im FSGE sollen konzeptionelle Ansätze in Betracht gezogen werden, die auf den Erwerb der elementaren Kompetenzen zielen, der mit dem Grad A und der Stufe 1 beschrieben sind.

Bildungspläne sehen dafür aktuell fast ausnahmslos keine Regelungen vor. Niedersachsen orientiert im Bildungsplan (Niedersächsisches Kultusministerium, 2007) auf den Spracherwerb in Englisch. Das Kerncurriculum Niedersachsens für den FSGE ordnet dem Fachbereich Kommunikation/Deutsch den Inhaltsbereich Englisch mit folgenden Zielsetzungen zu:

- alltagssprachliche Wendungen erlernen und verwenden,
- einfache Wörter lesen,
- einfache Wörter schreiben (Niedersächsisches Kultusministerium, 2007, S. 15).

Grundlegende Aspekte für die Planung und Gestaltung von Unterricht sind Individualisierung, die Lebensbedeutsamkeit und die Handlungsorientierung, um die unterschiedlichen Bedürfnisse und Entwicklungsmöglichkeiten der Schülerinnen und Schüler berücksichtigen zu können. »Sie bilden die Basis, auf der unter vorrangiger Berücksichtigung lebenspraktischer Aspekte die Unterrichtsplanung fachbereichsübergreifend oder fachbereichsbezogen erfolgt« (Niedersächsisches Kultusministerium, 2007, S. 7). Die bildungspolitischen Zielsetzungen folgen der fachwissenschaftlich begründeten lebenspraktischen Zugangsweise zu Lernprozessen.

An allgemeinbildenden Schulen ohne Förderschwerpunkt wird bis zum Abschluss der Sekundarstufe I die Kompetenzstufe B1 angestrebt.

Zusammenfassend ist festzustellen: Das Lernen im Unterricht für Schüler mit Unterstützungsbedarf kann nie nur fachbezogen bestimmt sein. Zentral geht es immer um die Erweiterung der Handlungskompetenz und um Methoden, die Schüler veranlassen, ihre kognitive, sprachliche, motorische und emotional-soziale Kompetenzen zu aktivieren und zu erweitern. Konzepte des Fremdsprachenerwerbs sollten dieser Zielausrichtung folgen.

Konzept: Lebensweltbezogener Fremdsprachenerwerb

Sowohl in der Englischdidaktik als auch in der Didaktik für den FSGE wird der Motivation eine wesentliche Bedingung erforderlicher Zuwendung zum Lerngegenstand zugeschrieben. Die Bestimmung des Lerninhaltes kann an den Grundfragen zur Auswahl eines Lerngegenstandes mit der Bildungstheoretischen Didaktik im Rahmen der Kritisch-Konstruktiven Didaktik (Klafki, 2007) festgemacht werden. Sie schließen die Bedürfnisäußerung und Partizipation des Schülers als Subjekt seines Lernprozesses ein, wie es am Beispiel von Luise verdeutlicht werden kann (▶ Kap. 2, i. d. Bd.). Effektives Lernen muss selbsttätig und selbständig vollzogen werden können. Für die Aufrechterhaltung der Motivation im Englischunterricht formuliert Haß (2014) aus fachdidaktischer Sicht eine gleichlautende Forderung nach motivierendem Englischunterricht. Da angenommen wird, dass Schüler mit dem Unterstützungsbedarf vor allem extrinsisch motiviert sind (Luxen, 2003), verstärkt sich die Bedeutung der motivierenden Auswahl des Lerngehalts. Somit wäre zu schlussfolgern, dass nicht die klassischen, zumeist in Lehrplänen und Fachanforderungen fixierten Themen des Englischunterrichts erste Wahl des Lerngegenstandes sein sollten, da diese Inhalte nicht unbedingt der Erfahrungswelt von Kindern und Jugendlichen mit BgE unterliegen. Die Lehrplanangebote werden an britische Orte und Lebensweisen festgemacht, die sich Schüler mit dem FSGE schwerlich über Vorstellungen und vorausschauendem Denken so vergegenwärtigen können, damit sie persönlich bedeutsam werden.

Für das Lebensweltbezogene Fremdsprachenkonzept stehen je nach gegenständlicher und sozialer Umwelt der Kinder und Jugendlichen Begriffe und Redewendungen zur Verfügung, die in das Alltagshandeln des schulischen Lernens vorrangig inzidentell (beiläufig) einfließen können und mit der Sprachentwicklung des Kindes einhergehen. Beim *inzidentelles Lernen* werden Informationen »unabhängig davon, ob wir uns absichtlich oder unabsichtlich mit neuen Inhalten auseinandersetzen, in unserem Gedächtnissystem verarbeitet« (Hasselhorn & Gold, 2013, S. 51). Im weitesten Sinne werden diese Sprachangebote nach der in der Englischdidaktik vermittelten Orientierung auf das Primat der Einsprachigkeit (Helmke, Helmke, Schrader, Wagner, Nold & Schröder, 2008) im Unterricht angeboten. Die überwiegende bis völlig einsprachig praktizierte Unterrichtsführung (Helmke et al., 2008; Dörr, 2018) kann im FSGE nicht in Betracht gezogen werden. Englischsprachige Begriffe und Redewendungen jedoch mit eindeutigem Sinnbezug zu gebrauchen, ohne diese übersetzen zu müssen, kommt der grundlegenden Idee der Einsprachigkeit nahe und vermeidet sprachliche Irritationen. Das Sandwich bleibt in der Sprachanwendung ein Sandwich, der Toystick ein Toystick. Es reduziert sich für die Lernenden der Parallelprozess des De-Codierens im Prozess des Hörverstehens und Übersetzens der englischen Sprache, womit die kognitive Verarbeitung unterstützt wird. Beim Lebensweltbezogenen Fremdsprachenerwerb sind aktives und passives Hörverstehen die zentralen Bereiche des Sprachlernens, die dem aktiven Kommunizieren vorausgehen. Ziele der Lernangebote sind Handlungskompetenzen, die darauf beruhen. Schüler

- können Kurzformen der Begrüßung und Verabschiedung verstehen und ritualisiert anwenden,
- verstehen Aufforderungen und Handlungen akustisch oder über Situationsbilder,
- erkennen Signalwörter und können in ihrem Handeln darauf Bezug nehmen,
- stellen Beziehungen in Handlungen her,
- benennen Gegenstände in Lernsituationen.

Je nach der individuell möglichen Ebene der Aneignung von Wissen (Galperin, 1972; Pitsch & Thümmel, 2011) oder der erforderlichen Repräsentationsmodi (Bruner, 1974; Bruner, Olver & Greenfield, 1988) können die Lerngegenstände in der Einheit von Wortbild, Klangbild und Schriftbild bzw. in Sinnganzheiten (Situationen) präsentiert werden. Mit diesem ganzheitlichen Vorgehen kann die Aufmerksamkeit auf die zu erlernende Vokabel bzw. Redewendung gelenkt werden. Irrelevante Informationen werden gehemmt. Die Englischdidaktik sieht für Kinder die bewährte Einbeziehung von Handpuppen vor, die scheinbar ausschließlich englisch sprechen. Aufmerksamkeit wird mit der Identifikationsfigur gebunden, die beliebige Wiederholungen als zuverlässiges Sprachmodell liefert (Legutke, 2006). Das Arbeitsgedächtnis wird entlastet (Sarimski, 2003). Die nicht benötigte Kapazität kann für Gedächtnisleistungen verwendet werden, womit eine bessere Speicherung der Information gelingen sollte (Sarimski, 2003). Im Gebrauch der Repräsentationsmodi nach (Bruner, 1971) liegt der Vorzug, die situativ benötigte Anschauungsebene in Anspruch zu nehmen und zeitgleich durch weitere Repräsentationsangebote Unterstützung der Informationsaufnahme zu erhalten. Kein Schüler wird die Bewältigung von Lernanforderungen ausschließlich auf einer der Stufe vollziehen. Je nach Erfahrungshintergrund variieren die Inanspruchnahmen der Repräsentationsstufen.

Elementare Repräsentationsstufen unterstützen in verschiedenen Lernsituationen die jeweils höhere, abstraktere Ebene. Eine Englisch-Landkarte im Klassenzimmer, die verschiedene Stufen der Lerninhalte repräsentiert, hat somit eine mögliche inzidentell bedingte Wirkung auf dem Fremdsprachenerwerb.

Die Fachdidaktik Englisch bietet insbesondere mit der Methode des *Total Physical Response (TPR)* Möglichkeiten, den Lebensweltbezogenen Fremdsprachenerwerb zu unterstützen. Die Methode zielt darauf, Handlungsfelder zu nutzen, die es ermöglichen, interaktiv zu werden. Ohne bereits sprachlich aktiv werden zu müssen, setzen die Schüler einzelne Begriffe oder einfache Aufforderungen in englischer Sprache in Handlungen um. Die Lehrkraft bekommt über die Handlungsausführung eine Rückmeldung, ob das passive oder auch das aktive Hören vom Schüler in einen Handlungsvollzug mündet. Eine weitere Variante wäre der Einsatz von Flashcards mit Alternativentscheidungen, die der Schüler mittels vorliegender Karten (z. B.: Yes, No) auf eine Frage hin richtig einsetzen muss. Hierin liegt der Vorteil für die Schüler, selbst noch nicht zwingend lautsprachlich aktiv werden zu müssen, obwohl die innere Sprache die Lernhandlung bereits reguliert und Aneignung von Sprache sich so vollziehen kann, wie es Galperin (1972) mit der Theorie der Interiorisation beschreibt. Das Noch-Nicht-Können der Handlungsausführung kann nicht mit dem Noch-Nicht-Verstehen gleichzusetzen sein, dem ein kognitiv, motorisch und motivational aufzustellender Handlungsplan des Schülers vorausgeht. »Das Gelingen einer kommunikativen Handlung wird wichtiger als die Fehlerlosigkeit« (Decke-Cornill & Küster, 2015, S. 89). Speck (2018) verweist auf die Wichtigkeit des Rückkopplungsprozesses beim Spracherwerb in der deutschen Sprache, der daher durch Mitschüler oder die Lehrkraft gesichert sein sollte. »Wenn … die korrektive Rückkopplung ausbleibt, so gehen den Menschen mit einer geistigen Behinderung wichtige Hinweise und Hilfen für eine bessere sprachliche Anpassung verloren« (Speck, 2018, 117 f.). Klippel (2013) diskutiert, dass Forschungsbelege für diesen Paradigmenwechsel noch zu erwarten sind und räumt insbesondere für die vor-kommunikative Phase des Fremdsprachenunterrichts dem Üben einen hohen Stellenwert ein. Einzelfallstudien im FSGE belegen erste erfolgreiche Umsetzungen des TPR-Konzepts unter Anwendung der Handpuppe (Drawe, 2019). Der untersuchte Wortschatzerwerb, das Hörverstehen und die Sprachproduktion entwickelten sich in der individuell angepassten Bildungsphase stetig und zeitweilig diskontinuierlich in der Art, wie das Lernverhalten im FSGE verallgemeinert charakterisiert wird . Der Projektverlauf des Erstunterrichts und die Follwo-Up-Erhebungen in Kontrollierten Einzelfallstudien zeigten nachhaltige Effekte im Abgleich mit der Baseline der untersuchten Variablen (Drawe, 2019) und belegen mögliche Lernerfolge. Vor allem die hohe Resonanz des Unterrichts bei den Schülern ermutigt, diesen Weg weiter zu verfolgen.

Lerneffekte sind, wie in anderen Handlungsfelder des täglichen Lebens, durch wiederholtes Üben, durch Transfer der Übungswörter in immer wieder neue Situationen und zur Gewohnheitsbildung (Habituation) zu erwarten. Die Verknüpfungen der Übungsanforderungen mit Herausforderungen in der Lebenswelt der Schüler aktiviert erneut Prozesse der Kognition, Motorik, Emotion und Sprache (Rossa, 2015) und ermöglicht somit einen auf das Ganzheitliche Lernen (Speck, 2018) ausgerichteten Prozess, wie er in Lernkonzepten zur Entwicklung des Lesens und Schreiben in deutscher Sprache für den FSGE bedacht ist.

Die Rolle der Lehrkraft im Unterricht mit Lebensweltbezogenem Fremdsprachenerwerb bleibt unverändert. Sie kann den Empfehlungen neuerer Didaktik und grundlegender pädagogischer Leitkonzepte (Empowerment) folgen: Sie arrangiert vorbereitend differenzierte Lernsituationen, sie ist Sprach-Modell, sie entwickelt vielfältige Übungs- und Anwendungsmöglichkeiten unter Berücksichtigung von Peer-Aktivitäten, sie assistiert und unterstützt bei Bedarf lautsprachliche Aktivität. Sie erteilt Rückkopplung zum Klangbild des zu erlernenden Sprachbegriffs. Sie evaluiert ihren Unterricht.

Konzept: *Task Supported Language Learning* (Müller-Hartmann & Schocker-von Dithfurth, 2011)

Task Supported Language Learning (TSLL) bedeutet, die englische Sprache als Fremdsprache mit Unterstützung durch handlungsorientierte Schüleraufgaben zu erlernen. Der Fokus liegt auf der Anwendung der Fremdsprache in Aktivitäten, die für die Schüler von Bedeutung sind. Die Lernaufgaben wählen die Schüler aus. Der Lerninhalt richtet sich nicht primär auf Einsichten in die Sprachstruktur (Grammatik), sondern auf das Anwenden der Zielsprache (Müller-Hartmann & Schocker-von Dithfurth, 2011).

> »Task when used in the context of language education refers to activities that qualify as task only, if they have the potential to involve learners in meaningful language use. To be able to live up to claim a task needs to allow learners to use language for purposes that the find worthwhile« (Müller-Hartmann & Schocker-von Dithfurth, 2011, S. 22).

Anders als beim Lebensweltbezogenen Fremdsprachenerwerb wird die Bewusstheit, sich mit Fremdsprachenlernprozess auseinanderzusetzen und sich zu reflektieren, zur Bedingung im Lernprozess. Voraussetzung sind auch elementare Erfahrungen und Kompetenzen zu englischsprachigen Wörtern und Redewendungen. Das Konzept sieht vor, Erstwissen derart in Anwendung zu bringen, dass es die Schüler ermutigt, Neues lernen zu wollen. Insofern bietet es sich an, TSLL als Aufbaukonzept zum inzidentellen Lernen im Lebensweltbezogenen Fremdspracheerwerb in Betracht zu ziehen. Um die persönliche Bedeutsamkeit der Lerninhalte zu garantieren, liegt ein wesentlicher methodischer Aspekt des Konzepts auf der Wahl der Aufgaben, die auch in diesem Konzept eine Verknüpfung von kognitiven, motorischen, emotional-motivationalen und sozialen Prozessen mit den sprachlichen Anforderungen berücksichtigen. Ein ferneres Ziel ist die spätere Einsicht in die strukturelle Beschaffenheit der englischen Sprache. Damit wird ein induktiver Weg der Erkenntnisgewinnung beschritten, der für die Pädagogik bei BgE häufig beschritten wird. Abbildung 8.1 gibt Einblicke in die Eckpunkte des Konzepts.

In Abbildung 8.1 werden die Komponenten zur Analyse und Gestaltung der kommunikativen Aufgaben als Rahmen des *Task Supported Language Learning* bezeichnet.

- *Goals* stehen für fachwissenschaftliche und methodisch Zielsetzungen zur kommunikativen Kompetenz. Sie umfassen kulturelle und interkulturelle Aspekte.

- *Inputs* sollen so motivierend erfolgen, dass für jeden Schüler authentische Zielsetzungen erreicht werden können.
- *Procedures* umfassen die von der Lehrkraft zu treffende Auswahl des Bildungsgehalts. Dem Schüler wird eine »real-world task« (Müller-Hartmann & Schocker-von Dithfurth, 2011, S. 82 ff.) angeboten, die seiner Lebenswelt entspricht.
- *Setting* geht über die unmittelbare Beschreibung des Unterrichtsortes hinaus. Vielmehr ist das Lernen in seinen Arrangements zu organisieren, das wir auch als vorbereitende Umgebung (Montessori) bezeichnen könnten. Monitoring, als Überwachung des Lernprozesses, ist im Konzeptbegriff des Settings ebenso enthalten wie Evaluating als Prozessbewertung, die selbstverständlich in der Pädagogik bei BgE nicht ausschließlich an fachlicher Kompetenz festzumachen ist (▶ Kap. 2, i. d. Bd.)

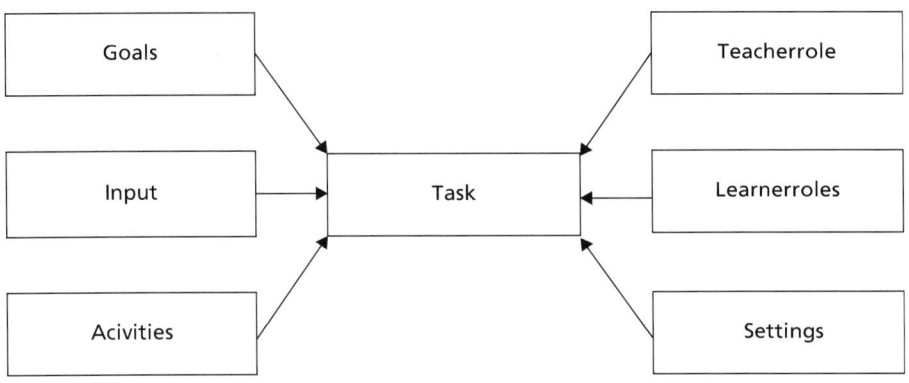

Abb. 8.1: Eckpunkte des Konzepts

Für die Anwendung des TSLL-Konzepts empfehlen Müller-Hartmann & Schocker-von Dithfurth, (2011) die Lernorganisation nach einem zyklischen Verlauf, der in seiner Struktur auch für die Diagnostik und den Unterricht im FSGE anwendbar erscheint.

In Abbildung 8.2 wird der didaktische Verlauf des Spracherwerbskonzepte TSLL vorgestellt. (1) Anhand einer Vorauswahl von Aufgaben ist die Ermittlung des Entwicklungsstandes im Spracherwerb im Interesse. Schüler zeigen auf, was sie wissen und können und woran sie interessiert sind. (2) Es erfolgt in Abstimmung mit dem Lernenden eine Konkretisierung der Aufgaben. (3) Die Vorbereitung, Durchführung und Präsentation der Ergebnisse ist als dritter Schritt vorgesehen, bevor (4) das Ergebnis und der Lernprozess reflektiert werden. Dieser Spracherwerbsansatz beruht auf internationalen Erfahrungen des Erwerbs der englischen Sprache in zahlreichen Kulturen der Welt.

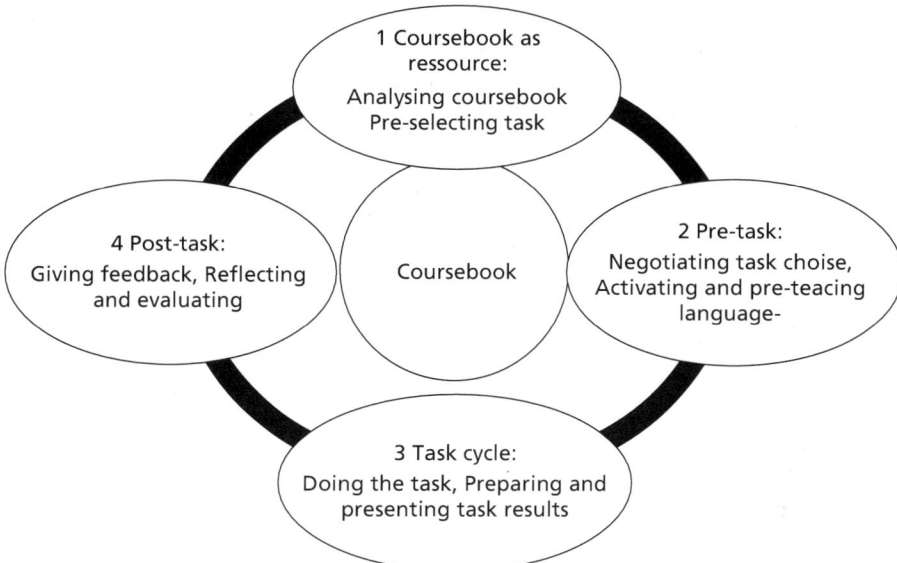

Abb. 8.2: Didaktische Verlauf des Spracherwerbskonzepts TSLL

8.3 Theorie-Praxis-Transfer

8.3.1 Beispiel zum Konzept: Lebensweltbezogener Fremdsprachenerwerbs

Der Theorie-Praxis-Transfer in diesem Beitrag wird anhand exemplarischer Lerngegenstände in Lernsituationen aufgezeigt. Aus der Lebenswelt der Schüler lassen sich insbesondere in den Kategorien: Meine Familien, Meine Orte, Unsere Wohnung, PC-Verwendung, Lebensmittel, Umgangsformen und Freizeit-Begriffe sowie Redewendungen finden, die in gleicher Weise, wie in Tabelle. 8.1 verdeutlicht, als Lernangebot in englischer Sprache in thematisch beliebigen schulische Lern- und Sozialsituationen entwickelt werden können.

In die alltägliche Unterrichtsarbeit lässt sich für das inzidentelle Lernen der häufig in den Klassenzimmern bebilderte nahe Personenkreis der Schüler nutzen. Dieser könnte auf der Grundlage individuell lebensweltlich bezogener Sachverhalte englischsprachig erweitert werden. Erlernte Sprachbegriffe können auf einer personenbezogenen Karte (Abb. 8.3) entsprechend fortgeschrieben werden und somit für inzidentelles Lernens stets verfügbar sein.

Die Auswahl des Lerninhaltes in Abbildung 8.3 sollte nach persönlicher Bedeutsamkeit modifiziert werden. Als weitere elementare Lerninhalte bietet Zerhusen Arbeitsmaterialien an für: Colours, Fruits, The body, Clothes, Hobbies, Pets (2012, S. 14–86).

Teil 2: Lernen in einer technisierten und globalisierten Lebenswelt

Tab. 8.1: Repräsentationsebenen für Lerngegenstände zum Hörverstehen und/oder zum Sprechen unter Verwendung der PTR-Methode

Repräsentationsebenen für Lerngegenstände (Vokabel) (Bruner, Olver & Garfield, 1988)		
Symbolisch (Wortbild/Klangbild)	**ikonisch**	**enaktiv**
exit	(Piktogramm: Pfeil und laufende Person)	Ausgänge und Fluchtwege in Gebäuden erkunden
on/off	(Piktogramm: Ein-/Ausschalter)	Geräte mit dieser Beschriftung ein- und ausschalten
Tickets	(Piktogramm: Info-Säule mit Tickets)	Hinweisschilder im Bus, im Bahnhof, vor Museen und Kino etc. erkunden
Shop	(Piktogramm: Schaufenster mit Aufschrift SHOP)	Geschäft mit dieser Aufschrift entdecken

Tab. 8.1: Repräsentationsebenen für Lerngegenstände zum Hörverstehen und/oder zum Sprechen unter Verwendung der PTR-Methode – Fortsetzung

Repräsentationsebenen für Lerngegenstände (Vokabel) (Bruner, Olver & Garfield, 1988)		
Symbolisch (Wortbild/Klangbild)	**ikonisch**	**enaktiv**
Ice cream	(Eiswaffel-Abbildung)	Prospekte der Lebensmittelwerbung sichten

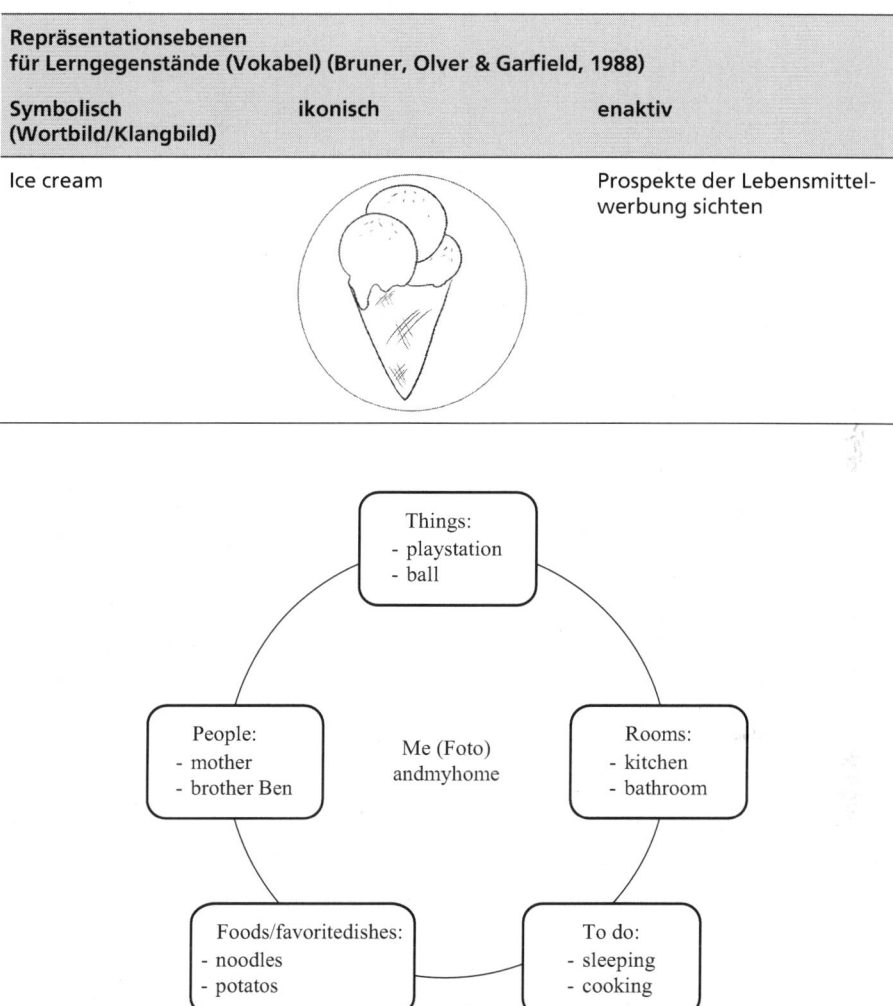

Abb. 8.3: Beispiel für Lerninhalt im Lebensweltbezogener Fremdsprachenerwerb: My home-map

8.3.2 Beispiel zum Konzept: Task Supported Language Learning (TSLL)

Die Phase 3 im TSLL-Konzept (▶ Abb. 8.1) lässt, ähnlich wie beim projektorientierten Lernen, Raum zum lebensweltbezogenen Üben, Erfahren und zur Selbstkontrolle beim Spracherwerb. Die Lebenswelt kann auch modellhaft in der Schule konstruiert werden, um Probehandlungen für die Übung und Anwendung vorzubereiten. Ein Beispiel aus dem TSLL-Konzept soll diese Vorgehensweisen illustrieren:

Abb. 8.4: Beispiel für ein Lernmaterial im TSLL: »Quizmaster« (modifiz. nach: Müller-Hartmann & Schocker-von Dithfurt, 2011, S. 132)

Alle Möglichkeiten des binnendifferenzierten Unterrichts sind in diesem Lernbeispiel anwendbar: Eine quantitative Differenzierung kann durch die Anzahl der Lösungsmöglichkeiten bedacht werden und die qualitative Differenzierung durch den Schwierigkeitsgrad der Aufgabenstellung unter Berücksichtigung der Repräsentationsebenen des Sachverhaltes. Die zur Aufgabenlösung bereitgestellten Materialien und Medien zur Erkundung oder zur Strukturierung des Lernprozesses ermöglichen methodische Differenzierungen. Die Lösungsaufträge im spielerischen Miteinander zweier Lernpartner oder einer Gruppe oder als Einzellernen halten die jeweils gewählte Differenzierung in den Sozialformen des Unterrichts offen. Eine Spielsituation motiviert. Sie verschafft Lernhandeln im häufigen ritualisierten Üben durch Wiederholen in Sinnganzheiten. Das Regelsystem des Spiels stützt die Gewohnheitsbildung zur Etablierung kommunikativer Strukturen.

Die Aufgaben der Lehrkräfte im Lernprozess mit TSLL wird bestimmt durch: initiating → facilitating → structuring → monitoring → reflecting the task-supported learning (Müller-Hartmann & Schocker-von Dithfurt, 2011, S. 135).

Der Europäischen Referenzrahmen für Sprachen legt Merkmale einer Einschätzung des Sprachniveaus fest: Spektrum, Flüssigkeit, Korrektheit, Interaktion und Kohärenz. Sie werden für alle Grade und Subkategorien der Sprachkompetenz und die Handlungsfelder des Fremdsprachenerwerbs: Hören, Lesen, an Gesprächen teilnehmen, zusammenhängendes Sprechen und Schreiben, differenziert ausgeführt (Coste, North & Trim, 2013). Leistungsbeurteilung im FSGE kann dem Referenzniveau nur bedingt folgen und wird mit Blick auf den damit verbundenen Reflexionsprozess des Schülers individualisiert zu beurteilen sein. Die Bewertung fachbezogener Outputs ist nur ein Aspekt möglicher Betrachtung von Lernerfolgen (Sansour, Musenberg, & Riegert, 2018).

Literatur

Asher, J. (1969): The Total Physical Response Technique of Learning. In: *Journal of Special Education*, Vol. 3, 253–262.
Bach, G. & Timm, J. P. (2013) (Hrsg.): *Englischunterricht. Grundlagen und Methoden einer handlungsorientierten Unterrichtspraxis* (5. Auflage). Stuttgart: A. Franke/ utb
Bruner, J. S. (1974): *Entwurf einer Unterrichtstheorie.* Berlin: Berlin Verlag.
Bruner, J. S., Olver, R. & Grennfield, P. (1988): *Studien zur kognitiven Entwicklung.* Stuttgart: Klett - Cotta.
Bukowsky, R. (2015): Planung einer Unterrichtsreihe für einen inklusiven Englischunterricht zum Thema »London«. In: J. Riegert, J. & O. Musenberg (Hrsg.), *Inklusiver Fachunterricht in der Sekundarstufe* (S. 357–360). Stuttgart: Kohlhammer.
Bundeszentrale für politische Bildung (2017): Verbreitung der englischen Sprache 2016. (www.bpb.de/nachschlagen/zahlen-undfakten/globalisierung/.../weltsprache), Zugriff am 30.05.2019
Chilla, S. & Vogt, K. (2017): Englischunterricht mit heterogenen Lerngruppen: eine interdisziplinäre Perspektive. In: S. Chilla, S. & K. Vogt (Hrsg.), *Heterogenität und Diversität im Englischunterricht* (S. 55–82). Fachdidaktische Perspektiven. Frankfurt am Main: Peter Lang.
Coste, D., North, B. & Trim, J. (2013): *Gemeinsamer europäischer Referenzrahmen für Sprachen: lernen, lehren, beurteilen.* Stuttgart: Klett.
Crystal, D. (2012): *English as a Global Language.* Cambridge: University Press.
Decke-Cornill, H. & Küster, L. (2015): *Fremdsprachendidaktik. Eine Einführung.* Tübingen: Narr Francke Attempo.
Dörr, S. (2018): *Lehrer- und Schülersprache im Englischunterricht der bayerischen Mittelschule. Münchner Arbeiten zur Fremdsprachen-Forschung,* Band 37. Münster: Waxmann.
Drawe, A. (2019): *Methoden für den Erwerb von Englisch als Fremdsprache im Förderschwerpunkt geistige Entwicklung.* Master-Thesis, Europa-Universität Flensburg, (unveröffentlicht).
Dworschak, W. (2012): Soziobiografische Aspekte der Schülerschaft mit dem Förderschwerpunkt geistige Entwicklung. In: W. Dworschak, S. Kannewischer, C. Ratz, & M. Wagner (Hrsg.), *Schülerschaft mit dem Förderschwerpunkt geistige Entwicklung (SFGE)* (2. Auflage), (S. 27–48). Oberhausen: Athena.
Europäische Kommission (2006): Eurobarometer Spezial. Die Europäer und ihre Sprachen. ec.europa.eu/commfrontoffice/publicopinion/archives/ebs/ebs_243_sum_de.pdf, Zugriff am 1.05.2019
Feuser, G. (1989): Allgemeine integrative Pädagogik und entwicklungslogische Didaktik (Stand 2005), (bidok.uibk.ac.at/library/feuser-didaktik.html), Zugriff am 20.05.2019
Floyd, M. (2015): Inklusiver Englischunterricht: Yes We Can. In: J. Riegert & O. Musenberg, (Hrsg.), *Inklusiver Fachunterricht in der Sekundarstufe* (S. 335–346). Stuttgart: Kohlhammer.
Fröhlich, A. (Hrsg.) (2003): *Zweisprachigkeit bei Kindern mit geistiger Behinderung.* Düsseldorf: verlag selbstbestimmtes leben.
Galperin, P.J. (1972): Die geistige Handlung als Grundlage für die Bildung von Gedanken und Vorstellungen. In: P.J. Galperin P.J. & A.N. Leontjew (Hrsg.), *Probleme der Lerntheorie* (S. 33–49). Berlin: Volk und Wissen.
Gassmann, F. (2017): *Faktoren der Motivation von Schülerinnen und Schülern mit Beeinträchtigung der geistigen Entwicklung für den Englischunterricht.* Master-Thesis, Europa-Universität Flensburg, (unveröffentlicht).
Gesellschaft für bedrohte Sprachen (2018): Gesellschaft für bedrohte Sprachen. (www.gbs.uni-koeln.de/wordpress/), Zugriff am 01.06.2019
Groß-Kunkel, A. (2017): *Kultur, Literacy und Behinderung. Teilhabe verstehen und verwirklichen mit dem LEA Leseklub.* Bad Heilbrunn: Klinkhardt.
Grüning, E. (2013): Lebenspraktische Bildung. In: G. Theunissen, W. Kulig, & K. Schirbort (Hrsg.), *Handlexikon Geistige Behinderung* (2. Auflage) (S. 204–205). Stuttgart: Kohlhammer.
Grüning, E. (2014): Faktoren der Ein- und Umschulung in Förderzentren mit dem Schwerpunkt Geistige Entwicklung in Schleswig-Holstein. In: *Heilpädagogische Forschung,* Band 40, Heft 3, 119–132.

Haß, F. (Hg.) (2014): *Fachdidaktik Englisch. Tradition, Innovation, Praxis*. Stuttgart: Klett.
Hasselhorn, M. & Gold, A. (2013): *Pädagogische Psychologie. Erfolgreiches Lernen und Lehren* (3. Auflage). Stuttgart: Kohlhammer.
Helmke, A., Helmke, T., Schrader, F.W., Wagner, W., Nold, G., Schröder, K. (2006): Alltagspraxis des Englischunterrichts. In: DESI-Konsortiums (Hrsg.), *Unterricht und Kompetenzerwerb in Deutsch und Englisch. Ergebnisse der DESI-Studie* (S. 371–381). Weinheim: Beltz.
Klafki, W. (2007): *Neue Studien zur Bildungstheorie und Didaktik. Zeitgemäße Allgemeinbildung und konstruktive Didaktik* (6.Auflage). Weinheim: Beltz.
Klippel, F. (2013): Übung macht den Meister – practise makes perfekt: Von den langweiligen Aspekten des Sprachelernens. In: *FLUL Fremdsprachen Lehren und Lernen*, Band 42, Heft 1, 38–49.
Koch, A. (2008): Die Kulturtechnik Lesen im Unterricht für Schüler mit geistiger Behinderung. Lesen lernen ohne Phonologische Bewusstheit? Justus-Liebig-Universität Gießen, (http://geb.uni-giessen.de/geb/volltexte/2008/6247/pdf/KochArno-2008-28-05.pdf), Zugriff am 08.03.2019
Köpfer, A. (2014): Kernkategorien einer inklusiven Englischdidaktik. In: R. Bartosch & A. Rohde (Hrsg.), *Im Dialog der Disziplinen: Englischdidaktik-Förderpädagogik-Inklusion* (S. 157–166). Trier: WTV Wissenschaftlicher Verlag Trier.
Köpfer, A. (2015): Zielperspektive: Inklusiver Englischunterricht–didaktische Diskussion am Beispiel »London«. In: J. Riegert & O. Musenberg (Hrsg.), *Inklusiver Fachunterricht in der Sekundarstufe* (S. 347–356). Stuttgart: Kohlhammer.
Legutke, M. (2006): Die Handpuppe als Partner. Ein hilfreiches Medium im Unterricht. In: *Primary English*, Heft 6, 8–9.
Luxen, U. (2003): Emotionale und motivationale Bedingungen bei Menschen mit geistiger Behinderung. In: D. Irblich & B. Stahl (Hrsg.), *Menschen mit geistiger Behinderung. Psychologische Grundlagen, Konzepte und Tätigkeitsfelder* (S. 230–267). Göttingen: Hogrefe.
Mühl, H. (2000): *Einführung in die Geistigbehindertenpädagogik* (4. Auflage). Stuttgart: Kohlhammer.
Müller-Hartmann, A. & Schocke- von Ditfurth, M. (2011): *Teaching English. Task – Supported Language Learning*. Paderborn: Schöningh.
Niedersächsisches Kultusministerium (Hrsg.) (2007): *Kerncurriculum für den Förderschwerpunkt Geistige Entwicklung*. Hannover: Unidruck.
Rossa, H. (2015): Lerngelegenheiten im inklusiven Englischunterricht für Schülerinnen und Schüler mit Förderschwerpunkt im Bereich geistige Entwicklung. In: Bongartz, C. & A. Rohde (Hrsg.), *Inklusion im Englischunterricht. Forschungen zur Psycholinguistik und Fremdsprachendidaktik* (S.169–184). Frankfurt/M.: Peter Lang.
Sansour, T., Musenberg, O. & Riegert, J. (Hrsg.) (2018): *Bildung und Leistung. Differenz zwischen Selektion und Anerkennung*. Klinkhardt: Bad Heilbrunn.
Sarimski, K. (2003): Kognitive Prozesse bei Menschen mit geistiger Behinderung. In: D. Irblich & B. Stahl (Hrsg.), *Menschen mit geistiger Behinderung* (S. 148–204). Göttingen: Hogrefe.
Speck, O. (2018): *Menschen mit geistiger Behinderung. Ein Lehrbuch zur Erziehung und Bildung* (13. Auflage). München: E. Reinhardt.
Terfloth, K. & Bauersfeld, S. (2015): *Schüler mit geistiger Behinderung unterrichten. Didaktik für Förder- und Regelschule* (2. Auflage). Stuttgart: utb.
United Nations (2008): *Convention of the United Nations on the rights of persons with disabilities (CRPD)*. New York.
Wember, F. (2013): Englisch im Primarbereich an Sonderschulen: Chance oder Überforderung?, rs(www.fachportal-paedagogik.de/literatur/vollanzeige.html?FId=727002), Zugriff am 30.05.2019
Westphal, I. (2018): Herausforderungen gleichberechtigter Teilhabe für Forschende des Globalen Südens am wissenschaftlichen Diskurs. In: Behinderung und internationale Entwicklung – Disability and international Development e.V. (Hrsg./Ed), 29, Heft 1, 10–17.
Zerhusen, R. (2012): *Anfangsunterricht Englisch – My Book About Me. Unterrichtsmaterialien und -ideen für Schüler mit geistiger Behinderung*. Hamburg: Persen.

9 Förderung technischer Kreativität durch multimediale Lernmediensysteme

Andreas Hüttner, Patric Schaubrenner & Kai-Christian Tönnsen

Um Technik den sich ständig verändernden Anforderungen der Menschen anpassen zu können, muss sie kontinuierlich weiterentwickelt werden. Dazu bedarf es kreativer Menschen, die neuartige Lösungen für immer neue Probleme finden. Allerdings erfordert nicht nur die Lösung technischer Probleme menschliche Kreativität, sondern bereits die zielführende Nutzung von Technik kann eine kreative Leistung darstellen. Aus diesen Gründen muss es ein Anliegen der allgemeinbildenden Schule sein, technische Kreativität und Problemlösefähigkeit auf allen Ebenen des menschlichen Handelns zu fördern. Dieses Anliegen muss sich an den realen Begebenheiten des Lebens orientieren und darf sich nicht auf abstrakte, idealisierte Lehr-Lernszenarien beschränken.

Automatisierte technische Systeme sind heute im beruflichen, öffentlichen und privaten Umfeld selbstverständlich und müssen deshalb auch im Technikunterricht des 21. Jahrhundert thematisiert werden. Sie sind vielfach Grundlage technischer Problemlösungen einerseits und Quelle für technisch determinierte Probleme andererseits. Ihre Komplexität scheint ihrer Nutzung zur Kreativitätsförderung entgegenzustehen. Dieser Beitrag entkräftet diese Annahme und entwickelt Ansätze, mit denen Menschen ohne oder mit Beeinträchtigungen die Kreativitätsentfaltung mit automatisierten Systemen ermöglicht wird. Diese Ansätze werden vorgestellt und im Kontext von Erkenntnissen der Kreativitätsforschung und der allgemeinen Technologie untersucht.

9.1 Einführung

> »Wenn auch die Welt im Ganzen fortschreitet, die Jugend muss doch immer wieder von vorne anfangen.«
> Johann Wolfgang von Goethe (1827)

Der moderne Mensch lebt in einer stark technisierten Umwelt, die das Individuum ebenso wie die Gesellschaft prägt. Technik ist Menschenwerk und existiert allein deshalb, weil Menschen sie unter Nutzung ihrer Kreativität entwickeln und kontinuierlich weiterentwickeln. Technische Kreativität ist somit eine konstituierende Bedingung menschlicher Kultur. Sie ist sowohl für die Gestaltung von Technik als auch für ihre Nutzung zwingend erforderlich. Die Fähigkeit zur technischen Kreativität muss folglich Teil jeder modernen Allgemeinbildungskonzeption sein.

Gleichzeitig besteht unsere Gesellschaft aus Individuen, die hinsichtlich ihrer Leistungsfähigkeit variieren. Das zeigt sich auch bei der Zusammensetzung von Lerngruppen in den allgemeinbildenden Schulen. Wie alle Schulfächer stellt sich auch der moderne Technikunterricht der Frage, wie Menschen mit Beeinträchtigungen inkludiert und zur Teilhabe befähigt werden können. Diese Frage drängt sich besonders dann auf, wenn technische Kreativität gefordert und gefördert werden soll. Die Funktionen, die eine vollautomatisierte Technik dem Menschen abnimmt, könnten bei oberflächlicher Betrachtung der Technik zu der Vermutung führen, sie stehe einer technischen Kreativitätsentfaltung des Menschen zunächst grundsätzlich entgegen. Bei differenzierterer Betrachtung stellt sich jedoch heraus, dass dem nicht so ist.

9.2 Theoretischer Bezugsrahmen

Für diese Betrachtung soll zunächst ein kurzer Einblick in relevante Aspekte der Technik gegeben werden. Daraus werden dann grundsätzliche Konsequenzen für eine allgemeine Technikbildung abgeleitet und auf automatisierte Systeme sowie deren spezifische Anforderungen beim kreativen Problemlösen übertragen.

9.2.1 Technikentwicklung als Herausforderung für Individuum und Gesellschaft

Technik ist in unserer modernen Industriegesellschaft, im privaten wie beruflichen Umfeld der Menschen so omnipräsent, dass sie in gewissem Sinn nicht mehr als das wahrgenommen wird, was sie ist: ein ›künstlich‹ erzeugtes Ergebnis menschlicher Kreativität, ausgelöst durch individuelle oder gesellschaftliche Bedürfnisse und dem Ziel verpflichtet, diese zu befriedigen. Cassirer bezeichnet die Technik als eine Manifestation des schöpferischen Geistes des Menschen, die in ihrer Bedeutung für die Entwicklung der Menschheit nur verglichen werden kann mit der Funktion der Sprache. Die menschliche Fähigkeit und der Wille zum Umgestalten der Welt nach seinen individuellen Bedürfnissen basiert nach Cassirer in gleichem Maß auf dem Wort wie auf dem Werkzeug. »Alle geistige Bewältigung der Wirklichkeit ist an diesen doppelten Akt des ›Fassens‹ gebunden: an das ›Begreifen‹ der Wirklichkeit im sprachlich theoretischen Denken und an ihr ›Erfassen‹ durch das Medium des Wirkens; an die gedankliche wie an die technische Formgebung« (zit. nach Häußling, 2014, S. 65).

Cassirer versteht sowohl die Sprache als auch die Technik als Grundlagen der menschlichen Kultur an sich. Zudem bildet die Technik »eine fundamentale Größe bei der Eröffnung und Entdeckung der Welt, in dem sie vom ›Wirklichen‹ absieht und das weite Feld des ›Möglichen‹ freigibt« (zit. nach Häußling 2014, S. 64). Damit ist sie das entscheidende Mittel bei der kreativen Gestaltung der Natur und somit ebenso die Grundlage der menschlichen Gesellschaft in ihrer heutigen Form. Technik als Wirklichkeitsbereich der menschlichen Existenz stellt das Bindeglied zwischen der Natur als Basis jeden biologischen Lebens und der Gesellschaft als »sozialer Organismus der Gesamtheit der sozialen Beziehungen der Menschen« dar (Wolffgramm, 2002, S. 8). Sie erst gibt den Menschen die Freiheit, sie selbst sein zu können (Gasset, 1949, S. 59).

Das aber setzt voraus, dass sie in der Lage und bereit sind, mit und an technischen Artefakten, als Gegenstände nicht natürlichen Ursprungs, zu handeln, letztlich die Prozesse ihrer zielgerichteten Entstehung wie Verwendung mehrdimensional intentioniert zu planen, durchzuführen und zu bewerten. Ein handelnder Umgang des Menschen mit und an Technik ist ein Handeln im Zielkonflikt zwischen dem naturgesetzlich Möglichen, dem ökonomisch Vernünftigen, dem human Wünschbaren und dem ökologisch Vertretbaren (VDI, 2007, S. 7).

Das technische Handeln in Problemlösungsprozessen ist in diesem Kontext als ein Handeln zu verstehen, »das einen Umweg wählt, weil das Ziel über diesen Umweg leichter zu erreichen ist. Technisches Vorgehen ist also nicht eine unmittelbare Aktion, sondern eine, [...] die Mittel zwischenschaltet. Diese Mittel sind etwas anderes als das Ziel selbst, und daher führen sie zunächst von dem Ziel fort, aber sie haben die Eigenschaft, dass durch ihre Vermittlung das Ziel leichter erreichbar wird« (Sachsse, 1978, S. 9). Dabei kann dasselbe Mittel, z. B. ein Werkzeug, eine Maschine, eine automatisierte Anlage etc. für verschiedene Ziele genutzt werden. Genauso aber kann das gleiche Ziel, z. B. die Lösung eines bestimmten technischen Problems, durch verschiedene technische Mittel realisiert werden.

Werkzeuge und Maschinen sind aber nicht nur Produktionsmittel, sondern stets, aus einer anderen Perspektive betrachtet, auch Konsumtionsmittel. Anders ausgedrückt: der Mensch, der mit Hilfe technischer Systeme eine Fertigung realisiert, ist nicht nur Produzent eigener, sondern in einem oftmals sogar viel größeren Umfang auch Nutzer von fremden technischen Lösungen in Form technischer Mittel, die zielgerichtet zur konkreten Problemlösung genutzt werden. In diesem Sinne ist jeder *Produzent* immer auch *Konsument* und zumeist auch umgekehrt.

Technische Mittel übernehmen zunehmend Funktionen, die bisher der Mensch realisieren musste. Zwangsläufig werden sie daher immer komplexer. Sie sind gekennzeichnet durch eine funktionale Vernetzung innerhalb des technischen Systems selbst, aber auch zwischen den verschiedenen technischen Systemen. Ein einfaches (Hand-)Werkzeug (Hammer, Handsäge, Feile, etc.) verfügt über zwei Funktionsorgane (nach ihrer Aufgabe benannte Hauptbaugruppen einer Maschine), neben dem eigentlichen Arbeitsorgan haben sie noch ein Stützorgan. Seine technische Wirkung entfaltet ein solches Mittel erst durch die taktile Geschicklichkeit des Nutzers, gekoppelt mit der kognitiven Durchdringung des (Arbeits-)Prozesses und seines Verlaufs. Ganz anders sieht es bei einem komplexen automatisierten System aus, die es nicht nur in professionellen Kontexten (z. B. Industrie 4.0), sondern auch im privaten Umfeld (Computernutzung, Bankautomat, Pfandautomat u. v. m.) gibt. Hier finden sich bis zu acht Funktionsorgane (Wolffgramm, 2012, S. 51), deren strukturiert organisiertes Zusammenwirken erst eine komplexe Problemlösung sicherstellen kann. Dabei rückt die taktile Geschicklichkeit des Bedieners mit Blick auf den Erfolg des Prozesses in den Hintergrund. Antizipative kognitive Fähigkeiten und Fertigkeiten zum Lösen von Konstruktionsproblemen (z. B. Planen der Lösung, Planen der Fertigung usw.) treten weiter hervor. Komplexe automatische Systeme sind in der Realität i. d. R. zunehmend nur Subsysteme komplexerer technischer Lösungen im Sinne von Metasystemen. Automatisierte Systeme durchdringen in unterschiedlichen Komplexitätsgraden zunehmend den Alltag aller Menschen und verlangen neue Fähigkeiten und Fertigkeiten beim gezielten Umgang mit ihnen. Darauf müssen Menschen durch schulische Bildung vorbereitet werden.

Bei aller realen alltagsbezogenen Bedeutung solcher funktional-technischen wie auch sozio-technischen Zusammenhänge können und dürfen nur hinsichtlich ihres allgemeinen Bildungspotentials begründete und zielkontextuell transformierte Fachinhalte in der allgemeinen Technischen Bildung genutzt werden. Allgemeine Technische Bildung kann sich hinsichtlich ihrer Gegenstände nicht an jeder neuen Technologie oder modifizierten technischen Lösung orientieren. Dazu ist die sog. Halbwertzeit für technische Entwicklungen viel zu gering. Die hohe und zunehmend wachsende Bedeutung automatisierter Systeme für eine moderne Industriegesellschaft macht aber andererseits ein Thematisieren ihrer grundsätzlichen funktionalen Zusammenhänge und sozialen Folgen in der allgemeinen Technischen Bildung zwingend notwendig. Denn sie betreffen nicht nur die industrielle Fertigung (erinnert sei an das Konzept Industrie 4.0), sondern zunehmend und mit wachsender Geschwindigkeit auch den privaten Bereich in allen seinen Facetten. Manche moderne Küche gleicht einem Hightechlabor. Geräte, wie z. B. Küchenmaschinen als komplexes technisches Haushaltssystem, übernehmen nahezu automatisch gesteuert nicht nur das Erwärmen oder Kochen von Lebensmitteln. Sie sind auch in der Lage, Stoffe zu zerkleinern und zu vermengen, ob durch Kneten, Schlagen oder Rühren. Nur das Hinzufügen der richtigen Ausgangsprodukte muss der Mensch noch von Hand übernehmen und den gewünschten Fertigstellungszeitpunkt wählen. Damit die Ausgangsprodukte immer und in den richtigen Mengen vorhanden sind, gibt es smarte Kühlschränke. Sie sind mit WLAN, Kameras und Touchscreen ausgestattet, kühlen nicht nur, sondern melden sich auch via Smartphone, optisch und/oder akustisch, wenn etwas fehlt oder bald auszugehen droht. Auch das Auslösen einer automatischen Lieferbestellung ist bereits möglich. Der Transport von Lebensmitteln zum Kunden über Lieferdrohnen oder Quadrocopter wird erprobt. Die zunehmende Automatisierung in anderen Bereichen der privaten Wohnung ist ein ebenfalls zügig voranschreitender Prozess, sei es die Schließ- und Überwachungsanlage der Wohnung, das automatische Steuern nahezu aller elektrisch betriebenen Geräte (Beleuchtung, Wärme, Wasser etc.) fast von jedem Ort der Welt, das Hightech Arbeitszimmer oder die Sprachsteuerung aller Mediensysteme im Haus durch smarte Assistenten wie Alexa, Google Home, Siri, Cortana, Jarvis etc. Zunehmend verfügen solche Systeme über eine Art künstliche Intelligenz (KI), sodass sie potentiell lernfähig sind und sich so an individuelle Situationen anpassen können (im Sinne des Nutzers oder des Herstellers).

All diese wenigen ausgewählten Beispiele von komplexen und miteinander kommunizierenden technischen Alltagssystemen können einerseits helfen, die wachsenden Bedürfnisse der Menschen zu befriedigen, schaffen aber andererseits auch neue problemhafte Lebenssituationen und Risiken. Soziologen bezeichnen diese bivalente Wirkung als *Paradoxon der Technik*. Moderne Technik bietet Chancen, birgt aber bei unsachgemäßer oder leichtfertiger Nutzung auch viele Risiken. Dies wird befördert durch die Tatsache, dass der Mensch zwar lernt, Technik in Betrieb zu nehmen, aber dies i. d. R. tut, ohne das zu Grunde liegende technische Knowhow zu kennen bzw. zu verstehen. Selbst einfache Störungen versetzen Menschen in einen Zustand der Unsicherheit und oftmals völligen Hilflosigkeit. In der Gesellschaft ist insgesamt daher eine zunehmende wachsende Spezialistenhörigkeit zu konstatieren (Staufenbiel, 1994; Jung, 2017).

Das hängt nicht zuletzt neben der hohen Veränderungsintensität und dem enormen Entwicklungstempo der Technik auch damit zusammen, dass die Technik sich nicht immer in transparenter Vergegenständlichung darstellt. Das Zusammenspiel ihrer Teile bzw. Teilsysteme bleibt mehr denn je verborgen. Technische Systeme werden komplexer und für den Einzelnen immer unüberschaubarer. Zudem werden in immer kürzeren Zeiten neue und immer leistungsstärkere technischer Artefakte hervorgebracht. Das macht vielen Menschen Angst.

Für die jüngere Generation scheint das auf den ersten Blick nicht zu gelten. Schüler lernen den Umgang mit vorrangig moderner Kommunikationstechnik von Freunden und Bekannten, oftmals mit viel Engagement und hochmotiviert, autodidaktisch. Selbst relativ leistungsschwache Schüler sind hier zum Teil gut informiert und zeigen erstaunliche Fertigkeiten im Umgang mit z. B. Smartphones, Tablets oder Laptops. Allerdings ist dies eine unkorrekte Schlussfolgerung, wie eine Studie schon 1991 nachwies (Hany & Heller, 1991). Die Aussage setzt oberflächliche Bedienkompetenz technischer Alltagsgeräte mit der geistigen Durchdringung ihrer Funktionen als technisches System gleich. Dies aber ist eine falsche Annahme, denn die Bewertung von Geräten und ihrer Nutzung erfordert ein Verständnis der immanenten, technischen Funktionsprinzipien. Dazu müssen auch ökologische, ökonomische und technische Aspekte reflektiert werden (Technikmündigkeit). Gestützt wird diese Aussage durch eine Studie der Akademie der Technikwissenschaften (acatec), die zu dem Schluss kommt:

> »Jugendliche erleben Technik als stets präsentes Konsumgut im Alltag, sie sehen aber in ihr nur selten einen Gegenstand, der Interesse und Neugier weckt. Nicht Technikfeindlichkeit oder -skepsis prägt die Wahrnehmung Jugendlicher, sondern Technikferne« (acatech, 2012).

Die Anforderungen einer von Technik geprägten (Um-)Welt an die heranwachsende Generation sind immens und permanent wachsend. Technik in ihren Entstehungs- und Verwendungszusammenhängen, in ihrer Korrelation zwischen Theorie und Praxis, aber auch in ihrer Bedeutung für das private, öffentliche wie berufliche Umfeld der Menschen, stellt als Wirklichkeitsbereich der menschlichen Existenz Wissens- und Erfahrungsbestände bereit, die durch ein hohes Innovationspotential gekennzeichnet sind. Zudem hat die Technik nicht nur eine kulturprägende Bedeutung für die Menschwerdung an sich, sondern ist auch existenziell wichtig für die Entwicklung und Sicherung einer demokratischen Gesellschaft. All dies muss Konsequenzen haben für die Ausgestaltung der Bildung im Allgemeinen und nicht zuletzt der allgemeinen Technikbildung im Besonderen.

9.2.2 Konsequenzen für eine Allgemeine Technische Bildung

Allgemeine Bildung zielt auf die Vermittlung und Aneignung ausgewählter Teile der von der Menschheit hervorgebrachten Kultur. Dabei können drei Schwerpunkte beschrieben werden:
Allgemeinbildung

- ist grundlegende schulische Bildung für alle Kinder, gerichtet auf ihre Befähigung zur aktiven Mitgestaltung ihrer Lebensumstände,
- fördert die aktive Auseinandersetzung der Lernenden mit wichtigen Bestandteilen der menschlichen Kultur,
- ist allgemeine Grundbildung und leistet Beiträge zur Persönlichkeitsentwicklung junger Menschen, eröffnet ihnen Bildungsperspektiven und dient ihrer Vorbereitung auf ein mündiges Leben in der technisierten Wissensgesellschaft.

Sie zielt damit letztlich auf die Entwicklung des mündigen Bürgers in Deutschland als einem technologisch hoch entwickelten Land. Damit kommt der Techniksozialisation und der Technikmündigkeit als übergeordneten Zielkategorien eine besondere, wenn auch nicht unumstrittene Bedeutung zu. Auf die Techniksozialisation kann und soll im Rahmen dieser Ausführungen nicht näher eingegangen werden. Unumgänglich ist es aber, sich in diesem Kontext mit der Technikmündigkeit zu befassen.

Technikmündig ist ein Mensch, wenn er bereit und in der Lage ist, technische Lösungen auf Basis fundierter objektiver Informationen, aber auch subjektiver Wissensbestandteile unter Einbeziehung wichtiger Kriterien, wie möglicher gesellschaftlicher sowie subjektiver Risiken, aber auch grundsätzlicher Effekte und Funktionen, beurteilen und bewerten zu können sowie entsprechend zu handeln. (Pfennig, 2014; Fletcher & de Fries & Max, 2018)

Diese Urteilskompetenz sowie menschliches Handeln werden vordergründig durch kognitive Prozesse gesteuert und durch motivationale und volitionale Antriebe in Bewegung gebracht und gehalten. Somit ist zu folgern, dass kreatives Denken und Handeln zu jenen Wesensmerkmalen des Menschen gehört, die ihn in die Lage versetzen, gestützt auf Kenntnisse, Fähigkeiten, Fertigkeiten, angeregt sowie bekräftigt durch motivationale und volitionale Dispositionen, Neues zu schaffen und seine individuellen Lebensumstände entsprechend seiner Bedürfnisse, eingebunden und orientiert an gesellschaftlichen Normen, zu gestalten, sofern er sich Wissensbestandteile kognitiv erschließen kann.

Dazu bedarf es u. a. Kreativität. In Anlehnung an Mehlhorn & Mehlhorn (1976) soll bei den weiteren Betrachtungen davon ausgegangen werden, dass Kreativität differenziert werden kann als eine innovative Leistung für einen einzelnen Menschen, für eine Gruppe von Menschen, aber auch für die gesamte Menschheit. Insofern ist nahezu jeder Mensch in der Lage eine kreative Leistung zu erbringen.

Kreatives Denken entwickelt der Mensch in allen Phasen seines Lebens, im Prozess und als Ergebnis der Entfaltung kognitiver Strukturen. Es kann im Technikunterricht gefördert und durch theoretische sowie praktische Aufgabenstellungen oder äußere Umstände, die subjektiv als Problem wahrgenommen werden, im Unterrichtsprozess angeregt und herausgefordert werden. Dies muss selbstverständlich unter Beachtung der jeweils spezifischen individuellen anthropologisch-psychologischen wie soziokulturellen Voraussetzungen geschehen (Hüttner, 2018).

Um Probleme als solche überhaupt zu erkennen, bedarf es bereits einer sachlich-kritischen Hinterfragung bestehender Zustände, vertrauter Situationen, vorhandener technischer Lösungen etc. In diesem Sinne sind sie Ausgangspunkt und Voraussetzung für jeden kreativen Problemlösungsprozess.

Zum technischen Problemlösen sind neben den kognitiven, motivationalen und volitionalen Aspekten auch organisatorisch-methodische Grundlagen bei den Lernenden zu schaffen. Zur technikdidaktischen Grundstrategie bei der Gestaltung von Lehr- Lernszenarien gehören unter dieser Prämisse u. a. das:

- Aufzeigen von Widersprüchen, die technische Probleme bestimmen,
- Heranführen an die Vorgehensweise beim Aufdecken von Problemen,
- Vertrautmachen mit den Wesensmerkmalen von Problemen sowie mit Varianten von Problemlösungsstrategien,
- Verdeutlichen und Erproben, welche Methoden und Verfahren das Problemlösen begleiten und ermöglichen,
- Nutzen typischer, realer Problemsituationen aus dem Umfeld der Lernenden als konkrete Handlungszugänge,
- Erleben der Bedeutung, aber auch das Realisieren von Varianten kreativer Zusammenarbeit im Team für den Erfolg beim Problemlösen,
- Strukturierte Durchführen der Stufen von Problemlösungsprozessen, die beim Problemerkennen beginnen und mit der Bewertung der realisierten Lösung einen vorläufigen Abschluss erfahren, aber auch neue Problemsituationen schaffen können und ggf. sollen,
- Sachlich-kritisches Bewerten von Problemlösungen und Problemlösungsprozessen durch die Lernenden als Grundlage und Voraussetzung, um ggf. neue Problemerkenntnisse abzuleiten.

Unerlässlich ist die Organisation des Lösens von Problemen im Technikunterricht durch aktives Handeln der Lernenden, verstanden als eine stringente Möglichkeit der Förderung technischer Kreativität unter schulischen Lernbedingungen. Die Fähigkeit zum kreativen Problemlösen lernen die Schüler nur durch konkretes Handeln in Problemsituationen, in die sie versetzt werden, und nicht durch theoretische Diskurse darüber. Dafür müssen die Lehrenden entsprechende Rahmenbedingungen schaffen.

Genauso wichtig ist es aber auch, die an den einzelnen Problemlösungsbeispielen gewonnenen konkreten und damit nur exemplarisch gültigen Wissens- und Könnenszuwächse auf eine allgemeine Stufe der Erkenntnis zu heben. Also von den konkreten Einzelbeispielen durch eine entsprechende Systematisierung, Zusammenfassung oder auch Abstraktion zu einer Erkenntnis mit allgemeinerem Aussage- und Nutzungswert zu gelangen. In diesem Sinne würde also induktiv vorgegangen und deduktive Schlüsse würden angestrebt werden, was als typische Vorgehensweise für die Aufbereitung von Lerninhalten für Schülerinnen und Schüler mit und ohne Beeinträchtigungen bekannt ist. Bei entsprechender didaktischer Intention ist aber auch ein umgekehrtes Vorgehen denkbar.

Aus dem subjektiv wahrgenommenen Problem entwickelt der Mensch für sich oder seine Peergroup die Aufgabe zur Problemlösung. Im Unterschied zum Problem ist dem Individuum bei einer Aufgabe klar, mit welchen Mitteln oder Verfahren es den Ausgangs- in den Zielzustand überführen kann. Ob es sich in einem konkreten Fall um eine Aufgabe oder um ein Problem handelt, ist vom Subjekt abhängig, das entweder über die zur Zielerreichung benötigten Instrumentarien verfügt oder eben nicht (Dörner, 1976). Ein zielorientierter Lösungsprozess verläuft aber in der Regel immer vom Problem über die Konkretisierung als selbsterkannte Aufgabe zur Problemlösung. Aufgaben und Probleme sind demnach zwei Schritte des gleichen Prozesses (Mehlhorn & Mehlhorn, 1979).

9.2.3 Automatisierte Systeme als Multimediale Lehr-Lernsysteme

Unser Alltag ist zunehmend von Technik, insbesondere von immer komplexer werdenden automatisierten Systemen geprägt. Produkte wie Wecker, Radio, Fernseher, Staubsauger, Herd, Heizung oder Waschmaschine finden sich fast in jedem Haushalt und müssen für die Bewältigung des Alltags sachgerecht bedient werden können. Auch im öffentlichen Bereich findet man eine Vielzahl solcher Anlagen (z. B. Fahrstühle, Ampeln, automatische Kassen usw.).

Auch dies sind letztlich automatisierte Systeme, die nach dem EVA-Prinzip arbeiten, um einen menschlich intendierten Zweck bzw. ein Bedürfnis zu erfüllen. Professionelle Automatisierungssysteme für die Steuerung und Regelung von Gebäuden, Fahrzeugen, Robotern und sonstigen Anlagen, Maschinen und Geräten sind heute nichts anderes als auf den jeweiligen Einsatzzweck abgestimmte Computersysteme. Sie werten Dateneingaben aus und wirken auf ihre Umgebung ein, indem sie Informationen darbieten, akustische oder optische Signale aussenden oder auch Dinge bewegen. Dieses technik-typische Prinzip wird EVA-Prinzip (*Eingabe, Verarbeitung, Ausgabe*) genannt. Die Art der Verarbeitung der eingegebenen Informationen hängt ganz wesentlich vom vorgesehenen Systemverhalten ab. Da auch Automatisierungssysteme menschliche Produkte sind, wird das Systemverhalten durch Menschen festgelegt. Dies geschieht häufig im Rahmen professioneller Entwicklungs- und Produktionsprozesse durch entsprechend ausgebildetes Personal wie z. B. Entwickler und Programmierer, aber auch durch technische Laien z. B. im Rahmen von Hobbys, die technische Lösungen erfordern.

Insbesondere die Frage nach den veränderten Möglichkeiten des kreativen Umgangs mit komplex automatisierten technischen Systemen und deren Funktion als multimediale Lern-Mediensysteme im Technikunterricht muss in den Mittelpunkt des technikdidaktischen Interesses rücken. Es bleibt also festzuhalten, dass es mindestens zwei menschliche Rollen gibt, aus der heraus sich Perspektiven und Anforderungen im Umgang mit Technik ergeben:

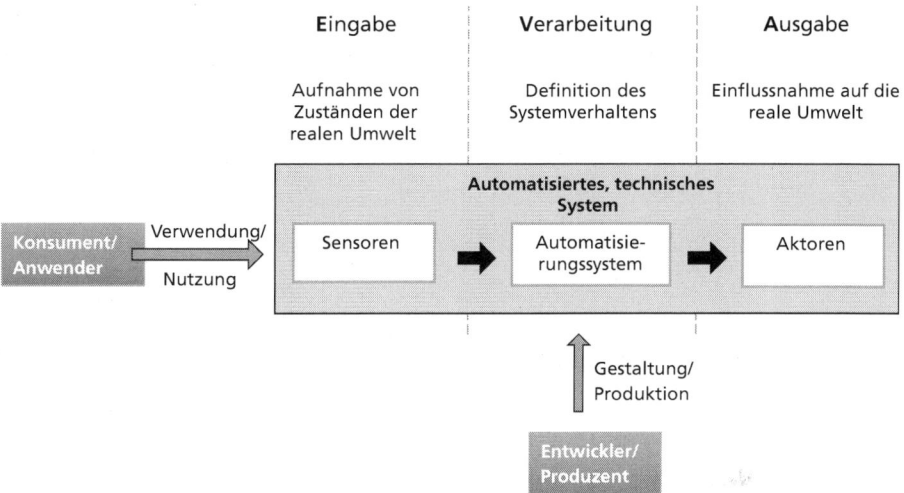

Abb. 9.1: Perspektiven auf automatisierte Systeme nach dem EVA-Prinzip

In der Rolle des Konsumenten muss Technik bewusst ausgewählt und im Sinne des gesetzten Zwecks angewendet, genutzt und bedient werden. Dabei sind gesellschaftliche und ökologische Implikationen zu berücksichtigen. In der Rolle des Entwicklers und Produzenten muss Technik entwickelt, realisiert und gestaltet werden. Dabei sind ebenfalls erfolgsrelevante Faktoren gesellschaftlicher und ökologischer Art abzuwägen und zu eigenen Interessen (z. B. ökonomischer Art) ins Verhältnis zu setzen.

Das Systemverhalten wird bei modernen, computerbasierten Automatisierungssystemen per Software gestaltet. Die entsprechende Programmierung erfolgt mit manchmal erstaunlich einfach zu bedienenden Softwarewerkzeugen. Während vor einigen Dekaden eine speicherprogrammierbare Steuerung nicht ohne Kenntnisse einer umständlichen Programmiersprache und der Programmiersoftware selbst programmierbar war, gelingt dies heute schon mit wenigen Mausklicks. U. a. stehen grafische Programmierumgebungen zur Verfügung, deren Bedienung sich an den etablierten Standards von Standardsoftware orientiert. In der Folge sind solche Programmiersoftwares hinsichtlich ihrer Bedienung (!) oft weniger komplex als erwartet.

Bei differenzierter Betrachtung muss also festgestellt werden, dass die Programmierung von Automatisierungssystemen auch von Nicht-Fachleuten ohne spezifische Ausbildung erfolgen kann. Sogar im Technikunterricht der allgemeinbildenden Schule kann das Systemverhalten automatisierter Systeme von Schülerinnen und Schülern programmiert werden. In der Praxis erfolgt dies sowohl mit professionellen als auch mit speziellen didaktischen Automatisierungssystemen, die insbesondere um eine kindgerechte Bedienung bemüht sind und nicht selten auch mit didaktisch intendierten Ergänzungsmaterialien (Tutorials, Lehrgänge, usw.) angeboten werden.

Auch wenn solche modernen Automatisierungssysteme mit digitalen Medien im virtuellen Raum programmiert werden, weisen sie stets auch gegenständliche Komponenten wie Sensoren und Aktoren auf. Diese sind für die Funktion des automatisierten Systems unverzichtbar und müssen daher ebenso im Fokus des Entwicklers bleiben. Schließlich ist auch der Kontext, in den ein automatisiertes System einbettet ist, real und gegenständlich. Aus diesem Grunde ist die Gestaltung eines automatisierten Prozesses grundsätzlich multimedial. Sie ist sowohl auf digitale Medien mit virtuellen Werkzeugen als auch auf gegenständliche Komponenten und reale Prozessgrößen angewiesen.

9.2.4 Anforderungen komplexer Automatisierungssysteme

Komplexe Systeme zeichnen sich durch besondere Eigenschaften aus:

> »Wie jeder Organismus besteht ein komplexes System aus mehreren verschiedenen Teilen (Organen), die in einer bestimmten dynamischen Ordnung zueinanderstehen, zu einem Wirkungsgefüge vernetzt sind. In dieses kann man nicht eingreifen, ohne dass sich die Beziehung aller Teile zueinander und damit der Gesamtcharakter des Systems ändern würden. Reale Systeme sind darüber hinaus auch immer offen und erhalten sich durch ständigen Austausch mit der Umwelt« (Vester, 2002, S. 25).

Wer mit oder an solchen komplexen Systemen arbeitet, muss folgende Anforderungen einer komplexen Handlungs- bzw. Entscheidungssituation bewältigen (Dörner, 1989):

- hoher Komplexitätsgrad: Je mehr Elemente ein System aufweist, desto komplexer ist es. Aus Sicht des Systemnutzers ergibt sich der Komplexitätsgrad weniger aus den materiellen Bestandteilen, sondern aus der Menge von Merkmalen, die für die Bewältigung des Systems zu bedenken sind. Außerdem beeinflussen sich die Elemente gegenseitig, sie sind vernetzt. Eine ausgeprägte Vernetzung von Merkmalen trägt ebenso zu einem erhöhten Komplexitätsgrad bei.
- Eigendynamik: Passive Merkmale ändern sich nur bei einer aktiven Einflussnahme auf das System von außen. Aktive Merkmale ändern ihren Zustand hingegen von allein, ohne dass eine verursachende Einflussnahme festgestellt werden kann. Eine solche Dynamik kann dafür sorgen, dass sich ein System zu unterschiedlichen Zeitpunkten anders verhält, obwohl alle einflussnehmenden Parameter unverändert bleiben.
- Ausgeprägte Intransparenz: Reale komplexe Systeme sind häufig durch die Unsichtbarkeit von Merkmalen und ihrer Vernetzung geprägt, sodass eine gezielte Einflussnahme zunächst gar nicht möglich ist. Die Beseitigung von Intransparenz ist eine wesentliche Herausforderung beim Umgang mit komplexen Systemen.
- Fehlerhafte/lückenhafte Systemkenntnis: Ein System erfolgreich zu bewältigen erfordert eine für das jeweilige Vorhaben ausreichend umfängliche und korrekte geistige Repräsentation des Systems. Während Novizen sich diese Systemkenntnis zunächst noch erarbeiten müssen, ist sie bei Systemexperten in einem hinreichenden Maße gegeben.

Viele in der Realität existierende automatisierte Systeme erfüllen diese Eigenschaften gleich mehrfach und in hoher Ausprägung. Es ist einleuchtend, dass industrielle Systeme, die für den Einsatz in professionellem Umfeld entwickelt wurden und mit denen ausschließlich qualifizierte Profis umgehen, mitunter hochkomplexe Systeme sind. Wie schon dargestellt treffen diese Merkmale aber auch vermehrt auf technische Systeme zu, mit denen Nicht-Profis in ihrem normalen Alltag umgehen. Und auch die bloße Anwendung und Bedienung dieser Systeme, die, wenn überhaupt, nur in sehr engen Grenzen eine gestaltende Veränderung der vorgegebenen Systemeigenschaften erlaubt, kann uns mit komplexen Handlungssituationen konfrontieren, an denen Personen mit und ohne Benachteiligung scheitern. Vor diesem Hintergrund scheint die Auseinandersetzung oder gar das kreative Problemlösen mit industriellen Automatisierungssystemen, die neben der Bedienung noch die aktive Gestaltung von Systemeigenschaften erfordern, auf den ersten Blick eine noch größere Herausforderung zu sein.

Sofern die Bedienbarkeit eines Automatisierungssystems gewährleistet und damit ein ausreichendes Maß an Systemkenntnis anzunehmen ist, ist das Automatisierungssystem selbst (auf der Anwendungsebene) kein komplexes System mehr. Da das Systemverhalten im Zuge der Programmierung selbst festgelegt wird, kann von einer hohen Transparenz ausgegangen werden. Die Anzahl der zu berücksichtigen Elemente wird ebenso wie ihre Verknüpfungen untereinander durch die Lernenden festgelegt. Auch das eigendynamische Verhalten des Systems wird durch den Nutzer selbst festgelegt.

In einer vorläufigen Zusammenschau lässt sich demnach folgendes feststellen:

- Immer komplexer werdende technische Systeme verlangen nach antizipativen kognitiven Fähigkeiten und Fertigkeiten zum Lösen technischer Problemstellungen im Gegensatz zu rein taktiler Geschicklichkeit bei der Verwendung einfacher Werkzeuge.
- (Technische) Kreativität, deren Ausprägung und Entwicklung lässt sich je nach Definition sehr nah an den individuellen Kompetenzen betreffender Kinder und Jugendlicher abbilden und kann entsprechenden individuell bestimmt und rückgemeldet werden.
- Die Entwicklung von Kreativität wird durch die Bereitstellung einer Vielzahl von technischen Optionen (im Sinne eines hohen Komplexitätsgrades) nicht zwangsläufig positiv beeinflusst; es besteht auch die Gefahr der Überforderung einzelner Verwender.

Insbesondere der letzte Aspekt muss für die Förderung von technischer Kreativität von Schülern mit Beeinträchtigungen in der geistigen Entwicklung spezielle Beachtung finden. Die Annahme, dass technische Kreativitätsförderung auf hochkomplexe Systeme mit zahlreichen Handlungsoptionen angewiesen ist, erweist sich als Trugschluss. Die bewusste Einschränkung von Handlungsoptionen ist in der Technikdidaktik als *Einengung des didaktischen Suchraumes* etabliert. Dieser Ansatz ermöglicht gerade auch Schülerinnen und Schülern mit Beeinträchtigungen eine Teilhabe an einem Problemlösungsprozess mit und durch automatisierte Systeme.

Auch wenn sich die Betrachtungen im Folgenden eher auf das Individuum beziehen, muss die Lehrkraft natürlich auch eine genaue Analyse des Lerngegenstands durchführen. Diese darf sich nicht allein auf die Analyse der Sachstruktur beschränken, sondern muss eine Analyse der Anforderungen enthalten, die der Lerngegenstand an die Schüler stellt. Weiterhin müssen diese Analysen in Beziehung mit den diagnostisch ermittelten individuellen Kompetenzen der Schüler gesetzt werden. Erst aus einer Gegenüberstellung dieser beiden Analysen ergibt sich eine mögliche Diskrepanz zwischen den beschriebenen Anforderungen und den individuellen Kompetenzen. Dieser Diskrepanz muss unterrichtlich durch individuelle Fördermaßnahmen begegnet werden.

Technische Problemstellungen bestehen für den lernenden Problemlöser aus einer Menge unberechenbarer und zunächst unbekannter Teilprobleme. Das gilt besonders dann, wenn die Teilprobleme schwerpunktmäßig Bereiche betreffen, in denen die lernende Person spezifischen Förderbedarf aufweist (kritische Teilprobleme). So können Problemlösungen auch dann gänzlich verhindert oder deutlich erschwert werden, wenn nur ein Teilproblem kritisch ist, da sich das Gesamtproblem aus der Summe seiner Teilprobleme konstituiert (Banse, 2015). Hinzu kommt die Schwierigkeit, dass die Zerlegung in Teilprobleme durch den Problemlöser selbst vorgenommen werden muss. Es ist evident, dass die Identifikation der konstituierenden Teilprobleme stark behindert wird, wenn Bereiche, in denen Teilprobleme verortet sind, nicht oder nur in geringem Ausmaß mental repräsentierbar sind. Dann besteht die Gefahr des Scheiterns schon bei der Klärung des Problems selbst. Um solche unlösbaren Teilprobleme zu vermeiden, ist eine gründliche Klärung der Struktur einer Problemstellung durch die Lehrkraft erforderlich. Dazu gehören die Identifikation der zu bewältigenden Teilprobleme und eine Analyse der Anforderungen, die diese Teilprobleme an den lernenden Problemlöser stellt. Dies sollte für alle relevanten Lösungswege geschehen, sodass auch alternative Lösungswege aufgedeckt und analysiert werden können (in der Technik gibt es in der Regel mehrere denkbare Lösungswege). Dabei sind auch alternative und aus fachlicher Sicht eher untypische Lösungswege der Lernenden durch die Lehrenden ins Kalkül zu ziehen.

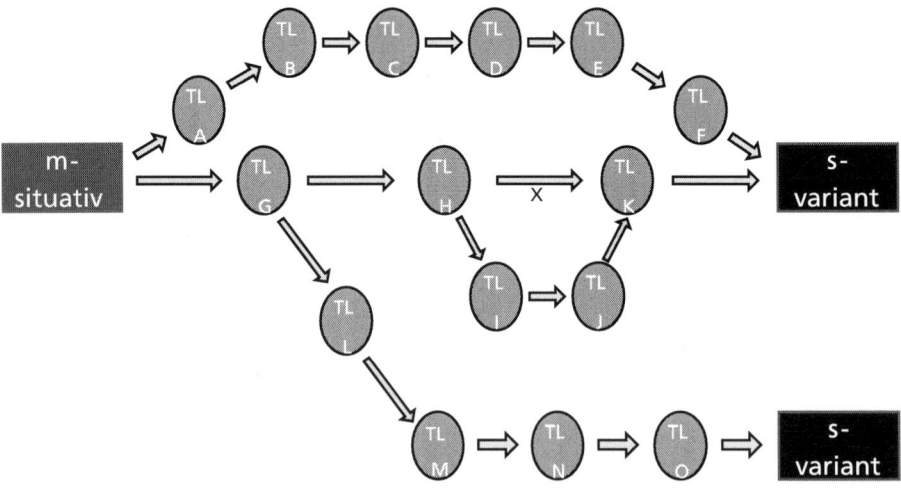

TL = Teillösung

Abb. 9.2: Teillösungen, alternative Lösungswege und Lösungsvarianten

Sofern dabei Anforderungen ermittelt werden, die eine oder mehrere Personen für die Teilproblemlösung nicht bewältigen können (kritische Teilprobleme), sind für den Teilproblemlösungsprozess individuelle unterstützende Maßnahmen bei der Problemstellung oder bei Erreichen des kritischen Teilproblems vorzusehen. Das können beispielsweise sein:

- Bereitstellung unterstützender Informationen,
- Bereitstellung von ergänzenden Hilfsmitteln,
- Vorgabe einzelner Teillösungen (suboptimal, da die Person auf diese Weise das Problem nicht selbst gelöst hat),
- Sicherstellung von alternativen Lösungswegen, um ein kritisches Teilproblem zu umgehen,
- Anleitung zu einer Lösungsstrategie, die das kritische Moment einer Teillösung eliminieren kann.

9.3 Forschung-Praxis-Transfer

9.3.1 Spezifische Erkenntnisse für Kreativitätsförderung mit automatisierten Systemen

Es ist wohl offensichtlich, dass die Gestaltung von Technik viel Potential für Kreativitätsentfaltung besitzt. Es stellt sich dabei jedoch die Frage, wann ein Produkt oder ein Prozess kreativ ist. Auch wenn keine einheitliche Definition für Kreativität existiert, kann doch ein Konsens darüber festgestellt werden, dass Kreativität sich durch Ergebnisse auszeichnet, die eine mehr oder weniger große Gruppe von Menschen als neuartig und zweckdienlich bzw. nützlich erachtet (Funke 2003; Runco & Jaeger, 2012). Die Größe der Gruppe ist dabei ein bedeutender Faktor, über den verschiedene Auffassungen existieren und der zu einer Kategorisierung von Kreativität geführt hat (Kaufmann & Beghetto, 2009):

Sofern der Anspruch besteht, dass das kreative Ergebnis von großen gesellschaftlichen Gruppen (Communities) als neuartig und nützlich akzeptiert wird, entspricht dies dem Ansatz big C (C für creativity). Extreme Auslegungen gehen davon aus, dass wahre Kreativität die ganze Menschheit beeinflussen muss und daher nur sehr selten vorkommt.

- Sofern sich der Impact eines kreativen Produkts auch auf kleinere Gruppen beschränken darf, entspricht dies dem Ansatz little C. Hierbei ist zulässig, dass die Gruppe sich im Wesentlichen auf Mitglieder einer korrespondierenden Domäne beschränkt, sodass keine gesamtgesellschaftlichen Bewertungskriterien angelegt werden müssen.
- Neben diesen beiden klassischen Ansätzen gibt es noch den Ansatz pro C, der berücksichtigt, dass manche Professionen per se kreative Leistungen erfordern,

die sich regelmäßig und als Normalfall in einem kreativen Produkt niederschlagen (z. B. Architekt).
- Schließlich wird noch der Ansatz mini C beschrieben, der den kreativen Prozess in den Vordergrund stellt und weniger exklusive Ansprüche an das Produkt stellt. So ist es möglich, dass ein Produkt lediglich von einer Person positiv bewertet wird und für sie ein neuartiges Produkt darstellt. Wichtiger ist, dass der Produzent im Zuge des kreativen Prozesses neue und kreative Leistungen vollbringt. Dieser Ansatz ist somit geeignet, um Lernen und Kreativität miteinander zu vereinen.

Insgesamt wird deutlich, dass Kreativität in zweifacher Hinsicht relativ ist:

- Sie ist relativ zur kreativ handelnden Person und dem kreativen Prozess, den die Person vollzieht.
- Sie ist relativ zum kreativen Produkt und dem Personenkreis, der über den Innovationsgrad des Produktes urteilt.

Wenn Kreativität abhängig von der kreativ handelnden Person und ihren Voraussetzungen und Eigenschaften ist, kann jeder Person kreatives Potential zugeschrieben werden, auch wenn nicht zu erwarten ist, dass das kreative Produkt einen Impact entfalten kann, der über die kreative handelnde Person selbst wesentlich hinausgeht. Unter dieser Prämisse können auch Prozesse und Produkte von Menschen mit Benachteiligungen kreativ sein, auch wenn sie im absoluten Vergleich zu den Leistungen anderer nicht konkurrenzfähig erscheinen.

Im Kontext von komplexen, automatisierten Systemen drängt sich zudem die Frage auf, wie kreative Problemlöseprozesse gestaltet werden können, wenn Beeinträchtigungen der geistigen Entwicklung in relevanter Form vorliegen. Für technische Probleme liefert die allgemeine Technologie wertvolle Ansätze, indem sie Technik anhand dreier Bestimmungsstücke definiert:

> »Technik umfasst (a) die Menge der nutzenorientierten, künstlichen, gegenständlichen Gebilde (Artefakte oder Sachsysteme), (b) die Menge menschlicher Handlungen und Einrichtungen, in denen Sachsysteme entstehen, und (c) die Menge menschlicher Handlungen, in denen Sachsysteme verwendet werden« (Ropohl, 2009, S. 31).

Die allgemeine Technologie kennt des Weiteren drei Konzepte, die zur Beschreibung eines technischen Systems dienen (ebd., S. 75 ff):

- Für die Verwendung technischer Systeme ist eine ausreichende Kenntnis über die Funktionen eines Systems erforderlich. Diese sind Teil des funktionalen Konzepts, welches das System selbst als Black Box betrachtet und seine Elemente und die Erklärung, warum ein System bestimmte Verhaltensweisen an den Tag legt, ausblendet. Von Interesse ist die Frage, was das System tut bzw. was man damit machen kann. Dazu sind Ursache-Wirkungszusammenhänge relevant, damit ein System gezielt so bedient werden kann, dass es die gewünschte Leistung erbringt. Mit anderen Worten: Es geht um das Verhältnis von Input und Output. Bei konsequenter Auslegung der Relativität von Kreativität besonders in Bezug auf die kreativ handelnde Person kann postuliert werden, dass das Lösen von Problemen auf der Verwendungsebene eine kreative Leistung ist, sofern das funktionale Konzept des Systems zu Beginn des Problemlöseprozesses (noch) nicht hinreichend bekannt ist. Kreativität geht einher mit Lernen, wenn die Kenntnis über das funktionale Konzept erweitert wird.

- Ein weiteres Konzept aus der allgemeinen Technologie ist das hierarchische Konzept, welches die Zusammensetzung technischer Systeme beschreibt. Es geht davon aus, dass technische Systeme aus Subsystemen aufgebaut sind, die wiederum Subsysteme aufweisen usw., sodass sich auf diese Weise die Beschaffenheit eines Systems detailliert darstellen lässt. Andererseits ist ein technisches System aber auch Teil eines übergeordneten Supersystems. Das wird besonders dann relevant, wenn man bedenkt, dass es sich dabei um soziale oder ökologische Supersysteme handeln kann. Die Nutzung von Technik ist letztlich immer menschlich bedingt, sodass sich auf diese Weise erklären lässt, welchem Zweck ein spezifisches System dient. Damit wäre eine Grundlage für die Entscheidung gegeben, ob es für die Problemlösung genutzt werden kann und soll oder nicht.
- Ein drittes Konzept ist das strukturale Konzept. Es sieht technische Systeme als eine Menge von Teilen, die miteinander interagieren. Anders formuliert besteht ein System aus Elementen, die auf eine bestimmte Art und Weise miteinander verknüpft sind. Dabei ergibt die Summe der Elemente und ihrer Verknüpfungen mehr als die Summe der Einzelteile. Wie bereits beschrieben, kann diese Summe durchaus komplex sein. Es geht beim strukturalen Konzept schließlich um die Erklärung und Begründung der Funktionsweise eines Systems.

Die folgende Matrix legt die drei Konzepte übereinander und ordnet die drei Funktionen Eingabe, Verarbeitung und Ausgabe, in die informationstechnische Systeme und damit auch Automatisierungssysteme klassischerweise unterteilt werden, zu:

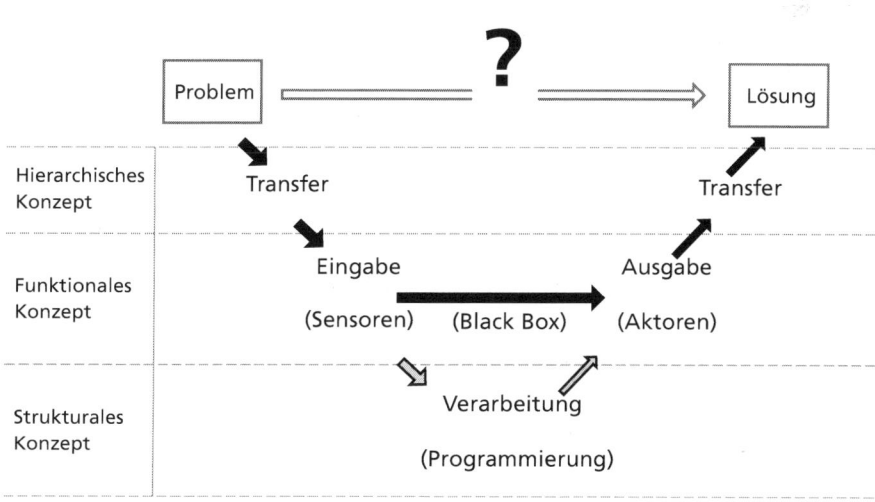

Abb. 9.3: Konzepte der allgemeinen Technologie für das Problemlösen mit technischen Systemen

Obgleich für eine vollständige Systembeschreibung alle drei Konzepte eines Systems bekannt sein müssen (Wiener, 1968), genügen für die Lösung von Problemen auf der Verwendungsebene die Konzepte, die bei Verfolgung des schwarz dargestellten Lösungswegs betroffen sind. Das hierarchische Konzept unterstützt die Auswahl eines geeigneten technischen Systems und die Klärung der Frage nach der Eignung für das spezifische Problem. Das funktionale Konzept dient der Klärung des Zusammenhangs von Systeminput und Systemoutput. Die Gründe für diesen Zusammenhang müssen nicht bekannt sein, sodass der diesbezügliche Teil des Systems als Black Box betrachtet werden kann. Alle drei Konzepte werden erst bei der Lösung von Problemen auf der Gestaltungsebene benötigt, wenn die Verhaltensweisen technischer Systeme zielorientiert gestaltet und entwickelt bzw. verändert werden müssen (grau dargestellte Lösungswegverlängerung).

Übertragen auf multimediale Automatisierungssysteme bedeutet das, dass schon die Verwendung existierender Systeme (wie z. B. die oben genannten Beispiele aus öffentlichen und privaten Lebensbereichen) mit vorgegebenem Systemverhalten zur Lösung von Problemen eine kreative Leistung darstellen kann, sofern das hierarchische und/oder das funktionale Konzept für das Erreichen des Ziels ausgebildet bzw. erweitert werden muss. In Bezug auf das fokussierte Automatisierungssystem ist eine Kenntnis über die Informationsaufnahmemöglichkeiten der Sensoren des Systems ebenso wie die Einflussmöglichkeiten der Aktoren von besonderer Relevanz. Die Fähigkeit zur eigenen Gestaltung des Verhaltens eines (komplexen) technischen Systems (z. B. der Programmierung einer Steuerung) ist indes keine Bedingung für Kreativität. Sie ist auch auf der Ebene der Nutzung und Bedienung ohne Programmiertätigkeiten möglich. Erste Untersuchungen zeigen, dass:

- viele Lösungen allein durch Veränderung der mechanischen Begebenheiten erfolgen
- und dass die Anzahl der Sensoren und Aktoren für die Kreativitätsentfaltung nicht vorrangig relevant ist (Tönnsen & Schaubrenner, 2017).

Wenn für eine Lösung ein Automatisierungssystem programmiert werden muss, kommt weiteres Kreativitätspotenzial auf der Ebene des strukturalen Konzeptes hinzu. Dieses Potenzial geht allerdings mit einer Reihe von Anforderungen einher, die die Programmierung an die Schülerinnen und Schüler stellt. Hier wäre dann ggf. auch ein Punkt erreicht, wo die grundsätzliche Relevanz für eine allgemeine Technische Bildung hinterfragt werden müsste.

9.3.2 Allgemeine Erkenntnisse für Kreativitätsförderung im Technikunterricht

Insbesondere bei Schülerinnen und Schülern mit Unterstützungsbedarfen im Bereich der geistigen Entwicklung sind die lernrelevanten Merkmale nicht immer eindeutig umrissen. Während die Internationale statistische Klassifikation der Krankheiten und verwandter Gesundheitsprobleme (ICD 10-GM-2019) das beschriebene Phänomen als Intelligenzminderung (F 70–79) beschreibt, steht beispielsweise bei der International Classification of Functioning, Disability and Health eher die Interaktion des Individuums mit seiner Umwelt im Zentrum (DMDI, 2018; DMDI, 2005).

Braband & Reimers (2016) beschreiben als auffälligstes Merkmal die Lernschwierigkeiten in der Schule die Verzögerung der kognitiv-intellektuellen Entwicklung im Kindesalter und das herabgesetzte Abstraktionsvermögen. Es bestehen Beeinträchtigungen im Anpassungsvermögen und hinsichtlich der sozialen und emotionalen Reife. Beeinträchtigungen in der geistigen Entwicklung gehen darüber hinaus häufig einher mit »anderen Besonderheiten (…) (wie Autismus-Spektrum, Fehlbildungen des Gehirns, Lernstörungen, Beeinträchtigungen der Motorik und der Sprache)« (ebd.).

Aus diesen Merkmalsbeschreibungen lassen sich drei Schwerpunkte von bei der Unterrichtsplanung zu berücksichtigenden Aspekten im Zusammenhang mit der technischen Kreativitätsentwicklung ableiten:

- Kognitive Aspekte

Technikunterricht fordert Schülern im kognitiven Bereich hohe Kompetenzen ab. Gerade die Mehrdimensionalität und die mehrperspektivische Betrachtungsweise von Technik können Schülerinnen und Schüler mit Unterstützungsbedürfnissen im kognitiven Bereich schnell überfordern. In der aktuellen wissenschaftlichen Diskussion teilt Baddeley (2014) das Arbeitsgedächtnis, welches für den Lernprozess eine zentrale Rolle spielt, in drei Teile ein: Den räumlich-visuellen Notizblock zur Aufnahme und Verarbeitung von Raum-Lage-Beziehungen, die phonlogische Schleife zur Aufnahme und Verarbeitung von sprachlichen Reizen und den episodischen Speicher, der die beiden anderen Speicher durch episodische Kombination von Informationen unterstützt. Kontrolliert werden diese Prozessspeicher durch die zentrale Exekutive, die die Reizaufnahme und -selektion steuert (vgl. MSB, 2019).

Es ist anzunehmen, dass sich eine Beeinträchtigung in der geistigen Entwicklung auf das Arbeitsgedächtnis betroffener Schülerinnen und Schüler auswirkt. Das kann insbesondere im Technikunterricht zu erheblichem Unterstützungsbedarf führen, weil hier hohe sprachliche, räumlich-visuelle, aber eben auch episodische Kompetenzen (etwa beim Befolgen von Handlungsabläufen) abgefordert werden (ebd.). Der im Technikunterricht bekannte methodische Dreischritt *Vormachen – Nachmachen – Üben* (historisch: Meisterlehrart) scheint Schüler mit Unterstützungsbedürfnissen vor diesem Hintergrund zunächst förderlich, ähnelt die Vorgehensweise doch stark dem Lernen am Modell, wie es beispielsweise Bandura (1994) beschreibt. Bandura teilt diesen Prozess in das Beobachten, das parallel verlaufende Speichern und Verstärken und das daraus resultierende Verhalten ein (vgl. ebd.). Diese Prozessbestandteile enthalten mögliche Stolperfallen für die beschriebenen Schülerinnen und Schüler. Techniktypische Handlungsweisen, insbesondere solche, die das Trainieren körperlich-motorischer Fertigkeiten oder kognitiver Reflexionsfähigkeit verlangen, erschweren das bloße Nachahmen durch einfaches Beobachten. Infolgedessen wird ein individuelles Umformen und Repräsentieren für die betreffenden Schüler erschwert. Beides ist nach Bandura zum Speichern des Beobachteten allerdings erforderlich. Beobachtete Handlungsweisen können durch Schüler mit Unterstützungsbedürfnissen im Bereich der geistigen Entwicklung also zwar durchaus verstärkt werden, allerdings gegebenenfalls nicht gespeichert werden. Dies steht einer Änderung oder Anpassung des Verhaltens durch Beobachtung eines Modells also im Weg. Die betreffenden Schüler benötigen vielmehr eine adressatenspezifische Unterstützung wie z. B. kleinschrittigere Handlungsplanungen oder ein hohes Maß an Redundanz hinsichtlich der für die Durchführung notwendigen Instruktionen. Auch eine Reduktion äußerer Reize und das Ergänzen weiterer Differenzierungsmaßnahmen wie beispielsweise Videos oder Audiodateien, auf die die Schüler bei Bedarf selbst zugreifen können, sind gegebenenfalls hilfreich. Dabei können gerade multimediale Medien ein hohes Unterstützungspotential aufweisen.

- Körperlich-motorische Aspekte

Schüler, die im Bereich der körperlich-motorischen Entwicklung Unterstützungsbedarfe haben, werden, subjektiv betrachtet, durch ihre Lernvoraussetzungen an der erfolgreichen Teilnahme im Technikunterricht gehindert, sofern dieser auf motorisch dominierte Handlungen ausgerichtet ist. Sie können vermeintlich selbstverständliche Tätigkeiten, wie das Bedienen einer Maschine oder das Führen eines Werkzeuges, nicht bzw. nur mit Hilfe bewältigen. Hier sind Unterstützungsangebote gefordert, die den Lerngegenstand auf eine Weise differenzieren, sodass auch die betreffenden Schülerinnen und Schüler erfolgreich am Technikunterricht teilnehmen können. Dies geschieht beispielsweise durch die Ausstattung von Maschinen mit Vorrichtungen zur vereinfachten Bedienung, dort wo dies unter sicherheitstechnischen Voraussetzungen möglich ist. Es ist jedoch bei allen Überlegungen und Anpassungen darauf zu achten, dass weder die Sicherheit der Schüler gefährdet wird, noch die technische Sicherheit von Maschinen beeinflusst wird (ebd.). Allerdings bieten gerade komplexe automatisierte Lern-Mediensysteme dieser Schülergruppe die Option, sich nahezu chancengleich in die Problemlösungsprozesse einzubringen, so die Aufgabenstellungen der Lehrkraft und die konkreten Mediensysteme dies ermöglichen und darauf abzielen.

- Motivational-volitionale Aspekte

Wie oben bereits beschrieben, werden im Technikunterricht lebenswirkliche Situationen aufgegriffen und Probleme generiert, die die Schülerin oder der Schüler durch kreatives technisches Handeln lösen sollen. Dies bietet den Schülern einen hohen Grad an Lebensweltbezug. Sie erleben sich in ihrer Lebensumwelt als kompetent und sind motiviert, sich mit technischen Lerngegenständen nicht nur im schulischen Kontext auseinanderzusetzen. Dabei kann die Erwartungshaltung auf Seiten der Schülerinnen und Schüler hoch ausfallen. Werden diese berechtigten Erwartungen permanent nicht erfüllt, kann ein hohes Demotivationspotential entstehen. So kann ein defizitärer, permanent auf Materialbearbeitung fixierter Technikunterricht bei Schülerinnen und Schülern mit entsprechenden Beeinträchtigungen zu Frustration führen (ebd.).

9.4 Schlussbemerkung

Abschließend sei angemerkt, dass multimediale automatisierte Systeme, die im Technikunterricht eingesetzt werden, didaktisch intendierte Medien, also Mittler zwischen Schüler und Bildungsgegenstand sind. Ihr Einsatz muss stets zieldeterminiert und den gewählten Bildungsinhalten entsprechend in ein didaktisches Gesamtkonzept eingeordnet geschehen, um eine pädagogische Wirkung bei allen Kindern und Jugendlichen entfalten zu können.

Wenn es, wie als Einstiegsthese formuliert wurde, das Ziel eines allgemeinbildenden Technikunterrichts sein soll, den Schülern zu Mündigkeit, also zu Selbstbestimmungsfähigkeit sowie Mitbestimmungsfähigkeit in einer modernen Industriegesellschaft zu verhelfen, dann bedarf es dazu auch einer technisch-kreativen Handlungskompetenz im Umgang mit modernen automatisierten Systemen. Deren Lerninhaltsstrukturen sind aufzudecken und für den Technikunterricht adressatengerecht zu erschließen. Dabei kommt den didaktisch intendierten und in ein Ziel-Inhalts-Methodenkonstrukt eingebundenen Medien eine hohe Bedeutung zu. Sie können gezielt gestaltet werden und damit einen großen Beitrag zu inklusiv angelegter Technikbildung leisten.

Das ist eine wichtige Aufgabe des Technikunterrichts in einer modernen Allgemeinbildung und zielt auf alle Schülerinnen und Schüler, wie differenziert ihre individuellen Voraussetzungen auch sein mögen.

Literatur

acatech (Hg) (2012): *Monitoring von Motivationskonzepten für den Techniknachwuchs (MoMoTech)*, acatech berichtet und empfiehlt - Nr. 5. München: https://www.acatech.de/wp-content/uploads/2018/03/acatech, Zugriff am 19.02.2019

Bandura, A. (1994): *Lernen am Modell. Ansätze zu einer sozial-kognitiven Lerntheorie*. Stuttgart: Klett-Cotta.

Banse, G. (2015): *Neues im Spannungsfeld von Methodik, Heuristik und Kreativität*. In: G. Banse, A. Rothkegel: *Aneignungs- und Nutzungsweisen Neuer Medien durch Kreativität und Kompetenz*. Berlin: Trafo Verlagsgruppe.

Brabandt, H. & Reimers, H. (2016): Förderschwerpunkt Geistige Entwicklung. In: Institut für Qualitätsentwicklung an Schulen Schleswig-Holstein (IQSH) (Hrsg.): *Schulartteam Sonderpädagogik. Wissenswertes über Sonderpädagogik in Schleswig-Holstein*. Kronshagen: IQSH.

Cassirer, E. (1985): *Symbol, Technik, Sprache. Aufsätze aus den Jahren 1927–1933*. Hamburg: Felix Meiner.

Deutsches Institut für Medizinische Dokumentation und Information (DIMDI) im Auftrag des Bundesministeriums für Gesundheit (BMG) unter Beteiligung der Arbeitsgruppe ICD des Kuratoriums für Fragen der Klassifikation im Gesundheitswesen (KKG) (Hrsg.) (2018): *F79.- Nicht näher bezeichnete Intelligenzminderung*, https://www.dimdi.de/static/de/klassifikationen/icd/icd-10-gm/kode-suche/htmlgm2019/block-f70-f79.htm, Zugriff am 24.04.2019

Deutsches Institut für Medizinische Dokumentation und Information (DIMDI) (Hrsg.) 2005: *International Classification of Functioning, Disability and Health (ICF)*, https://www.dimdi.de/dynamic/de/klassifikationen/icf/ Zugriff am 24.04.2019

Dörner, D. (1976): *Problemlösen als Informationsverarbeitung.* Stuttgart. Entnommen aus: J. Stemmann, & M. Lang (2014): *Theoretische Konzeption einer allgemeinen technischen Problemlösefähigkeit und Möglichkeiten ihrer Diagnose.* In: B. Zinn & R. Tenberg (Hg): Journal of Technical Education, Band 2, Ausgabe 1, S. 81.
Dörner, D. (1989): *Logik des Misslingens.* Hamburg: Rowohlt Verlag
Edelmann, W. & Wittmann, S. (2012): *Lernpsychologie.* Weinheim: Beltz Verlag.
Fletcher, S. & de Vries, M. & Max, C. (2018): *Die technische Mündigkeit von Schüler/-innen zum Ende der Sek. I im internationalen Vergleich.* In: Journal of Technical Education, Band 6, Heft 4, 30–51.
Funke, J. (2003). *Problemlösendes Denken.* Stuttgart: Verlag W. Kohlhammer.
Gassety, J. O. (1949): *Betrachtungen über die Technik.* (Original, 1939), Stuttgart: DVA.
Goethe J. W. (1827): Gespräche. Mit Johann Peter Eckermann, https://www.aphorismen.de/, Zugriff am 22.02.2019
Gralewski, J. (2016). Teachers' Beliefs About Creativity and Possibilities for its Development in Polish High Schools: A Qualitative Study. Creativity. Theories–Research–Applications, 3, 2, doi:10.1515/ctra-2016-0019
Hany, E. & Heller, K. (1991): Freizeitgebundene Technikerfahrungen von Kindern und Jugendlichen als Vorbedingung für technische Kreativität. In: Baron, W. (Hrsg.): *Technikfolgenabschätzung. Projektpräsentationen zum Förderschwerpunkt Wechselwirkungen zwischen Arbeit, Technik und Freizeit des Bundesministers für Forschung und Technologie.* Düsseldorf: VDI Technologiezentrum Physikalische Technologien.
Häußling, R. (2014): *Techniksoziologie.* Baden-Baden: Nomos Verlagsgesellschaft.
Hüttner, A. (2005): Produktiv-schöpferisches Lernen. Beiträge zur Kreativitätsentwicklung im Technikunterricht. In: *tu – Zeitschrift für Technik im Unterricht*, Ausgabe 118, 5–11.
Hüttner, A. (2015): Theorie-Praxis-Verzahnungen: integrative Inhaltsbestandteile der technischen Allgemeinbildung. In: *tu – Zeitschrift für Technik im Unterricht*, Ausgabe 157, 31–38.
Hüttner, A. (2018): *Förderung von Kreativität im Technikunterricht der Sekundarstufe.* In: R. Haas & M. Jeretin-Kopf & C. Wiesmüller (Hrsg.): *Technische Kreativität–Interdisziplinäre Aspekte der kreativen Technikgestaltung.* Technik und Technische Bildung (S. 122–166) Band 2, Stuttgart: Steinbeis-Edition.
Jung H.-M. (2017): Angst vor Technik ist irrational. https://www.sueddeutsche.de/wirtschaft/technikskepsis-angst-vor-technik-ist-irrational-1.3460375, Zugriff am 20.02.2019
Kaufman, J. C. & Beghetto, R. A. (2009): Beyond big and little: The Four C Model of Creativity. In: *Review of General Psychology*, Ausgabe 13, Heft 1, 1–12.
Mehlhorn, G & Mehlhorn, H.-G. (1976): *Thesen zur Dissertation B.* Berlin: Humboldt Universität, Beiträge zur Entwicklung sozialistischer Persönlichkeiten im Jugendalter.
Mehlhorn, G & Mehlhorn, H.-G. (1979): *Untersuchungen zum schöpferischen Denken bei Schülern, Lehrlingen und Studenten.* Berlin: Verlag Volk und Wissen.
Ministerium für Bildung und Wissenschaft des Landes Schleswig-Holstein (MSB) (2019): *Leitfaden zu den Fachanforderungen Technik Sekundarstufe I.* Im Druck. Kiel: MSB.
Pfenning, U. (2014): Zur Legitimation von Technikbildung – ein wissenschaftliches Plädoyer. In *Journal of Technical Education*, Band 2, Heft 2, 47–69.
Ropohl, G. (2009): *Allgemeine Technologie – Eine Systemtheorie der Technik.* Karlsruhe: Universitätsverlag.
Runco, M. A. & Jaeger, G. J. (2012). The standard definition of creativity. In: *Creativity Research Journal*, Ausgabe 24, 92–96. DOI: 10.1080/10400419.2012.650092, Zugriff am 04.03.2019
Sachsse, H. (1978): *Anthropologie der Technik.* Braunschweig: Springer Vieweg.
Schulz, L. (2018): Digitale Medien und Inklusion – vielversprechende Möglichkeiten für den Unterricht, https://grundschul-blog.de/digitale-medien-und-inklusion/, Zugriff am: 25.04.2019.
Staufenbiel, R. (1994): Angst vor der Technik – ein Anlass zur Sorge? In: M. Kerner (Hrsg.): *Technik und Angst. Zur Zukunft der industriellen Zivilisation (Zweites interdisziplinäres Aachener Hochschulkolloquium).* Aachen: Augustinius Verlag.
Tönnsen, K.-C. & Schaubrenner, P. (2017): The influence of mechatronic learning systems on creative problem solving of pupils participating in technology class. A pilot study. In: *Techne Serien-Forskning/Slöjdpedagogik Och Slöjdvetenskap*, 24, Heft 2, 50–76.

VDI (2007): *Bildungsstandards Technik für den Mittleren Schulabschluss,* Düsseldorf: VDI.
Vester, F. (2002): *Die Kunst vernetzt zu denken.* München: Deutscher Taschenbuch Verlag.
Wiener, N. (1968): *Kybernetik.* (Übersetzung aus der amerikanischen Originalausgabe »Cybernetics of control and communication in the animal and the machine«). Reinbek: Rowohlt Taschenbuch Verlag
Wolffgramm, H. (2002): *Zur Konzeption eines allgemeinen Technikbildes. In Technikbilder und Technikkonzepte im Wandel – eine technikphilosophische und allgemeintechnische Analyse.* Forschungszentrum Karlsruhe: Wissenschaftliche Berichte FZKA 6697, 8–14.
Wolffgramm, H. (2012): *Allgemeine Techniklehre – Elemente Strukturen und Gesetzmäßigkeiten.* Entnommen aus DGTB »Texte zur Technischen Bildung«, https://dgtb.de/referate/publikationen/technikbildung-pdf/, Zugriff am 20.02.2019

10 Digitale Bildung im Förderschwerpunkt Geistige Entwicklung

Malte Kolshorn

Digitale Bildung ist eine der wichtigsten Bildungsaufgaben der Zukunft. Die Digitalisierung hat einen hohen Einfluss auf zentrale Lebensbereiche unserer Gesellschaft. Somit bilden digitale Kompetenzen einen wichtigen Baustein für die gesellschaftliche Teilhabe, die somit dem pädagogischen Zielbereich »Vermittlung von Lebensorientierung«, aber auch der »Bildung von Lebenshaltungen« zuträglich sein können (Speck, 2016, S. 187 ff.). Neben diesem zentralen Zielen der Pädagogik im Förderschwerpunkt geistige Entwicklung ermöglichen digitale Medien, im Sinne assistiver Medien, einen wichtigen Ansatz in der pädagogisch-therapeutischen Arbeit. Im Folgenden wird das Arbeitsfeld *Digitale Bildung im Förderschwerpunkt geistige Entwicklung (FSGE)* unter der Fragestellung, wie ein Einsatz digitaler Medien zielführend und konzeptionell realisiert werden kann, umschrieben.

Dieser Beitrag informiert über Funktion und Zielsetzungen digitaler Medien für Schüler im Förderschwerpunkt Geistige Entwicklung (FSGE). Er widmet sich ebenso Fragen des Datenschutzes und möglicher Gefahren im Umgang mit digitalen Medien. Einblicke in eine Einzelfallstudie zeigen Optionen der Kompetenzentwicklung in diesem schulischen Handlungsfeld auf.

10.1 Einführung

Digitale Medien werden im Kontext aller Schulformen und der Lehrerbildung intensiv diskutiert. Das Angebot an digitalen Medien, sowohl im Bereich der Software als auch im Bereich der Hardware, ist reichhaltig und geprägt von einem stetigen, teilweise auch rasanten Wandel. Curriculare Konzepte werden erstellt, Schulen entwickeln Medienkonzepte und Schulträger investieren. Auf bundesbildungspolitischer Ebene ist die digitale Bildung ein *Top-Thema*. Die Bundesrepublik hat im Frühjahr 2019 mit dem DigitalPakt Schule umfassende finanzielle Ressourcen zur Verfügung gestellt. Die Kultusministerkonferenz spricht von einer »digitalen Revolution« (Kultusministerkonferenz 2016, S. 3). »Durch die Digitalisierung entwickelt sich eine neue Kulturtechnik« (ebd., S. 7).

Die Aufgabe der Schule besteht u. a. darin, auf das Leben in der Gesellschaft vorzubereiten (Kultusministerkonferenz 2016, S. 5).

»Ziel der Kultusministerkonferenz ist es, dass möglichst bis 2021 jede Schülerin und jeder Schüler jederzeit, wenn es aus pädagogischer Sicht im Unterrichtsverlauf sinnvoll ist, eine digitale Lernumgebung und einen Zugang zum Internet nutzen können sollte« (ebd., S. 6).

Für den Einsatz digitaler Medien sind feste Zielsetzungen mit angestrebten Kompetenzen formuliert worden (Ministerium für Bildung, Wissenschaft und Kultur des Landes Schleswig-Holstein, 2018).

Selbstverständlich werden somit digitale Medien auch ein fester Bestandteil in der pädagogischen Arbeit im FSGE. Der Auseinandersetzung mit digitalen Medien und den Fragestellungen zum Einsatz dieser muss sich die Sonderpädagogik somit genauso stellen wie alle anderen pädagogischen Fachbereiche der verschiedenen Schulen. Der Einsatz digitaler Medien wird hier vor dem Hintergrund des FSGE betrachtet, ob die Schüler inklusiv oder am Förderzentrum unterrichtet werden, ist kein vorrangiger Aspekt.

Folgende Leitfragen werden mit dem Blick auf die Schüler mit dem Förderschwerpunkt Geistige Entwicklung fokussiert:

- Welcher zentrale Begriff für den Bereich Umgang mit digitalen Medien sollte benutzt werden?
- Welche Aspekte im Bereich des Einsatzes von digitalen Medien sind gerade für den Förderschwerpunkt Geistige Entwicklung von besonderer Bedeutung? Gibt es Besonderheiten oder Schwerpunktsetzungen für den FSGE im Vergleich zu den Curricula der allgemeinbildenden Schulen? Welche Zielsetzungen und Inhalte sollten im Sinne eines Curriculums im Bereich des verfolgt werden?
- Welche Kompetenzen erfordert die digitale Bildung von den Lehrkräften und dem pädagogisch-therapeutischen Personal?
- Welche Aspekte sind in Bereich Ausstattungsfragen relevant?
- Welche Bereiche müssen im Sinne einer Gesamtübersicht zum Einsatz digitaler Medien an Schulen mitbedacht und berücksichtigt werden?

10.2 Theoretischer Rahmenbezug

10.2.1 Eine kurze Begriffsbestimmung – Lernen mit digitalen Medien

Ausgehend von dem Strategiepapier der Kultusministerkonferenz *Bildung in der digitalen Welt* von 2016 soll hier als Grundlage der Begriff *Lernen mit digitalen Medien* genutzt werden.

Medien können nach Petko (2014) in diesem Kontext als kognitive und kommunikative Werkzeuge verstanden werden. Charakteristisch für digitale Medien sind ein Zugriff auf eine riesige Informationsfülle und damit verbundene dynamische Formen der Informationsorganisation, eine Interaktivität zwischen technischem

Medium und Mensch und eine Bündelung bzw. Vernetzung von verschiedenen Medientypen auf möglichst ein Gerät (z. B. Heimnetzwerke, Smartphone, Tablets).

Viele digitale Medien bzw. die vorhandenen Informationen sind öffentlich zugänglich. Digitale Medien verändern menschliche Kommunikationsformen und menschliche Verhaltensweisen. Gerade der letzte Aspekt macht deutlich, dass es beim Umgang mit digitalen Medien nicht nur um einen Austausch von eher traditionellen Medien gegenüber den neuen geht. Die Organisation von Informationen und Interaktivität der digitalen Medien ist geprägt durch sich verändernde Algorithmen. All diese »Fähigkeiten« der digitalen Medien werden dazu führen, dass Mensch und Maschine aufeinander zugehen werden: »Wenn sich die ›äußeren Medien‹ des Kommunizierens und Speicherns von Informationen ändern, dann ändern sich unter Umständen auch die ›inneren Medien‹ des Denkens und Sich-Erinnerns« (Petko 2014, S. 21).

Mit Blick auf den kommunikativen Charakter digitaler Medien sei an dieser Stelle auch der Begriff der Informations- und Kommunikationstechnologien, kurz: ICT (vgl. Petko 2014), erwähnt. Dieser Begriff verbindet Aspekte des bekannten Begriffs der informationstechnischen Grundbildung (ITG) einerseits mit Aspekten der Kommunikation andererseits. Letzteres bezieht sich im Wesentlichen auf die interaktive Funktion digitaler und sozialer Medien, bietet somit aber auch die Möglichkeit den Förderansatz der Unterstützten Kommunikation stärker in den Fokus zu setzen. Dieser stellt ein wesentliches Einsatzgebiet von digitalen Medien im FSGE dar.

Der Begriff *Lernen mit digitalen Medien*, der im Folgenden verwendet wird, fokussiert den didaktischen Umgang mit modernen Informations- und Kommunikationstechnologien. Diese Technologien werden das Handeln des Menschen tiefgreifend verändern. Hieraus ergibt sich ein wichtiger Bildungsauftrag der Schulen.

Aus diesem Grund stellt sich an dieser Stelle auch nicht die Frage nach einer grundsätzlichen Kritik an digitalen Medien. Informations- und Kommunikationstechnologien sind ein Teil der gesellschaftlichen Realität. Die bildungspolitischen Vorgaben sind gemacht. Selbstverständlich ist damit eine kritische Auseinandersetzung mit digitalen Medien keineswegs ausgeschlossen. Dies ist auch explizit in den Kompetenzen der Kultusministerkonferenz ausformuliert, beispielsweise unter 6.2 »Medien in der digitalen Welt verstehen und reflektieren« (2016, S. 13). Informations- und Kommunikationstechnologien stehen auch in keinem Widerspruch zu handlungsorientierten Bildungsangeboten. Letztere nehmen im Unterricht eine wichtige Rolle ein. Technisch unterstützte Kommunikationsangebote (vgl. Castañeda, 2016) können eine passende Ergänzung zu einer handlungsorientierten Entwicklungsförderung in den Bereichen Wahrnehmung und Motorik bieten.

10.2.2 Digitale Medien und Schülerinnen und Schüler mit dem Förderschwerpunkt geistige Entwicklung

Die Schülerschaft mit dem FSGE ist eine sehr heterogene Gruppe im Sinne ihrer Fähigkeiten (Dworschak, Kannewischer, Ratz & Wagner, 2012). Einerseits werden mit dem FSGE Schüler beschrieben, die einen sehr hohen individuellen Assistenzbedarf haben und als schwerstbehindert bezeichnet werden können – beispielsweise Schüler mit deutlichen kognitiven Beeinträchtigungen, deren willentliche Motorik durch Beeinträchtigungen in der körperlich-motorischen Entwicklung massiv beeinflusst ist, deren Kommunikation unterstützt kommunizierend stattfinden kann und deren Wahrnehmungsaktivität i. d. R. durch eine Vielzahl an basalen Lernangeboten angesprochen werden kann –, andererseits werden Schüler in diesem Förderschwerpunkt unterrichtet, die sich mit den Kulturtechniken der Fachwissenschaften *Deutsche Sprache* und *Mathematik* auseinandersetzen können, ein relativ hohes Maß an Selbstbestimmung und eigenverantwortlichem Handeln besitzen und die im nachschulischen Bereich Schritte in eine möglichst eigenständige Lebensführung machen können. Schaumburg (2017, S. 39–41) hebt in ihren Ausführungen hervor, dass die Nutzung digitaler Medien vom sozioökonomischen Status beeinflusst ist. Allein vor dem Hintergrund einer möglichst großen Bildungsgerechtigkeit ist es zwingend notwendig, den Umgang mit digitalen Medien in das schulische Curriculum aufzunehmen. Eine Ablehnung digitalen Medien im schulischen Kontext hätte eine noch größere Kluft zwischen den verschiedenen sozioökonomischen Gruppen zur Folge.

Ein wichtiger pädagogischer Ansatz in der Arbeit im Förderschwerpunkt Geistige Entwicklung wie aber auch in anderen Förderschwerpunkten ist der Ausgleich behinderungs- bzw. störungsbedingter Barrieren und Entwicklungseinflüsse, um am gesellschaftlichen Leben mit all seinen Facetten teilzunehmen. Dieser Ausgleich kann der allgemein anerkannten Definition von Behinderung des Klassifikationssystems ICD 10-GM-2019 folgend einerseits auf der gesellschaftlichen Ebene, so beispielsweise in barrierefreien Konzeptionen, und andererseits auf der individuellen Ebene liegen (DIMDI, 2019). An diesem Punkt können digitale Medien und eine Reihe technischer Errungenschaften Menschen mit Behinderungen befähigen, deutlich einfacher und besser am gesellschaftlichen Leben zu partizipieren. Digitale Medien sind in diesem Kontext als assistive Medien zu verstehen.

Die von der Kultusministerkonferenz (2016) erwähnte Ausrichtung der digitalen Bildung auf den beruflichen Bereich nimmt für den FSGE im Vergleich mit den Zielsetzungen der allgemeinbildenden Schule derzeit eine eher nachrangige Rolle ein. »Insbesondere die berufliche Bildung ist in hohem Maß von der Digitalisierung und deren Rückwirkung auf Arbeits-, Produktions- und Geschäftsabläufe betroffen. Unterrichtsziel ist vermehrt der Erwerb der Kompetenz zur Nutzung digitaler Arbeitsmittel und -techniken« (ebd., 4). Zwar bieten u. a. Werkstätten für Menschen mit Behinderungen und sicherlich auch vereinzelt bestimmte Arbeitgeber ICT-basierte Arbeitsplätze, doch wird dies bei solchen Fällen schwerpunktmäßig sicherlich nicht im Bereich der komplexen Softwareentwicklung liegen. Ein vorrangiges Ziel kann in diesen Fällen im Bereich der Anwendung von digitalen Medien liegen, da Arbeitnehmer des s.g. *ersten Arbeitsmarktes* bestimmte Software in ihren Arbeitsprozessen nutzen werden.

10.2.3 Risiken digitaler Medien

Risiken digitaler Medien werden vielschichtig diskutiert. Sie betreffen alle mit digitalen Medien handelnden Menschen. Eine umfängliche Betrachtung zu Risiken und Chancen digitaler Medien findet sich bei Eichenberg und Auersperg (2018). Bezüglich der Risiken digitaler Medien nutzt Schaumburg eine Kategorisierungssystematik, die die vier inhaltlichen Kategorien »kommerzielle Interessen«, »Aggression/Gewalt«, »Sexualität« und »Werte« in den Kontext der im Internet handelnden Kinder und Jugendlichen als Rezipient, als Teilnehmer oder als Akteur stellt (2017, S. 42).

Tab. 10.1: Kategorisierung von Risiken der Nutzung digitaler Medien aus Schaumburg (2017, S. 42)

	Kind/Jugendlicher als		
	Rezipient	Teilnehmer	Akteur
Kommerzielle Interessen	Werbung, Spam, Sponsoring	Verfolgung/Sammlung von persönlichen Daten	Glücksspiel, illegale Downloads, Hacken
Aggression/ Gewalt	Gewaltverherrlichende/ grausame/ volksverhetzende Inhalte	Mobbing, Belästigung, Stalking	Mobbing, Belästigung, Stalking
Sexualität	Pornographische/ schädliche Inhalte	Treffen mit Fremden, missbräuchliche Annäherungsversuche	Erstellen, Hochladen, Weitergeben von pornographischem Material
Werte	Rassistische/ verzerrte Informationen/ Ratschläge (z. B. Werbung für Drogen)	Selbstverletzung, ungewolltes Zureden/ Überredung	Ratschläge zu Selbstmord/ Magersucht

In Tabelle 10.1 wird deutlich, dass Schüler mit dem FSGE und später als erwachsen handelnde Personen schon allein aufgrund der großen Heterogenität der Personengruppe schwerpunktmäßig nicht bestimmten Gefährdungsbereichen zugeordnet werden können. Wichtiger ist es, ihnen gerade aufgrund möglicher kognitiver Einschränkungen Unterstützungsmöglichkeiten bzw. bestimmte Schutzmechanismen zu geben. Schule, Eltern und Träger im nachschulischen Bereich müssen gemeinsam mit betroffenen Personen die digitalen Aktivitäten analysieren, Gefährdungssituationen einschätzen und mögliche Schutzmechanismen planen.

10.2.4 Funktionen von digitalen Medien im Kontext von Unterricht und Förderung

Meyer (2018) stellt die Medien in den Kontext von Ziel- und Inhaltsfragen:

> »Es gehört seit Jahrzehnten zum Standard didaktischer Theoriebildung, dass Methoden- und Medienentscheidungen nur in Abhängigkeit zu Ziel- und Inhaltsfragen entschieden werden sollten. Das gilt selbstverständlich auch für digitale Medien« (ebd., S. 7).

Digitale Medien selbst stellen aber in einigen Fällen auch Inhalte dar. Wenn beispielsweise über eine App ein Roboter gesteuert wird, wird der Umgang mit digitalen Medien, in diesem Fall die Programmierung, zum Inhalt. Die digitalen Medien selbst, sprich die Programmierung in diesem Fall, ist der Inhalt an sich, der erst durch die Digitalisierung möglich und realisierbar ist. Wird dagegen ein Schulbuch digitalisiert und bietet zudem noch die Möglichkeit der Kontrolle von eingegebenen Lösungen, nimmt das digitale Medium, in diesem Fall ein App-basiertes Unterrichtswerk, eine fast klassische Funktion eines Mediums ein, was nun nicht mehr analog (Buch), sondern digital (i. d. R. ein Tablet-PC) vorliegt.

Herzig weist auf diesen Zusammenhang hin, wenn er bei Medien von einem informativen und einem materiellen Aspekt spricht: »Digitale Medien zeichnen sich dadurch aus, dass sie – im Gegensatz zu allen anderen Medien – in der Lage sind, Zeichen (genauer: auf Signale reduzierte Zeichen) nicht nur zu präsentieren oder zu übertragen, sondern auch zu verarbeiten« (2019, S. 98). Herzig betrachtet die Struktur des Mediums samt seiner Programmierung aus Sicht des Entwicklers und stellt diese jedoch auch in den Kontext der Intention des Nutzers. Beide können differieren: die Funktion des Entwicklers einerseits und die Funktion aus Nutzersicht andererseits. Herzig fordert folgerichtig eine »Transparenz strukturell bedingter Funktionen von digitalen Medien« (2019, S. 104) als Voraussetzung für einen selbstbestimmten Umgang. Ob dies in allen Fällen immer realisierbar ist bleibt fraglich.

Digitale Medien haben eine bestimmte Funktion bzw. in ihrer Komplexität manchmal auch mehrere Funktionen. Im Kontext der Unterrichtsplanung und der Unterrichtsdurchführung analysiert und fokussiert eine Lehrkraft bestimmte Funktionen, die die verwendeten digitalen Medien innehaben. Diese Funktionen sind in einigen Fällen sicherlich nicht trennscharf abzugrenzen. Sie bieten aber die Möglichkeit für den Unterricht, Schwerpunkte hervorzuheben, die die digitalen Medien einnehmen sollen.

Ausgehend von den sechs Kompetenzbereichen aus dem Strategiepapier der Kultusministerkonferenz zum Thema *Lernen in der digitalen Welt* (2016) und erfahrungsbasierten Einsätzen digitaler Medien im Bereich der Sonderpädagogik sind im Folgenden wichtige Funktionen digitaler Medien mit entsprechend intendierten Schwerpunktsetzungen im Sinne einer möglichen Nutzung zusammengestellt.

Tab. 10.2: Funktionen digitaler Medien

Funktion digitaler Medien	Schwerpunktsetzungen	Beispiele
Mediale Funktion	Digitale Medien übernehmen durch ihre Vernetzung von Informationen und komplexen Visualisierungen inklusive auditiver Komponenten mediale Funktionen, um Inhalte darzustellen.	Lehr- und Lernvideos
Assistive Funktion	Digitale Medien übernehmen die Funktion von Hilfsmitteln.	Sprachausgabegeräte, Umfeldsteuerung im Bereich Mobilität, Vorlesefunktionen, Sprachsteuerung
Informative Funktion	Digitale Medien bieten durch ihre hohe Speicherfähigkeit eine umfassende Ablagemöglichkeit (Unterstützung von Gedächtnisleistungen) von Informationen, auf die jederzeit ein Zugriff erfolgen kann.	Informationsseiten im Internet (wichtig in diesem Kontext ist die Bewertung dieser Inhalte bzgl. des Wahrheitswerts, möglicher Manipulation u. Ä.)
Digitale (technologische oder informatische) Funktion	Digitale Medien bieten Lern- und Inhaltsfelder, die sich allein aus der Digitalisierung ergeben. Der PC selbst wird zum Lerninhalt. Im Fokus stehen hier u. a. die Programmierbarkeit und Verarbeitung von Informationen durch technische Algorithmen. Aus Sicht des allgemeinbildenden Schulbereichs lassen sich hier berufsorientierte Aspekte des Fachbereichs Informatik gut darstellen.	Programmierung von Algorithmen
Anwender-Funktion	Die Digitalisierung spielt in vielen Bereichen der Gesellschaft eine zentrale Rolle. Der Umgang mit digitalen Medien stellt in einigen Bereichen eine Grundvoraussetzung für die Teilhabe dar. Im Fokus dieses Bereichs steht die Anwendung von Programmen und Apps.	Zugang zu öffentlichen Informationen (z. B. pdf), Digitalisierung von Ämtern, Nutzung von Mobiltelefonen, Internetshopping, Nutzung von Programmen der Text- und Bildbearbeitung
Kommunikative Funktion	Digitale Medien bieten eine Reihe von Kommunikationsmöglichkeiten an.	Chats, Videotelefonie, Bild- und Sprachmitteilungen, Blogs
Workgroup-Funktion	Digitale Medien bieten die Möglichkeit gemeinsam und vernetzt zu arbeiten.	Digitale Arbeitsplattformen

10.2.5 Übersicht – Digitale Medien im Kontext des Förderschwerpunkts Geistige Entwicklung

Handlungsfelder der Medienarbeit

Die Kultusministerkonferenz legt »Handlungsfelder zugrunde [...], die funktional miteinander zu verknüpfen sind:

- Bildungspläne und Unterrichtsentwicklung, curriculare Entwicklungen,
- Aus-, Fort- und Weiterbildung von Erziehenden und Lehrenden,
- Infrastruktur und Ausstattung,
- Bildungsmedien, Content,
- E-Government, Schulverwaltungsprogramme, Bildungs- und Campusmanagementsysteme,
- rechtliche und funktionale Rahmenbedingungen« (2016, S. 4)

Die Einteilung der Kultusministerkonferenz stellt die zentralen Felder zusammen, die im Kontext digitaler Bildung stets mitgedacht werden müssen. Mit Fokus auf die schulische Situation soll dies nun spezifiziert werden. Die folgende Übersicht stellt den Versuch dar, das Arbeitsfeld der digitalen Medien im Kontext des FSGE in einer Gesamtübersicht darzustellen. Viele Bereiche sind identisch mit den Bereichen der allgemeinbildenden Schulen, so beispielsweise Fragen der technischen Infrastruktur oder das Fortbildungskonzept des Kollegiums. Fachspezifische Schwerpunkte der Arbeit im Förderschwerpunkt Geistige Entwicklung ergeben sich letztendlich vor allem über die Zielsetzungen. Diese haben dann Auswirkungen auf den Einsatz der digitalen Medien und gerade bei sehr spezifisch individuellen Zielsetzungen auch manchmal Einfluss auf die Ausstattung. Eine weitere Besonderheit der Arbeit in diesem Förderschwerpunkt stellt die Diagnostik dar. Die aufgeführten Bereiche sollen hier Fragestellungen und Themenbereiche systematisieren, mit denen sich eine Schule auf dem Weg bei der Implementierung digitaler Bildung stellen muss. Aufgrund der Komplexität der Thematik geben sich logischerweise Überschneidungsfelder.

Der Medienentwicklungsplan eines Schulträgers im Verbund mit mehreren Schulen und das Medienkonzept der Schule eröffnen auf formaler Ebene Möglichkeiten der digitalen Infrastrukturentwicklung der Schulen. Die Bereiche Software/Apps, organisatorische und materielle Ausstattung der Schule, Kompetenzen des Personals sowie die Zielsetzungen und Inhalte, die die Schule verfolgen will, haben direkten Einfluss auf das Medienkonzept der Schule. Auf der Kooperationsebene zwischen Schule und Schulträger als Hauptfinanzier sind hier Finanzierungsaspekte sowie grundlegende Supportfragen zu klären. Zur materiellen Ausstattung müssen auf jeden Fall auch Softwarelizenzen gezählt werden, da sie aus finanztechnischer Sicht auch einen relativ hohen Kostenfaktor bilden können. Des Weiteren gehören hierzu auch Fragen der Nachhaltigkeit der Ausstattung.

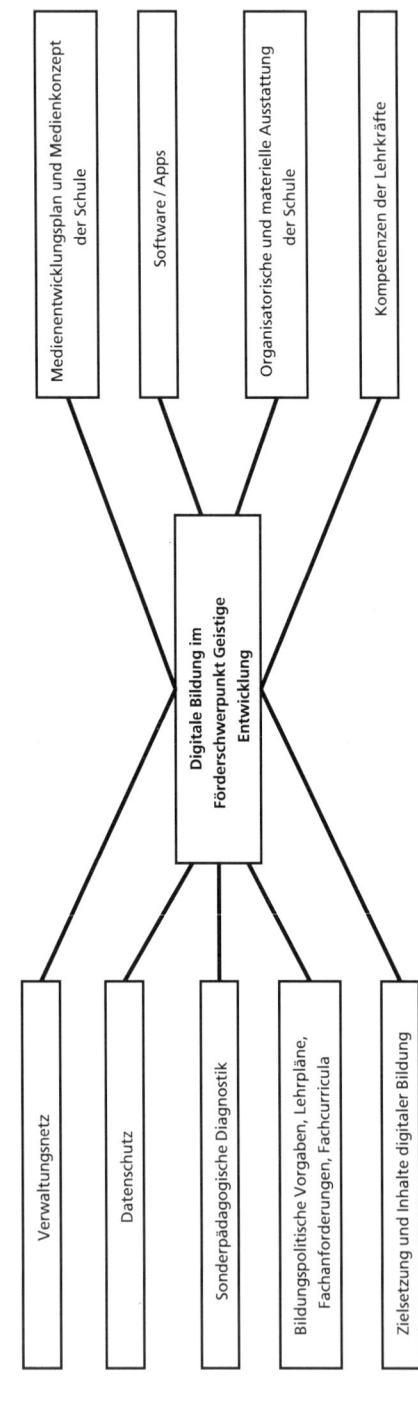

Abb. 10.1: Arbeitsfeld Digitale Medien im Förderschwerpunkt Geistige Entwicklung

Eckpunkte eines schulischen Medienkonzepts

Das Medienkonzept bietet auf schulischer Ebene die Möglichkeit, Vereinbarungen als Gesamtkollegium zu treffen, in welche Richtung sich die Schule entwickeln will. Diese pädagogische Ausrichtung ist ein klassisches Thema der Schulentwicklung.

Das Angebot an Software und Apps ist äußerst groß. Auf eine exakte Unterscheidung der Begriffe *Software* und *Apps* sei hier verzichtet. Softwareanwendungen können hier als komplexere, meist noch lokal gespeicherte Programme verstanden werden, Apps als Anwendungen, die auf bestimmte Funktionen reduziert sind. Das Medienkonzept muss Schwerpunkte setzen, welche Software und Apps sie in der nächsten Zukunft anwenden will.

Im Bereich der *organisatorischen und materiellen Ausstattung* der Schule müssen viele grundlegende Fragestellungen geklärt werden, da es hier zu wichtigen Weichenstellungen kommt. Die Anbindung der Schule an das Internet sollte mit einer möglichst hohen Datenrate verbunden sein. Die optimalste Bedingung ist eine Glasfaseranbindung. Eine flächendeckende, managementbare, sichere und professionelle WLAN-Versorgung der Schule ist ein Standard für die Umsetzung digitaler Bildungsziele an Schulen. I. d. R. wird an Schulen cloudbasiert gearbeitet, was zur Folge hat, dass Schüler sowie Lehrkräfte in den unterschiedlichen Klassen- und Fachräumen über das gleiche WLAN auf ein und dieselben Daten zurückgreifen können. Es sei an dieser Stelle erwähnt, dass die technische Bewertung und somit die Auswahl der Systeme nicht originäre Aufgaben der Schule sind. Bezüglich aktuell konkreter Ausstattungsfragestellungen sei an dieser Stelle auf Hetterich (2018, S. 75 ff) verwiesen.

Fragen zur *Serverstruktur* müssen geklärt werden. Hier gibt es bundesweit unterschiedliche Rahmenbedingungen für Schulen. Einige Schulträger bieten ihren Schulen zentrale Serverlösungen an, andere setzen auf schulische, aber lokal identische Serverstrukturen, die somit auch ein gewisses zentrales Managementpotential besetzen. Angesichts hoher Aufwendungen ist von äußerst individuellen schuleigenen Lösungen auf jeden Fall abzuraten.

Eng mit der Planung von Serversystemen und WLAN sind Fragestellungen des *Supports* verbunden. Die Kultusministerkonferenz empfiehlt hier eine enge Zusammenarbeit von bestimmten Lehrkräften der Schulen mit dem technischen Personal:

> »In jedem Fall sind Ansprechpartnerinnen und Ansprechpartner in der Schule erforderlich, die auf der Grundlage definierter Aufgabenbeschreibungen zum Beispiel eine qualifizierte Fehlermeldung abgeben und einfache technische Maßnahmen selbst durchführen können. Eine Lösung wäre es, entsprechende Support-Aufgaben an einen oder mehrere ›technische Netzwerkadministratoren‹ vor Ort in der Schule zu delegieren, die eine technische Ausbildung haben. Grundlage für die Bearbeitung von Störungen in der schulischen IT-Infrastruktur ist ein Betriebskonzept, bei dem zwischen First-, Second- und ggf. Third-Level-Support unterschieden wird« (ebd. 2016, 32).

Netzwerkadministratoren vor Ort in den Schulen bereitzustellen, kann gerade Bundesländern mit geringer Bevölkerungsdichte vor sehr hohe Anforderungen stellen. Grundlegend sollte aber zwischen Schule und Schulträger eine Aufgabenverteilung geklärt werden, hier können Konzepte des Mehrebenen-Level-Supports

Orientierungshilfen geben. Deutlich wird aber auch, dass die Schule in Form von Personen praktische IT-Kompetenzen vorweisen muss, wenn das System funktionsfähig arbeiten soll.

Digitale Medien werden in den Bereichen Unterricht, Förderung und Therapie eine zunehmend größere Rolle spielen, einerseits durch curriculare Vorgaben – eine maßgebliche Orientierung bieten hier die sechs Kompetenzbereiche der Kultusministerkonferenz (Kultusministerkonferenz, 2016) und entsprechende Folgerungen, welche Kompetenzen wann erreicht werden sollen, exemplarisch seien hier die schleswig-holsteinischen Fachanforderungen zum Bereich digitaler Bildung erwähnt (Ministerium für Bildung, Wissenschaft und Kultur des Landes Schleswig-Holstein, 2018) ;andererseits durch Entscheidungen der Schule, welche Schwerpunkte diese im digitalen Bereich setzen möchte. Letztendlich müssen Lehrkräfte und das therapeutisch-pädagogische Personal, sprich das gesamte Kollegium einer Schule und im speziellen natürlich auch das multiprofessionelle Team eines Förderzentrums digitale Kompetenzen erwerben.

10.2.6 Kompetenzen des Kollegiums

»Bildung in der digitalen Welt beinhaltet ebenso die Weiterbildung als integralen Bestandteil lebenslangen Lernens« (KMK, 2016, S. 5). Dies bezieht sich sowohl auf die Lernenden als auch auf die Lehrenden. Spannagels (2014) zehn Irrtümer zu digitalen Medien heben einige interessante Aspekte mit Blick auf die schulische Arbeit von Lehrkräften hervor. Seine *10 Irrtümer* thematisieren inhaltliche und haltungsspezifische Aspekte, mit denen sich ein Kollegium bei der Implementierung digitaler Bildung auseinandersetzen sollte.

1. »SchülerInnen können schon alles
2. Die Schule ist nicht zuständig
3. Die Schule muss überwiegend vor Gefahren warnen
4. Computer lösen LehrerInnen ab
5. Digitale Medien erleichtern das Lernen
6. Digitale Medien lösen analoge Medien ab
7. Ich muss mich damit noch nicht auseinandersetzen
8. Mit der nachrückenden Generation ändert sich alles
9. Zeit, die ich heute in digitale Medien stecke, spare ich später
10. Ich kann das nicht« (ebd. 2014).

Der oft in der medienpädagogischen Diskussion verwendete Begriff der »Digital Natives« suggeriert, dass Kinder und Jugendliche aufgrund ihrer oft offenen Zugangsweise den Umgang mit digitalen Medien quasi »im Vorbeigehen« lernen (Schaumburg, 2017, S. 33 ff). Schaumburg (2017) befördert diesen Begriff erwiesenermaßen in den Bereich der Mythen und Irrglauben. Wichtig in diesem Kontext ist aber, gerade bei einem etwas intuitiven Zugang zu digitalen Medien, Gefahren und Risiken zu fokussieren und zur Abwehr dieser entsprechend kompetent handeln zu können. Nicht ohne Grund formuliert die KMK (2016, S. 12) hierzu einen separaten

Kompetenzbereich »K 4 Schützen und sicher agieren«. Die Frage der Zuständigkeit der Schule für digitale Bildung hat sich gerade auch durch bildungspolitische Vorgaben überholt. Hier lässt sich auch der siebente Irrtum »Ich muss mich damit noch nicht auseinandersetzen« einordnen. Die Schule muss diesen Bereich umsetzen. Bildungspolitisch hat sich für den Einsatz digitaler Medien ein fächerübergreifender Ansatz etabliert. Bezogen auf den FSGE kommt hinzu, dass eine Reihe von digitalen Medien durch ihre assitiven Funktionen hervorragende Möglichkeiten der Förderung und letztendlich auch der gesellschaftlichen Teilhabe bieten. Exemplarisch seien hier digitale Kommunikationshilfen genannt. Eine Nichtimplementierung dieser ist letztendlich keine Frage der Zuständigkeit mehr, sondern im eigentlichen Sinne schon eine ethische-normative Fragestellung.

Im Rahmen der Schulentwicklung sollte sich ein Gesamtkollegium orientieren, wie es mit digitalen Medien arbeiten will. Eine zu starke Fixierung auf Gefahren kann, so Spannagel, lähmend wirken. Genauso sollte auch die Dienlichkeit digitaler Medien herausgestellt werden. Lernprozesse sind im Kern sozial-interaktive Prozesse. Gerade die Sonderpädagogik hebt die Beziehungsarbeit immer wieder als einen zentralen Eckpfeiler pädagogischer Arbeit hervor, so beispielsweise in der Arbeit im Entwicklungsbereich personale und soziale Entwicklung. Eine Ablösung der Schule, sprich der Lehrkräfte, durch digitale Medien selbst für den allgemeinbildenden Schulbereich angedacht, kann ebenfalls den Mythen zugeordnet werden. Die Aufgaben der Lehrkräfte verlagern sich eher in die Arbeit der Bereitstellung und didaktischen Aufarbeitung digitaler Angebote für selbsttätiges Schülerhandeln. Bezüglich der Erleichterung des Lernens weist Spannagel (2014) darauf hin, dass sich die hinter den digitalen Medien liegenden Prozesse, verstanden als Lerninhalte, nicht durch digitale Medien, verstanden als reine Medien, per se verändern. Sie begünstigen vielleicht einige Zugänge. Davon ausgehend, dass digitale Medien auch selbst zum Lerninhalt werden können, ist auf jeden Fall festzuhalten, dass sich das Lernen mit digitalen Medien teilweise grundlegend verändern kann. Wird der assistive Charakter von digitalen Medien in den Mittelpunkt gestellt, können diese sehr wohl das Lernen von Fähigkeiten erleichtern. Gerade für die Sonderpädagogik, aber auch gültig für die allgemeinbildende Schulpädagogik ist der Einsatz analoger Medien weiterhin von hoher Bedeutsamkeit. Eine Reihe von Förderansätzen und methodischen Zugangsweisen im Förderschwerpunkt geistige Entwicklung gründen sinnvollerweise auf Prinzipien wie Handlungsorientierung oder konkret haptischen Erfahrungen. Digitale Medien ergänzen das pädagogische Angebot im FSGE.

Bewusst sein sollte einem Kollegium gerade der Aspekt, den der neunte Irrtum fixiert. Digitale Medien, Software, Apps, Hardware sind einem ständigen Wandel unterworfen, was eine stetige Anpassung der Schule einfordert. Um trotzdem eine größtmögliche Konstanz zu erreichen und um digitale Medien möglichst nachhaltig einzusetzen, sollten gerade im Bereich der grundlegenden Systemauswahl gut begründete Entscheidungsprozesse geführt werden. Vor dem Hintergrund der teilweise rasanten Entwicklung im digitalen Bereich lassen sich noch zwei weitere Irrtümer formulieren mit den entsprechenden dahinterliegenden Haltungen bzw. Wünschen. Es ist einerseits der Wunsch, alles aus einem System zu haben, und andererseits der Wunsch, mit dem technischen System immer *up to date* sein zu wollen. Beides ist in Schule, in der Lernen als Prozess und individualisiert stattfindet, nicht realisierbar. Schon allein aus haushaltstechnischen Gründen, aber auch aus Gründen der Nachhaltigkeit können technische Systeme nicht stets en bloc ausgetauscht und aktualisiert werden. Realisierbar ist aber, nach Möglichkeit in einem System bzw. bei einem Anbieter zu bleiben. Dieser verfolgt letztendlich wirtschaftliche Interessen. Um Kunden an sich zu binden, bieten Produkte meist Anknüpfungsmöglichkeiten von älteren Modellen an neuere an.

10.2.7 Digitale Medien im Förderschwerpunkt Geistige Entwicklung

Zielsetzungen im Umgang mit digitalen Medien

Die Handlungsfelder der KMK formulieren Kompetenzen für das Handeln in der digitalen Welt und werden im Folgenden durch grundlegende Bildungs- und Förderziele der Pädagogik im Förderschwerpunkt Geistige Entwicklung ergänzt und spezifiziert, um eine Gesamtsicht der Thematik »Digitale Medien im Förderschwerpunkt Geistige Entwicklung« zusammenzustellen. Die pädagogischen Zielsetzungen im Förderschwerpunkt Geistige Entwicklung orientieren sich den Inhalten nach i. d. R. an den Lehrplänen und/oder Fachanforderungen des Fächerkanons der allgemeinbildenden Schulen. Durch individuelle Schwerpunktsetzungen ergibt sich in der pädagogisch-therapeutischen Arbeit in diesem Förderschwerpunkt ein sehr großes Spektrum an Förderangeboten von basalen und entwicklungsorientierten Angeboten einerseits bis hin zu den eben erwähnten Fachzielen des Fächerkanons.

Die Kompetenzbereiche der KMK (2016) sind in sechs Bereichen abgebildet:

1. »Suchen, Verarbeiten und Aufbewahren,
2. Kommunizieren und Kooperieren,
3. Produzieren und Präsentieren,
4. Schützen und sicher Agieren,
5. Problemlösen und Handeln,
6. Analysieren und Reflektieren« (S. 10–13).

Grundsätzlich sind keine Kompetenzbereiche in Unterricht, Therapie und Förderung im Förderschwerpunkt Geistige Entwicklung auszuklammern. Allein vor dem Hintergrund, dass die Entwicklungen in der digitalen Welt schwer abschätzbar sind und somit eine Bewertung von Inhalten, was zukünftig vorrangig relevant sein wird, nur in gewissem Maß möglich ist, müssen Schüler möglichst umfassend auf die digitale Welt vorbereitet werden, um an ihr partizipieren zu können.

Die Pädagogik im Förderschwerpunkt Geistige Entwicklung formuliert in ihrem Ansatz einige grundlegende Leitideen, wie gesellschaftliche Teilhabe und Inklusion, Empowerment, Selbstverwirklichung oder Überwindung behinderungsspezifischer Barrieren. Letztere können sowohl aus sozial-gesellschaftlicher als auch aus individueller Perspektive betrachtet werden (Speck, 2013; Theunissen, 2013).

- Der erste Kompetenzbereich *Suchen, Verarbeiten und Aufbewahren* thematisiert vorrangig informationstechnische Funktionen digitaler Medien, wie das Arbeiten mit Dateimanagementsystemen oder Cloudingsystemen. Hinzukommen bezogen auf die Arbeit im Internet Suchstrategien und die Fähigkeit zur kritischen Bewertung von Informationen. Bezogen auf die Leitidee der gesellschaftlichen Teilhabe und den in den Medien sehr präsenten Begriff der *fake news* ist die Fähigkeit zur kritischen Bewertung eine Kompetenz, die auf jeden Fall Bestandteil des Unterrichts sein sollte. Selbstverständlich ist dies vor dem Hintergrund der kognitiven Fähigkeiten zu betrachten.
- Der zweite Kompetenzbereich *Kommunizieren und Kooperieren* fokussiert schwerpunktmäßig Kompetenzen im Bereich der digitalen Kommunikation sowie der Zusammenarbeit mittels digitaler Medien. Als wichtige Zielsetzungen lassen sich hier Kenntnisse über und der angemessene Umgang mit verschiedenen Kommunikationsmöglichkeiten wie beispielsweise Messengerdienste, E-Mail-Kommunikation, Videokommunikation oder Blogs sowie die Nutzung öffentlicher und privater Dienstleistungen hervorheben. Es existieren eine Reihe von Informationsseiten im Internet, die die Bedürfnisse von Menschen mit Behinderungen oder Beeinträchtigungen berücksichtigen. Um an einer zunehmend digitalisierten Gesellschaft teilnehmen zu können, müssen Schüler Kompetenzen erwerben, wie sie gezielt das Internet nutzen können, um Informationen oder auch Unterstützung für sich holen zu können.
- Der dritte Kompetenzbereich *Produzieren und Präsentieren* greift die gestalterische Funktion digitaler Medien auf. Mit Blick auf mögliche zukünftige Arbeitsfelder sollen in diesem Bereich der Umgang mit Text- und Bildbearbeitungsprogrammen geübt werden. Verschiedene Werkstätten für Menschen mit Behinderungen bieten beispielsweise Arbeitsbereiche im Digitaldruck an.
- Im Kontext von digitalen Medien werden immer wieder gewisse Risiken diskutiert und vor diesen entsprechend gewarnt (Schaumburg, 2017). Als Folge widmet die KMK dieser Thematik einen eigenen Kompetenzbereich *Schützen und sicher agieren*, um einen verantwortungsvollen Umgang mit digitalen Medien zu schulen. Dies muss ein zentral wichtiger Bereich der schulischen Förderung sein, der auf einer engen Kooperation zwischen Elternhaus und Schule gründen sollte.
- Der folgende, fünfte Kompetenzbereich *Problemlösen und Handeln* thematisiert unter anderem das Identifizieren von Problemen, die technisch, sprich mittels digitaler Medien gelöst werden sollen. Folgerichtig wird hier auch die Nutzung von Algorithmen aufgegriffen.
- Der letzte Kompetenzbereich *Analysieren und Reflektieren* fokussiert Medien in der digitalen Welt. Während der vierte Bereich den persönlichen Schutz hervorhebt, legt dieser Bereich einen Schwerpunkt auf eine reflektierte Sicht und einen möglicherweise kritischen Umgang mit der Informationsvielfalt des Internets.

Individualisierung des Lernprozesses

Da der Einsatz digitaler Medien im Sinne assistiver Funktionen in den sechs Kompetenzbereichen nicht explizit ausformuliert wird, wird im Folgenden eine Erweiterung der Kompetenzbereiche (E.1 bis E.3) geboten, um den speziellen zum Teil sehr individuellen Zielsetzungen im Förderschwerpunk Geistige Entwicklung gerecht zu werden. Fokussiert werden soll eine Erweiterung individueller Kompetenzen mit Hilfe des Einsatzes von digitalen Medien.

Tab. 10.3: Kompetenzbereich Assistive Funktionen digitaler Medien nutzen

Individuelle Fähigkeiten mittels digitaler Medien ausbauen und erweitern	
E.1	Digitale Medien für individuelle Lernprozessen nutzen
E.1.1	Digitale Medien in grundlegenden und stark entwicklungsorientierten Lernprozessen anwenden und nutzen
E.2	Digitale Medien als Erweiterung der Handlungskompetenzen
E.2.1	Digitale Medien als Hilfsmittel zur Kommunikation nutzen
E.2.2	Digitale Medien zur Erweiterung der Handlungskompetenz nutzen (z. B. Umfeldsteuerung, Sprachsteuerung)
E.2.3	Hilfs- und Unterstützungsfunktionen digitaler Medien für sich nutzen (z. B. Vorlesefunktion, Orientierungshilfen mittels GPS, Hilfe- und Notruffunktionen bei Smartphones)
E 3	Unterstützende Faktoren nutzen
E. 3.1	Vertrauliche Ansprechpersonen und sichere Netzwerke für digitale Medien Nutzen (Unterstützung und Support)

- Der erste Bereich Digitale Medien für individuelle Lernprozesse nutzen umfasst Förderansätze, die grundlegende Lernprozesse initiieren, so kann beispielsweise über einen geführten Zugriff bei Tablets nur ein bestimmtes Ereignis auf dem Gerät ausgelöst werden. Dies kann unter anderem im Musikunterricht genutzt werden (Einspielen eines Refrains oder bestimmter Klänge), um ritualisiert einfache musikalische Interaktionsmuster einzuüben. Es existieren eine Vielzahl von Apps, die grundlegende kognitive Lernprozesse fördern, wie beispielsweise Zuordnungs- oder Sortierspiele.
- Der zweite Bereich Digitale Medien als Erweiterung der Handlungskompetenzen stellt den assistiven Charakter von digitalen Medien in den Mittelpunkt der formulierten Kompetenzen. Auf Tablets lassen sich unterschiedliche Apps zur Kommunikation installieren. Die Programme bieten i. d. R. eine hohe individuelle Passung für Aufbau und Umfang des Vokabulars und ebenso für die Ansteuerbarkeit. Sie können als einfache oder auch als komplexe Kommunikationshilfe verwendet werden. Eine sehr umfassende Darstellung verschiedener Apps für unterstützt kommunizierende Menschen haben Castañeda et al. (2016) zusammengetragen. Eine individuelle Sprachanpassung sollte Standard sein sowie eine einfache und bedienerfreundliche Verwaltung der App. Nach Möglichkeit sollte eine Schule im Bereich der Visualisierung grundsätzlich mit einem System arbeiten, da

die kommunikationsunterstützenden Maßnahmen stets bereitflächig aufgestellt sein sollten. Umfeld- und Sprachsteuerungen können Menschen eine Erleichterung oder auch eine Erweiterung von Handlungsmöglichkeiten bieten. Es ist möglich, technische Geräte des alltäglichen Lebens über eine Sprachsteuerung oder Apps anzusteuern. Konzepte wie Smart Home, verstanden als Sammelbereich für technische Verfahren und Systeme für den Wohnbereich, lassen sich in diesem Kontext nennen. Ein weiterer großer Bereich ist die Steuerung von Computern, vor allem das Navigieren im Internet über Sprache. Die Möglichkeit, schnell und einfach an Informationen zu gelangen, ist nicht mehr vorrangig an die Schriftsprache gekoppelt. Die Vorteile aller dieser Ansteuerungsmöglichkeiten auch für Menschen mit Beeinträchtigungen oder Behinderungen sind offensichtlich und eindeutig.

- Beim Einsatz von Sprachsteuerungssoftware sind im schulischen Kontext datenschutzrechtliche Aspekte zu berücksichtigen. Die sehr bekannten Apps zur Spracherkennung und Sprachsteuerung Siri von Apple Inc® und Amazon Echo von Amazon.com® können als sprachgesteuerte, internetbasierte, persönliche Assistenten bezeichnet werden. Auf der Ebene des Outputs bieten diese Apps sehr gute Möglichkeiten einer Erweiterung der Handlungsmöglichkeiten. Datenschutzrechtlich ist dies aber aufgrund der cloudbasierten Verarbeitung und Auswertung im schulischen Kontext nicht möglich. Digitale Spracherkennung im schulischen Kontext kann folglich nur mit einer Software stattfinden, die lokal installiert ist und nicht cloudbasiert die Stimme des Benutzers auswertet und ggf. weiterverarbeitet.

Heutzutage ist es technisch unproblematisch, sich digitale Texte vorlesen zu lassen. Ebenso gibt es verschiedene Einstellungen, die die Lesbarkeit und Erfassbarkeit digital dargestellter Informationen erleichtern, u. a. Zoom, Kontrast, Hintergrund. Das Smartphone als allgegenwärtiges Medium bietet neben der Telefonfunktion zudem noch Hilfen zur Orientierung im Raum über GPS (Global Positioning System). Diese assistiven Hilfsfunktionen sollten auf jeden Fall Teil des curricularen Angebots im Förderschwerpunkt geistige Entwicklung sein.

Digitale Medien sind für sich genommen sehr komplexe technische Systeme. Nutzt der Mensch digitale Medien intensiver, kann er in seiner Handlungsweise von ihnen in dem Sinne abhängig werden, dass bestimmte Funktionen nur noch mittels dieser Medien ausgeführt werden können, so beispielsweise Kommunikationsabläufe. Fallen diese Medien aus, benötigt der Mensch somit einen Zugriff auf Hilfen. Die Fähigkeit, Hilfen für sich zu organisieren, stellt somit eine wichtige Kompetenz dar. Da Menschen mit dem Förderschwerpunkt Geistige Entwicklung häufig einen erhöhten Unterstützungsbedarf haben, sollten die verschiedenen Einrichtungen bzw. Träger sozialer Hilfen sich dieser Bereiche annehmen und eine entsprechende Supportstruktur bereitstellen.

Verfolgt man die Idee, dass digitale Medien individuelle Fähigkeiten bei Menschen mit Beeinträchtigungen erweitern sollen, bedeutet dies auch, dass auf Seiten der Soft- und Hardwareherstellung weitere Forschung betrieben werden muss, wie digitale Medien beschaffen sein müssen, damit diese zu einem sinnvollen assistiven Einsatz kommen, was letztendlich eine Kooperation der Fachbereiche Pädagogik im Förderschwerpunkt Geistige Entwicklung bzw. allgemeiner betrachtet Sonderpädagogik und Informatik bedeutet.

10.2.8 Beispiel: Kontrollierte Einzelfallstudie zur digitalen Bildung

Ein erfolgreicher Einsatz digitaler Medien im Unterricht lässt sich auf unterschiedliche Weise evaluieren. Exemplarisch sei an dieser Stelle eine Einzelfallstudie von Tschirner (2018) zitiert. Tschirner führte eine Leseförderung mit der App IntracActPlus mit einem Schüler mit dem FSGE durch. Im Mittelpunkt der Förderung stand das Silbentraining als ein wichtiger Baustein in der Entwicklung der Lesekompetenz.

Lernkontext des Schülers

Der Schüler wird im FSGE unterrichtet. Das Erlernen der deutschen Sprache findet bei ihm vor dem Hintergrund von Deutsch als Zweitsprache statt. Der Schüler ist fähig, die Handhabung eines Tablets und speziell die Bedienweise der benannten App mit einer gewissen Übung kognitiv durchzudringen. Vor der Förderung hat er aber nur wenige Lernerfahrungen mit einem Tablet machen können. Das Lernangebot orientiert sich an einer individuellen Lese/Rechtschreibdiagnostik.

Zielverhalten

Ziel der Förderung ist es, die Silben lautgetreu richtig zu lesen. Im Rahmen der Einzelfallstudie wurde dies durch eine systematische Beobachtung innerhalb vorgegebener Zeiträume erfasst.

Konzept der sonderpädagogischen Förderung

Die IntraActPlus-App basiert auf einem strukturierten und systematischen Vorgehen, um die Lesekompetenz zu fördern. Ein wichtiges Element in dieser Förderung ist das Prinzip der Wiederholung, um Gelerntes zu festigen.

Ergebnisdarstellung

Über einen Zeitraum von einer Woche wurden die Daten erhoben, wobei jeweils die Anzahl der richtig gesprochenen Silben und die Gesamtanzahl aller gesprochenen Silben erfasst wurden. Die folgende Abbildung fasst die Ergebnisse der Einzelfallstudie zusammen.

Dargestellt sind neun Beobachtungszeiträume jeweils mit der Anzahl der richtig gesprochenen Silben und die Gesamtanzahl aller gesprochenen Silben sowie der prozentuale Anteil richtig gesprochener Silben. Die ersten drei Beobachtungsphasen können als Beobachtungszeitraum verstanden werden. Der Schüler hat sich in diesem Zeitraum mit der Aufgabenstruktur und der Bedienweise des Tablets auseinandergesetzt. Die anschließenden Beobachtungen können als Interventionsphasen verstanden werden.

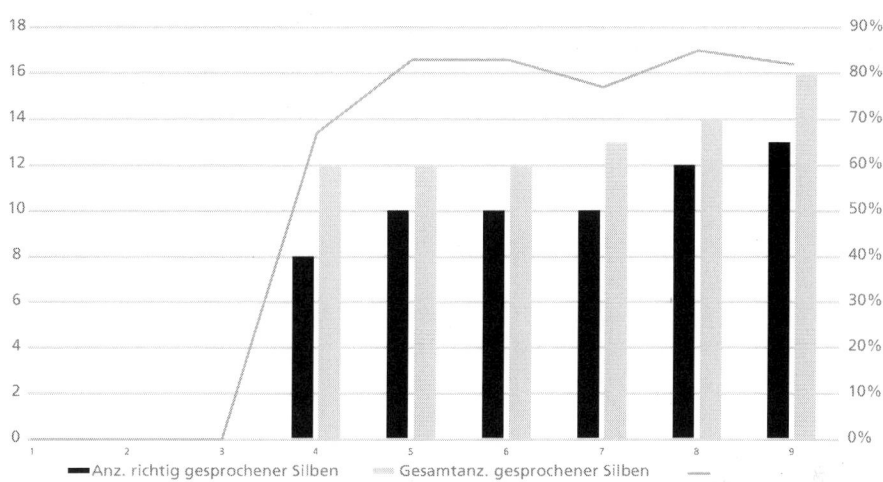

Abb. 10.2: Ergebnisdarstellung der Einzelfallstudie (nach Tschirner 2018)

Diskussion der Ergebnisse und Schlussfolgerungen

Die Einzelfallstudie zeigt, dass digitale Medien in Unterricht und Förderung zu einem sinnvollen Lernzuwachs führen können. Des Weiteren weist Tschirner (2018, 36) auch auf den wichtigen Aspekt der Lernmotivation durch digitale Medien hin. Der Aufforderungscharakter des Geräts und die Gestaltung einer Lern-App sind wichtige Einflussfaktoren im Lernprozess. Tschirners Untersuchung hat exemplarischen Charakter, so dass seine Hinweise in weiterer Zukunft mit komplexeren Versuchsplänen zu arbeiten, um den Einsatz digitaler Medien im FSGE zu evaluieren, folgerichtig sind. Fokussieren sollten Forschungsvorhaben neben der Evaluation von Lernerfolgen zudem Aspekte des selbstgesteuerten Lernens und der visuellen und interaktiven Gestaltung der digitalen Angebote auch mit Blick auf motivationale Aspekte.

10.2.9 Spezielle Ausstattungsfragen

Wie oben schon erwähnt, stellen ein flächendeckendes WLAN und eine serverbasierte Schul-Cloud einen Standard dar, um digitale Bildung an Schulen sinnvoll und angemessen zu etablieren. Visualisierungstechniken, also Beamer oder Panels, sind vor dem Hintergrund ihres Einsatzes zu bewerten. Ein zentraler Ansatz im FSGE bildet der TEACCH-Ansatz mit seinen Grundsätzen der Strukturierung und Visualisierung. Folgerichtig sollte die Visualisierungstechnik interaktiv mit entsprechender Software aufgebaut sein, um im unterrichtlichen Kontext Lerninhalte visualisiert zu entwickeln. Um Strukturen, beispielsweise Tagesabläufe oder Planung von Handlungsschritten, aufzubauen, ist es sinnvoll, diese gemeinsam mit den Schülerinnen und Schülern zu entwickeln, dies bedingt logischerweise eine Interaktivität. Zudem sollte die Visualisierungstechnik die Möglichkeit bieten, die mobilen Geräte der Schüler zu spiegeln bzw. in einem weiteren Schritt, dass diese mit der interaktiven Tafel interagieren. Somit können beispielsweise Arbeitsergebnisse präsentiert werden. Dies ist vor allem für schwer körperlich beeinträchtigte Schüler eine gute Möglichkeit, am Unterricht aktiv zu partizipieren.

10.2.10 Datenschutz

Die Datenschutz-Grundverordnung (DSGVO, 2018) dient als Grundlage für die länderspezifischen Landesdatenschutzverordnungen, die letztendlich bindend für die Schulen und staatlichen Einrichtungen sind und die entsprechenden Handlungsgrundlagen bilden. Ein wichtiger Ansatz im Förderschwerpunkt geistige Entwicklung ist die Arbeit mit unterschiedlichen Repräsentationsebenen. Im Bereich der Unterstützten Kommunikation nehmen Fotos in diesem Zusammenhang einen hohen Stellenwert ein. In digitaler Kommunikationssoftware lassen sich problemlos konkrete Fotos integrieren. Dies ist für die Kommunikation ein sinnvoller und wichtiger Aspekt, der aber datenschutzrechtlich mit den beteiligten Personen geklärt werden muss. Die Artikel 12 *Transparente Information, Kommunikation und Modalitäten für die Ausübung der Rechte der betroffenen Person*, Artikel 13 *Informationspflicht bei Erhebung von personenbezogenen Daten bei der betroffenen Person* und Artikel 15 *Auskunftsrecht der betroffenen Person* geben Hinweise für einen Umgang mit der Situation, dass sich digitale Fotos von Mitschülern auf persönlichen Tablets oder Computern befinden (DSGVO, 2018). Der Vergleich zu sprechenden Kindern und Jugendlichen macht deutlich, dass auch unterstützt kommunizierende Menschen über Namen ihrer Mitmenschen verfügen und einen Zugriff auf diese Informationen auch über die Schulzeit hinaus haben müssen. Im Sinne der erwähnten Artikel der DSGVO (2018) muss die Schule alle Betroffenen, in der Regel die Eltern als gesetzliche Vertreter, transparent darstellen und informieren, wie die Schule mit diesen digitalen Informationen arbeiten wird. Ebenso sind den Anwendern der Fotos Vorgaben zur Verwendung der Informationen zu geben, sprich eine Nutzung des persönlichen Fotos nur im Kontext der Kommunikationssoftware. Die Verwendung von Fotos ist schriftlich zu genehmigen.

10.2.11 Digitale Medien und pädagogisch-therapeutisch Handelnde

Neben einer Reihe von Kompetenzerweiterungen, die digitale Medien für Schüler mit dem Förderschwerpunkt Geistige Entwicklung ermöglichen können, werden digitale Medien auch die Handlungsweisen von Lehrkräften und dem pädagogisch-therapeutischen Personal beeinflussen und verändern, was sich auf Unterrichtsplanung, Diagnostik, Förderplanarbeit, Organisation und Verwaltung von Abläufen auswirken wird.

Die Unterrichtsplanung mit einem Schulserver bietet eine Vielzahl an Möglichkeiten zur individuellen Differenzierung. Digitale Medien können durch die Fülle an nutzbaren Apps und Informationen einen stark kompetenzorientierten und individualisierten Unterricht fördern. Eine wichtige Aufgabe der Lehrkraft liegt darin,

Informationen so zu strukturieren und aufzubereiten, dass Lernprozesse initiiert werden.

Im Bereich der Diagnostik werden zunehmend mehr Testverfahren digital angeboten. Eine individuelle Zusammenstellung eines Testverfahrens ist somit möglich. Sofern die jeweiligen digitalen Verfahren auch weiterhin individuelle Spielräume in der Diagnostik ermöglichen, um zusätzliche qualitative Testinformationen zu erhalten, bieten diese Verfahren viele Vorteile in den Bereichen der Durchführung und der Auswertung. Hinzu kommt, dass digitale Medien für Kinder und Jugendliche in der Regel einen hohen motivationalen Reiz ausüben, was in diesem Fall einer sonderpädagogischen Testung zugutekommen kann. Eine mögliche Erleichterung in der Arbeitsweise der Testleitung durch die Digitalisierung soll an dieser Stelle mit einer gewissen Vorsicht bewertet werden. Während die paper-pencil-version intensivere Vorbereitungen bei Startitems, Aufgaben- und Korrekturformulierungen und eine sichere Orientierung in Auswertungstabellen erfordern, verlagert sich dies im digitalen Bereich auf die Testzusammenstellung, die Vorbereitung und Einrichtung der Geräte sowie das Einhalten von Sicherheits- und Datenschutzbestimmungen. Digitalisierte Testverfahren werden sich aller Wahrscheinlichkeit nach in Zukunft in der Sonderpädagogik und Psychologie weiter etablieren. Wobei anzumerken bleibt, dass hiermit nicht nur die klassische Testdiagnostik mit standardisierten Situationen gemeint ist, sondern auch Diagnostik-Apps, die kompetenzorientiert und einen deutlich informelleren Charakter haben, so beispielsweise die Diagnostik-App Tipp mal zum Bereich Sprachverständnis von Leber (2016).

Die sonderpädagogische Förderplanarbeit ist ein zentrales Steuerelement des pädagogischen Handelns. Die Digitalisierung kann auch hier zur Erleichterung von Abläufen beitragen. Förderpläne werden in der Regel in Teamstrukturen und digital erstellt. Ziel kann es sein, eine Förderplankonferenz mit allen Informationen so zu strukturieren, damit ein pädagogisches Gespräch mit allen Beteiligten geführt werden kann. Aus Sicht der Datenverwaltung läuft dieser Prozess im optimalen Sinne als Workgroup mit einem Dokumentenmanagementsystem ab, was datenschutzrechtlich abgeklärt sein muss. Des Weiteren bietet der digitale Förderplan Möglichkeiten zur Visualisierung, so können beispielsweise bestimmte Fördersituationen mit Körperhaltungen, Lagerungen oder Hilfsmitteln schnell und einfach in digitale Dokumente implementiert werden. Die Vorzüge der visuellen Präsentation gegenüber der rein schriftlichen liegen auf der Hand.

Für den Bereich Organisation und Verwaltung von Abläufen lässt sich eine Vielzahl von Möglichkeiten für die digitale Organisation einer Schule bzw. einer Einrichtung nennen. Im Sinne der Schulentwicklung im Bereich der digitalen Bildung nimmt der Schulserver eine bedeutende Rolle ein. Mit einem Zugriff über das Internet bietet der Server eine große Entwicklungs- und Austauschplattform von digital gestalteten Medien für den Unterricht und eine Organisationsstruktur für die einzelnen Fachbereiche.

Eine wesentliche Potenz für den Unterricht mit digitalen Medien liegt auch in der Verwirklichung der Zielrichtung von Empowermentprozessen. Dazu ermöglicht sukzessiv selbstgesteuertes Lernen mittels Medien diese Prozesse auf der individuellen Ebene des Empowermentkonzepts (Herriger, 2002). Das selbstgesteuerte Lernen erfordert kognitive und metakognitive Lernstrategien (Salle, 2015), die zugleich über den Lerngegenstand (Hardware) gefördert werden können (▶ Kap. 9, i. d. Bd.). Viele Medien bieten diese Möglichkeiten der eigenständigen Lernüberwachung. Metakognitive Lernstrategien können durch Lernprogramme (Software) unterstützt und langfristig automatisiert werden. Diese Prozesse entsprechen der grundlegenden Lernverhaltensweise bei Beeinträchtigung der geistigen Entwicklung »Lernen durch Einüben« (Speck, 2018, S. 217), da eine Automatisierung in der Auseinandersetzung mit dem Medium erfolgt. Nicht zuletzt ist dieser mitunter langwierige Prozess möglich, da eine hohe intrinsische Motivation der Schüler, mit digitalen Medien zu lernen, zu beobachten ist.

10.3 Theorie-Praxis-Transfer

Die Digitalisierung verändert die Gesellschaft tiefgreifend und ebenso die Arbeitsweisen der Schulen. Die Schulen haben den Bildungsauftrag erhalten, Schüler kompetent für die digitale Welt zu machen. Es geht nicht nur um den Einsatz neuer Medien, diese neuen Medien selbst verändern das Denken und Handeln von Menschen. Für den FSGE ergeben sich eine Reihe von Vorteilen im Einsatz digitaler Medien. Neben den ausformulierten Zielsetzungen der sechs Kompetenzbereiche der Kultusministerkonferenz (2016) nehmen die assistiven Funktionen von digitalen Medien im FSGE eine zentrale Funktion ein. Diese Medien können einen wichtigen Beitrag zur gesellschaftlichen Teilhabe leisten, da sie helfen, Barrieren zu überwinden. Parallel hierzu müssen gerade für Menschen mit dem Förderschwerpunkt Geistige Entwicklung Schutz und Support beim Einsatz dieser Technik gewährleistet sein.

Für die Lehrkräfte und das pädagogisch-therapeutische Personal bedeutet die Digitalisierung eine grundlegende Veränderung in der Arbeitsweise. Neben den aus dem Förderschwerpunkt geistige Entwicklung bekannten klassisch handlungsorientierten Lernangeboten, die auch weiterhin ihren Einsatz finden müssen, findet nun eine zunehmende Integration digitaler Lernangebote statt. Dies erfordert von der Schule einen Schulentwicklungsprozess, der eine stetige Aus- und Weiterbildung aufgreift, denn digitale Medien sind einer relativ schnelllebigen Veränderung unterworfen. Neben der pädagogischen Ebene wird die Digitalisierung die diagnostische Arbeit und organisatorische Arbeitsebene der Lehrkräfte und des pädagogisch-therapeutischen Personals verändern, wobei der Einsatz der digitalen Technik nicht vorrangig vor dem Hintergrund ökonomischer Aspekte integriert werden sollte. Digitale Arbeitsabläufe sollten zentrale Elemente wie Teamarbeit, Schulentwicklung und diagnostische Kompetenzen professionalisieren.

Mit der zunehmenden Digitalisierung der sonderpädagogischen Arbeit sollten des Weiteren im Bereich der wissenschaftlichen Forschungsvorhaben eine engere Zusammenarbeit der Fachbereiche Informationstechnologien und Sonderpädagogik angestrebt werden, vor allem um Software und Ansteuerungstechniken weiterzuentwickeln und zu evaluieren und Effekte auf pädagogische Zielsetzungen zu erfassen.

Literatur

Castañeda, C., Lange, S., Reinhard, S., Rossi, S., Haug, P., Jakob, E., Koch, K., Waigand, M., Krstoski, I. u. v. a. m.: Gesammelte App-Tipps. Unterstützte Kommunikation. Stand 2016. https://uk-app-blog.blogspot.com/p/unterstutzte-kommunikation-apps.html, Zugriff am 10.5.2019

Dworschak, W. (2012): Soziobiografische Aspekte der Schülerschaft mit dem Förderschwerpunkt geistige Entwicklung. In: W. Dworschak, S. Kannewischer, C. Ratz & M. Wagner (Hrsg.), *Schülerschaft mit dem Förderschwerpunkt geistige Entwicklung (SFGE). Eine empirische Studie* (2. Auflage, S. 27–48). Oberhausen: Athena.

Eichenberg, C. & Auersperg, F. (2018): *Chancen und Risiken digitaler Medien für Kinder und Jugendliche. Ein Ratgeber für Eltern und Pädagogen*. Göttingen: hogrefe.

Hetterich, D. (2018): Netzwerk-Instrastruktur. In: S. Henkelmann, *Wegweiser Digitale Bildung. Für zeitgemäßen Unterricht mit digitalen Werkzeugen* (S. 75–89). Stuttgart: Kohlhammer.

Herriger, N. (2002): *Empowerment in der sozialen Arbeit*. Stuttgart: Kohlhammer.

Herzig, B. (2019): Digitale Medien – bildende Blicke hinter das Interface. In: O.-A. Burow, (Hrsg.): *Schule digital – wie geht das? Wie die digitale Revolution uns und die Schule verändert* (S. 94–110). Weinheim: Beltz.

Kultusministerkonferenz (KMK) (2016): Bildung in der digitalen Welt. Strategie der Kultusministerkonferenz.

Leber, I. (2016): Tipp mal. Sprachverständnis-Diagnostik. App-Store.

Lindmeier, C. (2013): ICF (Internationale Klassifikation der Funktionsfähigkeit, Behinderung und Gesundheit). In: G. Theunissen, W. Kulig & K. Schirbort (Hrsg.), *Handlexikon Geistige Behinderung. Schlüsselbegriffe aus der Heil- und Sonderpädagogik, Sozialen Arbeit, Medizin, Psychologie, Soziologie und Sozialpolitik* (2., überarbeitete und erweiterte Auflage, S. 175–177). Stuttgart: Kohlhammer.

Meyer, H. (2018): Prüfsteine für die Arbeit mit digitalen Unterrichtsmedien. Vortrag am Landesinstitut für Schule in Bremen beim BAK. Download: https://bak-lehrerbildung.de/wp-content/.../Hilbert-Meyer-Digitale-Medien-2018.pdf, Zugriff am 10.5.2019.

Ministerium für Bildung, Wissenschaft und Kultur des Landes Schleswig-Holstein (2018): Ergänzungen zu den Fachanforderungen Medienkompetenz– Lernen mit digitalen Medien. Kiel.

Petko, D. (2014): *Einführung in die Mediendidaktik. Lehren und Lernen mit digitalen Medien*. Weinheim: Beltz.

Salle, A. (2015): *Selbstgesteuertes Lernen mit neuen Medien. Arbeitsverhalten und Argumentationsprozesse beim Lernen mit interaktiven und animierten Lösungsbeispielen*. Wiesbaden: Springer.

Schaumburg, H. (2017): Chancen und Risiken digitaler Medien in der Schule. Medienpädagogische und -didaktische Perspektiven. In: Bertelsmann Stiftung, *Individuell fördern mit digitalen Medien. Chancen, Risiken, Erfolgsfaktoren* (2. Auflage, S. 20–94). Bielefeld: Bertelsmann Stiftung.

Spannagel, C. (2014): 10 Irrtümer zum Einsatz digitaler Medien in der Schule. Berlin. (youtube: https://www.youtube.com/watch?v=HsXP528OVtU, Zugriff am 30.3.2019.

Speck, O. (2013): Geistigbehindertenpädagogik. In: G. Theunissen, W. Kulig, W. & K. Schirbort (Hrsg.), *Handlexikon Geistige Behinderung. Schlüsselbegriffe aus der Heil- und Sonderpädagogik, Sozialen Arbeit, Medizin, Psychologie, Soziologie und Sozialpolitik* (2., überarbeitete und erweiterte Auflage, S. 145–147). Stuttgart: Kohlhammer.

Speck, O. (2018): *Menschen mit geistiger Behinderung. Ein Lehrbuch zur Erziehung und Bildung* (13. Auflage). München: Ernst Reinhardt.

Theunissen, G. (2013): Empowerment. In: G. Theunissen, W. Kulig & K. Schirbort (Hrsg.), *Handlexikon Geistige Behinderung. Schlüsselbegriffe aus der Heil- und Sonderpädagogik, Sozialen Arbeit, Medizin, Psychologie, Soziologie und Sozialpolitik*. (2., überarbeitete und erweiterte Auflage, S. 104–105). Stuttgart: Kohlhammer.

Tschirner, E. (2018): Einzelfallstudie zur digitalen Bildung im Förderschwerpunkt geistige Entwicklung. Europa-Universität Flensburg. Bachelor-Thesis (unveröffentlicht).

Teil 3: Systemische Unterstützung von Jugendlichen in der Schule zu ihren Zukunftsvorstellungen

11 Community Care in der sonderpädagogischen Schulpraxis

Eberhard Grüning

Menschen leben in verschiedenen Teilsystemen ihrer Lebenswelt. Für die Sicherung ihrer Lebensqualität und Identitätsentwicklung kommt es darauf an, »wie konstruktiv« die Verbindung zu anderen Teilsystemen (sozialen Systemen) ist (Speck, 2018, S. 241). Menschen mit Beeinträchtigung der geistigen Entwicklung (BgE) bedürfen der Unterstützung, um an verschiedenen Subsystemen teilhaben zu können. Die lebensweltorientierte Schule hat dazu einen Beitrag zu leisten. Mit dem Community Care-Ansatz werden in diesem Beitrag Potenziale der Verknüpfung von Lebenswelten für die schulische Bildung aufgezeigt. Dem Anliegen des Buches folgend, wird ein Einzelfall für die unterrichtliche Arbeit mit sozialen Netzwerkkarten konstruiert, die Ausgangspunkt kooperativer Unterstützung mittels Community Care sein könnte.

11.1 Einleitung

Mit den Empfehlungen zur Lehrerbildung (Gemeinsame Empfehlungen, 2015) und den Standards der sonderpädagogischen Lehrerbildung (vds, 2019) wird eine Profilschärfung des Berufsbildes eingefordert, um die Herausbildung inklusionsorientierter Prozesse durch die berufliche Tätigkeit von Sonderpädagogen zu forcieren. In diesen grundlegenden, auf die Qualitätssicherung in der Schulpraxis orientierten Dokumenten werden mögliche Entwicklungsschritte aufgezeigt, die Inklusion als einen Prozess ausweisen, der u. a. durch Kooperationen auf verschiedenen Ebenen mit verschiedenen Partnern zu gestalten ist. Dazu ist es erforderlich, sich auf die »Zusammenarbeit und Netzwerkbildung zu orientieren« (Gemeinsame Empfehlungen, 2015, S. 3). Derartige bildungspolitische Auffassungen zur prozesshaften Entwicklung von Standards unterliegen dem Ansatz der gesellschaftstheoretischen Systemtheorie. Vertreter der Systemtheorie gehen davon aus, dass die moderne Gesellschaft agile Systeme benötigt, um Entwicklungen vollziehen zu können (Baecker & Luhmann, 2017). Die Entwicklung der Subsysteme einer Gesellschaft findet vor allem durch die weitere Zufuhr von Umwelt in die Systeme statt (Baecker & Luhmann, 2017). Da sich Systeme vor allem auch auf ihren Erhalt ausrichten und bestrebt sind, autonom zu agieren (Baecker & Luhmann, 2017), erweist es sich grundsätzlich als ein schwieriger Weg, Entwicklungsimpulse anderer (Teil-)Systeme aufzunehmen. In der Auseinandersetzung mit der Systemtheorie Luhmanns kommt

Kulig (2006) für die Inklusionspädagogik zu dem Schluss, dass Inklusion maximal auf der Ebene der Teil- bzw. Subsysteme verfolgt werden kann. So lassen sich zwar Strukturen, jedoch weder Werte noch Kulturen, die mit dem Ziele der Inklusion eingefordert werden, in den übergeordneten Makro- oder Exosystemen beeinflussen. Den Auftrag zur Inklusion monistisch, in weitestgehend auf Selberhaltung gerichteten (Schul-)Systemen lösen zu wollen, kann, systemtheoretisch interpretiert, kaum zum Erfolg des angestrebten Kultur- und Wertewandels führen. Die Verengung der Inklusionsbestrebungen zur didaktischen Herausforderung (vgl. u. a. Reich, 2014) widerspricht der Position zur Funktion von Teilsystemen, wie sie in der Systemtheorie vertreten wird. Der hohe Stellenwert der Kooperationen für den inklusionsorientierten Schulbildungsprozess wird in der Fachliteratur vor allem an der Kooperation zwischen Lehrkräften verschiedener Schularten thematisiert. »Bestandteil fast aller Definitionen des Begriffs Kooperation ist ein gemeinsamer Auftrag oder ein gemeinsames Ziel« (Ahlgrimm, Krey & Huber, 2012, S. 26). Der gemeinsame Auftrag kann in der arbeitsteiligen, aber koordinierten Umsetzung der UN-Behindertenrechtskonvention (UN, 2006) gesehen werden. Ahlgrimm, Krey und Huber sprechen von der »interdependence« (2012, S. 26) und verweisen damit auf das Angewiesensein auf andere, um einen gemeinsamen Auftrag zu erfüllen. Systemisch reflektiert muss die Beschränkung der Kooperationen auf Teamarbeit zwischen Lehrkräften im Unterricht als zu eng bewertet werden (vgl. u. a. Heimlich & Wilfert de Icaza, 2014). Zukünftige Lehrkräfte der Sonderpädagogik werden für die Gestaltung systemübergreifender inklusionsorientierter Prozesse im Studium vorbereitet. Die qualitativ hochwertige Umsetzung obliegt ihrer Eigenverantwortlichkeit und ihrer Interpretation von Berufsethos. Der Community Care-Ansatz kann als ein Rahmen-Modell für die Arbeit in Subsystemen der schulübergreifenden, aber schulverantwortlichen Gestaltung der Teilhabe von Menschen mit BgE fungieren.

11.2 Theoretische Rahmenbedingungen

11.2.1 Entwicklungen und Fundierung des Community Care-Ansatzes

Obgleich der Ansatz Community Care seit Jahren in Europa thematisiert wird, ist er bisher kaum für die sonderpädagogische und vor allem inklusionsorientierte Schulpädagogik in Betracht gezogen worden. Diese Feststellung selbst belegt die eingeschränkte Agilität in Theorie und Praxis zwischen den professionellen Unterstützungssytemen für Menschen mit Behinderungen in der modernen Gesellschaft.

Community Care hat seinen Ursprung in den achtziger Jahren des letzten Jahrhunderts in den USA. Der sozialraumorientierte Ansatz berücksichtigt sowohl die Stärken des Einzelnen als auch die Ressourcen seiner Lebenswelt, um im Gemeinwesen vielfältige individuelle Wünsche umzusetzen zu helfen oder offene Probleme einer möglichen Lösung zuzuführen. Der Ansatz geht vom Gleichheitsanspruch aller

Menschen im Gemeinwesen aus und fordert alle Mitglieder des Gemeinwesens zur Mitwirkung auf. Der Care-Ansatz geht somit deutlich über das Verständnis von Versorgen oder Pflegen als wörtliche Übersetzung hinaus, sondern fordert vielmehr eine Aktivposition aller Beteiligten. Die Beeinträchtigung eines Menschen ist dabei weder explizites kennzeichnendes Merkmal der Leistungsempfänger noch der Leistungsbringer. »Community is the experience of sharing one's life with people« (Reinders, 2002, S. 2). Eine Vielzahl von Initiativen und Projekten wurde in den letzten Jahrzehnten durch »bürgerschaftliches Engagements« (Theunissen 2006, 79) im Rahmen von Community Care möglich, die zugleich zur Bildung von Netzwerken zwischen Subsystemen führte. Reinders (2002) stellt heraus, dass Community in diesem Zusammenhang nicht nur als ein lokaler Begriff verstanden werden soll. Neben der räumlichen ist die rechtlich-politische Dimension und vor allem der Sozialraum im Community-Begriff enthalten (Schablon, 2009, S. 65). Eine Analyse des Ansatzes zur wissenschaftlichen Fundierung wurde von Schablon (2009) für den deutschsprachigen Raum erstellt. Das theoretische Fundament des Community Care-Ansatzes liegt in der Intention zur Normalisierung von Lebensprozessen (Bank-Mikklesen), die zur Zeit der damaligen Konzeptumsetzung vor allem auf die soziale Begleitung und Andragogik für Menschen mit BgE gerichtet war. Eine zweite theoretische Basis des Ansatzes liegt in der gesellschaftsphilosophischen Strömung des Kommunitarismus. Der Kommunitarismus betont die Abhängigkeit des Einzelnen von der Gesellschaft und spricht sich gegen einen übersteigerten egozentrischen Individualismus aus. Gesellschaftstheoretisch kann der Kommunitarismus als ein Gegenentwurf zum Neoliberalismus aufgefasst werden (Schablon, 2009). Ziel des Kommunitarismus ist »die Bürgergesellschaft, an welcher der von Verantwortung geprägte Bürger partizipiert« (Schablon, 2009, S. 39). International wird Community Care als das werteorientierte und auf das Gemeinwesen basierte Unterstützungssystem für erwachsenen Menschen mit BgE verstanden, das in Deutschland vor allem mit Modellen aus den skandinavischen Ländern verknüpft wird (Aselmeier, 2008).

11.2.2 Community Care in der Inklusionspraxis

In Anbetracht wertebasierter gesellschaftlicher Entwicklungen im sozialen Miteinander (Schubart, Gruhne & Zylla, 2017; Reckwitz, 2018) stehen Zielsetzungen des Inklusionsstrebens (Übereinkommen, 2006) scheinbar konträr zu anderen Wertevorstellungen, die sogar gegenläufigen sind. Die aktuell weitestgehend gelingende Umsetzung der Herausforderung, sich je nach Lebenskontext verhalten zu müssen, so wie Schubart, Gruhne & Zybilla (2017) ihre Beobachtungen zusammenfassen, kann psychisch destabilisierend auf soziales Rollenverhalten wirken, das als eine mögliche Ursache der kontinuierlich hohen Rate von psychischen Gefährdungen und Erkrankungen Jugendlicher diskutiert werden sollte (▶ Kap. 5, i. .d. Bd.). Es sind unterstützende Konzepte erforderlich, die Lebensorientierung in der Vielfalt vermitteln. Diese sollten im Ideal nicht darauf gerichtet sein, Kinder und Jugendliche zu befähigen, soziales Verhalten fernab eigener Identitätsvorstellungen variabel auf grundsätzlich verschiedene, in sich geschlossene Wertesysteme von Schule und außerschulischen Lebenswelten auszurichten.

Das Ausgangskonzept des Community Care setzte eine Kultur des solidarischen Handelns voraus, das »für die modernen westlichen Gesellschaften so nicht existent ist« (Aselmeier, 2008, S. 79, Reckwitz, 2018). Nun sind jedoch gerade diese Kulturen, Strukturen und Praktiken im Zielfeld von Inklusionsbestrebungen. Diese Widersprüchlichkeit zwischen Anspruch und Möglichkeit wird in der schulischen Praxis und in der aktuellen Literatur diskutiert (vgl. Graumann, 2018; Winkler, 2018). Divergenzen zeigen sich vor allem im Verhältnis zwischen institutionellen Strukturen und Konzepten sowie der Passfähigkeit dieser für die individuelle Bedarfslage. Community Care ist ein Ansatz, der zwischen institutioneller Ebene und individueller Ebene vermitteln soll, Lösungen anstrebt und hervorbringt.

Community Care beruht auf »bürgerschaftliches Engagement« (Theunissen, 2006, S. 79). Es kann sich als tragfähig erweisen, wenn es fachkompetente Mitglieder professioneller Subsysteme (z. B. Sonderpädagogen) einbezieht. Die anfängliche Idee, Community Care als Gegenpol zur negativ besetzten Professionalität in der Behindertenhilfe aufzufassen, um institutionell unabhängig selbsttätig zu werden, hat sich historisch weitgehend überlebt, obgleich sie auch aktuell in Haltungen gegenüber der Sonderpädagogik in Theorie und Praxis noch vorzufinden ist. Diese Änderung der Sichtweise ist »unumgänglich« (Schablon, 2009, S. 40). Institutionen (z. B. Schule oder Wohneinrichtungen) verfolgen auf der Grundlage gemeinsamer Werte gemeinsame Ziele, die vor allem auf die Sicherung von Lebensqualität gerichtet sind.

Als Merkmal und anzustrebende Aufgabe inklusionsorientierter Schulen sieht u. a. der Index für Inklusion vor: »alle lokalen Gruppen sind in die Arbeit der Schule eingebunden« (Boban & Hinz, 2003, A.1.7). Mit der Entwicklung des Kommunalen Index für Inklusion (Montag Stiftung, 2011) konnte eine weitere Empfehlung erarbeitet werden, die den gleichen Strukturen folgt wie der schulorientierte Index für Inklusion (Boban & Hinz, 2003), so dass beide Programme bereits strukturell eine Schnittmenge von Handlungsfeldern entwickeln, die Kooperationen professionell agierender Systeme vorsehen. Ziele dieses gemeinsamen Handelns ist es, inklusive Prozesse im gemeinsamen Interesse zu initiieren oder sogar auszugestalten (vgl. u. a. Röh & Meins, 2021).

In dieser Weise vollzieht sich der Aufbau sozialer Netzwerke. Ressourcen werden erschlossen, die ein gesellschaftliches Subsystem (z. B. Schule) in Anbetracht der Komplexität von Herausforderungen in der Lebenswelt allein nicht oder nicht hinreichend vorhalten kann. In der Umsetzung der Index-Vorhaben ist ein gemeinsames Planungskonzept vorzusehen, das nicht in den Grenzen der eigenen Organisation oder Institution einer Lösung zugeführt werden kann. Um inklusive Praktiken auf der gemeinsamen Basis der inklusiven Kultur zu entwickeln (Hinz & Boban, 2003), werden für verschiedene kooperative Handlungsfelder Konzepte und Methoden inklusiver Schulentwicklung benötigt. Teilhabemöglichkeiten zu erschließen bedeutet, nicht gesellschaftliche oder schulische Gesamtlösungen zu entwickeln, sondern individualisierten Unterstützungsbedarf für Menschen mit vorzuhalten. Die Vorbereitung Jugendlicher auf ihr zukünftiges Leben fordert für die Schulpädagogik, ihre Schüler durch Bildung zu ermächtigen, Visionen von Illusionen zu trennen und zugleich nach Möglichkeiten zu suchen, realistische Vorhaben im Sozialraum umzusetzen. Diese identitätsbildenden Perspektivplanungen werden vor allem mit den Lebensbereichen Freizeit, Beruf und Familie verknüpft sein. Schulbildung wird systemübergreifend in Kooperation mit außerschulischen Partnern zur Vorbereitung auf diese Teilhabeprozesse beitragen müssen. Die Orientierung auf regionale Angebote steht dabei im Vordergrund. Der Community Care Ansatz rückt in den Mittelpunkt.

11.3 Theorie-Praxis-Transfer

Vielfältige Anlässe erfordern Community Care. Für die Berufshinführung des schulisch zu verantwortenden Transitionsprozesses in der Berufsschulstufe an Förderschulen mit dem Schwerpunkt Geistige Entwicklung haben sich Formen der Zusammenarbeit regionaler Kräfte etabliert, um dem Automatismus des Übergangs in den geschützten zweiten Arbeitsmarkt entgegenzuwirken.

Die Öffnung von ortsansässigen Vereinen oder die weitere Arbeit an baulicher, sprachlicher oder sozialer Barrierefreiheit in der gemeinsamen Nachbarschaft benötigen den Einfluss sonderpädagogischer Kompetenzen und vermitteln zugleich den Lehrkräften Einblicke in Bedingungslagen anderer Subsysteme, die sich proaktiv auf Schwerpunktsetzungen in der schulischen Bildung auswirken werden. Nicht zuletzt nimmt jede systemübergreifende Kooperation Einfluss, denn »das Wertesystem des Einzelnen formt sich auch durch Vergleiche mit den Wertsetzungen anderer Menschen in seinem Umfeld, z. B. durch Familienmitglieder, Lehrkräfte, Freunde usw.« (Schubarth, Gruhne & Zylla, 2017, S. 32).

Schablon unterstreicht, dass es Bedingungen gibt, die Effizienz der sytemübergreifenden Arbeit im Rahmen von Community Care zu steigern:

- »Mitteilungen der eigenen Vorstellungen,
- Wissen, ob und wie Wünsche zu realisieren sind,
- Netzwerke sozialer Unterstützung kennen« (2009, S. 42).

Ein Praxis-Beispiel zu schulischen Aufgaben und Handlungsmöglichkeiten zu diesem Thema wird das Kapitel 12 (▶ Kap. 12 i. d. Bd.) vermitteln. Im Schwerpunkt steht dabei die Zukunftsplanung auf der Grundlage zu ermittelnder Bedarfslagen von Schülern. Grundlage der sozialen Netzwerkarbeit nach dem Community Care-Ansatz ist die Kenntnis der sozialen Beziehungsstruktur, die über eine soziale Netzwerkkarte (▶ Abb. 11.1) erstellt werden kann.

Übungsanleitung zum Erstellen einer elementaren persönlichen Netzwerkkarte:

- Setzen Sie einen Punkt auf die Mitte Ihres Blattes, der einen Schüler der Klasse darstellen soll.
- Überlegen Sie, welche Personen zu seinem sozialen Umfeld gehören. Setzen Sie weitere Punkte auf das Blatt, die alle diese Personen als Punkt codiert symbolisieren. Achten Sie bei der Punktsetzung auf die Entfernung vom Schüler und auf

die Stellung zu anderen Personen des Netzwerkes. Rücken Sie die Personen aus der sozialen Nähe nah an ihn heran.
- Verbinden Sie die Punkte mit Linien. Benutzen Sie dabei verschiedene Stärken der Linien, die die Intensität der sozialen Beziehung repräsentieren sollen. Ordnen Sie den Linien, je nach Interesse an der Beziehung, einseitig oder doppelseitig Pfeile zu.

Netzwerkkarten können nach ihrer Dichte, Homogenität, räumlichen Nähe, Größe und Beziehungsintensität und -richtung analysiert werden, um zu schlussfolgern, welche Netzwerke vorhanden und somit nutzbar sind, welche intensiviert, erweitert oder ergänzt werden sollen (Keupp & Röhrle, 1987). Je stärker die Ausprägung des Netzwerkes, desto höher die Wahrscheinlichkeit der Teilhabe. Können Sie als Lehrkraft möglicherweise die Fragen zur Beziehungsstruktur nicht beantworten, besteht die dringliche Aufgabe, das soziale Umfeld der Schüler kennenzulernen. Der Netzwerkstruktur von Personen in den entwickelten Industriegesellschaften wird so hohe Bedeutung beigemessen, dass in sozialwissenschaftlichen Disziplinen das persönliche Netzwerk als soziales Kapitel (Kortendiek, Riegraf & Sabisch, 2019) betitelt wird.

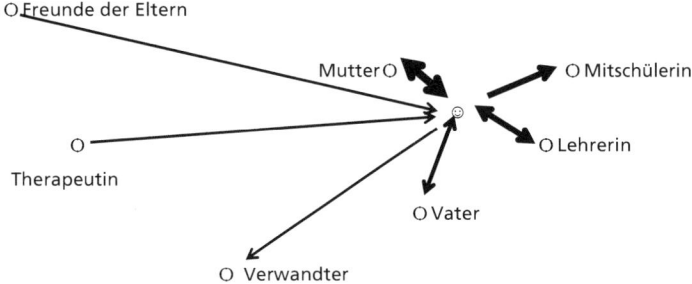

Abb. 11.1: Fiktive soziale Netzwerkkarte eines Schülers im FSGE

Die vorliegende Netzwerkkarte vermittelt den Eindruck, dass vor allem die Eltern und die Lehrerin des Schülers die bevorzugten Bezugspersonen darstellen, da hier von einer Wechselseitigkeit der Beziehungen ausgegangen werden kann. Für die Netzwerkarbeit wären sie die ersten Ansprechpartner. Die Netzwerkarte spricht für wenige Teilhabeprozesse. Mit dem Schüler ist zu erarbeiten, welche Beziehungen er stärken oder erweitern möchte und welche Möglichkeiten mit dem schulischen Bildungsauftrag einhergehen. Die Netzwerkkarte dokumentiert zugleich, dass der reflektierenden Lehrkraft Beziehungsstrukturen zwischen den Netzwerkakteuren des Schülers nicht bekannt sind. Für eine lebensweltorientierte Pädagogik wird dieses Wissen vorausgesetzt. Die Bedeutung der Lehrkraft und damit ihre Verantwortung für den Schüler wird so u. a. auch durch die Netzwerkkarte unterstrichen.

Das vorgestellte Konzept im Kapitel 12 (▶ Kap. 12 i. d. Bd.) folgt dem Anspruch, die Netzwerkarbeit in Form partizipatorischer Forschung in der Unterrichtspraxis durch Lehrkräfte umzusetzen.

Literatur

Ahlgrimm, F., Krey, J., Huber, S.G. (2012): Kooperation – Was ist das? Implikationen unterschiedlicher Begriffsverständnisse. In: S.G. Huber, F. Ahlgrimm (Hrsg.), *Kooperation: Aktuelle Forschung zur Kooperation in und zwischen Schulen sowie mit Partnern* (S. 17–30). Münster, New York, München, Berlin: Waxmann.

Aselmeier, L. (2008): *Community Care und Menschen mit geistiger Behinderung. Gemeinwesenorientierte Unterstützung in England, Schweden und Deutschland*. Wiesbaden: VS Verlag für Sozialwissenschaften.

Baecker, D. & Luhmann, N. (2017): *Niklas Luhmann: Einführung in die Systemtheorie*. Heidelberg: Carl-Auer Verlag.

Boban, I. & Hinz, A. (2003): *Index für Inklusion. Lernen und Teilhabe in der Schule der Vielfalt entwickeln*. Deutsches Copyright. Halle/Wittenberg: Martin-Luther-Universität.

Graumann, O. (2018): *Inklusion – eine unerfüllbare Vision. Eine kritische Bestandsaufnahme*. Leverkusen: Verlag Barbara Budrich.

Keupp, H. & Röhrle, B. (Hrsg.) (1987): *Soziale Netzwerke*. Frankfurt/Main; New York: Campus Verlag.

Kortendiek, B., Riegraf, B. & Sabisch, K. (Hrsg.) (2019): *Handbuch Interdisziplinäre Geschlechterforschung* (Bd. 65). Wiesbaden: Springer VS.

Kulig. W. (2006): Soziologische Anmerkungen zum Inklusionsbegriff in der Heil- und Sonderpädagogik. In: G. Theunissen & K. Schirbort (Hrsg.), *Inklusion von Menschen mit geistiger Behinderung. Zeitgemäße Wohnformen – Soziale Netze – Unterstützungsangebote* (S. 49–58). Stuttgart: Kohlhammer.

Montag Stiftung Jugend und Gesellschaft (Hrsg.) (2011): *Inklusion vor Ort – Der Kommunale Index für Inklusion – ein Praxishandbuch*. Berlin: Eigenverlag des Deutschen Vereins für öffentliche und private Fürsorge e.V.

Reckwitz, A. (2018): *Die Gesellschaft der Singularitäten. Zum Strukturwandel der Moderne*. Sonderausgabe für die Bundeszentrale für politische Bildung. Bonn, Berlin: Suhrkamp.

Reich, K. (2014): Allgemeindidaktische Herausforderungen. In: Franz, E.-K., Trumpa, S., Esslinger-Hinz, I.(Hrsg.), *Inklusion – Eine Herausforderung für die Grundschulpädagogik* (S. 67–77). *Ein Studienbuch zu grundlegenden Themenfeldern der Pädagogik* (Bd.11). Hohengehren: Schneider.

Reinders, H. (2001): The Good Life of Citizens with Intellectual Disability. In: *Journal of Intellectual Disability Research*, Vol. 46 (1) pp. 1–5. https://doi.org/10.1046/j.1365-2788.2002.00386.x, Zugriff am 23.05.2019

Röh, D. & Meins, A. (2021): *Sozialraumorientierung in der Eingliederungshilfe*. München: Ernst Reinhardt Verlag.

Schablon, K.-U. (2009): Community Care – Spurensuche, Begriffsklärung und Realitätsbedingungen eines theoretischen Ansatzes zur Gemeinwesenanbindung erwachsener geistig behinderter Menschen. In: *Vierteljahreszeitschrift für Heilpädagogik und ihre Nachbarwissenschaften (VHN)*, Bd. 78 (1), S. 34–45

Schubart, W., Gruhne, C. & Zylla, B. (2017): *Werte machen Schule. Lernen für eine offene Gesellschaft*. Stuttgart: Verlag W. Kohlhammer.

Ständige Konferenz der Kultusminister der Länder in der Bundesrepublik Deutschland (KMK) (2015): Gemeinsame Erklärung von Hochschulrektorenkonferenz und Kultusministerkonferenz. Lehrerbildung für eine Schule der Vielfalt. http://www.kmk.org//fileadmine/Dateien/pdf/PresseUndAktuelles/2015/2015-03-18_KMK_HRK-Text-Empfehlung-Vielfalt.pdf, Zugriff am 06.06.2019

Übereinkommen der Vereinten Nationen vom 13. Dezember 2006 über die Rechte der Menschen mit Behinderungen (Behindertenrechtskonvention) (2006), https://www.un.org/depts/german/uebereinkommen/ar61106-dbgbl.pdf, Zugriff am 20.04.2019

Theunissen, G. (2006): Zeitgemäße Wohnformen – Soziale Netzwerke – Bürgerschaftliches Engagement. In: G. Theunissen & K. Schirbort (Hrsg.) (2006): *Inklusion von Menschen mit geistiger Behinderung* (S. 59–98). Stuttgart: Kohlhammer.

Verband Sonderpädagogik e.V. (vds) (2019): Standards sonderpädagogischer Lehrerbildung. http//www.verband-sonderpaedagogik.de/positionen/standards.html, Zugriff am 06.06.2019

Winkler, M. (2018): *Kritik der Inklusion. Am Ende eine(r) Illusion?* Stuttgart: W. Kohlhammer.

12 Individuelle Lebens(stil)planung in der Berufswahlorientierung auf der Basis des Ansatzes der Persönlichen Zukunftsplanung

Katja Gatz

Die Vereinten Nationen haben durch die Verabschiedung der UN-Behindertenkonvention (2006) behinderungspolitische Rahmenbedingungen geschaffen, die mit der Übertragung ins deutsche Rechtssystem seit 2009 Jugendlichen u. a. einen universellen Anspruch auf eine freie Arbeitsplatzwahl einräumen. Schulische Bildungsangebote können zum Gelingen dieser Perspektivsetzung beitragen.

Auf der Grundlage der Konzepte Individuelle Lebens(stil)planung (Niehoff, 2016) und Persönliche Zukunftsplanung (Doose, 2014) werden in diesem Beitrag beide Konzepte in einem modifizierten Ansatz verknüpft. Aus drei exemplarischen Unterrichtssettings werden ausgewählte Ergebnisse der Konzeptevaluation vorgestellt. Dieses Unterrichtkonzept wurde für Jugendliche mit dem Förderschwerpunkt Geistige Entwicklung (FSGE) im Alter von 16 bis 18 Jahren entwickelt. Ein Einsatz der Materialien ist dabei unabhängig von der besuchten Schulart vorgesehen.

Anhand von qualitativen Einzelfallanalysen soll Aufschluss über den (praktikablen) Einsatz von verschiedenen Materialien, wie Bild- und Netzwerkkarten, Körperumrissbilder sowie Plakate zur persönlichen Lagebesprechung, gegeben werden. Zur Evaluierung des modifizierten Ansatzes haben Studierende der Europa-Universität Flensburg in enger Zusammenarbeit mit der Autorin dieses Buchbeitrags einen qualitativen Forschungsansatz aus der Sozialforschung über drei Jahre angelegt. Es wurden zwei Leitfaden-Interviews und ein dazugehöriges Kategorienraster erstellt. Ausschnitte aus dieser Forschung sollen zur Verknüpfung von Forschung und Unterricht durch Lehrkräfte im Handlungsfeld ermuntern und den Einsatz didaktischer Materialien begründen und anleiten.

12.1 Einführung

Mit der Rechtsverbindlichkeit des Übereinkommens der Vereinten Nationen in Deutschland (2009) wird der politische Wille unterstrichen, Teilhabe für Menschen mit Behinderungen in allen Lebensbereichen zu sichern. Das Bestreben nach Selbstbestimmung und Autonomie umfasst somit auch den Lebensbereich Ausbildung und Arbeit (Art. 24, Art. 27) (Bundesgesetzblatt, 2008). Die eigene Tätigkeit wird als Bestandteil des kulturellen und gesellschaftlichen Daseins erlebt. Die Vorbereitung auf die Anforderungen an diesen Lebensbereich beginnt für alle Kinder und Jugendliche in der Schule.

Inhaltliche Schwerpunkte der Konzeptbildung zur Berufshinführung für Menschen mit Beeinträchtigung der geistigen Entwicklung sind einerseits auf das Erkennen ihrer individuellen Stärken und Schwächen, Interessen und sozialen Beziehungsgestaltung gerichtet, andererseits auf Berufsmöglichkeiten des ersten bzw. zweiten Arbeitsmarktes. Schule bietet insbesondere in der Berufshinführung Unterstützungsmöglichkeiten, die u. a. die Arbeit in sozialen Netzwerken erfordern. Der Aufbau eines Unterstützerkreises zur Annäherung bzw. Verwirklichung des Berufswunsches und einer beruflichen Perspektive kann zum schulischen Lerngegenstand werden. In einem Unterstützerkreis sind ausgewählte Bezugspersonen eines Menschen tätig, der zur Bewältigung nicht alltäglicher Lebensaufgaben ein für ihn spezifisches Netzwerk bildet (▶ Kap. 11, i. d. Bd.). Die Aktivität der Unterstützerkreise zielt auf die Eröffnung von Lebensperspektiven und die Lösung komplexer Lebensaufgaben. Das Konzept des Unterstützerkreises wird im deutschsprachigen Raum seit gut zwei Jahrzehnten thematisiert. Zahlreiche Publikationen geben Auskunft über die Arbeitsweise von Unterstützerkreisen für Erwachsene (vgl. u. a. Lindmeier, 2006).

Mit diesem Beitrag wird aufgezeigt, welcher zeitliche Umfang und welche konkreten Fragestellungen sich für Persönliche Lagebesprechungen mit einem Unterstützerkreis eignen. Das dabei verfolgte Ziel ist, dass sich die zu unterstützende Person selbstbestimmt, partizipatorisch mit echten Wahlmöglichkeiten (Empowerment) einbringen kann. Bei den evaluierten Einzelfallforschungen wird der Fragestellung nachgegangen, welche Materialien sich für den Unterricht mit Schülern mit dem FSGE als zielführend hinsichtlich der Berufshinführung und Berufswahl bewährt haben. Untersucht wurden Materialien für Portfolioarbeiten und die Persönliche Lageplanbesprechung mit einem Unterstützerkreis, die Doose (2014) publizierte.

Die drei in diesem Beitrag vorgestellten Unterrichtssettings zur Persönlichen Zukunftsplanung bzw. Lebens(stil)planung beinhalten die Anwendung ausgewählter Materialien von Doose (2014), wie die sogenannten Lebensstilkarten, Dreamcards, Hut-Karten sowie das Erstellen von Netzwerkkarten und Ganzkörperbildern. Diese Materialien wurden durch ein Leitfaden-Interview ergänzt. Die Materialerweiterung resultiert aus den zugrunde gelegten Lernvoraussetzungen der Schüler. Die kontinuierliche Bildungsarbeit mit den Materialien zielt u. a. darauf, Wünsche und Interessen selbstbewusst zu benennen und vertreten zu können. Der zusätzliche und regelmäßige Einsatz von Leitfragen-Interviews sind zweckgebunden. Sie dienen den Schülern als Übung zur Artikulation von individuellen Stärken und Schwächen, Interessen sowie der Beschreibung ihrer sozialen Beziehungsgestaltung. Pädagogen können sie als Evaluationsmethode nutzen. Hierzu wird die Herleitung des Leitfaden-Interviews und dessen Anwendung in den folgenden Ausführungen eingehend erklärt. Des Weiteren wird ein Kategorienraster zur Auswertung und Interpretation der Ergebnisse vorgestellt.

12.2 Theoretischer Bezugsrahmen

12.2.1 Individuelle Lebens(stil)planung im Unterricht bei der Berufsorientierung

Persönliche Zukunftsplanung ist ein in den 1980er Jahren in den USA und Kanada entwickelter Ansatz, der im deutschsprachigen Raum auch mit dem Konzept zur individuellen Lebens(stil)planung für Erwachsene bekannt geworden ist (Niehoff, 2016). Hier geht es im Wesentlichen um die Sicherung und Erweiterung der individuellen Lebensqualität einer Person. An der Planung und Umsetzung von Zukunftsideen werden wichtige Personen im Unterstützerkreis beteiligt, um bei der Umsetzung von Zukunftsvisionen der zu planenden Person schrittweise zu helfen. Hier ist das Erstellen eines Aktionsplans zur Zielerreichung, bei dem Zeitpunkte benannt werden, bis wann und von wem einzelne Schritte realisiert sein sollen, vorgesehen (Niehoff, 2016).

Der Anlass für eine Persönliche Zukunftsplanung kann variieren: »(…) sei es, dass der Wechsel von Lebensabschnitten ansteht (z. B. Ende der Schulzeit – Übergang in den Beruf; Auszug aus dem Elternhaus …), die planende Person mit ihrer momentanen Situation unzufrieden ist oder sich einen langgehegten Wunsch erfüllen möchte« (Niehoff, 2016, S. 523).

Erfahrungen aus den letzten zwei Jahrzenten belegen, dass die zu Unterstützenden in der Situation der Rollenwahrnehmung im Unterstützerkreise auf Fremdsteuerung durch anwesende Bezugspersonen zurückgreifen. Die ungewollte Dominanz der Unterstützer kann auch als ein Ergebnis der Befähigung des zu Unterstützenden gesehen werden, seine Sichtweisen zu erkennen, zu artikulieren und einzufordern. Die Persönliche Zukunftsplanung erfordert auch vom zu Unterstützenden Kompetenzen, Identität und Visionen, die auf Entwicklungsprozessen beruhen, die u. a. durch Bildung geprägt sind. Um das Konzept in seiner Wirkung zu optimieren, sollten diese Konzepte im Jugendalter und eventuell sogar früher beginnen, um bereits schulbegleitende freizeitorientierte, aber vor allem nachschulische Perspektiven anzubahnen, die eine umfassendere Teilhabe zur Entwicklung eines erwünschten Lebensstils ermöglichen.

Mit dem vorliegenden Ansatz für den Unterricht zur Berufsorientierung wird hinterfragt, ob Materialien wie Bildkarten, Körperbilder bzw. Körperumrisse der Persönlichen Zukunftsplanung (Doose, 2013) bereits für Schüler ab 16 Jahren mit dem FSGE im Rahmen von zukunftsplanenden Prozessen eingesetzt werden können.

Zum Erstellen eines persönlichen Profils sieht es der Ansatz vor, regelmäßig nach jeder Sitzung zur Persönlichen Zukunftsplanung Leitfaden-Interviews einzusetzen. Ziel ist es, dass der Schüler an Sicherheit gewinnt, seine Wünsche und Interessen selbstbewusst zu benennen, was den Schülern zum Teil sehr schwerfällt. Die Gefahr ist für die Jugendlichen mit dem FSGE hoch, von anderen Menschen derart geprägt zu werden, dass eigene Belange und Zukunftsvorstellungen in den Hintergrund treten.

Lehrkräfte bzw. Unterstützer können anhand der Leitfaden-Interviews (▶ Tab. 12.1) und mittels eines Kategorienrasters (▶ Tab. 12.4) den jeweiligen Schüler ganzheitlich kennen lernen, ins Gespräch kommen und die eingesetzten Methoden evaluieren. In die Leitfaden-Interviews wurde zusätzlich eine modifizierte Fähigkeitsliste (▶ Abb. 12.1) in Anlehnung an das Material von Doose (2014) integriert. Mit dieser Liste wird eine weitere personale Kompetenz der Schüler gefördert, nämlich die Selbsteinschätzung zu den gewählten Fertigkeiten bzw. Tätigkeiten, in dem sie den Umfang für ihren Unterstützungsbedarf mit viel, etwas oder ohne Hilfe reflektieren und artikulieren können. Weiter kann der Schüler entscheiden, ob aus den Leitfragen resultierende Themen für ihn nicht wichtig sind, eine Tätigkeit besser gekonnt oder etwas Neues erlernt werden möchte. Der Einsatz von Körperbildern, bei denen ein Umriss um die jeweilige Person gezeichnet und ggf. ein Foto auf den Kopfumriss geklebt wird, kann die Individualität und den Wiedererkennungswert der planenden Person steigern. Gemäß dem Ansatz nach Doose (2014) können erarbeitete Materialien und ergänzende Zeichnungen sowie Beschriftungen auf einem Plakat zusammengeführt werden. Entwickelte Materialien dienen als Diskussionsgrundlage und Erinnerungshilfe bei Unterstützerkreistreffen, die am Ende jeder Unterrichtseinheit zur Persönlichen Zukunftsplanung stehen.

12.2.2 Forschungsmethoden zur Konzepterprobung im Unterricht

Das Konzept sieht ein individuelles Höchstmaß an Eigenaktivität der Schüler vor, Zukünftiges für sich zu bestimmen. Unterricht erforscht dazu mögliche biografische Wege auf der Grundlage von Interessen und Kompetenzen. Schüler und unterstützende Lehrkräfte werden zu Forschenden, die partizipatorisch aktiv werden.

> »Partizipative Forschungsmethoden sind auf die Planung und Durchführung eines Untersuchungsprozesses gemeinsam mit jenen Menschen gerichtet, deren soziale Welt und sinnhaftes Handeln als lebensweltlich situierte Lebens- und Arbeitspraxis untersucht wird. In der Konsequenz bedeutet dies, dass sich Erkenntnisinteresse und Forschungsfragen aus der Konvergenz zweier Perspektiven, d. h. vonseiten der Wissenschaft und der Praxis, entwickeln. Der Forschungsprozess wird im besten Falle zum Gewinn für beide Seiten« (Bergold & Thomas, 2010).

In diesem Kapitel werden die Herleitung des Leitfaden-Interviews im Allgemeinen sowie Erfahrungswerte zum unterrichtlichen Einsatz dieser vorgestellt.

Die folgende Darstellung exemplarisch-methodischer Abläufe von Unterrichtseinheiten zur Persönlichen Zukunftsplanung unter Berücksichtigung der Persönlichen Lageplanbesprechung basieren auf studentische Forschungsarbeiten von Brüdegam (2017) und Elsner (2018).

Das vorzustellende Konzept beinhaltet den Fragebogen des Leitfaden-Interviews nach Brüdegam (2017), der zusätzlich an eine Fähigkeitsliste gekoppelt ist. Anhand von zwei Beispielen zur Datenerhebung und Materialerprobung erfolgt dazu eine Veranschaulichung der Handhabung des Interviews. Zur Auswertung der Leitfaden-Interviews werden ein Kategorienraster (▶ Tab. 12.4) und dazugehörige Ankerbeispiele zur Verfügung gestellt. Die Datenerhebung wird unter Berücksichtigung der

Gütekriterien (Objektivität, Reliabilität und Validität) nach in Forschungsprozessen Bortz & Döring (2016) vorgenommen. Im Ergebnis kann die persönliche Lage eines Schülers bewertet werden. Mit der zu unterstützenden Person zu plande Unterstützerkreis soll nach der Zusammenführung aller Teilprozesse zur individuellen Lebens(stil)planung mit dem Ziel der Berufsorientierung im Unterricht Verwendung finden. Im weiteren Verlauf dieses Kapitels wird ein dreiteiliger Fragebogen zur Materialerprobung bezüglich der Kartensets nach Doose (2013) Lebensstil, Träume und Mein Hut vorgestellt. Auch hier werden die Untersuchungsanlage und Untersuchungsergebnisse zur Eignung für die unterrichtliche Planung in berufsorientierten Projekten aufgezeigt. Ein dazugehöriger exemplarischer methodischer Ablauf einer Unterrichtseinheit bietet eine weitere Anregung zur Umsetzung der Persönlichen Zukunftsplanung im Unterricht. Darüber hinaus erfolgt eine Darstellung der Analyse der Kartensets auf Grundlage der Einzelfallstudien von Busse (2017).

12.2.3 Leitfaden-Interview

Das Leitfaden-Interview setzt sich aus zwei Teilen zusammen:

- einer speziellen Form des Interviews, das auf einem vorstrukturierten offenen Fragenkatalog basiert (Heinze, 2013) und
- dem Leitfaden, der zur Sicherstellung dienen soll, keine wesentlichen Aspekte der Forschungsfrage im Interview zu übersehen (Mayer, 2013).

Durch einen vorgegebenen Leitfaden werden Befragungen strukturiert und der Horizont der Antworten durch gezielte Fragestellungen begrenzt (Friebertshäuser & Langer, 2010). Des Weiteren ist mit diesem Vorgehen beabsichtigt, andere Perspektiven der befragten Person auszublenden, wodurch nur ein Ausschnitt aus der potentiellen Vielfalt möglicher Antworten aktiviert wird (Heinze, 2013). Der Einsatz des Leitfragen-Interviews durch Lehrkräfte kann aus vielfältigen Anlässen heraus (z. B. Elterngesprächen, in der Diagnostik, in der Erforschung von Bedarfslagen der Schüler) in Anwendung kommen.

Aufbau eines Leitfaden-Interviews

Im Rahmen der über drei Jahre weiterentwickelten zwei Leitfaden-Interviews haben sich Bachelor- und Masterstudenten der Sonderpädagogik eingehend mit der Persönlichen Zukunftsplanung nach Doose (2014) auseinandergesetzt. Es wurden Fragen für den Leitfragenkatalog zur Überprüfung von Veränderungen von Stärken- und Fähigkeitsnennungen mit Bezug zur beruflichen Zukunftsperspektive von Schülern formuliert (Heinze, 2013). Leitfaden-Interviews können nach Heinze (2013), je nachdem wie eng sich diese an dem vorgegebenen Fragenkatalog orientieren, in standardisierte und teilstandardisierte Instrumentarien unterteilt werden. Standardisierte Leitfaden-Interviews setzen sich aus festgelegten und vorstrukturierten Fragen und vorab formulierten Nachfragen zusammen. Diese werden in einer vorgegebenen Reihenfolge bearbeitet (ebd.). Bei teilstandardisierten Leitfaden-Interviews hingegen wird ein Fragenkatalog flexibel verwendet. Weitere Themen, die zuvor nicht im Leitfaden festgelegt wurden, können angeschnitten sowie Vertiefungsfragen zum besseren Verständnis und zum individuellen Eingehen auf die jeweilige Person jederzeit gestellt werden (ebd.). Dies kann zu unterschiedlichen Schwerpunktsetzungen in den Interviews führen.

Die Vergleichbarkeit der Daten wird durch eine konsequente Verwendung eines Leitfadens erhöht und die Daten gewinnen durch die Fragen an Struktur (Mayer, 2013). Nach Friebertshäuser & Langer (2010) können verschiedene Einzelinterviews durch einen Leitfaden verglichen werden. Bei einer größeren Stichprobe, die z. B. eine gesamte Schulklasse oder Schulstufe umfassen kann, werden alle Interviews unter möglichst gleichen Bedingungen durchgeführt (ebd.), um die Ergebnisse vergleichbar zu halten.

Zusammensetzung des (teilstrukturierten) Leitfaden-Interviews

Nach Heinze (2013) setzt sich ein Leitfaden-Interview aus insgesamt vier Teilen zusammen: Einleitung, Hinführung, Hauptteil und Schluss.

- Phase 1 (Einleitung)
  - Interviewende Person stellt sich vor,
  - nennt den Interviewzweck,
  - stellt das Thema vor,
  - erklärt die Interviewregeln,
  - weist auf die freiwillige Teilnahme am Interview und die Anonymität hin,
  - fragt nach Einverständniserklärung zur Aufnahme mit einem Tonträger und nennt die Gründe für die Notwendigkeit einer Tonaufzeichnung (Fiebertshäuser & Langer, 2010). Dies ist für eine anschließende Transkription (Überführung der aufgezeichneten Lautsprache in Schriftsprache) nötig.
- Phase 2 (Hinführung)
  - Warming-Up-Fragen werden gestellt, um der befragten Person einen Einstieg in das Thema zu eröffnen (ebd.).

Beispielfrage (▶ Tab. 12.1): *Erzähl doch mal, was Dir in der Schule besonders viel Spaß macht?*

- Phase 3 (Hauptteil)
  - Leitfragen werden bearbeitet,
  - ggf. Nachfragen gestellt,
  - Meinungen und Erwartungen der befragten Person erfragt (vgl. Heinze, 2013).

Beispielfragen (▶ Tab. 12.1):
Kannst Du mir mal erzählen, was Du nach der Schule gerne machst?
Was magst Du besonders gerne?
Wie fühlst Du Dich dabei?

- Phase 4 (Schluss)
  - Interview wird abgeschlossen,
  - unbesprochene Themen können angesprochen werden,
  - Interview kann mit einem kurzen Nachgespräch abgerundet werden (vgl. Heinze, 2013).

Möglichkeiten der Gesprächsabrundung sind z. B. (▶ Tab. 12.1): *Wenn Du einen Wunsch frei hättest, wie Deine Zukunft mal aussehen sollte ... Wie würde das aussehen? Wer würde dabei sein? Wie würde sich das anfühlen?*

Der nachfolgende Aspekt bezüglich der Überprüfung der verwendeten Form und Sprache der Fragestellung hat im FSGE einen hohen Stellenwert. Das Anpassen der Sprache für den Personenkreis ist entscheidend für den Hergang und die Qualität des Interviews.

Beim Leitfadenaufbau sind die Interviewfragen im Hinblick auf die Forschungsfrage, die Zielgruppe sowie auf ihre ethische Zumutbarkeit zu überprüfen. Hierzu können Kontrollfragen behilflich sein, die nachfolgend exemplarisch benannt werden:

- Sind die Fragen sprachlich korrekt, klar und verständlich formuliert?
- Ist der Leitfaden logisch aufgebaut?
- Sind die Frageformulierungen logisch aufgebaut?
- Ist der Leitfaden konsistent?
- Sind die Leitfragen zum Erreichen des Forschungsziels angemessen?
- Erfassen die Interviewfragen Aspekte zur Beantwortung der Forschungsfrage?
- Ist der Leitfaden für die zu befragende Person zumutbar? (Heinze, 2013).

Darüber hinaus ist auch die Länge des Leitfadens zu berücksichtigen, die sich an der Konzentrationsspanne der jeweiligen Befragten orientieren sollte. So kann ein zu langer Leitfaden zu einem zügigen, bürokratischen Abfragen verleiten. Die Gefahr besteht hier, dass der Leitfaden von einem Mittel der Informationsgewinnung zur Blockierung von Informationen führt (Friebertshäuser & Langer, 2010). Der Leitfaden lässt es zu, dass erforderliche Pausen eingelegt werden können.

Aus diesen Gründen ist zu empfehlen, dass vor dem Einsatz des Leitfaden-Interviews ein Pretest durchgeführt wird, um zu überprüfen, ob der Leitfaden geeignet ist (Heinze, 2013).

Bevor das Interview startet, ist dem Befragten rechtzeitig ein vereinbarter Rahmen zuzusichern.

- Worüber soll gesprochen werden?
- Wie soll das geplante Interview durchgeführt werden?
- Was passiert mit den Daten?

Ein gutes, wertschätzendes Gesprächsklima zwischen dem Interviewer und der zu befragenden Person trägt zum positiven Verlauf des Interviews bei (Hermanns, 2017).

Während der Interviewdurchführung ist auf eine gesicherte Qualität (Güte) der erhobenen Daten zu achten:

- Eine ungestörte Umgebung sollte gewährleistet werden. Situationen, in denen Personen unangekündigt den Raum betreten und das Interview unterbrechen, können sich kontraproduktiv auswirken.
- Eine wertschätzende, vertrauensvolle Atmosphäre schafft ein (gelöstes) Klima, in dem sich die befragte Person nach Möglichkeit traut zu erzählen, was sie (innerlich) bewegt.
- Der Interviewer sollte ein ernsthaftes Interesse an den Antworten vermitteln und diese akzeptieren, auch wenn diese nicht den eigenen Vorstellungen, Normen und Werten entsprechen.
- Fragen werden mitunter nicht unmittelbar beantwortet. Der Interviewer sollte geduldig agieren und dem Gegenüber genügend Zeit einräumen.
- Eine gewisse Flexibilität des Interviewers ist nötig. Bei Interesse an einem im Leitfaden nicht benannten Thema oder einer Frage sollte die Möglichkeit des Nachfragens bestehen. Falls dies nicht gelinge, laufe man Gefahr, Opfer der eigenen Leitfadenbürokratie zu werden und möglicherweise wichtige Aspekte zu übersehen (Hug & Poscheschnik, 2015).
- Durch regelmäßiges Paraphrasieren (Zusammenfassen des Gesagten) des Interviewers, kann der Befragte sein Gesagtes reflektieren und anschließend ggf. korrigieren. So können Missverständnisse gemindert oder ausgeräumt werden (Heinze, 2013).

Nach der Interviewdurchführung ist es sinnvoll, ein Postskriptprotokoll anzufertigen. Auch Abweichungen vom Interviewkonzept sind festzuhalten (Heinze, 2013).

Abschließend kommt es zur Auswertung des Interviews durch die Interviewer anhand von transkribierten Tonaufnahmen und einem Kategorienraster (Bortz & Döring, 2016). Dabei kann sich zum Beispiel an den Transkriptionsregeln nach Hug & Proscheschnik (2015) orientiert werden. Bei einer einfachen Transkription werden mündliche Aussagen wörtlich in konkrete Schriftsprache übertragen (ebd.). Bei einfachen Transkriptionen wird der Inhalt der Aussagen fokussiert (Dresing & Pehl, 2015). Es soll zu keinen Ablenkungen z. B. durch Umgangssprache, Akzente oder andere sprachliche Auffälligkeiten des Probanden kommen (Hug & Proscheschnik, 2015).

12.2.4 Das Leitfaden-Interview zur Überprüfung von ausgewählten Materialien und Methoden zur Persönlichen Zukunftsplanung

Studierende der Europa-Universität Flensburg entwickelten im Rahmen von Bachelor- und Masterarbeiten über einen Zeitraum von drei Jahren zwei Leitfaden-Interviews zur Überprüfung von Materialien und Methoden für ihren Einsatz im Unterricht zum Thema der Persönlichen Zukunftsplanung. In das Konzept eingebunden waren:

12 Individuelle Lebens(stil)planung in der Berufswahlorientierung

- die Kartensets zur Persönlichen Zukunftsplanung mit Hut-Karten, Lebensstilkarten, Dreamcards (Doose, 2013) und
- die Persönliche Lagebesprechung in Anlehnung an PATH / MAPS (O'Brien, Pearpoint, Kahn, 2010).

Bei den Kartensets handelt es sich um Bildkarten mit Zeichnungen, einzelnen beschreibenden Worten bis hin zu kurzen Sätzen.

Hut-Karte   Lebensstilkarte   Dreamcard

Ich kann dies…

① mit viel Hilfe

② mit etwas Hilfe

③ ohne Hilfe

☺ Das kann ich gut/

😐 Das ist mir nicht wichtig

∗ Das möchte ich lernen / besser können

k. A. Keine Angaben

Abb. 12.1: Modifizierte Beispielkarten (Design: Katharina Tiepelmann)

Die Hut-Karten beziehen sich darauf, ein persönliches Profil zu Stärken und Fähigkeiten auf bevorzugte Rollen aus z. B. verschiedenen Lebensbereichen und bezogen auf einen zukünftigen Beruf zu erhalten. Ziel ist hierbei das gegenseitige Kennenlernen der eigenen Fähigkeiten und das Beschreiben und Reflektieren von bevorzugten Rollen. Die zentrale Fragestellung lautet hier: *Neue Hüte … Welcher Hut passt zu mir?*

Bei den Lebensstilkarten werden die Bereiche der Lebensplanung angesprochen. Ziel ist es auch hier, ein persönliches Profil durch gegenseitiges Kennenlernen, das

Beschreiben und Reflektieren der eigenen Lebenssituationen zu erstellen und Ansatzpunkte zu Veränderungen der Lebenssituation zu erkunden.

Die Dreamcards haben zum Ziel, Wünsche und Träume zu beschreiben, diese zu reflektieren sowie sich und seine Wünsche kennenzulernen. Hinterfragt werden kleine und große Träume und was gerne in Zukunft ausprobiert bzw. getan werden solle.

In diesem Kapitel wird ein Überblick zur Auswahl der Erhebungsmethode, dem Aufbau des Leitfaden-Interviews I sowie ein Überblick über drei exemplarische Durchführungen gegeben.

Die Struktur der Einzelfallerhebungen und die Zielsetzungen zur Überprüfung zuvor genannter Materialien und Methoden zur Persönlichen Zukunftsplanung (Doose, 2014) sind durch ein empirisch-qualitatives Design gekennzeichnet. Aufgrund dessen wurde für die Datenerhebung das Leitfaden-Interview ausgewählt. Die Methode des Leitfragen-Interviews wird dabei immer von der Fragestellung der Untersuchung bestimmt. In diesem Fall wird nach dem praktikablen Einsatz von vorhandenen Materialien im Rahmen der von den Studenten durchgeführten Unterrichtssetting zur Persönlichen Zukunftsplanung mit abschließenden Persönlichen Lagebesprechungen für Schüler mit dem FSGE im Alter von 16 bis 18 Jahren, gefragt.

Nach Gamsjäger & Langer (2013) bietet diese Interviewtechnik durch offene Fragen Einblicke in die Sichtweisen, Haltungen und Vorstellungen der Probanden, welche für die Untersuchung des Materials von erheblicher Bedeutung sind. Zu diesem Zweck wurde vorab ein Leitfaden erstellt, dessen Struktur und Aufbau sich während der Befragung der Probanden zu verschiedenen Testzeitpunkten (Prä-, Peri-, Posttest und Follow-Up-Test) nicht verändert werden sollte. So konnten den Schülern in Sitzungen zur Persönlichen Zukunftsplanung immer dieselben Fragen mit dem gleichen Leitfaden gestellt werden.

Aufbau des Leitfadens I

Als Grundlage für die Entwicklung der Fragen und Kategorien des Leitfadens diente Brüdegam (2017) die Fähigkeitenliste aus dem Buch »I want my Dream« von Doose (2014). Des Weiteren fand das Kartenset Dreamcards Berücksichtigung. Die Fähigkeitenliste gliedert sich in neun Kategorien, die sich auf unterschiedliche Aspekte im Leben beziehen. Hierzu zählen Aussehen und Körperpflege, Kochen und Essen, Gesundheit, Sicherheit, Aufgaben und Arbeiten, Kontakte zu anderen, Vorbereitung für den Tag, Selbstorganisation, Umgang mit Geld und Behörden (Doose, 2014). Das Nutzen dieser Liste solle bei der Ermittlung von Tätigkeitsfeldern des Lebens eines Menschen helfen, bei dem dieser Unterstützung benötigt oder diese Tätigkeiten bereits alleine bewerkstelligt. In diesem Rahmen sind Aspekten verschiedene Aussagen untergeordnet, welche mittels unterschiedlicher Antwortmöglichkeiten beantwortet werden können. Somit bietet die Fähigkeitsliste eine mögliche Orientierung, die für ein selbstbestimmtes Leben relevant ist. Darüber hinaus kann anhand des Antwortsystems der Fähigkeitenliste eine Einschätzung darüber möglich werden, welche Themen für den Planenden wichtig oder unwichtig sind und in welchen

Bereichen ein Interesse nach Kompetenzerweiterung besteht. Der Leitfaden I umfasst vier Aspekte:

- Eingehen auf Stärken/Fähigkeiten, die sich in schulische und außerschulische Stärken aufgliedern,
- Schwächen, die sich in schulische und außerschulische Schwächen und Abneigungen aufspalten,
- soziale Interessen werden aufgegriffen, diese beziehen sich zum einen auf das Interesse am Zusammensein mit Mitmenschen und zum anderen auf das Allein-Sein,
- die Selbständigkeit eines Schülers bzw. Probanden soll in Bezug auf das Agieren in ungewohnten oder schwierigen Situationen ermittelt werden.

Diesen Aspekten werden jeweils zwei bis drei Fragen zugeordnet. Eine Frage leitet dabei in den jeweiligen Bereich ein, welchem dann wiederum Fragen untergeordnet sind. Hierbei sollen die Aussagen der Befragten konkretisiert werden, um so gezielter Interessen und favorisierte Tätigkeiten herauszufinden. Dabei zielen Unterfragen auf die Emotionen, die die Probanden mit den Aktivitäten verbinden. Zum Ende des Leitfaden-Interviews werden alle Angaben der Befragten paraphrasiert (sinngemäß zusammengefasst) und wiedergegeben. Somit kann der Befragte die gegebenen Antworten überprüfen, bestätigen oder Fehler korrigieren. Abschließend folgt die Abschlussfrage nach einer Idealvorstellung für die persönliche Zukunft.

Zusätzlich zu den offenen Fragen wurden visualisierte Antwortkategorien nach dem Vorbild der Fähigkeitenliste nach Doose (2014) hinzugezogen (▶ Abb. 12.2).

Im Gegensatz zu den Leitfragen sollen diese den Probanden in Form von 6 Karten als Ergänzung zu den freien Antworten vorgelegt werden. Die Antwortkategorien dienen der Auswertung und Vergleichbarkeit der Interviews innerhalb des Prä- und Postvergleichs der einzelnen Interviews. Die ursprüngliche Antwort aus der Fähigkeitsliste nach Doose (2014) Das kann ich gut genug wurde in Das kann ich gut verändert.

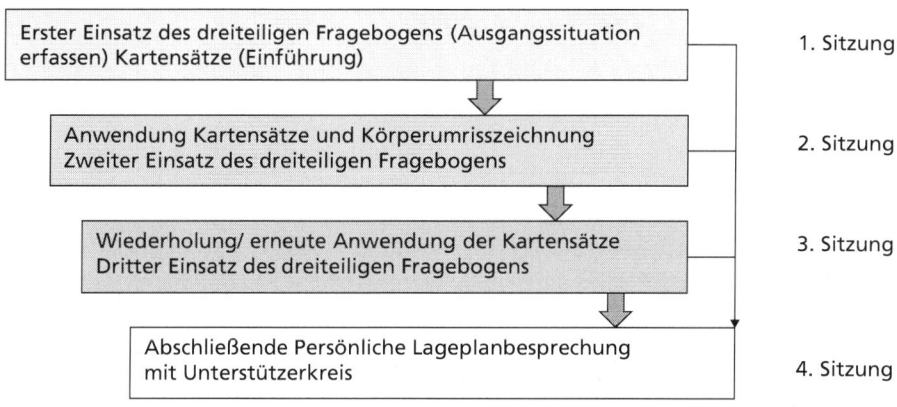

Abb. 12.2: Workflow Datenerhebung Busse (2017)

Erstes Leitfaden-Interview I

Im Folgenden wird der Fragebogen I zur Ermittlung und Benennung der Schüler von Stärken, Schwächen, Sozialverhalten und Selbstständigkeit sowie eines Zukunftswunsches abgebildet. Neben den ausformulierten Fragen wurde die in Kapitel 2.4.1 erklärte Fähigkeitenliste in Form von den Zahlen und Smileys bzw. einem Stern (► Abb. 12.1) integriert.

Tab. 12.1: Leitfaden-Interview nach Gatz & Brüdegam (2017)

Items	Antworten
1. Stärken	
1.1 Erzähl doch mal, was dir in der Schule besonders viel Spaß macht? Was kannst du besonders gut?	①②③☺☻☆
1.2 Kannst du mir mal erzählen, was du nach der Schule gerne machst? Was magst du besonders gerne? Wie fühlst du dich dabei?	①②③☺☻☆
2. Schwächen	
2.1 Beschreib doch mal, was du in der Schule überhaupt nicht gerne machst. Wie fühlst du dich dabei? Was kannst du daran besonders gut?	①②③☺☻☆
2.2 Erzähle mir doch mal, welche Freizeitaktivitäten möchtest du besser können? Was machst du am liebsten? Was gefällt dir daran?	①②③☺☻☆
3. Sozialverhalten	
3.1 Kannst du mir erzählen, ob du gerne mit anderen zusammen bist? Was findest du daran besonders toll? Was macht dir daran besonders viel Spaß?	①②③☺☻☆
3.2 Wie ist es, wenn du alleine bist? Was magst du daran gar nicht? Wie fühlst du dich dann?	①②③☺☻☆
4. Selbständigkeit	
4.1 Was machst du, wenn du mal nicht weiterweißt? Wie ist das für dich? Wie sieht das aus? Fällt dir das schwer? Fällt dir das leicht?	①②③☺☻☆
5. Zusammenfassende Abschlussfrage	
5.1 Wenn du einen Wunsch frei hättest, wie deine Zukunft mal aussehen sollte ... Wie würde das aussehen? Wer würde dabei sein? Wie würde sich das anfühlen?	①②③☺☻☆

Zwei exemplarische methodische Abläufe zur Datenerhebung und Materialerprobung

Im Folgenden wird ein methodischer Ablauf für eine Unterrichtssequenz zur Persönlichen Zukunftsplanung über drei Sitzungen mit einhergehenden Durchführungen von Leitfaden - Interviews (Prä-, Peri-, Posttest) und dem Einsatz von *Dreamcards* (Doose, 2013) vorgestellt.

Tab. 12.2: Exemplarisch-methodischer Ablauf einer Unterrichtseinheit zur Persönlichen Zukunftsplanung und Berücksichtigung der Persönlichen Lageplanbesprechung (Gatz & Brüdegam, 2017).

Mess-Punkte	Methodisches Vorgehen
1	Ein Raum wurde in der Schule reserviert, um Störungen zu vermeiden. Herstellung einer vertraulichen Atmosphäre, Getränke und Süßigkeiten wurden angeboten. Zur Auflockerung wird ein Spiel gespielt. Schüler und Erziehungsberechtigte wurden vorab über die Anonymisierung der Situation und Tonaufzeichnung in Kenntnis gesetzt. Durchführung des Leitfadeninterviews I (Prätest). Ziel: Erfassen aktueller Einschätzung der Fertigkeiten und Fähigkeiten der Befragten festhalten, um die Effektivität der Zielsetzung des Materials feststellen zu können. Geplanter zeitlicher Aufwand: pro Interview ca. 15 bis 20 Min.
2	Einsatz der Dreamcards (Doose, 2013) in Einzelsituation. Aus 144 Karten wurden 25 Karten herausgesucht, die die Interessen und favorisierten Tätigkeiten der Schüler aus den Informationen des Interviews der 1. Sitzung wiederspiegeln. Ziel: 3 Dreamcards aussuchen und nach 3 Kriterien zuordnen: Was ich schon immer gerne tun wollte. Was ich gerne mal ändern würde bzw. ausprobieren möchte. Dinge, die mich momentan nicht interessieren. Zwischenfazit: Die Kriterien: Was ich schon immer gerne tun wollte und Was ich gerne mal ändern würde bzw. ausprobieren möchte waren für die Probanden eindeutig und deutlich, da diese erklärt werden konnten. Die Aussage Dinge, die mich momentan nicht interessieren, konnte keiner der Probanden erklären, so dass der Interviewer die Aussage in Interessiert mich nicht änderte. 3 Karten werden zur Verdeutlichung schriftlich auf 3 farbigen Tonpapieren fixiert. Im Anschluss lesen die Befragten die 3 Kriterien vor und erläutern diese. Bei der Auseinandersetzung (Interpretation der Befragten) mit den 3 Karten werden vom Interviewer Fragen aus dem methodischen Aufbau des Netzwerks Persönliche Zukunftsplanung (2013) berücksichtigt: Wie würde das aussehen? Wer würde dabei sein? Wie würde sich das anfühlen?

Tab. 12.2: Exemplarisch-methodischer Ablauf einer Unterrichtseinheit zur Persönlichen Zukunftsplanung und Berücksichtigung der Persönlichen Lageplanbesprechung (Gatz & Brüdegam, 2017). – Fortsetzung

Mess-Punkte	Methodisches Vorgehen
	Der Befragte hat nun die Möglichkeit, einen Unterstützer aus dem schulischen oder privaten Umfeld für die persönliche Lageplanbesprechung zu benennen. Durchführung des Leitfadeninterviews I (Peritest) Ziel: Erfassen aktueller Wünsche und Träume bezüglich der zukünftigen Berufswahl. Geplanter zeitlicher Aufwand: Auseinandersetzung mit Dreamcards und anschließendem Gespräch über die ausgewählten Karten: 20 bis 25 Min. Interview ca. 10 bis 15 Min
3	Persönliche Lageplanbesprechung gilt als Abschluss des Einsatzes der Persönlichen Zukunftsplanung und zum erneuten Nutzen der ausgesuchten Dreamcards. Als Grundlage dient die Methode nach Doose (2013). Diese wurde aufgrund von zeitlichen und strukturellen Gründen verkürzt. Die Sitzung wird mit einem zeitlichen Aufwand von 15 Min. bemessen. Daran nimmt der Proband, ein Unterstützer (Lehrkraft) und ein Moderator teil. Die Besprechung gliedert sich in drei Phasen, welche neun Elemente enthalten. Phase 1 = Orientierung: ① Wer ist da? ② Gesprächsregeln ③ Was wir an Dir mögen! (Sammeln positiver Eigenschaften für die zu planende Person.) Phase 2 = Ideen zusammentragen: ④ Was läuft gut? ⑤ Was läuft nicht so gut? ⑥ Offene Fragen Auf diese Fragen antwortet vorerst der Befragte (evtl. mit Hilfestellung d. Unterstützers) in Bezug auf die aktuelle Lebenssituation. Plakat ⑥ Offene Fragen gibt die Möglichkeit bisher aufgeworfene und noch nicht besprochene Fragen festzuhalten. Phase 3 = Erfassen des momentanen Zukunftswunsches und der möglichen Erreichbarkeit mit Hilfe der Unterstützer: ⑦ Was ist Dir gerade wichtig? ⑧ Was möchtest Du machen, wenn Du nicht mehr zur Schule gehst? ⑨ Wie kann man das erreichen? ⑩ Aktionsplan (erstellen) Die Frage ⑦ Was ist Dir gerade wichtig? richtet sich an die unmittelbare Situation des Befragten. Dinge oder Tätigkeiten, die wichtig sind, werden genannt und die zuvor ausgewählten die Dreamcards als Interesse oder Abneigung bestätigt. Die Elemente werden auf Postern mit verschiedenen Überschriften festgehalten. Leitfadeninterviews I (Posttest) Ziel: Ermittlung, wie Dreamcards im Persönliches Lagegespräch mit einem Unterstützerkreis zur gewünschten beruflichen Zukunft genutzt werden. Besteht ein Zusammenhang zwischen der Kartenwahl und den auf den Plakaten festgehaltenen Zukunftswünschen? Geplanter zeitlicher Ablauf: insgesamt 15 Min. pro Probanden.

Es folgt ein zweites Beispiel über vier Sitzungen mit dem Einsatz vom Leitfaden-Interviews I, bei dem *Hut - Karten, Netzwerkkarten* für einen Unterstützerkreis und deren Verortung in einem Körperumriss genutzt und hinterfragt werden.

Tab. 12.3: Exemplarisch-methodischer Ablauf einer Unterrichtseinheit zur Persönlichen Zukunftsplanung unter Berücksichtigung der Persönlichen Lageplanbesprechung (Gatz & Elsner, 2018) für eine 9. Klasse im FSGE

Mess-punkte	Geplantes methodisches Vorgehen
1	*Durchführung des Leitfadeninterviews I (Prätest)*
	• Ziel: Erfassen aktueller Einstellung der Fertigkeiten und Fähigkeiten der Befragten festhalten, um eine Beobachtbarkeit der Effektivität der Zielsetzung des Materials feststellen zu können. Geplanter zeitlicher Aufwand: pro Interview ca. 10 bis 15 Min.
2	Betrachtung und Besprechung der *Hut-Karten* (Doose, 2013) in Einzelsituationen
	• Ziel: 3 Hut-Karten aussuchen und nach 3 Kriterien zuordnen: – Was ich schon immer gerne tun wollte. – Was ich gerne mal ändern würde bzw. ausprobieren möchte. – Dinge, die mich momentan nicht interessieren.
	Durchführung des Leitfadeninterviews I (Peritest)
	• Ziel: Erfassen aktueller Wünsche und Träume bezüglich der zukünftigen Berufswahl.
	Geplanter zeitlicher Aufwand: Auseinandersetzung mit Hut-Karten und anschließendem Gespräch über die ausgewählten Karten: 30 bis 40 Min. Im Anschluss Interview ca. 10 bis 15 Min.
3	1. Erstellung der *persönlichen Netzwerkkarte*. Als Vorlage dient das Material *Wichtige Menschen in meinem Leben* (Doose, 2014).
	• Ziel: Lokalisierung von Personen für ein persönliches Lagegespräch und ggf. einem Aufbau eines Unterstützerkreises über den schulischen Kontext hinaus.
	2. Gemeinsame Erstellung bzw. Gestalten der eigenen *Körperumrisse* mit Gesichtsfoto, inklusive Positionierung und Festkleben der zuvor gewählten *Hut-Karten* und der Netzwerkkarte im Körperbild. Anschließendes Gespräch über den jeweiligen Körperumriss.
	• Ziel: gezielte Personifizierung und somit Identifizierung mit den persönlichen Zukunftswünschen für dessen Erreichen ein Unterstützerkreis mit einbezogen werden solle.
	Durchführung des 3. Leitfadeninterviews (Posttest)
	• Ziel: Hinführung zum persönlichen Lagegespräch mit einem Unterstützerkreis zur gewünschten beruflichen Zukunft. Es wird hinterfragt, wie die

Tab. 12.3: Exemplarisch-methodischer Ablauf einer Unterrichtseinheit zur Persönlichen Zukunftsplanung unter Berücksichtigung der Persönlichen Lageplanbesprechung (Gatz & Elsner, 2018) für eine 9. Klasse im FSGE – Fortsetzung

Messpunkte	Geplantes methodisches Vorgehen
	Hut - Karten aus der 2. Sitzung werden genutzt. Dem Schüler werden die Hut-Karten nochmals zur Verfügung gestellt, falls eine Änderung der Kartenwahl gewünscht wird. Geplanter zeitlicher Aufwand: insgesamt pro Probandin 90 bis 120 Min.
4	Phase 3 = Erfassen des momentanen Zukunftswunsches und der möglichen Erreichbarkeit mit Hilfe der Unterstützer: ⑩ Aktionsplan (erstellen) Hier werden Ziele gemeinsam schriftlich festgehalten und genauer formuliert. (Wer? Was? Wann?). *Durchführung des Leitfadeninterviews I (Follow-Up Testung)* • Ziel: Ermittlung, wie Hut-Karten, Netzwerkkarten und Körperumrisse im Persönliches Lagegespräch mit einem Unterstützerkreis zur gewünschten beruflichen Zukunft genutzt werden. Besteht ein Zusammenhang zwischen der Kartenwahl und den auf den Plakaten festgehaltenen Zukunftswünschen? Geplanter zeitlicher Aufwand: 20 bis 40 Min.

12.2.5 Kategorienraster zur Auswertung des Leitfaden-Interviews I

Das Kategorienraster dient zur Analyse und Auswertung des erhobenen Materials aus den Leitfaden-Interviews. Es orientiert sich am Interviewleitfaden, ergänzt durch die Kategorien: Abneigungen, Interessen/Vorlieben sowie Berufsvorstellung und Berufswunsch.

Die letzte Frage des Leitfadens bezieht sich auf die berufliche Zukunft des Probanden. Durch Nachfragen sollen Berufsvorstellungen und -wünsche geäußert werden. Zur Veranschaulichung, wie Beispiele aus der Praxis dem definierten Kategorienraster zugeordnet werden können, dienen *Ankerbeispiele*, die bereits den Messzeitpunkten (MZP) für Schülerin (A) zugeordnet wurde.

Tab. 12.4: Kategorienraster zur Auswertung des Leitfaden - Interviews nach Brüdegam (2017), Elsner (2018)

Kategorien	Definition	Ankerbeispiel (Schülerin A)
Stärken	Aussagen, denen zu entnehmen ist, dass der Proband etwas gut kann.	»Eins plus eins in Mathe. (...)« (MZP 2). »Ich kann bis 10 rechnen« (MZP 4).
Schwächen	Tätigkeiten, die vom Probanden gar nicht, nicht ausreichend genug ausgeführt werden oder er bei der Ausführung der Tätigkeit auf Unterstützung angewiesen ist.	»Mathe, das 1x1« (MZP 1). Mathe (MZP 2). Mathe »(...) die Tausender und so«. »(...) aber ich habe eine Lernschwäche.« (MZP 4)
Kategorien	Definition	Ankerbeispiel (Schülerin A)
Abneigungen	Aussagen des Probanden, aus denen hervorgeht, was der Proband ablehnt oder nicht mag.	»Streit« (MZP 2), »Streiten« (MZP 3), Mathematik (MZP 4)
Interessen/ Vorlieben	Aussagen, denen zu entnehmen ist, wofür er sich interessiert und was er gerne macht. Bsp.: Sportarten, Freizeitaktivitäten.	Lachen können und Spaß haben und toben können« (MZP 2), Freundin treffen, andere Freunde kennenlernen (MZP 4)
Sozialverhalten	Aussagen, aus denen die Wechselbeziehungen des Probanden zu seinen Mitmenschen und Tieren hervorgeht.	Fast jeden Tag mit der Freundin treffen, (...) Eltern helfen (...). (MZP 3), mit Freundin treffen, (...) Papa helfen (...) (MZP 4).
Selbständigkeit	Aussagen, aus denen hervorgeht, wie selbständig der Proband Tätigkeiten und Aufgaben des alltäglichen Lebens ausführt. Miteinbezogen wird, ob etwas selbständig (ohne Hilfe) oder mit etwas Hilfe ausgeführt wird. Der Grad der Hilfe sollte gering sein, um ein hohes Maß an Selbständigkeit zu garantieren.	»Jetzt hier in der Schule zum Lehrer gehen oder auch wenn ich zuhause nicht weiterweiß zu Mama und Papa oder zu anderen Leuten« (MZP 1). Ähnliche Antworten bei MZP 2, MZP3, MZP4
Zukunftsvorstellungen	Aussagen, aus denen ersichtlich wird, dass der Proband sich auf seine eigene Zukunft mit Wünschen, Vorstellungen und Träumen bezieht.	»Dass ich meinen Traumberuf kriegen würde. Tischlerin, (...) der Traum ist, dass ich mal vieles alleine machen kann (...), dann eigenes Geld endlich verdienen kann (...)« (MZP 1), (...) »Praktikum vielleicht im Kindergarten machen.« (MZP 2), »(...) dass ich ein Praktikum machen kann bei der Tischlerei, (...) dass ich meinen Führerschein kriege.« (MZP 3), »Tischlerei- oder Altenpflegerpraktikum machen.« (MZP 4).

Tab. 12.4: Kategorienraster zur Auswertung des Leitfaden - Interviews nach Brüdegam (2017), Elsner (2018) – Fortsetzung

Kategorien	Definition	Ankerbeispiel (Schülerin A)
Berufs-vor-stellung	Aussagen zugeordnet, aus denen konkrete Berufsbezeichnungen zu entnehmen sind oder in denen berufstypische Tätigkeiten beschrieben werden, wie z. B. verkaufen -> Beruf: Verkäuferin	»(…) weil als Tischlerin muss ich Mathe können, weil wegen ausrechnen« (MZP 1). »(…) man muss die Maße besser können. Ordentlich sägen« (MZP 2). »(…) da würde man bestimmt vor großen Maschinen stehen und sägen« (MZP 3). »(…) Holz sägen« (MZP 4).
Kategorien	Definition	Ankerbeispiel (Schülerin A)
Berufs-wunsch	Aussagen, denen konkrete Berufswünsche der Probanden für die Zukunft zu entnehmen sind.	»(…) ich will Tischlerin werden« (MZP 1). Altenpflegerin oder Tischlerin (MZP 2). »Und mein Traumberuf ist Tischlerin oder Altenpflegerin zu werden« (MZP 3). »Eigentlich Tischlerei, aber jetzt umgestiegen auf Altenpflege wegen Papa« (MZP 4).

12.2.6 Ergebnisse zur Nutzung von Dreamcards, Hut-Karten und Methode der Körperumriss- Erstellung nach Doose (2014) als Hinführung zur Persönlichen Lageplanbesprechung

Mit den Dreamcards wurden die Zukunftsvorstellungen und Träume der Jugendlichen erfasst. Aus den Ergebnissen der qualitativen Einzelfallstudie zu drei Schülern im Alter von 15 bis 16 Jahren mit dem FSGE kann festgehalten werden, dass durch den Einsatz der *Dreamcards* von den Schülern vereinzelt neue Interessen bzw. Abneigungen formuliert wurden. Dem ist hinzuzufügen, dass alle Schüler dieser Einzelfallstudie über Analyse und Synthese lesen konnten. Dies ermöglichte neben den Visualisierungen eine zusätzliche Entschlüsselung der Karten. Die schriftliche Erklärung weist auf die semantische Bedeutung der Karte hin. Darüber hinaus stützt die symbolische Gestaltung die Sinnentnahme. Die auf den Karten gewählten Motive zur symbolischen Gestaltung hatten kaum Einfluss auf die Antworten der Schüler im Leitfaden-Interview. Um die Traumkarten gezielter nutzen zu können, empfiehlt sich der wiederholte Einsatz. Bei immer wieder von den Schülern gezogenen und gleichbleibenden Karten wäre auf ein tatsächliches Interesse zurückzuschließen. Eventuelle Fehlschlüsse durch die einmalige Durchführung können reduziert werden. Perspektivisch wäre an der Auswahl der Karten weiterzuarbeiten. Denkbar wäre eine individualisierte Form der Karten durch Einbringen eigener Motive oder eigenhändige Erweiterung der Karten durch die Schüler.

Eine Modifikation des Materials ist sinnvoll, da sich schriftliche Beispiele durch Überschriften für die Stapelbildung nach Interessen, Abneigungen oder gewünschten Änderungen, wie vom methodischen Aufbau nach Doose (2014) vorgesehen, als zu komplex und unpassend erwiesen. So musste eine Überschrift sprachlich vereinfachten werden (Tab. 12.2, Messpunkt 2). Während der Erprobung der *Dreamcards* suchten sich die Schüler vor allem Karten aus, die bereits ihren Interessen entsprachen. Ein Schüler konnte für sich kaum interessante Karten finden. Aufgrund von Selbstzweifeln benötige dieser mehr Anleitung zum Aussuchen zweier Karten. Nach dem Hinweis, dass sich auch Karten ausgesucht werden dürften, die nicht dem Interesse entsprächen, konnte eine dritte Karte, welche eine Abneigung widerspiegelte, gefunden werden. Dem Stapel nach dem Wunsch einer Veränderung wurde von den Schülern keine Karte zugeordnet. Ein weiterer Schüler hielt keinen Stapel als Zuordnung für sinnvoll, da er Karten mit Interessen und Hobbies wählte, die er bereits ausübte. Aus diesem Grunde wurde von Brüdegam (2017) der Stapel: *Dinge, die ich gerne mache*, geschaffen. Da jedoch auch einige neue Wünsche und Interessen formuliert werden konnten, welche sich jedoch in zuvor geführten Interviews nicht abzeichneten, können die *Dreamcards* als Impuls- und Formulierungshilfe dienen.

Die Persönliche Lageplanbesprechung zeigte sich für die weitere Bearbeitung der *Dreamcards* als zentral. Ausgesuchte Karten bildeten vereinzelt die Grundlage für die Erstellung des Aktionsplanes und konnten mit Hilfe des Unterstützers konkretisiert und perspektivisch bearbeitet werden. Aufgrund dieser vertiefenden Bearbeitung konnten alle Schüler ihre beruflichen Wünsche konkretisieren und teilweise eine klare Berufsvorstellung nennen. Daraus resultierend wird die Relevanz der persönlichen Lageplanbesprechung erneut deutlich, da sich nur durch Anwenden der *Dreamcards* nicht erschließen lässt, welches berufliche Interesse sich daraus ergibt. Auch sind die Anregungen des Unterstützers bei der Erstellung des Aktionsplans von großer Bedeutung für die Schüler (Brüdegam, 2017).

Die Kombination von *Dreamcards* und *Persönlicher Lageplanbesprechung* mit den Unterstützern als weitere Impulsgeber zeigte sich in der Analyse der Leitfaden-Interviews der Schüler als wirksam. Aus der Lageplanbesprechung heraus ergaben sich veränderte Interessen, Wünschen und Abneigungen mit den weiter umgegangen und gearbeitet werden sollte. Hieraus wächst für Schüler als auch Unterstützer das Potential, sich weiter zu entwickeln und zu verändern. Daher sollte ein wiederholter Einsatz des Unterrichtssettings die berufliche Orientierung begleiten (Brüdegam, 2017).

Nach Elsner (2018) eigne sich die Methode der *Hut-Karten* (Doose, 2014) zu einer Veränderung in den eigenen Stärken- und Fähigkeitsnennungen bei Schülern der 9. Klasse im FSGE. Hut-Karten symbolisieren ein persönliches Profil zu Stärken und Fähigkeiten auf bevorzugte Rollen aus z. B. verschiedenen Lebensbereichen und bezogen auf einen zukünftigen Beruf. So konnten bereits bei der Auswahl und dem anschließenden Gespräch über erkorene *Hut-Karten* Stärken und Fähigkeiten benannt und mithilfe der Karten konkretisiert werden. Bei den von Elsner (2018) mit dem Leitfaden-Interview befragten drei Schülern kam es vom (1) zum (2) Messzeitpunkt zu deutlichen Veränderungen, Konkretisierungen und Ergänzungen durch die *Hut-Karten*. Viele Stärkennennungen blieben auch langfristig in den Interviews bis zum Messzeitpunkt 4 erkennbar. Denkbar wäre, dass den Befragten durch die *Hut-Karten* eigene Stärken und Fähigkeiten bewusstwurden. So entschloss sich ein Schüler eine eigene *Hut-Karte* (Technisches Hilfswerk) zu entwickeln und das

Kartenset zu ergänzen. Während der Gespräche mit den Schülern konnte Elsner (2018) evaluieren, dass diese viele ihrer Stärken und Fähigkeiten in direkten Bezug zu den Motiven der Karten nannten. *Hut-Karten* schaffen somit eine Konkretisierungs- und Anregungshilfe, um in ein themengebundenes Gespräch zu führen. Weiter können die Hut-Karten mit anderen Methoden der Persönlichen Zukunftsplanung, wie z. B. der Körperumrisse und -bearbeitung, mit dem Unterstützertreffen und bei der Sammlung von Stärken, Fähigkeiten und Ideen für die eigene Berufswahl und -orientierung, verknüpft werden (Elsner, 2018).

Die Methode der *Körperumrisserstellung* aus dem Konzept der Persönlichen Zukunftsplanung (Doose, 2014) soll über die aktuellen persönlichen Zukunftsvorstellungen informieren. Im Rahmen der Untersuchung von Elsner (2018) wurden mit dem Körperumriss die Bereiche Stärken und Fähigkeiten, Interessen, Musikgeschmack, Abneigungen, Gründe für eine berufliche Tätigkeit, Berufswunsch und Träume ausgewählt und bearbeitet. Weitere Bereiche, die thematisiert werden könnten, wären z. B. bereits absolvierte Praktika, wichtige Lebensabschnitte, Lebensmotto, Albträume, *Was mich motiviert/Was mir Kraft gibt*. Bei der Auswahl der Themen sind die Gründe für die Körperumrisserstellung maßgeblich. Die Themenzentrierung ist davon abhängig, in welcher Findungs- bzw. Orientierungsphase sich die planende Person befindet. Die zuvor genannten Bereiche können besprochen und ergänzend hinzugeführt werden. Ist eine Person bereits z. B. in der Praktikumsfindung oder -entscheidung würde dieser Aspekt einfließen. Befindet sich die planende Person unmittelbar vor dem Übergang von der Schule in den Beruf, könnten bereits absolvierte Praktika auf dem Körperumriss visualisiert und dort die ausgeführten Vorlieben oder Tätigkeiten, die der Person besonders gefallen haben, verortet werden. Auf dieser Grundlage wäre es wiederum möglich, andere Arbeitsbereiche, die der zu planenden Person ebenfalls gefallen und ihren Stärken und Fähigkeiten entsprechen, zu entdecken. Anhand des *Körperumrisses* mit individuellen aufgelisteten Stärken und Fähigkeiten können die Qualitäten der planenden Person betrachtet und Verknüpfungen zu bestimmten Arbeitsfeldern angeboten werden. Im Rahmen von Elsners Einzelfallforschung hat beispielsweise die Schülerin A (▶ Tab. 12.4) von Beginn an den Beruf der Tischlerin genannt und zugleich auf ihre Schwäche im Fach Mathematik verwiesen. Dennoch konnte die Person ihre Stärke in der Addition mit eins erkennen und formulieren (▶ Tab. 12.4).

Im Rahmen der *Persönlichen Lageplanbesprechung* konnte die zuvor erwähnte Schülerin A den Wunsch nach einer Verbesserung im Fach Mathematik festhalten. Auch die Methode der Erstellung von Netzwerken und die Durchführung der nach Sanderson (in Doose, 2013) von Elsner (2018) adaptierten *Persönlichen Lageplanbesprechung* (▶ Tab. 12.3) erwiesen sich als gut anwendbar und umsetzbar.

Nach Abschluss der Interventionen und der persönlichen Lageplanbesprechung konnte jeder der drei Schüler seine aktuelle Situation einschätzen, welche Ziele er erreichen möchte und welche Bedeutung das gesamte Projekt für ihre berufliche Orientierung hatte. Geplant ist, dass die Schüler ihren eigenen Körperumriss zukünftig in der Werkstufe weiterverwenden und als Anlage für die berufliche Orientierung und Entwicklung fortentwickeln.

12.2.7 Persönliche Lageplanbesprechung nach der Zusammenfassung aller Teilprozesse für das vorliegende Gesamtkonzept unter Berücksichtigung von Anforderungen an den Forschungsprozess

In den zwei zuvor benannten Beispielen flossen die persönlichen Lageplanbesprechungen in das Untersuchungssetting mit ein. Die Methode der Persönlichen Lageplanbesprechung nach Sanderson (in Doose, 2013) wurde entsprechend der Forschungsfrage in Bezug auf die Schule als auch die Schülerkompetenzen modifiziert. Hierzu zählt die Frage *Was möchtest Du machen, wenn Du nicht mehr zur Schule gehst?* (Tab. 12. 2, Tab. 12. 3). Während der Auswertung der Ergebnisse wurde kritisch auf die Formulierung in der Frage auf den Begriff *Schule* eingegangen. Schlussendlich konnotierte der Schüler die Verwendung des Wortes *Schule* negativ und beeinflusste wahrscheinlich die Antworten des Schülers.

Nach Untersuchung der Ergebnisse zeigen sich Objektivität und Reliabilität als weitestgehend gegeben, da die Interviews unter der jeweils selben Bedingung durchgeführt und offengelegt wurden. Die Aussagen der Schüler konnten verschiedenen Kategorien zugeordnet werden. Das Messinstrument des Leitfaden-Interviews wurde folgerichtig als valide eingeschätzt, bis auf den eingangs erwähnten Aspekt, dass der Begriff Schule von den befragten Schülern mit negativen Aspekten assoziiert wurde.

Von Schülern ausgewählte Hut-Karten als auch individuelle Körperumrisszeichnungen mit eingetragenen Stärken/Fähigkeiten, Interessen, Schwächen und Netzwerkdarstellungen für die Persönlichen Lagebesprechungen werden mit Fotos auf den persönlichen Plakaten belegt.

Es wurde der Frage nachgegangen: In welchen Bereichen kann mit der Methode *Körperumrisserstellung* eine Anlage hinsichtlich der beruflichen Orientierung geschaffen werden. Aufgrund des Herleitens von Bezügen zwischen Hut-Karten und Körperumriss und deren Wechselwirkung konnten mit Hilfe der Ergebnisse und Analyse der Leitfaden-Interviews für drei Schüler das Ziel, dass Hut-Karten beim Erkennen und Benennen von Stärken, Fähigkeiten und Zukunftswünschen von Schülerinnen einer 9. Klasse mit dem FSGE helfen, bestätigt werden. Auch führte die Erstellung eines Körperumrisses mit einem Gesichtsfoto zur näheren Identifikation bei der Persönlichen Lagebesprechung und stellt einen entscheidenden Faktor für das Gespräch dar.

12.2. 8 Leitfaden-Interview II zur Überprüfung von ausgewählten Materialien und Methoden zur Persönlichen Zukunftsplanung

Der folgende Abschnitt widmet sich der Untersuchungsanlage und den Untersuchungsergebnissen zur Eignung des Materials zur Persönlichen Zukunftsplanung (Doose, 2013) für die unterrichtliche Arbeit in berufsorientierten Projekten. Dazu wurde ein dreiseitiges Leitfragen-Interview erstellt. Hier geht es um das Formulieren von Lebensträumen! Jeder Mensch ist einzigartig und individuell. Träume zu haben und diese verwirklichen zu wollen, ist ein wichtiger Bereich, der jedem Menschen zusteht. Das Nutzen des dreiteiligen Fragebogens ist in ein Unterrichtssetting zu drei Messpunkten (Prä-, Peri,- Posttest) integriert (Abb. 12.2).

Der Aufbau ähnelt dem des Leitfadens I. Neben den Fragestellungen gibt es eine Spalte zur Notation der gegebenen Antworten und eine mit der Fähigkeitenliste (vgl. Abb. 12.1), wie nachstehend exemplarisch dargestellt:

Tab. 12.5: Auszug aus dem Fragebogen zur Persönlichen Zukunftsplanung nach Busse (2017)

	Frage	**Antwort**	**Fähigkeitenliste**
Lebensstil	1.1. Wie möchtest du gerne wohnen/ leben?		Benötigst du dafür… ① viel Hilfe ② wenig Hilfe ③ keine Hilfe ☺ Das kannst du gut genug ☐☐ Das ist dir nicht wichtig ✶ Was möchtest Du lernen/ besser können?

Mit dem ersten Teil des Fragebogens (Busse, 2017) wurde das Beleuchten der Zukunftsvorstellungen bezüglich der Wohnsituation und den dort verankerten Tätigkeitsfeldern bzw. Hobbies in den Fokus gesetzt. Diese können Aufschluss über Interessen und den Grad der Selbständigkeit in Bezug auf die spätere berufliche Praxis und den dort nötigen Schlüsselkompetenzen geben.

Die Fragen beziehen sich auf das Thema *Lebensstil*. Folgende Fragen wurden aufgestellt:

- Wie möchtest du gerne wohnen/leben?
- Wie selbstständig bist du im Alltag?
- Bekommst du im Alltag bzw. in schwierigen Situationen Unterstützung? (Wenn ja, von wem?)
- Wie gehst du mit anliegenden Aufgaben/Arbeiten im Haushalt um?
- Welche Tätigkeiten (Hobbys) übst du gerne in deiner Freizeit aus?

Mit dem zweiten Teil des Fragebogens wird der Schüler nach Träumen, die gerne erfüllt werden sollen, gefragt. Das Entwickeln von Wunschvorstellungen und Fiktionen, die sich auf Erlebnisse und Dinge, die man zum einen gerne ausprobieren als auch in materieller Hinsicht gerne haben möchte, dienen dazu, sich seine persönliche Zukunft frei von äußeren Zwängen auszumalen. Weiter ist dieser zweite Teil des Fragebogens die Hinführung auf den dritten Teil, der sich konkret auf das Hinterfragen von Fähigkeiten/Stärken jedoch auch Schwächen, die Ausbildungsplatzwahl und das Benennen von Unterstützern zu erreichen, der persönlichen Zukunftsziele bezieht.

Die aufgestellten Fragen beziehen sich auf das Thema *Träume erfüllen*.

- Was ist dein größter Traum?
- Was möchtest du in naher Zukunft gerne mal tun/ ausprobieren?
- Was ist das Außergewöhnlichste (tollste) Erlebnis, welches du schon einmal erlebt hast?
- Gibt es Dinge, die du gerne haben/ dir kaufen möchte?

Der dritte Teil des Fragebogens dient zur Konkretion der Berufsplanung. Fähigkeiten und Bereiche, die dem Schüler wichtig sind, wo jedoch ein Unterstützungsbedarf besteht, stehen im Fokus. So wird u. a. der Schüler danach gefragt, ob er bereits Unterstützung bei der Zukunftsplanung erhält und wenn ja, von wem. Als Schlussfrage wird das Hauptlebensziel, aufgegriffen.

Die Fragen beziehen sich auf das Thema *Neue Hüte*:

- Worin liegen deine Fähigkeiten/Stärken?
- Worin liegen deine Schwächen?
- Wo möchtest du nach der Schule gerne arbeiten oder eine Ausbildung beginnen?
- Bekommst du bei deiner persönlichen Zukunftsplanung Unterstützung? (Wenn ja, von wem?)
- Schlussfrage: Welches ist/sind dein(e) Hauptlebensziel(e)?

Zu welchen Zeitpunkten der dreiteilige Fragebogen eingesetzt wird, erklärt das nachfolgende Kapitel.

Dritter exemplarisch methodischer Ablauf zur Datenerhebung und Materialerprobung mit dem Leitfaden-Interview II

Der Workflow zur Datenermittlung folgt bei der Hinterfragung des praktikablen Einsatzes der *Kartensets Lebensstil* und *meine Hüte* sowie der einer *Körperzeichnung* (Doose, 2013) bezüglich der beruflichen Zukunft dem folgenden Schema.

Neben der Erfassung der Ausgangslage zu den Schülern dient die erste Durchführung je nach Beziehungsstruktur zum Schüler dem Sammeln von Erfahrungen in einem Leitfaden-Interview oder sogar erst zum näheren Kennenlernen der Schüler. In den Sitzungen 1 bis 3 werden die Kartenmaterialien (Lebensstil, Dreamcards und meine Hüte...!) von Doose (2013) angewendet. Die Fortschritte der Schüler werden anhand des Leitfaden-Interviews II untersucht. Die vierte Sitzung ist eine abschließende Besprechungseinheit mit dem Schüler und dem selbstgewählten Unterstützerkreis.

In der ersten Sitzung erhalten die Schüler nach dem Ausfüllen des Fragebogens eine Einführung und Vorstellung des Kartenmaterials. Zugleich wird ein Ausblick auf die zweite Sitzung gegeben. Zwischen der ersten und zweiten Sitzung sollte nicht mehr als eine Woche liegen.

> Ich kann dies...
> ① mit viel Hilfe
> ② mit etwas Hilfe
> ③ ohne Hilfe
>
> ☺ Das kann ich gut (mit / ohne Hilfe)
> 😐 Das ist mir nicht wichtig
>
> ☆ Das möchte ich lernen / besser können

k. A. Keine Angaben

Abb. 12.3: Fähigkeitenliste nach Doose (2014) modifiziert durch Brüdegam (2017)

In der zweiten Sitzung werden die Kartensätze angewendet. Aufgrund der enormen Auswahlmöglichkeiten wird von der Anleiterin aufgrund der Schüleraussagen im ersten Interview eine möglicherweise passende Kartenwahl vorab getroffen. Bei der vorgefertigten Auswahl befinden sich auch Bildmotive, die von den Schülern gezielt abgelehnt können oder evtl. als erweiterte Fähigkeiten/Traum/Interesse-Karten hinzugefügt werden können. Zur Visualisierung der Gesamtheit der Fähigkeiten, Interessen und Träume erfolgt eine Kombination aus einem individuellen Körperumriss und den ausgewählten Karten.

Zur Gestaltung des Plakats *Was für eine Person bin ich?* aus dem Handbuch »I want my Dream!« (Doose, 2013) wird vorerst ein Umriss des Körpers der zu unterstützenden Person gezeichnet. Auf vorgefertigten Puzzleteilen malt/schreibt/zeichnet der Proband Wünsche, Stärken oder weitere wichtige Dinge, die anschließend im Körperumriss verortet werden. Die Gestaltung ist eine spielerische Methode. So können vielfältige Sichtweisen der Schüler erhalten werden und später an deren Fähigkeitsnennungen und Schwierigkeiten angeknüpft werden (ebd.). Zur Feststellung eines möglichen Entwicklungsfortschritts durch das Kartenmaterial erfolgt am Ende der zweiten Sitzung ein Interview mit den Fragebögen.

In der dritten Sitzung wird eine erneute Kartenauswahl angeboten. Diese besteht aus den Karten der ersten Sitzung plus einiger Änderungen in den Abbildungen. Hier werden hauptsächlich die Hut-Karten mit Berufen und aufgezeigten Lebensstilen erweitert. So sollen zuvor festgelegte Träume und Interessen der Schüler in mögliche Berufsvorstellungen zu integrieren und ggf. ihren Lebensstil verbessern.

In der vierten Sitzung erfolgt ein abschließendes Gespräch mit den Probanden, ihrem persönlichen Unterstützerkreis und der Interviewerin in Anlehnung an das Planungsformat der Persönlichen Lagebesprechung nach Doose (2014). Hier soll gemeinsam mit dem Unterstützerkreis die aktuelle Lebenssituation des Probanden festgehalten und an mögliche Fortschritte aus den vorherigen drei Sitzungen bei der persönlichen Zukunftsplanung angeknüpft werden. Auf 9 Plakaten in verschiedenen Farben folgt eine Bearbeitung mit den folgenden Fragestellungen:

- Wer ist alles da?
- Gesprächsregeln
- Was wir an dir mögen,
- Was läuft gut?
- Was läuft nicht so gut?
- Offene Fragen
- Was ist Dir gerade wichtig?
- Was ist dir in Zukunft wichtig?
- Dein Aktionsplan.

Bezüglich der Plakate zur Persönlichen Lagebesprechung wäre hier der Einsatz der modifizierten Fragestellungen von Brüdegam (2017) und Elsner (2018) anzudenken.

Analyse der Kartensets Lebensstil, Dreamcards und Hut-Karten im Zusammenhang mit dem dreiseitigen Fragebogen des Leitfaden-Interviews II

Nach Durchführung der Interventionen und des Leitfaden-Interviews (Busse, 2017) für drei Schülerinnen im Alter von 16 bis 18 Jahren im FSGE wurden Aussagen zusammengefasst, analysiert und Kriterien geleiet den jeweiligen Kategorien *Lebensstil, Träume erfüllen* und *Neue Hüte* zugeordnet. Die zusammengefassten Aussagen konnten mit den entsprechenden Kartensets nach Doose (2013) in Beziehung gesetzt werden.

Anhand von qualitativen Einzelfallanalysen dieser Schülerinnen konnte Busse (2017) die Annahme, dass bei Jugendlichen mit FSGE die Kartensets nicht eindeutig verständlich wären, für diese Einzelfälle widerlegt werden. Die umfangreichen Symboliken auf den Bildern bieten gute Hilfestellungen, um Bedürfnisse und Wünsche der Schüler zu analysieren bzw. aufzudecken. Wie sich in der Analyse für eine Schülerin herausstellte, eignet sich das Material bei sozial gehemmten Menschen oder Personen, die in ihrer Kommunikation zurückhaltend oder beeinträchtigt sind. Anhand von Visualisierungen kann nonverbal agiert werden. Dies zeigte sich in Bezug auf Träume und Wünsche. Weiter hervorzuheben wären die einfache Handhabung und der selbsterklärende Aufbau der Karten. Gerade die Kombination der Kernelemente Lebensstil, Träume und Beruf decken wesentliche Lebensbereiche eines Menschen ab. So können breitgefächerte Informationen gewonnen werden.

Die Umsetzbarkeit des Kartenmaterials von Doose (2013) konnte mit Hilfe des dreiseitigen Fragebogens nach Busse (2017) durch eine hohe Übereinstimmung der verbalen Äußerungen und der gewählten Karten positiv bestätigt werden. Der Fragebogen begünstigte in einem kurzen Zeitraum zielgerichtet und erfolgreich eine umfassende Einschätzung des Lebensstils, der Träume und Wünsche. Dies bezieht sich sowohl auf Erlebtes aus der Vergangenheit als auch Erwünschtes für die Zukunft. Gemäß dem leitfadengestützten Interview wurde eine offene Gesprächsform mit offenen Fragen gewählt (Gamsjäger & Langer, 2013). So konnte eine Beeinflussung der Schüler in ihren Aussagen vermieden werden. Eine ergänzende Einschätzung der Schüler zu benötigten Fähigkeiten, die zum Erreichen von zuvor genannten Perspektiven erforderlich oder dienlich sein könnten, erfolgte im Sinne einer Ordinalskala (vgl. Tab. 12.5).

Die Kombination aus Kartenmaterial und Fragebogen führte zu einer systematischen Erfassung gegenwärtiger Lebenssituationen. Weiter konnte den Jugendlichen durch gezielte Fragen verschiedenen Perspektiven zum beruflichen als auch privaten Werdegang aufgezeigt werden. Dies kann wiederum eine nachhaltige individuelle Förderung ermöglichen.

12.3 Forschungs-Praxis-Transfer

Wie aus den drei vorgestellten Beispielen hervorgeht, eignen sich die benannten Leitfragen-Interviews samt Kategorienraster im Zusammenhang mit Interventionen anhand der Lebensstil-, Traum- und Hut-Karten nach Doose (2013). Diese Möglichkeit besteht ebenso für die Körperumrissgestaltung zur Lokalisierung von Stärken/Fähigkeiten, Schwächen, zu Evaluation des Sozialverhaltens, der Selbständigkeit sowie zur Entwicklung von Zukunftsvorstellungen von Schülern im FSGE. Die Visualisierungen der Kartensets mit jeweils zwei Repräsentationsmodi des gewählten Begriffs sind für Jugendliche mit Beeinträchtigung der geistigen Entwicklung aussagekräftig und verständlich. Verortungen in Körperumrissen personifizieren die mitunter abstrakt anmutenden Zeichnungen und helfen beim Memorieren einer Persönlichen Lageplanbesprechung mit einem Unterstützerkreis. Die Visualisierungen auf den jeweiligen Niveaus der Jugendlichen ermöglichen die Artikulation von Bedürfnissen und Wünschen auf nonverbaler Ebene. Weiter ist davon auszugehen, dass das wiederholende Leitfragen-Interview die regelmäßige Auseinandersetzung mit dem Sprechen über Stärken/Fähigkeiten, Schwächen, Sozialverhalten, Selbständigkeit sowie Zukunftsvorstellungen übt, die Gespräche bei der Persönlichen Lageplanbesprechung begünstigen und somit zielführend sind.

In Bezug auf das Lernen zur Selbstbestimmung über eigene Lebensprozesse kann konstatiert werden, dass Visualisierungen durch Abbildungen (z. B. Kartensets nach Doose, 2013), eigene Zeichnungen als auch das Erstellen eines eigenen Körperumrisses den Dialog zwischen Jugendlichen mit FSGE und dem Unterstützerkreis begünstigen. Das Ziel, dass die Jugendlichen als zu unterstützende Personen bei einer persönlichen Lageplanbesprechung sich selbstbestimmt artikulieren, sich voll in das Gespräch zur Planung der persönlichen Zukunft einbringen und echte Wahlmöglichkeiten (Empowerment) erarbeiten, kann auf der Grundlage des ausgeführten Konzepts als erfolgreich bewertet werden. Eine wesentliche Voraussetzung für die Umsetzung der Pläne und Wünsche bleibt der wertschätzende Unterstützerkreis, der sich wünschenswerter Weise über die Schulzeit hinaus formiert.

Literatur

Bergold, J. & Thomas, S. (2010): Partizipative Forschung. In: G. Mey & K. Mruck (Hrsg.), *Handbuch Qualitativer Forschung in der Psychologie* (S. 333–344). Wiesbaden: VS Verlag.

Bortz, J. & Döring, N. (2016): *Forschungsmethoden und Evaluation in den Sozial- und Humanwissenschaften* (5. Auflage). Berlin und Heidelberg: Springer.

Brüdegam, J. - M. (2017): *Persönliche Zukunftsplanung beruflicher Entwicklung an einem Förderzentrum mit dem Schwerpunkt Geistige Entwicklung.* Bachelor-Thesis. Europa-Universität Flensburg, (unveröffentlicht).

Bundesgesetzblatt (BGBl – Nr. 155, ausgegeben am 23. Oktober 2008) (2008): Gesetz zu dem Übereinkommen der Vereinten Nationen vom 13. Dezember 2006 über die Rechte der Menschen mit Behinderungen sowie zu dem Fakultätsprotokoll vom 13. Dezember 2006 über die Rechte der Menschen mit Behinderung über Übereinkommen. (www.un.org/depts/german/uebereinkommen/ar61106-dbgbl.pdf), Zugriff am 01.05.2018

Busse, C. (2017): *Berufliche Entwicklung anhand eines ausgewählten Fördermaterials zur »Persönlichen Zukunftsplanung« an einem Förderzentrum mit dem Schwerpunkt Geistige Entwicklung.* Bachelor-Thesis, Europa-Universität Flensburg, (unveröffentlicht).

Doose, S. (2007). *Unterstützte Beschäftigung: Berufliche Integration auf lange Sicht.* Bundesvereinigung Lebenshilfe für Menschen mit geistiger Behinderung e. V. Marburg.

Doose, S. (2010): Persönliche Zukunftsplanung–Personenzentriertes und sozialraumorientiertes Denken, Planen und Handeln. (https://www.kerbe.info/wp-content/uploads/2010/04/Kerbe_2_2010.pdf.), Zugriff am 26.05.2019

Doose, S. (2013): Neue Wege zur Inklusion durch Persönliche Zukunftsplanung, Sozialraumorientierung und personenzentrierten Dienstleistungen. In: D. Katzenbach, I. Schnell & M. Thielen (Hrsg.), *Prekäre Übergänge. Erwachsenwerden unter den Bedingungen von Behinderung und Benachteiligung* (S. 93–117). Bad Heilbrunn: Verlag Julius Klinkhardt.

Doose, S. (2014): *»I want my dream!« Persönliche Zukunftsplanung: neue Perspektiven und Methoden einer personenzentrierten Planung mit Menschen mit und ohne Beeinträchtigungen* (10. aktualisierte Auflage). Neu-Ulm: AG SPAK.

Dresing, T & Pehl, T. (2015): *Praxisbuch. Interview, Transkription & Analyse. Anleitungen und Regelsysteme für qualitativ Forschende* (6. Auflage). (https//www.audiotranskription.de/Prxishandbuch-Transkription.pdf), Zugriff am 09.07.2019

Elsner, C.- K. (2018): *Persönliche Zukunftsplanung beruflicher Entwicklung in einer 9. Klasse an einem Förderzentrum mit dem Schwerpunkt geistige Entwicklung.* Master-Thesis, Europa-Universität Flensburg, (unveröffentlicht).

Fiebertshäuser, B.& Langer, A. (2013): Interviewformen und Interviewpraxis. In: B. Fiebertshäuser, A. Langer & A. Prengel (Hrsg.), *Handbuch qualitative Forschungsmethoden in der Erziehungswissenschaft* (4., überarbeitete Auflage, S. 437–455). Weinheim: Beltz Juventa.

Gamsjäger, M. & Langer, R. (2013): *Leitfadengestütztes Interview. Eine Anleitung für Schüler/innen.* Linz: Johannes-Kepler-Universität.

Heinze, F. (2013): Das Leitfadeninterview. In: B. Drinck. (Hrsg.), *Forschen in der Schule.* (S. 227–248). Leverkusen: Barbara Budrich.

Hermanns, H. (2017): Interviewen als Tätigkeit. In: U. Flick, E. von Kardorff & I. Steinke (Hrsg.), Qualitative Forschung. Ein Handbuch (12. Auflage, S. 360–368). Reinbek: Rowohlt Taschenbuch Verlag.

Hug, T. & Poscheschnik, G. (2015): *Empirisch forschen. Die Planung und Umsetzung von Projekten im Studium* (2. Auflage). Wien: Huter & Roth KG.

Kruschel, R. & Hinz, A. (2015). Geschichte und aktueller Stand von Zukunftsplanung. In: R. Kruschel & A. Hinz (Hrsg.), *Zukunftsplanung als Schlüsselelement von Inklusion – Praxis und Theorie personenzentrierter Planung* (S. 35–50). Bad Heilbrunn: Julius Klinkhardt.

Lindmeier, B. (2006): Soziale Netzwerke, Ihre Bedeutung für ein differenziertes Verständnis von Unterstützerkreisen in der persönlichen Zukunftsplanung. *Geistige Behinderung* 45 (2), 99–111.

Mayring, P. (2010): *Qualitative Inhaltsanalyse – Grundlage und Techniken.* Bad Langensalza: Beltz.

Mayring, P. (2016): *Einführung in die qualitative Sozialforschung. Eine Anleitung zu qualitativem Denken* (6. Auflage). Weinheim: Beltz.

Netzwerk Persönliche Zukunftsplanung (2013). Kartenset Persönliche Zukunftsplanung. Neu-Ulm: AG SPAK.

Niehoff, U. (2016): Persönliche Zukunftsplanung. In: I. Hedderich, G. Biewer, J. Hollenweger & R. Markowetz (Hrsg.), *Handbuch der Sonderpädagogik* (S. 522–527). Bad Heilbrunn: Verlag Julius Klinkhardt.

Nußbeck S., Biermann, A. & Heidemarie, A. (Hrsg.) (2008). *Sonderpädagogik der geistigen Entwicklung* (Bd. 4). Göttingen: Hogrefe.

O'Brien, J. & Lovett, H. (2015): Auf dem Weg zum Alltagsleben–der Beitrag personenzentrierte Planung. In: R. Kruschel & A. Hinz (Hrsg.), *Zukunftsplanung als Schlüsselelement von Inklusion – Praxis und Theorie personenzentrierter Planung* (S. 19- 34). Bad Heilbrunn: Julius Klinkhardt.

O'Brien, J., Pearpoint, J. & Kahn, L. (2010): *The MAP and PATH handbook*. Inclusion Press, Toronto: Verlag.

Sanderson, H. (2001): Person Centrered Planning. In P. Lacy & C. Ouvry (eds.), *People with Pofound and Multiple Learning Disabilities* (3. Ed., S. 130–145). London: Fulton.

Theunissen, G. (2016). *Geistige Behinderung und Verhaltensauffälligkeiten* (Bd. 5.) Bad Heilbrunn.

Teil 4: Anhang

Verzeichnis der Autorinnen und Autoren

Gatz, Katja; Sonderschullehrerin Friholtschule Flensburg, Förderzentrum geistige Entwicklung und ehem. abgeordnete Lehrkraft an die Europa-Universität Flensburg, Institut für Sonderpädagogik; katja.gatz@schule-sh.de

Grüning, Eberhard; Prof. Dr. i.R., Europa-Universität Flensburg, Institut für Sonderpädagogik; egruening@gmx.de

Hüttner, Andreas; Prof. Dr., Europa-Universität Flensburg, Institut für mathematische, naturwissenschaftlich und technische Bildung; andreas.huettner@uni-flensburg.de

Karlsson, Svenja; Dr., ReBBZ Altona – Abteilung Bildung und Beratung und Lehrbeauftragte der Europa-Universität Flensburg, Institut für Sonderpädagogik; svenja.karlsson@bsb.hamburg.de

Kolshorn, Malte; Dr., Schulleiter Lilli-Nielsen-Schule Kiel, Förderzentrum körperlich und motorische sowie geistige Entwicklung; malte.kolshorn@lilli-nielsen-schule.de

Matthes, Gerald; Prof. Dr. i.R., Universität Potsdam, Institut für Sonderpädagogik; gmatthes@uni-potsdam.de

Schaubrenner, Patric; Dr., Europa-Universität Flensburg, Institut für mathematische, naturwissenschaftliche und technische Bildung; patric.schaubrenner@uni-flensburg.de

Tönnsen, Kai-Christian; Dr., Europa-Universität Flensburg, Institut für mathematische, naturwissenschaftliche und technische Bildung; toennsen@uni-flensburg.de

von Seeler, Isabelle; Dr., Europa-Universität Flensburg, Institut für Sonderpädagogik; isabelle.von.seeler@uni-flensburg.de

Westphal, Ilona; Psychologisches Institut für Subjektivitäts- und Praxisforschung, ehem. Europa-Universität Flensburg, Institut für Sonderpädagogik, ilo.westphal@gmail.com